地球の歩き方 D13
2024～2025年版

台南 高雄

屏東

JN051765

COVER STORY

高雄MRTの紅線と橘線が交わる美麗島駅。
「世界一美しい地下鉄駅」のひとつとして知られ、
直径約30mにわたるステンドグラスのドーム
「光之穹頂」が改札口を彩ります。
この駅は、高雄の代表的な観光スポットのひとつ、
六合國際觀光夜市の最寄り駅でもあるので、
下車する人も多いことでしょう。
ぜひ立ち止まって、
華やかな色の洪水を楽しんでください。

地球の歩き方編集室

TAINAN&KAOHSIUNG CONTENTS

出発前に必ずお読みください！　旅のトラブル対策…253

Column

本書で用いられる記号・略号

M 、MAP P.00-A0
地図の掲載ページと位置

住 住所

☎ 電話番号

FREE 無料通話番号

FAX ファクス番号

◷ 開館時間
営業時間

休 休館、休店日
大晦日を含め、台湾の旧正月(春節)に1日でも休みがある場合、「旧正月」と表記

料 入場料、宿泊料金。学生料金を適用する際は学生証を提示のこと

サ サービス料

交 交通アクセス

URL ウェブサイト

見どころのおすすめ度

☆☆☆ 見逃せない観光ポイント

☆☆ 訪れる価値あり

☆ 興味に合わせて

✉ 読者からの投稿情報

💡 はみだし情報

電話番号について

本文中では市外局番を( )に入れて掲載しています。市外局番が同じエリアから電話する場合は市外局番は不要です。携帯電話から電話する場合は市外局番を付けてください。

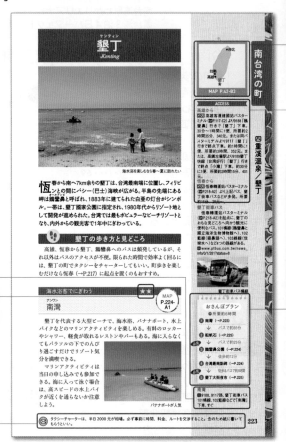

ケンティン
墾丁
Kenting

MAP P.42-B3

海水浴を楽しむなら春～夏に訪れたい

恆 春から南へ7km余りの墾丁は、台湾最南端に位置し、フィリピンとの間にバシー(巴士)海峡が広がる。半島の先端にある岬は鵝鑾鼻と呼ばれ、1883年に建てられた白亜の灯台がシンボル。一帯は、墾丁國家公園に指定され、1980年代からリゾート地として開発が進められた。台湾では最もポピュラーなビーチリゾートとなり、内外からの観光客で1年中にぎわっている。

墾丁の歩き方と見どころ

高雄、恆春から墾丁、鵝鑾鼻へのバスは頻発しているが、それ以外はバスのアクセスが不便。限られた時間で効率よく回るには、墾丁の町でタクシーをチャーターしてもいい。町歩きを楽しむだけなら恆春(→P.217)に起点を置くのもおすすめ。

海水浴客でにぎわう ★★

ナンワン
南灣

MAP P.224-A1

墾丁を代表する大型ビーチで、海水浴、バナナボート、水上バイクなどのマリンアクティビティを楽しめる。有料のサッカーやシャワー、軽食が取れるレストンやバーもある。海に入らなくてもパラソルの下でのんびり過ごすだけでリゾート気分を満喫できる。

マリンアクティビティは当日の申し込みでも参加できる。海に入って泳ぐ場合は、高スピードの水上バイクが近くを通らないか注意しよう。

バナナボートが人気

💡 タクシーチャーターは、半日2000元が相場。必ず事前に時間、料金、ルートを交渉すること。念のため紙に書いてもらうといい。

223

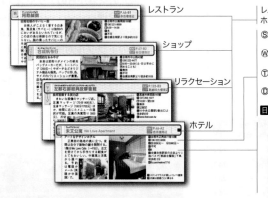

レストラン

ショップ

リラクセーション

ホテル

レストラン、ショップ、リラクセーション、ホテルをそれぞれ色分けしています。

Ⓢ シングルルーム
(1ベッド1人利用)

Ⓦ ダブルルーム
(1ベッド2人利用)

Ⓣ ツインルーム
(2ベッド2人利用)

Ⓓ ドミトリー
(3ベッド以上の相部屋)

日 日本語スタッフ **📶** Wi-Fi

CC 使用可能クレジットカード
A アメリカン・エキスプレス
D ダイナースクラブ
J JCB
M マスターカード
V ビザ
室 ホテルの客室数

都市の位置
都市のおよその位置を★で示しています。

アクセス
主要都市からの交通手段を例に挙げています。高速鐵道(新幹線)は「高鐵」、台湾鐵道は「台鐵」と略しています。

おさんぽプラン
各エリアの見どころを巡るおすすめプランです。見逃せない、定番スポットには「必見」マークを付けました。所要時間は目安です。

季節の休みに注意
旧正月(春節)、端午節、中秋節には休む習慣があるため、本書データ欄に「無休」と示されていたり、特にこれらの期間中に休みが明記されていない見どころや店などでも、営業していない場合があります。

地　図	
・	見どころ
🅡	レストラン
🅒	カフェ・茶藝館
🅝	ナイトスポット
🅢	ショップ
🅔	エンターテインメント
🅜	マッサージ、スパ、シャンプー
🅗	ホテル
🅘	観光案内所
🅑	銀行
🖂	郵便局
⊗	警察
卍	廟、寺
⊞	病院
🅧	学校
☖	バス停
❶	MRT(高雄)出入口 中央に数字がある場合は 出口番号を表す
⑰	セブン-イレブン
🅕	ファミリーマート
🅜	マクドナルド

■掲載情報のご利用に当たって
編集部では、できるだけ最新で正確な情報を掲載するよう努めていますが、現地の規則や手続きなどがしばしば変更されたり、またその解釈に見解の相違が生じることもあります。このような理由に基づく場合、または弊社に重大な過失がない場合は、本書を利用して生じた損失や不都合について、弊社は責任を負いかねますのでご了承ください。また、本書をお使いいただく際は、掲載されている情報やアドバイスがご自身の状況や立場に適しているか、すべてご自身の責任でご判断のうえでご利用ください。

■現地取材および調査時期
本書は、2023年11月から12月の取材調査データを基に編集されています。しかしながら時間の経過とともにデータの変更が生じることがあります。特にホテルやレストランなどの料金は、変更されていることも多くあります。本書のデータはひとつの目安としてお考えいただき、現地の観光案内所などでできるだけ新しい情報を入手してご旅行ください。

■発行後の情報の更新と訂正情報について
発行後に変更された掲載物件や訂正箇所は『地球の歩き方』ホームページの本書紹介ページ内に「更新・訂正情報」として可能な限り案内しています(ホテル、レストラン料金の変更などは除く)。ご旅行の前にお役立てください。
URL www.arukikata.co.jp/travel-support

■投稿記事について
投稿記事は、多少主観的になっても、原文にできるだけ忠実に掲載してありますが、データに関しては編集部で追跡調査を行っています。投稿記事のあとに(東京都　○○ '23.8)とあるのは、寄稿者と旅行年月を表しています。

■見どころの割引料金
見どころの学割適用には、日本の学生証でよい場合と、国際学生証の提示が必要な場合があります。

■表記について
台湾では、原則的に漢字(繁体字)が使用されています。繁体字であっても、本来の正字のほか、日本の常用漢字と同じ文字が使われていることもあります。本書では、見どころや店名などを表記する際、原則として、繁体字で表記し、英語名のある店名については英文表記を付けました。名称の現地発音については、国語(北京語)標準発音のカタカナ表記を参考に付けました。一部例外もあります。

■外務省海外安全ホームページ
渡航前に必ず外務省のウエブサイトにて最新情報をご確認ください。
URL www.anzen.mofa.go.jp

ジェネラルインフォメーション

▶旅の中国語会話
→ P.256

台湾の基本情報

国 旗
　青天白日満地紅旗。赤、青、白は孫文の三民主義を表し、赤は民族主義で自由、青は民権主義で正義、白は民生主義で友愛を表している。太陽の光線は十二刻を表している。1928年、中国において、時の中国国民党政府により公式に中華民国国旗に制定された旗を継続使用している。

正式国名
　中華民国（台湾）
　Republic of China（Taiwan）

国 歌
　中華民国国歌

面 積
　約3万6000km²（日本の九州ほど）
　台北市約271.8km²
　　（東京23区の約半分）

人 口
　台湾2342万442人（2023年12月）
　台北市251万1886人（2023年12月）
　　（出典：いずれも行政院内政部）

首 都
　台北　Taipei

国家元首
　蔡英文 総統（2024年2月現在）
　頼 清徳 新総統（2024年5月20日〜）

政 体
　民主共和国。1972年に日本と中華人民共和国が国交を結んで以降、中華民国（台湾）と日本は国交を断絶した。民間レベルの交流は盛んだが、日本政府は中華民国（台湾）を国家としては認めていない。

民族構成
　漢民族98%。現地で原住民（原住民族）と正式に呼ばれる先住民族は16民族が認定されており、全人口の約2%。山地や各地に散居している。

宗 教
　仏教、道教、キリスト教など

言 語
　中国語（国語）。英語の通用度は日本と同程度。観光地やホテルでは、日本語のほうがよく通じる。

通貨と為替レート

▶通貨と両替→ P.234

　台湾の通貨は台湾元（ニュータイワンドル NTD）、圓（ユエン）とも表記される。略称は元（ユエン）。口語では塊（クァイ）と呼ばれることもある。

　2024年2月8日現在の為替レートは1元＝約4.7円。表示額の約5倍が、日本円相当額。

100元

200元（あまり出回っていない）

500元

1000元

2000元（あまり出回っていない）

50元

20元（あまり出回っていない）

10元

5元

1元
※このほか記念硬貨もある

電話のかけ方

▶電話→ P.250

日本から台湾へかける場合　　例 台南の (06)123-4567 へかける場合

国際電話会社の番号	+	国際電話識別番号	+	台湾の国番号	+	市外局番（頭の0は取る）	+	相手先の電話番号
0033（NTT コミュニケーションズ）**0061**（ソフトバンク）携帯電話の場合は不要		**010**※		**886**		**6**		**123-4567**

※ 携帯電話の場合は「0」を長押しして「＋」を表示させると、国番号からかけられる。
※ NTTドコモ（携帯電話）は事前にWORLD CALLの登録が必要。

祝祭日

台湾では太陽暦（新暦）と太陰暦（旧暦、農暦）を併用。旧暦による祝日は、毎年日にちが変わるので注意が必要。祝日が土・日曜と重なった場合、月曜が振り替え休日になることもある。（★は重要な記念日だが、国定休日ではない。※印は毎年日にちが変わる）

▶旅のシーズン
→ P.232

1月	1/1		元旦
	旧暦12月末日	※	旧暦大晦日、除夕（2025年は1月28日、2026年は2月16日）
	旧暦1/1～3	※	旧正月、春節2025年は1月29日～31日。1月25日～2月2日が連休）
2月	2/28		和平記念日（二・二八事件記念日。2025年は3月2日まで連休）
4月	4/4		児童節。子供の日
	4/5	※	清明節。家族全員で祖先を祀る（2024年は7日まで連休）
6月	旧暦5/5	※	端午節（2024年は6月10日。8日から連休）
8月	旧暦7/15	※★	中元節。死者の魂を送り迎えする（2024年は8月18日）
9月	旧暦8/15	※	中秋節（2024年は9月17日）
10月	10/10		国慶節
	10/25	★	光復節。台湾が中華民国に復帰したことを記念する
12月	12/25	★	行憲記念日。中華民国憲法発布の日

ビジネスアワー

日本と同様、週休2日制が一般的。以下は一般的な営業時間の目安。ショップやレストランは店舗により異なる。
銀行
　月～金曜　9:00～15:30
　土・日曜、祝日は休み
ショップ、デパート
　一般に11:00～21:30

レストラン
　一般に10:00～21:00くらいとやや早め。無休の店でも旧正月（台湾でいう春節のこと）、端午節、中秋節には休みを取る店もある。
コンビニエンスストア
　24時間営業、ほとんどの店が年中無休。

電圧とプラグ 放送＆映像方式

電圧とプラグ
　110V、60Hz。プラグの形状は日本と同じAタイプ。日本の電化製品はそのまま使える場合が多いが、パソコンなどの精密機器には変圧器を使用したほうが安心だ。また、まれにプラグがCタイプ、Oタイプがあるのでプラグセットを用意しておくと安心。

放送＆映像方式
　DVDやブルーレイなどの映像ソフト購入時は、放送方式とリージョンコードに注意。台湾の放送方式は日本と同じNTSC。ブルーレイのリージョンコードは日本と同じA。DVDは日本が2で台湾が3。ソフトとプレーヤーのコードが一致しないと再生できないが、いずれかがオールリージョン対応なら再生可能。

台湾から日本へかける場合 例 (03)1234-5678 または 090-1234-5678 へかける場合

※ ホテルの部屋からは、外線につながる番号を頭に付ける

| 国際電話識別番号※ 002/009 | ＋ | 日本の国番号 81 | ＋ | 市外局番と携帯電話の最初の0を除いた番号 3または90 | ＋ | 相手先の電話番号 1234-5678 |

▶ 台湾国内通話　市内へかける場合は市外局番は不要。市外へかける場合は市外局番からダイヤルする。
▶ 公衆電話のかけ方
①受話器を持ち上げる。
②テレホンカードを、カードに示された矢印の方向に入れる。
③相手先の電話番号を押す。
④テレホンカードの残りが画面に表示される。通話が終わったら、受話器を置き、カードを取る。

チップ

　日本と同様、一般にチップの習慣はなく、ある程度の飲食店やホテルではあらかじめ10％のサービス料が付加されている（ホテルは10～15％）。特別なサービスを受けたときや、無理を通してもらったときには気持ちで渡そう。目安は簡単な食事ができる100元。

飲料水

　水道水はそのまま飲まないこと。屋台のジュースなどの氷にも注意。ミネラルウオーターはコンビニで購入できる。空港や駅、バスターミナルなどにはウオーターディスペンサー設置されていて、水、お湯、ぬるま湯を無料で汲むことができる。

気　候

▶旅のシーズン→ P.232

　南北に細長い台湾本島は、中央を通る北回帰線を挟んで、北が亜熱帯、南は熱帯地域。台湾南部は熱帯地域で、冬も温暖。はっきりとした四季はなく、長い夏とごく短い冬があるのみ。
春（2～4月）
　朝晩の気温差が大きく晴れると暑い。
夏（5～10月）
　湿気も高く、かなり暑い。しかし室内は冷房が強く、寒い。スコールもあり、台風も多い。
秋（11月）
　朝晩は涼しいが、晴れた日中は暑い。
冬（12～1月）
　雨が少なく、温暖で過ごしやすい。寒波に覆われることもあり、セーターが必要になる日が数日ある。

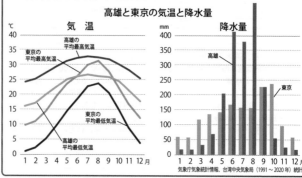

高雄と東京の気温と降水量

気象庁気象統計情報、台湾中央気象局（1991～2020年）統計

日本からのフライト時間

　高雄への直行便は、東京（成田）から約4時間30分、大阪から約4時間。
　台北には台湾桃園国際空港と台北松山空港のふたつの空港がある。台湾桃園国際空港へは直行便で東京（成田）、仙台から約4時間、札幌からは4時間30分、名古屋、小松、大阪から約3時間、広島、福岡、宮崎から約2時間30分、那覇からはわずか1時間30分となる。台北松山空港へは東京（羽田）からの便のみでフライト時間は同じ。

時差とサマータイム

　日本との時差は-1時間（グリニッジ標準時＋8時間）。日本の正午が台湾の午前11時。サマータイムはない。

郵　便

▶郵便事情→ P.251

一般郵便局の営業時間
　月～金曜　　…8:00 ～ 17:00
　土・日曜、祝日…休み
日本までの航空郵便料金
　はがき…10元
　封書　…10gまで13元
　小包　…5kgまで920元

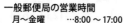

出入国

ビザ
　90日以内の観光目的で滞在の日本国籍者は、出国する予約済みの航空券か乗船券を持っていればビザは不要。それ以上の滞在や留学などはビザが必要。

入国時に必要な書類
　入国時に入国カードと、必要な場合は入国税関申告書を提出する。
パスポートの残存有効期間
　台湾到着時に予定滞在日数以上必要。

▶旅の準備→ P.230
▶台湾での入出国
　→ P.238

安全とトラブル

　治安はおおむね良好だが、公共交通機関や夜市などや人混みのなかではスリなどもいるので荷物から目を離さないこと。
　夏から秋には台風が頻繁に通過し、水害や崖崩れなどが起きることがある。

緊急電話番号
警察 **110**
消防、救急車 **119**

▶旅のトラブル対策
　→ P.253

税　金

　台湾の消費税は5%。外国籍の旅行者を対象に、税金還付制度があり、デパートなど手続き対象店で1日2000元以上買い物をした場合に、消費税から手数料20%を引いた額が戻ってくる。購入金額4万8000元以下は購入した店で即日還付。申請は当日限りでパスポートが必要。

▶税金還付制度
　→ P.243

年齢制限

たばこは満20歳、アルコールは満18歳以上。

度量衡

　日本と同様に距離、重量にはメートル法（cm、m、g、kg）が使われている。市場などでは台湾の伝統的な重量の単位の両（37.5g）、斤（600g）が使われることもある。

その他

MRT、バス
　MRTやバスの車内、駅構内での喫煙・飲食は禁止。違反すると7500元以上の罰金。

トイレ事情
　トイレットペーパーは便器に流さずゴミ箱に入れるのが主流だが、最近は便器に流せる公共のトイレが増えつつある。公共の場所に設けられているトイレは、トイレットペーパーがない場合があるので持参しよう。

エスカレーター
　急ぐ人のために左側を空け、右側に並ぶのがマナー。

タクシー
　日本同様、全席シートベルトの着用が義務づけられている。

レジ袋
　コンビニ、ドリンクスタンドを含め各店でのビニール袋の配布は有料（1～2元程度）。買い物の際はエコバッグを持参しよう。

民國暦
　台湾では西暦のほかに「民國」という独自の年号も使われている。西暦2024年は民國113年。食品の賞味期限などで、113.03.21などと民國暦で表示されることもある。

運転
　台湾では国際運転免許証は認められていない。日本の運転免許証の所持者は、有効な日本の運転免許証とその中国語翻訳文（台湾で交流協会が作成したものか、日本で日本自動車連盟が作成したものに限る）、パスポートを持っていれば運転可能。

たばこ
　レストラン、ホテルを含む公共の場での喫煙は法律で全面的に禁止されており、罰金は2000～1万元。決められた喫煙スペースで喫煙しよう。また、電子たばこ（加熱式たばこ）の台湾への持ち込みは禁止されており、違反すると5万～500万元の罰金。

南台湾 早わかり エリアナビ

南台湾を構成しているのは、
直轄市の台南市と高雄市、屏東縣。
郊外に個性的な小さな町が点在する。

台湾発祥の古都
タイナン
1 台南 →P.37

台湾でいちばん早く開発された町で、17世紀から長い期間にわたって台湾における政治と文化の中心地であった。歴史的価値がある史跡や寺廟が多く、南台湾では高雄に次ぐ規模の都市ではあるが、ノスタルジックで、南国らしいゆったりした雰囲気が流れている。

南台湾最大の工業都市
カオシォン
2 高雄 →P.105

台湾南部最大の都市であり、南部経済の中心地。アジア有数の貿易港である高雄港には日々巨大コンテナ船が行き交い、台湾における経済と貿易の要であることを実感できる。市街中心部を東西南北に走るMRTと次世代型路面電車LRTが整備され、公共交通機関も充実している。

のんびりとした雰囲気
ピントン
3 屏東 →P.22、202

屏東縣における行政の中心地。かつての軍人村がリノベーションスポットとして注目されている。

歴史ある城壁都市
ハンチュン
4 恆春 →P.217

清代に築かれた城塞都市で、城壁跡は町のシンボルになっている。墾丁に近く、町歩きも楽しめる。

台湾最南端のリゾート
ケンティン
5 墾丁 →P.223

青い海と美しいビーチが広がる台湾有数のリゾート地。マリンスポーツを楽しむなら夏季がおすすめ。

嘉義縣

6 鹽水

7 烏山頭

台南市

1 台南

8 玉井

9 新化

台南
台南駅

台南空港

高鐵台南駅／沙崙駅

N
10km

10 旗山

美

新左營駅 高鐵左營駅

2 高雄
高雄

高雄国際空港

屏東

3 屏東

15
東港

小琉球

17

台北
台湾桃園
国際空港
台北松山
空港
台中
台南市
高雄市
屏東縣

高雄市

林

屏東縣
・霧台

台東縣

四重溪温泉

⑤ 墾丁

恆春
・墾丁

④ 恆春

意麺が名物
6 鹽水
イエンシュイ →P.192

清代に栄えた
かつての港町で、
古い町並みが残
る。平たい卵麺の
意麺でも有名。

歴史的なダム
7 烏山頭
ウーシャントウ →P.190

台湾で今も慕わ
れる、八田與一技
師が建設したダム
は、嘉南平原を穀
倉地帯に変えた。

マンゴーの聖地
8 玉井
ユイジン →P.186

マンゴーの産地
で、5〜9月の収穫
期の市場はカゴに
山盛りのマンゴー
がずらりと並ぶ。

美しい老街で有名
9 新化
シンホア →P.188

メインストリート
に台湾でいちば
ん美しいといわれ
るバロック風建築
の老街が残る。

バナナの産地
10 旗山
チーシャン →P.194

さまざまなバナ
ナスイーツを楽し
める。サトウキビ列
車の駅舎も見どこ
ろとして再生。

客家の人々が暮らす
11 美濃
メイノン →P.197

紙傘など客家
の伝統工芸に出
合える。町のあち
こちに赤れんが
の伝統的な家屋
が残る。

蝶の越冬地
12 茂林
マオリン →P.200

ルカイ族が住
む町で、冬は蝶の
越冬地となり、無
数のルリマダラが
舞う。

パイワン族とルカイ族が住む
13 三地門
サンティーメン →P.207

山間部の町。
原住民の歌と踊
りのショーを行う
台湾原住民族文
化園區や長いつ
り橋がある。

ルカイ族が住む秘境
14 霧台
ウータイ →P.209

海抜1000mを超
える山あいにある
ルカイ族の村。伝
統的な石板家屋
の町並みが残る。

台湾有数の漁港の町
15 東港
トンガン →P.211

クロマグロの水揚げ量の多さで知ら
れる、台湾海峡に面した港町。市場で
新鮮な刺身を味わうことができる。

日本と縁の深い温泉
16 四重溪温泉
スーチョンシーウェンチュエン

北投温泉、陽明山温泉、關子嶺温
泉とともに台湾四大温泉に数えられ
る、南国ムード漂う小さな温泉郷。

→P.222

珊瑚礁でできた島
17 小琉球
シアオリョウチュウ →P.214

東港から旅客船
で訪れることがで
きる離島。海岸沿い
の奇岩巡りやウミガ
メ観察、マリンスポー
ツなどを楽しめる。

11

南台湾へ今すぐ行きたい！

新しい台湾に合える 最旬スポットへ

台南、高雄、屏東に登場した注目の見どころをチェック。
デザインにこだわった新ランドマークやリノベエリアへご案内。

新スポットが
続々登場

高雄のベイエリアの姿
を一変させた高雄流
行音樂中心

流行輸送台

1.夜間は色彩豊かにライトアップ　2.愛河の河口一帯に関連
施設が並ぶ　3.体験参加型で楽しめる「POP!POP!POP!」

NEW SPOT
高雄
Kaohsiung

斬新なデザインの
ポップミュージックの殿堂

　高雄の音楽シーンの発展を促すための複合施設。ハニカム模様が目を引くメインの建築物である音浪塔は、大小の塔とコンサートホールからなり、その前の広場はイベントスペースになっている。内部にはショップやカフェ、ポップミュージックの展示館「POP!POP!POP!」などがあり、イベント時以外も楽しめる。関連施設が点在する沿岸をのんびり散策するのもおもしろい。

カオシォンリョウシンインユエチョンシン
高雄流行音樂中心 →P.132、148

乗車、下車時
にタッチ

高雄LRTが全線開通！

　2024年1月1日、愛河之心駅〜凱旋公園駅間が開通し、環状線の運行が始まった。これまで1乗車一律30元だった運賃が距離に応じた額に変更となる。ICカードはこれまでは乗車時のみタッチすればよかったが、今後は下車時もタッチしなければならない。新運賃は20〜35元。

直線を多用しつつ有機的なデザイン。新しい憩いの場となっている

劇場も入っている

ガラス張りのエレベーター

ゆったりとしている

台南
Tainan

NEW SPOT

1.展示室　2.木陰に近い採光を作り出す屋根　3.ポーチ（390元）　4.入口付近にミュージアムショップもある　5.1館は転じてクラシカルな雰囲気　6.幹のようにそびえるエレベーター

のんびりできるふたつのカフェ

陽光が降り注ぐ現代アートの美術館

最上階にあり開放的
南美春室

5F　→P.93

心地よいテラス席もある
!'M COFFEE

2F

建物は台南のシンボルである鳳凰花をイメージしたデザイン。展示室は互い違いに積み重ねるように設計され、特徴的な屋根は自然に近い採光を得るための構造になっているなど、建築的な見応えもある美術館だ。入場にはチケットが必要だが、チケット売り場で申告すれば、カフェだけの利用も可能。

タイナンシーメイシューグアンアールグアン
台南市美術館2館
→P.71

アート鑑賞の
あとはカフェへ♪

NEW SPOT

台南
Tainan

台南の路地のような
巨大立体迷路

　アイスクリーム店がオープンした、カフェでもある不思議なアート空間。日本人建築家・藤本壮介氏による建築作品「術Lòng Stairs」を、ガイドツアーで楽しめる。

ナンチョンロンシー
南埕衖事

MAP P.46-B2

🏠台南市中正路38、40號間巷底 ☎(06)227-8999 ⏰10:30～19:00(術Lòng Stairsは～16:30) 休火 💰300元(土・日・祝350元) 🚇台鐵台南駅前の南站より1路バスで「林百貨(中正路)」下車、徒歩約1分 🌐www.longstory.com.tw

1.入り組んだ台南の路地を8階にわたる階段で表現　2.ダックワース(160元)と蜜香紅茶(85元)　3.入口は永福國小裏の突き当たりにある　4.カフェも広々としており多数の客席がある

安平港が
見渡せる

フォトスポット

NEW SPOT

台南
Tainan

大空へ泳ぎ出す
クジラのオブジェ

　3714本ものパイプを溶接して造られたパブリックアート作品。クジラの歯の部分に当たる2階の展望台からは安平港を眺めることができる。内部には台湾本島の形を表現した448枚のステンドグラスも。夜はライトアップされる。

ダーユィダチューフー
大魚的祝福 →P.81

NEW SPOT

台南
Tainan

遺跡を思わせる
水辺の都市公園

　中國城という商業施設の跡地を公園に転用。建物の柱や梁が一部残され、退廃的な雰囲気も感じさせる。イベントスペースになることも。

ホーラーコワンチャン
河樂廣場

MAP P.44-A2

🏠台南市中正路343號 ⏰9:00～21:30 休火 💰無料 🚇台鐵台南駅前の南站より14路バスで「河樂廣場」下車、徒歩約3分

NEW SPOT

高雄
Kaohsiung

高雄の
ベストビュー

早くつながら
ないかな〜

1.船を通すために水平に90度旋回する 2.橋の中央に設けられた展望デッキからの眺めは最高 3.旋回中は通行禁止 4.2階建てで、建築的なおもしろさもある

倉庫群を結ぶ
旋回するつり橋

　駁二藝術特区の大義倉庫と向かいの大港倉をつなぐ新しい橋にはロマンティックなしかけが。1日1回（土・日・祝は2回）、橋が旋回する間、対岸に渡れなくなってしまうのだ。約30分かけてゆっくりと旋回する様子はまるでバレリーナのストレッチのよう。橋がつながる瞬間は感動的ですらある。

ダーガンチャオ
大港橋　→P.149

リノベエリア

散策が
楽しい！

NEW SPOT

台南
Tainan

NEW SPOT

屏東
Pingtung

日本統治時代の
航空隊宿舎をリノベ

　台南海軍航空隊の宿舎（1941年完成）8棟が保存され、空軍に関する展示館や書店、カフェなどに利用されている。引退した台湾軍の戦闘機も見られる。

シュイジャオシャーウェンホアユエンチュー
水交社文化園区

MAP P.43-C2

住 台南市興中街118號 ☎ (06) 263-3467 🕘 9:00〜12:00、13:00〜17:00 休 月・火、旧正月 料 無料（一部有料）交 台鐵台南駅前の北站より5路バスで「家斉女中」下車、徒歩約9分 URL shueijiaoshe.tainan.gov.tw

ショップやカフェが
充実のリノベタウン

　日本統治時代に飛行場所属の軍人宿舎群として作られ、戦後は国民党の軍人たちが住んでいた眷村の一画をショップやカフェが並ぶ屏東の流行発信エリアにリノベーション。廃墟を映画のセットのようにアレンジした遺構公園もある。

ションリーシンツン
勝利星村　→P.22、203

週末＋1日で大満喫！
南台湾 3泊4日 パーフェクトプラン

外せない定番＆必見の新スポットを効率よく回るよくばりプランをご紹介。

DAY 1

空港から台南に移動したら、さっそくグルメを楽しもう。
余力があれば南台湾ならではの大型夜市へ出かけてみよう。

日本から
約4時間

MRT＆台鐵で
約50分

18:00 台鐵台南駅に到着

台鐵高雄駅〜台鐵台南駅間は自強號で約35分。高雄を拠点にして台南は日帰りで訪れるという選択もアリ。

駅舎は
改修工事中

16:30 高雄国際空港に到着

直行便で高雄に到着。MRT高雄國際機場駅は空港玄関を出てすぐの入口から。高雄市内に宿泊ならタクシー利用も便利。

タクシー
が便利

名店のカニおこわを堪能

人気の紅蟳米糕はひとり用セットでも味わえる。近くに道教の最上位の神を祀る天壇（→P.66）がある。

18:30 ホテルにチェックイン

台南は台湾全土から観光客が訪れる人気都市なので、特に週末は満室となるホテルも多い。予約がベター。

タクシー
で数分

19:00

阿霞飯店
→P.86

南台湾へ
ようこそ★

徒歩
約5分

ナイトマーケットへ繰り出す

体力が残っていたら、タクシーで郊外の大規模夜市へ出かけてみよう。ゲームを楽しむのもおすすめ。

裕成水果
→P.95

21:00 デザートはフルーツかき氷

旬のフルーツがたくさんのったかき氷は、滞在中必ず食べたい憧れメニュー。夏はぜひマンゴーかき氷を楽しみたい。

タクシーで
約7分

22:00

屋台グルメを
チェック

花園夜市
→P.68

DAY 2

2日目は早起きして台南伝統の朝ごはんでスタート。
古跡とパワスポを見学後、古い町並みも残る安平へ。

台南朝食で
活力チャージ

台南名物の朝食

8:00

サバヒー粥と牛肉湯はどちらも人気の台南グルメ。この2店は近いので、ハシゴもできる。

阿憨鹹粥
→P.89

サバヒー粥　or　牛肉湯

西羅殿牛肉湯
→P.89

徒歩
約12分

赤崁樓
→P.63

9:00

台南のシンボルを見学

鄭成功が政治の中心地とした古跡で、台南を代表する観光スポット。建物の改修工事が進んでいる。

9:30 ### 強力パワスポに参拝

台湾における関帝廟の総本山。縁結びの神様、月下老人も人気。近くに大天后宮(→P.63)もある。

徒歩
約1分

ビジネス、
仕事の神様

祀典武廟
→P.64

バスで
約30分

おみやげ店が並ぶ老街 11:00

出店が並ぶ細い通りをそぞろ歩き。林永泰興蜜餞行(→P.99)のドライフルーツが人気。

安平古堡
→P.79

徒歩
約1分

安平老街
→P.80

10:30

かつての
ゼーランディア
城

台南発祥の地・安平へ

台南でいちばん初めに開かれた港町の安平は、台南の歴史を物語る古蹟が残る。のどかな雰囲気も魅力。

バスで
約8分

新アートスポットをチェック

2019年にオープンした、大規模なモダンアートの美術館。建築の美しさにも触れてみたい。

周氏蝦捲
→P.91

12:00

台南郷土料理のランチ

蝦捲をはじめ、代表的な台南グルメをセルフスタイルで気軽に楽しもう。安平中心部に支店もある。

14:00

バス&
徒歩で
約25分

台南市美術館2館
→P.71

徒歩
約3分

パパイヤミルク
もおいしい

レトロデパートでおみやげ探し

おしゃれなパッケージのグルメみやげや台湾デザインの雑貨が幅広く揃う。カフェや屋上ものぞいてみたい。

徒歩
約6分

16:00

林百貨
→P.60、97

莉莉水果店
→P.95

15:00

旬のフルーツでおやつタイム

長年営業する老舗の果物店。厳選された旬のフルーツを、盛り合わせやかき氷などで楽しめる。

徒歩
約2分

幻想的な町並みを散策

清代の面影を残す神農街。ショップをのぞいたり、カフェやバーで過ごしたりして台南の夜を楽しもう。

度小月 原始店
→P.87

おかわり
しちゃおう！

20:00

神農街
→P.48、65

バス＆
徒歩で
約15分

すてきな写真が
撮れそう

18:00

ディナーは絶品擔仔麺

台南発祥の擔仔麺は台湾グルメの元祖。エビの奥深いだしが効いた小ぶりの1杯は、何杯でも食べられそう。

もう1日あったら…… →P.223

墾丁弾丸日帰りプラン

台南、高雄から日帰りできる小さな町もいっぱい。時間を忘れてのんびり過ごせる。

8:00
高鐵、
MRT左營駅から
墾丁行き
バスに乗車

バスで
約2時間

→P.223

10:00 南灣のビーチ
に到着！

徒歩
約3分

→P.227

12:00 迷路小章魚
饕酒館でランチ

バスで
約45分

最南端を
目指す

14:00 公園内に立つ
鵝鑾鼻の灯台へ
→P.224

徒歩約
30分

15:00 台湾最南點碑で
記念撮影
→P.224

徒歩＆
バスで
約30分

18:00 墾丁大街夜市を
ぶらぶら
→P.225

バスで
約2時間
10分

21:30
高鐵
左營駅
到着

DAY 3

最終日の朝に高雄へ移動。ホテルに荷物を預けたら、
高雄ならではの港町風情を楽しめる見どころを巡ろう。

台鐵台南駅を出発

舊高雄驛
→ P.137

台鐵で約35分

9:40 台鐵高雄駅に到着

2018年に地下化し、建物も一新。地上には
昔の高雄駅の建物も保存されている。

MRTで6分

ステンドグラスのドームを観賞

MRT美麗島駅改札口のコンコースは、美しいステンドグラスで彩られ、人気の撮影スポットとなっている。

10:30

光之穹頂
→ P.138

人間の一生が描かれている

MRTで16分

春田氷亭
→ P.170

11:00

ゴージャスなDIYかき氷

枡に入ったトッピングを好きに盛り付け、ふたりでシェアして食べる。ひとり用のかき氷メニューも充実。

バスで約10分

赤れんがの古跡から 絶景ビューを楽しむ

13:00

高雄港を見晴らす高台に立つ、かつてのイギリス領事館。カフェもあり、港を眺めながらひと休みできる。

打狗英國領事館文化園區
→ P.152

バス&LRTで20分

駁二藝術特區
→ P.128、149

壁画もいっぱい

14:30

アートなリノベエリアで 記念撮影

アートであふれ、楽しい写真が撮れる。時間があれば大港橋を渡って大港倉へ足を延ばしてみよう。

LRT&徒歩約18分

ミニクルーズ船で 愛河河口をぐるり

17:30

ソーラーパワーが動力の「愛之船」で約40分の船旅。新しくなったベイエリアの景観も楽しめる。

愛之船
→ P.148

水面に光がゆらめく

バス&MRTで約12分

六合國際観光夜市
→ P.138

19:00

or

南台湾 最後の晩餐を楽しむ

人気夜市で安ウマグルメを制覇するもよし、奮発して高級海鮮料理を堪能するもよし。

タクシーで約6分

蝦之屋
→ P.163

DAY 4

早朝便で帰国

高雄発日本行きの直行便に乗るために空港に向かう時刻は、まだMRTが動いていない早朝のことが多い。タクシーで向かおう。

熱気あふれる夜市で食べて遊んで
南台湾の夜市を楽しもう

広い敷地で開催される大型夜市。童心にかえって縁日気分を楽しもう。

屋台が用意したテーブルで座って食べられる

無数ののぼりが立つ
ホアユエンイエシー
花園夜市 →P.68

木・土・日曜に開催。他の曜日は大東夜市（→P.77）や武聖夜市（→P.68）が開催され屋台も移動する。

よりどりみどり
グルメ

gourmet

最も多いのが食べ物の夜市で、多種多様なメニューを楽しめる。ウエットティッシュがあると重宝する。

もっちりな食感

宝石のようなビジュアル
ハオシアハオチウ
好呷好球 100元
フルーツを閉じ込めた丸いゼリー。

大鍋でかき混ぜている
ディーグアチウ
地瓜球 30元
油で揚げたサツマイモボール。

とろけるおいしさ

台湾夜市の定番メニュー
オアジェン
蚵仔煎 70元
モヤシたっぷりのカキオムレツ。

ビールに合う!
スーザーヨウユイ
酥炸魷魚 160元〜
イカのフライ。かける塩の味を選ぶことができる。

ホテルで食べても◎

台南産フレッシュマンゴー
マングオ
芒果 50元
新鮮なカットフルーツ。串に刺して食べ歩き。

タケノコ好きは必食
サーラースン
沙拉筍 100元
えぐみがなくおいしい台湾のタケノコ。甘めの台湾マヨネーズをつけて。

game

単純なルールで、100元で何回も遊べる。一度やってみると楽しさにハマってしまうかも。無邪気に遊ぶ大人も多い。

> 勝てば商品GET！

> 裏返した牌を選ぶよ

マージャンビンゴ
一連線

選んだマージャン牌がビンゴのように一列に並ぶと景品をもらえる。

> カゴ1杯分投げられる

入りそうで入らない
輪投げ

ずらりと並んだ瓶やおもちゃに輪を投げ入れる。簡単そうで難しい。

> 力を入れすぎないで

100元で200玉遊べる
パチンコ

昭和の駄菓子屋にあったような子供用のパチンコ機。無心で玉をはじく。

ビンゴを完成させる
ピンポン玉入れ

ピンポン玉をガラスの壺に入れる。手前で軽く弾むように投げるのがコツ。

まだまだある！
南台湾の夜市

other night markets

夜市は台湾全土、いたるところで開催されている。花園夜市と同様に駐車場などの広い敷地で開かれるものや、1本の道の両側に屋台が並ぶものもある。

高雄市中心部にあり行きやすい
リョウホークオジークワングワンイエシー
六合國際觀光夜市 →P.138

高雄市中心部のど真ん中、MRT美麗島駅からすぐの所にあり、世界中の観光客が訪れる。パパイヤミルクや海鮮粥が人気。

地元の雰囲気を楽しむなら
ルイフォンイエシー
瑞豐夜市 →P.142

高雄のローカルに人気で、イートインスペースが充実。人気メニューのひとつがステーキで、家族で仲良く味わっている姿も。

ローカルムードを堪能できる
ピントンイエシー
屏東夜市 →P.204

> バイクがいっぱい

バイクが行き交う細い道の両側にグルメ屋台が並び、地元の人々の食卓のような雰囲気。バイクのパワーに圧倒される。

夜になると屋台が登場
ケンティンダージエイシー
墾丁大街夜市 →P.225

> 南国ムード満点★

台湾最南端の町、墾丁のメインストリートで開催。カラフルなカクテルや窯焼きピザなどリゾート地らしいおしゃれなメニューも多い。

いま注目のリノベタウン

屏東 勝利星村へ小旅行
ションリーシンツン

かつての眷村を再生した、勝利星村の勝利區へ足を延ばして。

| ACCESS |
台鐵屏東駅より徒歩約15分。

いろいろな店があるね

→P.203

勝利星村とは
「勝利區」、「成功區」、「通海區」からなり、なかでも勝利區の範囲がいちばん広くにぎわっている。

1.週末は多くの人が集まる　2.インフォメーションセンターでもある將軍之屋　3.バス停もアート　4.かわいい壁画も

食事だけでなく、お茶もOK

Ⓐ 碗裡的茶
ワンリーダチャー

茶創意雨林餐廳
チャーチュアンイーユイリンツァンティン

創作料理のレストラン。J.C.co Art Kitchen 藝術廚房(→P.173)の犬型アイスも扱っている。

MAP P.203-A1

🏠屏東市必勝巷3號 ☎0937-256-885 🕐10:30〜16:30(土・日〜20:00) 🈔火 💳不可

溶けないうちに食べて

1.外観　2.チョコレート味の豆豆(188元)　3.ウサギのアイス(188元)も　4.店内の様子

こだわりのバスクチーズケーキ

Ⓑ 必勝烘焙研製所
ビーションホンベイヤンジーツオ

タロイモ味の芋香巴斯克半熟乳酪(150元)をはじめ、9種類のバスクチーズケーキを味わえる。

MAP P.203-A1

🏠屏東市必勝巷1號 ☎(08)732-1700 🕐11:00〜18:00 🈔火 💳J Ⓜ Ⓥ 🌐www.bishengbakery.com

1.飲物(130元〜)はジャンボサイズ　2.靴を脱いでリラックス　3.屏東発のケーキ店

南国屏東の特産スイーツ

Ⓒ 囍室
シーシー

台湾南部の伝統スイーツ、緑豆蒜の店。古風な看板や古道具などで飾られた香港レトロな内装も楽しい。

MAP P.203-A1

🏠屏東市青島街91號 ☎(08)732-7671 🕐13:30〜18:30(土・日10:00〜) 🈔火・水 💳不可

1.注文は外の窓口で　2.内装は香港スタイル　3.いろいろな味を楽しめる緑豆蒜(70元)

冬はホットもあるよ!

※この地図はデフォルメされています

けっこう
広い！

● YouBikeスタンド

遺構公園

重慶路

勝利路

永勝巷

必勝巷

青島街

必勝巷 ⒶⒷ

Ⓓ

Ⓒ

中山路

●「中山勝利路口」
バス停

将軍之屋

「勝利星村」
バス停

勝義巷 Ⓕ

Ⓔ

青島街

清営巷

康定街

Ⓖ

小陽。日栽書屋
→P.206

↓台鐵屏東駅へ

N

50m

家屋の廃墟をあえて修復せず、撮影スポットとして開放。映画のセットのような雰囲気も。

眷村の味、肉燥麺の専門店

Ⓓ 満麺屋
マンミエンウー

屏東郊外の六塊厝にあった1992年創業の阿満麺店がリニューアル。肉燥麺は汁なしの麻醤乾麺(68元)と、汁ありの豚骨湯麺(68元)の2種類。

MAP P.203-A1

🏠屏東市青島街114號 ☎(08)766-0773 🕐11:00～14:00、17:00～20:00 休火 CC不可

1.食事ならここがおすすめ
2.眷村肉燥麻醤乾麺
3.食堂のようなシンプルな客席

唯一無二のコーヒーを味わえる

Ⓕ 天堂鳥咖啡烘焙
ティエンタンニャオカーフェイホンベイ

店内は親戚の家のような気さくな雰囲気だが、実は数々のコーヒーの賞を獲得している実力店。イチオシは屏東德文部落(130元～)。手作りスイーツも絶品。

MAP P.203-A1

🏠屏東市勝義巷9號 ☎(08)732-8009 🕐11:00～20:00 休不定休 CC不可

スイーツも
試したい

1.アズキ入りバスクチーズケーキ(120元) 2.チョコブラウニー(3個100元) 3.気取りのない外観 4.絶品のコーヒーを味わって

台湾産大豆で作るしょっぱ過ぎない醤油

Ⓔ 豆油伯
ドウヨウバイ
勝利星村品牌文化体験館
ションリーシンツンピンバイウェンホアティーヤングアン

屏東の竹田に本拠地をおく醤油メーカーのアンテナショップ。試食しながら好みの醤油を選べる。豆乳アイス(60元)など小腹を満たせるメニューもある。

MAP P.203-A1

🏠屏東市青島街102號 ☎(08)766-5866 🕐11:00～19:00 休旧正月 CC J M V 🌐www.mitdub.com

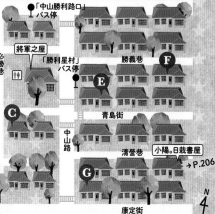

おみやげに
ぴったり

1.店内 2.ミニサイズ(120元)も 3.醤油が甘さを引き立てる豆乳アイス

希少な屏東産コーヒーも買える

Ⓖ 屏東原百貨
ピントンユエンバイフォ

屏東縣に住む原住民の人々が運営するショップが並ぶ。卡佛魯岸咖啡では屏東産コーヒーのほか、工芸品をアレンジした雑貨なども販売している。

MAP P.203-A1

🏠屏東市康定街2～12號 ☎(08)721-5185(卡佛魯岸咖啡) 🕐11:00～20:00 休火・水 CC不可

1.屏東産のコーヒー豆(850元)
2.工芸品も販売 3.入口に立つ石碑も伝統の彫刻で 4.ドリップパックのコーヒーも(各55元)

23

絶品ローカルフードをチェック！

南台湾の心食

プリプリ

魚介料理
海鮮 ◆ ハイシェン

台湾有数の漁港をいくつも抱える南台湾のごちそうといえば海鮮を使った料理。屋台フードから高級グルメまでバリエ豊富。

おすすめ

ティエジャーシア
鐵甲蝦
✓甘エビに似たエビの刺身。甘エビよりも弾力があり、プリプリの食感。

サクサク

スアンロンヂョンヘイクー
蒜茸蒸黑姑
↑つぶしたニンニクとウチワエビを一緒に蒸したもの。ニンニク臭さはあまりない。

ハイジェンチュエン
海鮮捲
↘刻んだイカとニラを湯葉でくるんで揚げたもの。

ウーユイヅ
烏魚子
→お酒のお供にぴったり。スライスした大根、ネギと一緒に食べるのが台湾流。

カラスミ

定番！

オアジェン
蚵仔煎
✓小ぶりのカキたっぷりのオムレツは夜市の定番メニュー。

ターツァンハイグアーヅ
塔層海瓜子
↓アサリに似た二枚貝と台湾バジルの炒め物。残った汁はご飯にかけるとおいしい。

シャンスーシュイジンユィ
香酥水晶魚
↑大きい白魚のフリッター。

イエンカオシアオチュエン
鹽烤小巻
↘スルメイカのグリル。ライムを搾ったり塩コショウで食べる。

おすすめ

フオタンシェンシア
活燙鮮蝦
↑シンプルに塩ゆでしただけのエビ。

グルメ図鑑

南台湾グルメの神髄は、町角の小吃店にあり。その土地で豊富に取れる食材を使った個性豊かなローカルフードは、長い歴史に育まれた伝統の味。

台南小吃は >>> P.58

シエンカオフォンルオ
鹽烤風螺
↑バイガイの塩焼き。弾力があり、海のうま味に満ちている。

サンベイシアオグアン
三杯小管
↓イカを酒、醤油、黒ゴマ油の三杯ソースで煮込んだもの。

小琉球名物

フォンチャオシア
蜂巢蝦
↑エビのかき揚げ。バリバリしている。

ごちそう

シエンスーシュン
鹽酥蟳
✓カニの塩揚げ。ニンニクが効いている。

東港名物

ションユィピエン
生魚片
↑漁港が多い南台湾では、新鮮な刺身を食べることもできる。

オーレン
黑輪
✓日本語の「おでん」から派生した平たい魚肉の練り物。

おすすめ

ハイシェンヂョウ
海鮮粥
↑シーフードたっぷりのお粥。お茶漬けのようなさらっとした食感。

ジョウヂョンウグーリー
酒蒸蛤蠣
→小ぶりのハマグリの酒蒸し。日本人好みのシンプルな味。

シュンヂョウ
蟳粥
✓カニのだしが効いた濃厚なお粥。カニ肉も楽しめる。

肉料理
肉 ◆ ロウ

日本で定番の牛、豚、鶏に加え、アヒルやヤギ羊の肉もポピュラー。モツやレバーなどホルモン系もよく食べられる。

客家料理

ジャンスーチャオダーチャン
薑絲炒大腸
←モツと針ショウガの炒め物。ショウガがさわやかさを添える。

原住民料理

プールオシャンチャン
部落香腸
→ぐるぐる巻きの黒豚ソーセージ。タロイモ粉も入っている。

ヤーロウ
鴨肉
←カモ、アヒルの肉。さっぱりとしていて鉄分が多い。

岡山名物

シャーチャーヤンロウ
沙茶羊肉
←ヤギの肉とネギを沙茶醤（バーベキューソース）で炒めたもの。ビールに合う。

原住民料理

ジェンヂューパイ
煎助排
←山ブタのリブをマッカウという山で採れる胡椒と炒めたもの。

デュージャオ
豬腳
↘コラーゲンたっぷりの豚足。中国語では猪はブタを表す。

萬巒名物

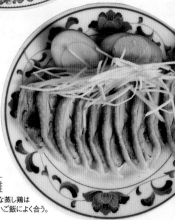

タイジエンジー
太監雞
♪シンプルな蒸し鶏はビール、白いご飯によく合う。

南台湾のレストラン事情

カジュアルな店が多い
台湾南部のレストランは、台北に比べると庶民的な食堂スタイルの店が多い。ドレスコードは基本的になく、高級店でもスマートカジュアルで十分。チップの習慣はないが、高めの店になると10%のサービス料（服務費）が加算される。

注文の仕方
欲しいメニューを指さし、「我要～」と言えば通じる。メニューが書かれた注文票に正の字で記入するスタイルも多い。注文などでスタッフを呼びたい場合は、「不好意思（すみません）」と声をかければOK。会計は「買單」と言えば伝票を持ってきてくれる。

飲み物は持ち込みOK
小さい店では飲み物を置いていないことも。ペットボトルのドリンクなどを用意しておくと安心。アルコールを置いていない店の場合、コンビニで買ったビールなどを持ち込んでも怒られることはないが節度は守りたい。

ご飯もの
飯 ◆ ファン

肉をのせたどんぶりは、小ぶりなのでぺろりといける。原住民の人々が住む山地では、もち米やアワもよく食べられる。

定番！

ルーローファン
魯肉飯
→長時間煮込んだ豚肉の切れ端をかけるご飯。滷肉飯、肉燥飯と呼ばれることも。

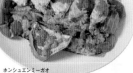

ごちそう

ホンシュエンミーガオ
紅蟳米糕
↑産卵前のメスのカニと炊いたおこわ。祝い事の際に出されることが多い。

東港名物

インホアシアチャオファン
櫻花蝦炒飯
←東港名物のサクラエビをたっぷりのせたチャーハン。

原住民料理

シャオロウファン
燒肉飯
→秘伝のたれに漬け込み、炭火で焼いた豚肉がのったボリューム満点の丼。

シアオミーチャーブー
小米查噗
↑アワともち米で作った粽。月桃の葉でくるんで蒸す。

原住民料理

ジンバイルー
金伯樂
→すりつぶしたアワで作る粽。

デューヨウバンファン
豬油拌飯
↓かつて台湾の家庭でよく食べていたラードかけご飯。

定番！

ジーロウファン
雞肉飯
↑鶏のささみと少量のたれで食べる。クセがなく日本人にも食べやすい。

デュートンファン
竹筒飯
↓竹の節にもち米を詰めて炊くご飯。竹のいい香りがする。

原住民料理

原住民料理

チナブ
吉拿富
↑タロイモベースの細長い粽。豚肉が入っている。

ヤーロウファン
鴨肉飯
←脂身が少なくヘルシーなアヒル肉と細かく刻んだ豚の角煮がのっている。

バイファン
白飯
↑しっかりした味付けの料理に合うのはやっぱり白いご飯。

27

定番！

ヤーロウドンフェン
鴨肉冬粉
↑アヒル肉のスープで食べる春雨。スープを含んでぷるぷるの食感。

ナングアーミーフェン
南瓜米粉
〆台湾のおふくろの味、カボチャビーフン。海鮮料理の締めにおすすめ。

シアオチュエンミーフェン
小巻米粉
→スルメイカのだしが効いた澄んだスープで食べるうどんのように太い米麺。

台南小吃

麺
麺 ◆ ミエン

スープ入り（湯麺）かスープなしの混ぜ麺（乾麺）かを選ぶ場合が多い。米麺のバリエーションも豊富で、いろいろな太さや形がある。

薬膳効果

マーヨウミエンシエン
麻油麵線
←ショウガと鶏肉をごま油で煮込む「麻油鶏」のスープをあえて食べるそうめん。

客家料理

ジースーガンミエン
雞絲乾麵
↑一度油で揚げた麺をゆでるので独特の食感。細く割いた鶏肉がのっている。

バンティアオ
粄條
↑きしめんのような平たい米麺。よく混ぜて食べる。スープと食べる場合もある。

ニュウロウミエン
牛肉麵
↘台湾グルメの代表格のひとつ。汁なし、肉なしなどのバリエーションもある。

イーミエン
意麵
→小麦粉と卵で作るちぢれ麺。揚げてから調理する店もある。

鹽水名物

モチモチ食感

ュイミエン
魚麵
←狗母犬という魚のすり身で作る麺。独特の風味があるが、生臭さはない。

ダングイヤートゥイミエンシェン
當歸鴨腿麵線
↓紅麴が練り込まれた細麺を当帰たっぷりの漢方スープで味わう。アヒルのもも肉がボリューム満点。

定番！

薬膳効果

スープ

湯 ◆ タン

スープは台湾の人々の食卓に必要不可欠なもの。最後まで飲み干せるようごくあっさりしたものが多く、まるでドリンク感覚。

定番！

コンワンタン
貢丸湯
←ぷりぷりの豚肉団子が入ったスープ。シンプルだがおいしい。

ユィワンタン
魚丸湯
↓白身魚の団子が入ったスープ。セロリの風味がアクセント。

ロウミーシア
肉米蝦
✓エビと豚ミンチを煮込んだとろみのあるスープ。

定番！

シャーグオヤー
砂鍋鴨
↓鴨、白菜、金針花、豆腐、シイタケなどをじっくり煮込んだ栄養満点のスープ。

スアンラータン
酸辣湯
↓豆腐やキクラゲなど具がたっぷりの酸っぱくて辛いスープ。小籠包や水餃子と相性抜群。

グーヅジータン
蛤仔雞湯
↓ハマグリと鶏肉のスープ。両方のだしが効いていて滋味深い。

岡山名物

おすすめ

ヤンロウタン
羊肉湯
✓ヤギの肉が入った漢方スープ。健康によさそうな味。

おすすめ

ゾンフーユィワンタン
綜合魚丸湯
✓豚肉、白身魚、エビのすり身団子が入ったスープ。

シエンタンユエン
鹹湯圓
✓白玉団子が入った甘くないスープ。白玉の中には豚肉が入っている。

ニュウロウタン
牛肉湯
↓スライスした生の牛肉を熱いスープにくぐらせて食べるスープ。

台南名物

29

客家料理

高麗菜封&冬瓜封
カオリーツァイフォン&ドングアーフォン
↑キャベツとトウガンの煮びたし。

野菜料理
青菜 ◆ チンツァイ

野菜をしっかり食べてビタミン不足を回避しよう。小さな店でも「燙青菜」という青野菜をゆでたサイドメニューがある。

定番！

コンシンツァイ
空心菜
↑茎が空洞になっている野菜で、ゆでたりニンニクと炒めたりする。

おすすめ

チャオシュイリエン
炒水蓮
←ガガブタという水草の炒め物でシャキシャキしている。野蓮と呼ばれることも。

ディ グア イエ
地瓜葉
←ビタミン豊富なサツマイモの葉。

客家料理

ダールーメイ
大陸妹
↑さっとゆでたレタス。

チャオシャンスー
炒山蘇
↑「山蘇」というシダ植物の山菜を煮干しと豚肉と炒めた物。シャキシャキしている。

スンサーラー
筍沙拉
→タケノコを軽くゆで、台湾マヨネーズで食べる。醤油をたらしてもおいしい。

エグみがない！

ダンシャンユィライクー
蛋香雨來菇
おすすめ
↑雨来菇というキクラゲのようなキノコの卵炒め。

豆腐料理
豆腐 ◆ ドウフ

豆腐をさらに加工してさまざまな料理に利用。冷奴にピータンをのせたピータン豆腐はポピュラーなサイドメニュー。

ハマる人はハマる！

チョウドウフ
臭豆腐
←発酵させた汁に漬けた豆腐。蒸したり揚げたりして食べる。強烈なにおいを放っている。

おすすめ

リャンバンドウガンスー
涼拌豆干絲
←細切りにした押し豆腐をセロリなどとあえたもの。

客家料理

ホアションドウフ
花生豆腐
→ピーナッツで作る豆腐。ピーナッツの風味が強く、スイーツ感覚で食べられる。

30

朝食

早點 ◆ ザオディエン

台湾では朝食は外で取ることが一般的。町角の豆漿店には肉まんや餃子などさまざまなメニューが並び、指さしで注文できる。

定番！

ルー／ビンドウジャン
熱／冰豆漿
↑プレーンタイプの豆乳。砂糖が少し入ったほうが飲みやすい。砂糖なしは「清漿」。

グオティエ
鍋貼
←焼き餃子

定番！

ロウバオ
肉包
↗肉汁たっぷりの肉まん。これひとつでけっこうおなかいっぱいになる。

ヨウティアオ
油條
↓豆漿に浸して食べる揚げパン。少し油っぽい。

カオリーツァイバオ
高麗菜包
←キャベツがぎっしり入った肉まん。肉も少し入っていい味が出ている。

おすすめ

ジョウツァイジェンバオ
韮菜煎包
↑ニラがたっぷり詰まったヘルシーな肉まん。野菜不足解消にも◎。

人気！

シエンドウジャン
鹹豆漿
←温かい豆漿に酢を入れて固まりかけたところを食べる。干しエビやザーサイなども入っている。

シャオビン
焼餅
←卵焼きやハム、油條などを挟んで食べる薄いパイ。そのまま食べてもいける。

ファントゥアン
飯糰
↑油條、ザーサイ、肉でんぶなどが入った具だくさんのもち米おにぎり。

ダンビン
蛋餅
↑卵焼きをクレープで巻いた物。ハム（火腿）やベーコン（培根）を入れてもおいしい。

軽めの朝食に

ルオボースービン
蘿蔔絲餅
←ダイコン、ベーコン、ネギなどが入ったしょっぱいおやき。

シャオビンジャーヨウティアオ（ジアダン）
焼餅夾油條（加蛋）
↓焼餅で油條と卵焼きを挟んだ物。ボリューム満点。

おすすめ

ジャオタンティエンビン
焦糖甜餅
↑焦がし水あめが入った甘いパン。デザートやおやつにぴったり。

シアオロンバオ
小籠包
→肉汁たっぷりの小さい餃子。台湾を代表する人気グルメを朝から楽しめる。

南台湾は スイーツパラダイス

フルーツをふんだんに使った
スイーツが盛りだくさん

フルーツの産地が近い台南、高雄は旬のフルーツを使ったひんやりスイーツやドリンクが盛りだくさん。ヘルシーで健康にいいご当地伝統スイーツも豊富。

ニュウナイシュイグオビン
牛奶水果冰
→人数に合わせて、2〜20倍までオーダーできる。
渡船頭海之冰 >>> P.172

かき氷

必食

暑さが厳しい南台湾で食べるかき氷はおいしさも格別。夏季に訪れるなら新鮮なマンゴーをたっぷりのせたかき氷はぜひチェック。

ホンドウニュウルービン
紅豆牛乳冰
↘アズキと練乳をたっぷりかけたかき氷。
冰郷 >>> P.95

シェングオビン
鮮果冰
↑旬のフルーツをふんだんにのせた贅沢かき氷に手作りプリンをプラス
裕成水果 >>> P.95

夏季限定

フォンリービン
鳳梨冰
←シロップ漬けのパイナップルをのせたかき氷。甘酸っぱくて飽きさせない味。
黄火木舊台味冰店 >>> P.95

人気

定番

バーバオビン
八寶冰
←アズキ、花豆、白玉など8種類のトッピングを選ぶ伝統的なかき氷。
黄火木舊台味冰店 >>> P.95

ツァオメイニュウナイビン
草苺牛奶冰
↑練乳がたっぷりかかった、冬が旬のイチゴを堪能できるかき氷。
高雄婆婆冰 >>> P.171

夏季限定

必食

ミードウビン
蜜豆冰
→旬のカットフルーツと甘く煮た豆をトッピングしたゴージャスなかき氷。
莉莉水果店 >>> P.95

定番

シャオルービン
燒熱冰
↑アツアツのトッピングの上にかき氷のせて食べる不思議なスイーツ。
阿倫冰店 >>> P.206

シンシェンマングオニュウナイビン
新鮮芒果牛奶冰
↑大きくカットした完熟の愛文マンゴーがどっさり。マンゴーの季節だけ食べられる。
裕成水果 >>> P.95

必食

ジャオパイヘイシャータンズオビン
招牌黒砂糖剉冰
←南台湾でポピュラーな黒糖シロップをかけたかき氷。中にトッピングが隠れている。
典欣黒砂糖剉冰 >>> P.171

アイス系

長年愛され続ける老舗の味は、研究を重ねてたどり着いたオリジナル。店構えや食器もレトロなことが多く、その雰囲気も楽しめる。

シャンジャオチュアン
香蕉船
↓旗山産のバナナを味わえるバナナボート。イチゴアイス、チョコアイスも隠れている。
枝仔冰城 >>> P.196

ホンドウニュウルーシュアン
紅豆牛乳霜
→特製ミルクアイスにアズキをたっぷりとかけて。
太陽牌冰品 >>> P.94

必食
ツァオフーユィツビン
草湖芋仔冰
←バリエーション豊富なフレーバーを楽しめるアイスキューブ。
太陽牌冰品 >>> P.94

ドウドウ
豆豆
↑質感がまるで本物の犬のようなアイスクリーム。チョコレート味。
J.C.co Art Kitchen 藝術廚房 >>> P.173

マングオニュウルーシュアン
芒果牛乳霜
↓フレッシュマンゴーとマンゴーアイス、特製ミルクアイスのパフェ。
太陽牌冰品 >>> P.94

ビンビン
冰餅
→自家製アイスクリームをクラッカーでサンド。
斗六冰城 >>> P.135、172

人気

夏季限定
ジャオパイビンチーリン
招牌冰淇淋
→昔ながらの製法で作られる、懐かしい味の自家製アイスクリーム。
斗六冰城 >>> P.135、172

ハーミーグアーグアービン
哈蜜瓜瓜冰
ↄ半分にカットしたメロンを器にし、自家製フルーツシャーベットをトッピング。
泰成水果店 >>> P.95

トッピング図鑑 台湾スイーツのトッピングはバリエーション豊富。
各ジャンルから1品ずつチョイスするとバランスがよく、おすすめ。

モチモチ					
	粉圓 シロップで煮たタピオカ	**湯圓** 小ぶりの白玉団子	**芋圓** タロイモ粉の団子	**粉粿** 黄色に着色された澱粉ゼリー	**葡萄椰果** ブドウソースのナタデココ
豆					
	紅豆 おなじみのアズキ	**花豆** ふっくら煮た大粒の豆	**緑豆** ハトムギと相性がいい	**花生** 甘く煮たピーナッツ	**薏仁** ハトムギ、甘さ控えめ
ぷるぷる			芋		
	仙草 ほろ苦い薬草ゼリー	**布丁** ミニサイズのプリン		**地瓜** サツマイモ	**芋頭** タロイモ

伝統スイーツ

暑気払いのため解熱効果のある伝統スイーツがよく食べられる。ローカロリーで薬膳効果が期待できそうなものも多い。

（定番）

フェンユエンドウホア
粉圓豆花
↑タピオカをトッピングした豆花。甘さ控えめ。
同記安平豆花
>>> P.57、96

インアールスーパオティエンタン
銀耳四寶甜湯
←白キクラゲ、ナツメ、蓮の実、リュウガンが入った美肌にいい甘いスープ。
鼎泰豐 高雄店 >>> P.164

シェンツァオディン
仙草凍
→薬草ゼリー。
濃厚舖青草茶 >>> P.173

リュードウイーレンタン
綠豆薏仁湯
↓リョウトウとハトムギの冷たいスープ。食欲がないときもさっぱり食べられる。
綠豆兵綠豆湯 >>> P.173

ヤンタオビン
楊桃冰
↑スターフルーツのシロップ漬けをかき氷と一緒に食べる。氷が解けるとほどよい甘さのジュースになる。
蜜桃香 >>> P.96

アイユイ
愛玉
↑ペクチンを含む愛玉という植物で固めたゼリー。
愛玉冰 >>> P.172

（必食）

ホンドウドウホア
紅豆豆花
↑甘く煮たアズキをトッピングした、初心者も食べやすい豆花。
同記安平豆花
>>> P.57、96

リュードウスアン
綠豆蒜
→恆春名物のリョウトウが入ったスイーツ。ホットでもかき氷と一緒でもおいしい。
柯記古早味綠豆饌 >>> P.220

（必食）

シュアンガオルン
雙糕潤
→軟らかいういろうのような餅。東港の特産品のひとつ。
金星雙糕潤
>>> P.213

（人気）

ドリンク

（人気）

フオロングオヂー
火龍果汁
↑ドラゴンフルーツのジュース。

ジューホアチャー
菊花茶
↑目にいいといわれる菊の花のお茶。

ムーグアーニュウナイ
木瓜牛奶
↑濃厚だがさっぱりした甘さのパパイヤミルク。

ルオシェンホアチャー
洛神花茶
↑ビタミンCたっぷりのローゼルのお茶。

チンツァオチャー（ポーチャー）
青草茶(薄茶)
→薬草を煮出して作るお茶。解熱作用があり、胃がスーッとする。

トングアーチャー
冬瓜茶
←やさしい甘味があり、疲れた時にぴったり。解熱作用もある。

（定番）

シーグアーヂー
西瓜汁
→スイカジュース。夜市やフレッシュジューススタンドで販売。

シンレンチャー
杏仁茶
↑美容と健康にいいといわれている杏仁ジュース。

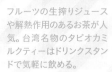

フルーツの生搾りジュースや解熱作用のあるお茶が人気。台湾名物のタピオカミルクティーはドリンクスタンドで気軽に飲める。

南台湾はフルーツの宝庫 旬のフルーツを味わおう

フルーツの名産地である南台湾では、旬のフルーツをリーズナブルに楽しめる。夕食後にフルーツ店で楽しむ人も多い。

綜合水果盒 ゾンホーシュイグオホー
多くのフルーツ店で注文できる、その時の旬のフルーツの盛り合わせ。

蕃茄切盤 ファンチエチエパン
フルーツとして味わうトマト。ショウガと砂糖を入れた醤油ベースのたれで食べる。

旬のフルーツをおいしく食べるには

フルーツ専門店
品質にこだわるなら莉莉水果店（→P.95）、裕成水果（→P.95）など贈答用のフルーツも扱う専門店へ。かき氷店を兼ねていることも多い。

町角、夜市
産地が近いので、農家の人が町角で直売していることも。すぐ食べられるようにカットされ、50元くらいで売られている。

台湾フルーツ図鑑
南国台湾は1年を通じて多彩なフルーツが楽しめるまさにフルーツ天国。新鮮な旬のフルーツでリフレッシュしよう！

通年 椰子 イエーズ
ココナッツ
先をカットしてストローで果汁を飲めばリゾート気分。

通年 香蕉 シャンジャオ
バナナ
台湾バナナは太くて短く、果実は独特のジューシーさがある。

通年 芭樂 バールー
グァバ
さっぱりしていて熟すと甘味が増す。赤い果肉のものもある。

3〜8月 鳳梨 フォンリー
パイナップル
日本のものより甘くてジューシー。消化を促進する働きがある。

4〜8月 木瓜 ムーグァー
パパイヤ
消化を促進する働きがあるので、パパイヤミルクは食後に。

4〜10月 芒果 マングオ
マンゴー
台湾を代表する果物。愛文、玉文などさまざまな品種がある。

6〜7月 荔枝 リーヂー
ライチ
みずみずしく甘くておいしいが、一度に食べ過ぎると体に悪い。

6〜12月 百香果 バイシャングオ
パッションフルーツ
種付きの果肉をすくって食べる。酸っぱくてビタミンたっぷり。

7〜8月 西瓜 シーグアー
スイカ
台湾のスイカは大きな楕円形。利尿作用と解熱作用がある。

7〜8月 龍眼 ロンイエン
リュウガン
硬い皮を剥きライチのような白い果実を食べる。味もライチに近い。

8〜9月 釋迦頭 シージアトウ
シャカトウ
お釈迦様の頭に似ているためについた名前。クリーミーで濃厚。

8〜11月 火龍果 フォロンゴオ
ドラゴンフルーツ
サクサクして甘さはあまりない。赤い果肉と白い果肉がある。

9月 柚子 ヨウツ
ユズ
文旦のような柑橘。お供え物にすることも多い。中秋節に食べる。

10〜2月 蓮霧 リエンウー
ワックスアップル
サクサクした歯触りで皮ごと食べられる。あまり甘くない。

12〜3月 楊桃 ヤンタオ
スターフルーツ
砂糖漬けにしたものを水で戻し、水と食べたりジュースにしたりする。

40元

鄭成功×
台湾啤酒
台湾啤酒ともコラ
ボ。オリジナルと
ライチ味がある。
スナックと一緒に。

鄭成功×
台湾ビールも

40元

孔子×ラーメン
スナック
ベビースターラーメン
とコラボ。受験や試
験を控える友人への
おみやげにぴったり。

40元

媽祖×
可樂果
エンドウ豆が原料
のポピュラーなね
じりスナック「可樂
果」とコラボ。

35元

一定要成功!!

鄭成功×ポテトチップス
台南の英雄、鄭成功の肖像画をアレンジした
ユーモラスなパッケージ。「一定要成功!!（成功
するぞ!!）」と書かれている。塩味。

古蹟
スナック

定番スナックとコラボし
たパッケージ。赤崁樓、
延平郡王祠、安平古堡、
愛國婦人會館などで販売。

40元

ポップコーン
もあるよ

鄭成功×ポップコーン
ポテトチップスに比べて大容量
サイズ。映画でも観ながらみん
なで食べたい。

南台湾ならでは 気軽にゲットできる
フードみやげをチェック

リーズナブルでおいし
い＆おもしろいおみ
やげを手に入れよう。

農会
スーパー

地元の農会（農協）が運
営するスーパー。生鮮食
品はもちろん、各地の農
産物を加工した特産品
なども売られている。

170元

サバヒージャーキー
台南近海で獲れる魚、サバ
ヒーをジャーキーにしたもの。

160元

ドライマンゴー
ひとつは買って帰りたいおみや
げ。台南産の愛文マンゴーを使
用。防腐剤、甘味料不使用。

80元

梅パウダー
梅粉。甘みの
少ないフルーツ
やトマトにかけ
るとおいしい。

160元

ドライパイナップル
ヘルシーなおやつとして人気。
ヨーグルトに漬けてふやかして
食べるのもおすすめ

160元

リュウガン
ハチミツ
リュウガンのスッ
キリした甘さ。
使いやすいス
ティック状の容
器。

台湾産の食品みやげの宝庫
タイナンシーノンホイチャオシー
台南市農會超市

MAP P.45-D3

🏠台南市林森路一段341號 📞(06) 208-0501 🕘9:00
〜21:30 🈚無休 🈂️JMV 🚇台鐵台南駅前の南站か
ら3路バスで「龍山寺」下車、徒歩約3分

台南
Tainan

歴史が息づく台湾発祥の古都

台南 の歩き方

Tainan タイナン

MAP P.42-A1

台南市DATA
- 面積●2192km²
- 人口●185万人（2023年12月）
- 市外局番●06

台南へのACCESS

台北から

高鐵 高鐵台北駅より高鐵台南駅まで毎日多発、所要約1時間30分～、1305元～。高鐵台南駅から中心部へは、隣接する台鐵沙崙駅より台鐵台南駅まで台鐵で所要約24分、25元。

台鐵 台鐵台北駅より台鐵台南駅まで毎日多発、所要約3時間～、自強號738元。

バス 台北轉運站バスターミナルより國光客運1837「台南」行きなどが毎日多発。所要約4時間30分、500元。

※台北の空港からのアクセスは→P.244参照

高雄から

台鐵 台鐵高雄駅より台鐵台南駅まで毎日多発、所要約30分～、自強號106元。

高鐵台南駅と台鐵台南駅を結ぶ
台鐵沙崙線

旅遊服務中心
- **M** P.45-C1
- **住** 台鐵台南駅前
- **電** (06) 229-0082
- **営** 9:30～18:00 **休** 無休
  地図やパンフレットなどがある。日本語、英語可。

パンフレットなどをもらえる

ともと原住民が住んでいた台南に、漢民族が移住し始めたのは明の時代。1624年にオランダ人が上陸し、安平と赤崁樓付近に町を開拓した。1662年には鄭成功がオランダ軍を一掃して拠点とし、漢民族による統治が始まった。以後長らく台湾における政治、文化の中心地として栄え、1723年には清朝政府によって台南府城が造られることが決定し、7つの城門をもった城壁が築かれた。現在も町のあちこちに清代に創建された廟や城壁の跡など歴史的価値がある史跡が残り、日本でいうなら京都といった位置づけの古い町だ。2024年には開府400周年を迎えた。

近年はリノベーションブームの流れにのって、古い家屋を利用したカフェやショップが次々とオープン。そのような店が集中する路地が人気散策スポットとして注目されている。

美食の都市としても知られ、小吃と呼ばれる小皿サイズの郷土料理が豊富で食べ歩きも楽しめる。擔仔麺など台湾を代表する料理は台南で生まれたものも多い。

今も台南の英雄として尊敬される鄭成功

台南に到着

台鐵台南駅から

高雄国際空港から向かう場合はこの駅で下車。駅前に市バスが発着するバスターミナル、駅を出て左手にタクシー乗り場がある。2024年2月現在、駅舎の改修工事が進んでいる。

高鐵台南駅から

台北市内や、台湾桃園国際空港からは高鐵の利用が便利。高鐵台南駅は郊外にあり台鐵に乗り換えが必要なので、高雄からは台鐵のほうが早く到着できる。高鐵台南駅から中心部へは、隣接する台鐵沙崙線の沙崙駅より區間車で台鐵台南駅下車。所要約24分、25元。または新光三越 新天地付近へ向かうH31路バスも利用でき、1時間に3便。

台南の歩き方

主要観光エリアは、台鐵台南駅がある台南市中心部と、そこからおよそ5km離れた安平。台南中心部は半径1km以内に多くの見どころが集まっているので、町の雰囲気を楽しみながら徒歩で回ることが可能。安平へは運行本数の多い2路バス、土・日曜、祝日のみ運行する99路バスで向かうことができる。

市内交通

市バス

　メインの公共交通機関はバス。台南中心部を網羅する**市バ
ス**と、興南客運が運営する台南と郊外を結ぶ中距離バス「**大
台南公車**」がある。運賃は18元〜で、悠遊卡（EasyCard）、
一卡通（iPASS Card）などのICカードも使用できる。
　台鐵台南駅前のターミナルにある**「火車站」バス停**（**M**P.45
-C1）は多くの路線が発着。**北站**と**南站**に分かれ、同じ路線で
も行き先によって発車するバス停が異なるので注意が必要だ。
　便利な路線は安平へ向かう2路、赤崁樓へ向かう3路、小西
門へ向かう大台南公車の紅幹線と藍幹線。

タクシー（→P.249）

　メーター制で、初乗り1.5km85元。23:00〜6:00は夜間料金で
20%増し。後部トランクに荷物を入れると10元加算されるが、取
らない運転手も多い。チップは不要。台北、高雄に比べると流
しの数は少ない。台鐵台南駅前にタクシー乗り場がある。コン
ビニの端末から無料でタクシーを呼ぶこともできる（→P.249）。

レンタサイクル（→P.109）

　主要観光スポットをはじめとする町なかのいたるところに
「YouBike」という公共自転車シェアサービスのスタンドが設
けられており、悠遊卡やクレジットカードで利用できる。料金
は4時間まで30分10元。また、宿泊客用の自転車を用意してい
るホテルも多い。台南の道は比較的狭く、車通りも多いので、
利用する際は十分注意を。

台南市バス（大台南公車）
2384.tainan.gov.tw

88路バス（府城観光巡廻巴士）
　台南中心部の見どころを時
計回りの一方通行で巡回。土・
日・祝のみ10:00〜20:00に1時間
に1本運行。

観光に便利

台南雙層巴士
24時間券300元、48時間500元
tainansightseeing.com.tw
　台南の主要観光スポットを巡
るオープントップバスもある。チケ
ットは車内で販売。

日本語の音声ガイドもある

YouBike
www.youbike.com.tw

借り方は→ P.109 参照

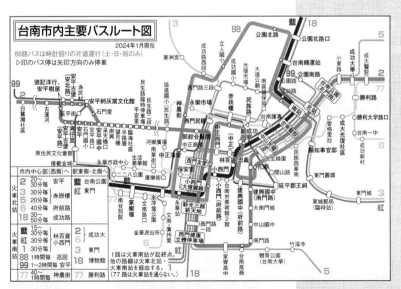
台南市内主要バスルート図

市バスの路線は充実しているが、時間どおりに来ないことも多い。台南はコンパクトな町なので、目的地が1km以内
ならバスを待つより歩いてしまったほうが早いことも。初めの目的地までバスに乗り、そのあとは徒歩で回り、最後に
バスかタクシーで戻るのが現実的。

台南

Tainan

早わかり エリアナビ

歴史的な見どころがたくさん集まる古都・台南は大きく4つのエリアに分けられる。民生緑園のロータリーを境に、中正路の北側は赤崁樓周辺エリア、南側は孔子廟周辺エリアだ。

ぶらぶらおさんぽ

町歩きのポイント

中心部は徒歩で回れる

おもな観光エリアは台南市中心部と安平に二分される。台南市中心部の範囲はさほど広くなく、赤崁樓周辺、孔子廟周辺合わせても徒歩圏内。安平へは便数の多い2路バスの利用が便利。

Area 4 台南発祥の港町
安平 →P.78

17世紀にオランダ人が築いた城塞、ゼーランディア城を基に建てられた安平古堡など、重要な史跡が点在する。観光客でにぎわう延平街周辺には、清代の面影を残す伝統的なれんが造りの街並みも残っていて、時間が止まったようなノスタルジックな雰囲気だ。特産のカキを使った料理も味わえる。古都・台南の礎となるエリアなので、時間をかけてじっくり散策したい。

MAP P.43-A1・2、P.79

台南の夜市は曜日によって開催場所を変える移動式（→P.20）

 安平樹屋・徳記洋行

4 安平

安北路
民權路四段
安平路
台南運河
台平路
台南運河

安平古堡
安平路
安平老街

定情碼頭
德陽艦園區
永華路二段
台南市政府

億載金城
健康路三段

台南運河を渡れば安平區。見どころは西側に集中している

獅子の魔よけを探してみて

おいしい小吃も食べなきゃ

N ↑ 1km

中華西路一段

Area 3 見どころが点在
孔子廟周辺 →P.69

「全臺首學」の門で有名な台湾最古の孔子廟、台南の英雄、鄭成功を祀る延平郡王祠などの重要スポットのほか、國立台湾文学館、愛國婦人會館、台南地方法院などの日本統治時代の建造物も点在する。2019年にオープンした台南市美術館2館は台南の新しいランドマーク。國華街二段や海安路一段の周辺は地元グルメの店が集まるグルメエリア。

MAP P.44-A2～P.45-C3、P.46下、P.47下

台南の
シンボル

→P.62

Area 1

町歩きが楽しい台南らしいエリア
赤崁樓周辺

オランダ人を駆逐し台南を占領した鄭成功が行政
の中心地とした地域で、赤崁樓、祀典武廟、大天后宮
などいわれのある史跡や寺廟が密集している。レトロな
町並みが人気の神農街、ユニークなショップが集まる
正興街、蝸牛巷など散策が楽しい人気ストリートが多
いのもこのエリアだ。中心部から北に少し離れた所に
人気の花園夜市がある。

MAP P.44-A1〜P.45-C2、P.46上、P.47上

おもな見どころ

赤崁樓‥‥‥‥‥‥‥‥P.63
祀典武廟‥‥‥‥‥‥‥P.64
神農街‥‥‥‥‥‥‥‥P.65
花園夜市‥‥‥‥‥‥‥P.68

★花園夜市　　・小北新成功夜市

1 赤崁樓周辺

★武聖夜市

いたるところに由緒
ある廟がいっぱい

♣神農街
金華路四段
海安路二段
成功路
公園路
台南公園
—大観音亭
台南駅
國立成功大学
台南ででいちばん
高いビル

大学路

台南城の
跡地

♣赤崁樓
♣祀典武廟
♣大天后宮
♣蝸牛巷

♣友愛街
民生路
中正路
正興街

西門路二段
林百貨
忠義路二段
・孔子廟
國立台湾文学館
台南市
美術館
2館
延平郡王祠

青年路
南門路
開山路

シャングリ・ラ
ファーイースタン
プラザホテル台南

学校が多く、学生向
けの安い店が多い

知事官邸
生活館

♣大東門

★大東夜市

林森路二段

Area 2

名門大学の大学町
台南駅後站 →P.75

台南でひときわ目立つ高層ビル
が立つ台南駅の裏側は、國立成功
大学をはじめ、高校や小学校が集ま
る学生街。國立成功大学の光復
校舎には、昭和天皇が皇太子時代
に植樹したガジュマルの巨木や、清
代に築かれた台南城の城壁跡、日
本統治時代の建物などが残る。周
辺は学生向けのリーズナブルなレス
トランや朝食店が多い。

MAP P.45-C1〜D3

おもな見どころ

國立成功大学‥‥‥‥‥P.76
知事官邸生活館‥‥‥‥P.76
大東門‥‥‥‥‥‥‥‥P.77
大東夜市‥‥‥‥‥‥‥P.77

前路二段
斤光三越百貨
南新天地
・藍晒圖文創園區

3 孔子廟周辺

・五妃廟

古都・台南
を楽しんで

おもな見どころ

孔子廟‥‥‥‥‥‥‥‥P.70
國立台湾文学館‥‥‥‥P.70
台南市美術館2館‥‥‥‥P.71
延平郡王祠‥‥‥‥‥‥P.73

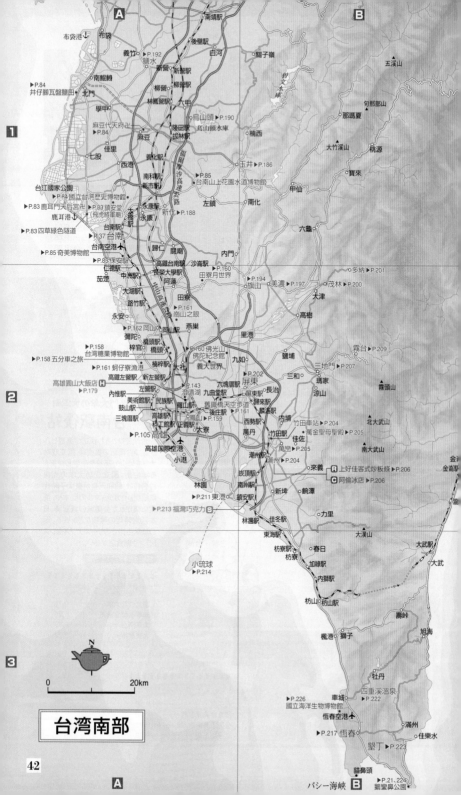

台湾南部

0   20km

台南市主要部

小北新成功夜市 ▶P.68
化園夜市 ▶P.20,68

東豐路
國立成功大學 ▶P.76
大東夜市 ▶P.77

保安・高雄へ

台南站 ▶P.67
台南公園
台南站

湯德章紀念公園（民生綠園）
孔子廟 ▶P.70
台南美術館2館
延平郡王祠 ▶P.73
五妃廟 ▶P.74

頑手工國際台南書館 ▶P.100
赤崁樓 ▶P.63
台南美術館1館 ▶P.13,71
孔子廟 ▶P.70

水交社文化園區 ▶P.15

公園路

成功路
中山路

民族路三段
神農街 ▶P.48,65
民生路二段
海安路二段
府前路一段
西門路二段

藍晒圖文創園區 ▶P.74

金華路二段

P.44～45 台南市中心部

中武聖夜市 ▶P.68
中華路二段

▶P.100
晶霖養生館 ▶P.100

台南市政府

台南運河

周氏蝦捲 ▶P.91
文章牛肉湯 ▶P.89
維悅酒店 ▶P.102

吉利號烏魚子 ▶P.99
永泰興蜜餞（支店） ▶P.56,99
林永泰興蜜餞行（支店）

水華路二段
健康路二段

安平

安平古堡 ▶P.56,79
民權監四段
安平路

大魚的祝福 ▶P.14,57,81

アロハ台南安平 ▶P.102
定情碼頭德陽艦園區 ▶P.82
億載金城 ▶P.82

觀夕平台 ▶P.82

43

安順へ

開元寺へ

台南轉運站
ターミナル

89
殿牛肉湯

▶P.67
台南公園

勝利路
東豐路

長榮路四段

北門路二段

▶P.101
グランドバンヤンホテル台南

小東路

「成功大學」バス停

小東路

國立成功大學
医学院附設醫院

公園國小
大飯店
▶P.103
代店

前鋒路

▶P.94 スターバックス
台南文創門市

台南文化創意産業園區

國立成功大學
(光復校舍)
▶P.76

台南城の城壁

國立成功大學

市バス停
「火車站」北站

郵便局

▶P.101
台南大飯店

大台南公車「台南火車站(北站)」
バス停(新化、玉井へ)

鐵道大飯店 ▶P.104

國立
成功大学

市バス停
「火車站」南站

署立
醫院

▶P.255

台南駅 台南駅後站

金石堂書店

光華大飯店

▶P.104 オールドマン
キャプテンホステル

三越百貨
南中山店

上海商業銀行

「縣知事官邸」
バス停

シャングリ・ラ ▶P.101
ファーイースタンプラザ
ホテル台南

大遠百
旅遊服務中心
▶P.38

堀旅青年旅舎 ▶P.104

民族路一段

鍋燒麵關東煮

博愛國小

原台南廳長官邸
▶P.77

知事官邸生活館
▶P.76

省立台南一中

國立成功大學博物館

▶P.76

大学路西段

大学路

國立成功大學

18巷

國立成功大學

長榮路三段

衛民街

72
彎府城隍廟

青年路

彰化銀行

前鋒路

東寧路西段

九號
公園

青年路

東榮街

慶東街

東寧路

私立長榮女子中

「東門圓環」
バス停

北門路一段

▶P.94
太陽牌冰品

▶P.87
三好一公道當歸鴨

東門
円環

勝利路

私立光華女子中

私立長榮高中

勝利國小

平郡王祠 ▶P.73

高鐵台南駅行きシャトルバス

前路一段

台南東門教会

城邊真味鱔魚意麵 ▶P.88

大東門 ▶P.77

中華航空

「東門郵局(臨時站)」
バス停

「龍山寺」バス停

台南師範附小

台南大学

法華寺

府連路

同路二段

大同路二段

林森路一段

府連路

台南市農會超市
▶P.36

三角公園

大東夜市
▶P.77

林森路二段

棒球
公園

モスバーガー

台南空港へ

林森路一段

1

2

3

A

B

C

D

45

神農街周辺

　忠孝街93巷

B　國華街三段

▶P.96　「西門路三段口」バス停
LOLA蘿拉冷飲店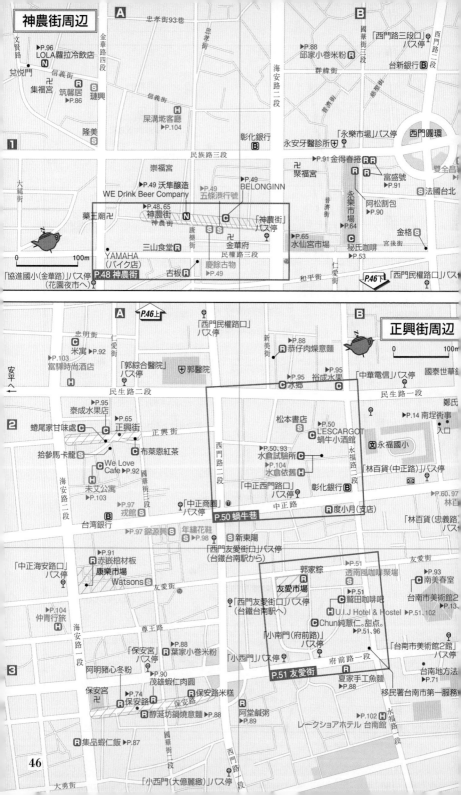

文賢路

金華路四段

信義街

信義街

兌悦門

卍集福居
筑馨居 ▶P.86

S 璉興

隆美

▶P.88 邱家小巻米粉 R

台新銀行 B

H 屎溝墘客廳
▶P.104

彰化銀行 B

西門圓環

永安牙醫診所 R

「永樂市場」バス停

雙全昌

1

崇福宮

▶P.49 沃隼醸造
WE DRINK BEER COMPANY

▶P.49
五條港行號

P.49
BELONGINN

▶P.91 金得春捲 R R
卍聚福宮

富盛號
R R ▶P.91

S 法國台北

大福街

藥王廟卍

▶P.48、65
神農街 N C
神農街

「神農街」
バス停

阿松割包
▶P.90

永樂市場
▶P.64

金格 S

0 —— 100m

YAMAHA
(バイク店) R

三山食堂 R

卍 金華府

▶P.65
水仙宮市場

秘氏咖啡
▶P.53

宮後街

「協進國小(金華路)」バス停
(花園夜市へ)

▶P.48 神農街

慶餘古物
▶P.49

古板 R

民權三段

和平街

仁愛街

P.46下 ▶
「西門民權路口」バス停

正興街周辺

◀ P.46上

A

B

0 —— 100m

忠明街

「西門民權路口」
バス停

愛街

新美街

▶P.88
恭仔肉燥意麺

「中華電信」バス停

國泰世華

民生一段

C 米寓 ▶P.92

▶P.103
富驛時尚酒店 H

「郭綜合醫院」
バス停

郭醫院

民生路二段

C 水郷

▶P.95
裕成水果

C

松本書店 S

P.50
L'ESCARGOT
蝸牛小酒館

鄭氏

▶P.14 南埕衖事
入口

文 永福國小

2

安平へ ←

▶P.95
泰成水果店

▶P.65
蜷尾家甘味處 C C

正興街
正興街

C 布萊恩紅茶

拾參described馬卡龍 S
We Love
Cafe ▶P.92

未艾公寓 H
▶P.103

▶P.97

西門路二段

▶P.50、93
水倉試驗所
P.104
水倉依舊

永福路

永福路

彰化銀行 B

「林百貨(中正路)」バス停

「中正西門路口」
バス停

中正路

「林百貨(忠義路)」
バス

台灣銀行 B

▶P.97 錦源興 S

「中正商圈」
バス停

戎館 S

年繡花鞋
S ▶P.98

P.50 蝸牛巷

R 度小月(支店)

「中正海安路口」
バス停

▶P.91
赤崁棺材板 R

康樂市場
Watsons S

友愛街

新東陽

「西門友愛街口」バス停
(台鐵台南駅から)

郭家粽

友愛市場

透南風咖啡聚場
S

▶P.51

▶P.93
南美春室 C

台南市美術館2

「西門友愛街口」バス停
(台鐵台南駅へ)

▶P.51
鷺田咖啡吧 C

台南市美術館
▶P.51、102

H U.I.J Hotel & Hostel

▶P.104
仲青行旅 H

海安路一段

「保安宮」バス停

莫家小巻米粉

「小南門(府前路)」
バス停

C Chun純喫仁.甜点
▶P.51、96

台南市美術館2館」
バス停

台南地方

3

阿明豬心冬粉

卍保安宮
保安路

▶P.90
茂雄蝦仁肉圓

▶P.74

「小西門」バス停

小南門
▶P.88

府前路一段

▶P.71

レークショアホテル 台南館
▶P.102 H

永福路

保安路米糕

P.51 友愛街

夏家手工魚麺
▶P.88

移民署台南市第一服務

醇涎坊鍋燒意麺 ▶P.88

國華街

R 集品蝦仁飯 ▶P.87

阿堂鹹粥
▶P.89

西門路

大勇街

「小西門(大億麗緻)」バス停

西門路

清代の面影を残すレトロストリート

シェンノンジエ
神農街を夜さんぽ

日が暮れて明かりがともり始める頃がベストタイム。カメラ片手に訪れたい。

ACCESS

台鐵台南駅前の北站より5、18路バスで「西門民権路口」下車、徒歩約5分。

幻想的な雰囲気

日が暮れてから営業を始める店も多い

✂ 心ひかれる風景をカメラに ✂

隠れフォトスポット

ランタンがきれい

A 五條港行號周辺は絵になる一角が多い

B 神農街の守り神的存在の金華府

C 海安路から入ってすぐの小道

ランタンがともると昼間とは違った雰囲気に

神農街MAP　　MAP P.46-A・B1

個性あふれるショップ&カフェ巡り

文化発信スポットでもある

D 五條港行號
ウーティアオガンハンハオ

「五條港」とは清代にこの通りが面していた港の名前。雑貨販売のかたわら、歴史、文化の発信や研究活動もしている。書いたハガキは投函してもらうことも。

MAP P.46-A1

🏠台南市神農街79號 ☎06)220-3866 ⏰9:00～22:00（金・土～23:00) 🈺無休 💳不可

1 オリジナルのTシャツやポストカードが並ぶ 2 ドリンクホルダー（200元) 3 古跡が描かれたポストカード（35元) 4 入口はランタンで彩られている

のぞいてみるだけでも楽しい

E 慶餘古物
チンユィクーウー

週末の夜のみオープンするビンテージショップ。台湾では若者の間で昭和レトロがブームで、日本から買い付けた家具やランプシェードなどもある。

MAP P.46-A1

🏠台南市神農街83號 ☎0935-580-055 ⏰17:30～22:30 🈺月～金 💳不可

窓には龍の鐵窗花

1 たくさんの物がセンスよく並べられている 2 廟や家屋の装飾に使われていたマジョリカタイル 3 営業日以外もフォトジェニックな外観を楽しめる

魅惑的な夜プリン

ファンキーなカフェ

F BELONGINN
ビロングイン

ピンクのネオンがスタイリッシュなバーのような造りで、奥にはオープンキッチン、客席が続く。ベイリーズがかかったプリンは繊細なシャンパングラスに盛られ、特別感満載。

MAP P.46-A1

🏠台南市神農街80號 ☎0908-098-955 ⏰16:30～24:00 🈺無休 💳不可

1 奥にも客席がある 2 窓越しに見えるピンク色の光が目印 3 奶酒布丁（120元)と伯爵奶茶（130元)

台南発のクラフトビール

G 沃隼醸造
ウォースンニャンザオ
WE Drink
ビアカンパニー
Beer Company

台南の醸造会社の店。日替わりで4種類のクラフト生ビールをミニマムでスタイリッシュな空間で味わえる。フードはポップコーンと大根クラッカーのみ。4種類のテイスティングセット（350元)もある。

MAP P.46-A1

🏠台南市神農街108號 ☎06)358-3994 ⏰16:00～24:00 🈺無休 💳不可

フルーツを使用したビールも多い

1 ラベルがかわいい瓶ビールも 2 椅子やテーブルはなく、コンクリートの段に座って飲む 3 入口は押すと回転する一枚窓 4 生ビールは1杯180元

49

いま注目が集まる2つのエリアがおもしろい

気になる台南の路地を散策

入り組んだ台南の路地に迷い込めば、新たな発見に出合えるかも。

カタツムリを探して

1.散策へ誘う壁画 2.無人の書店、松本書店 3.葉石濤の小説からの一節が 4.あちこちにカタツムリアートが

蝸牛巷MAP　MAP P.46-A・B2

ウォーニォウシアン
蝸牛巷

ACCESS
台鐵台南駅前の南站より1路バスで「中正西門路口」下車、すぐ。

民生路、永福路、中正路、西門路に囲まれたエリア。「蝸牛巷」と呼ばれ、この地に住んでいた作家、葉石濤の小説の題材にもなった入り組んだ住宅街。

バーのようなシックで落ち着いたカフェ

シュイチュアンシーヤンスオ
A 水倉試験所 →P.93

清代、日本統治時代、中華民国時代の家屋が連なった建物をオーナー自らがリノベーション。ドリンクは美しいグラスで提供される。

看板メニューはミルクティー

1.只有奶茶(アイス180元、ホット200元) 2.手沖拿鐵(ラテ、180元) 3.西港芝麻巴斯克乳酪蛋糕(バスクチーズケーキ、150元) 4.壁にはトリックアートが 5.バーのようなムードある店内

パリの街角に迷い込んでしまったかのよう

レスキャルゴ ウォーニォウシャオジョウグアン
B L'ESCARGOT 蝸牛小酒館

食材はフランスから輸入するなど、徹底的にパリのカフェを再現。パリスタイルの朝食、小巴黎早餐は9:00～14:00に提供。ワインも豊富で、台湾産のワインもストックしている。

MAP P.46-B2

🏠 台南市永福路二段97巷18號 ☎ (06) 222-8960 ⏰ 9:00～21:00 休火・水 ⊕10% CC ADJMV 🌐 www.bonvivant-wine.com

パリにいるみたい!

1.小巴黎早餐(280元) 2.テラス席でワイン片手におしゃべり 3.パリのカフェそのままの外観

ユニークな外観

1. 個性的なデザインの U.I.J Hotel & Hostel　2.ロビーは一般客にも開放　3.ホテルの向かいは小さな公園　4.1階はショップやレストランになっている

友愛街MAP　MAP P.46-B3

友愛街
ヨウアイジエ

ACCESS

台鐵台南駅前の北站より6路バスで「小西門(府前路)」下車、徒歩約1分。

友愛市場●　　友愛街　Ⓒ
U.I.J Hotel & Hostel　Ⓐ　永福路二段　台南市美術館2館　→P.71
→P.102　Ⓑ
●「小西門(府前路)」バス停
府前路一段
100m

台南市美術館2館の西側の永福路を挟んだ所に立つU.I.J Hotel & Hostel(→P.102)の周辺。ほっとひと息つける町のエアポケット的な場所。

ホテル1階のコーヒースタンド
ジウティエンカーフェイバー
Ⓐ 鷲田咖啡吧

台中のWashida Original Roast Coffeeの台南店。ビンテージ家具に囲まれて、カヌレ(70元)などのスイーツと一緒においしいコーヒーを楽しめる。

MAP P.46-B3

🏠台南市友愛街115巷5號 U.I.J Hotel & Hostel1階 🕙10:00～13:00、14:00～18:00 休無休 🆑不可 🌐fb.com/washida.coffee/

すてきな本に囲まれて

1.シングルオリジンのコーヒーは豆によって値段が異なる　2.書店の本を読むこともできる

ハトムギスイーツの専門店
チュンイーレンティエンティエン
Ⓑ Chun純薏仁。甜点。 →P.96

U.I.J Hotel & Hostel斜め向かいのコンクリート造りの家屋で営業。さわやかで素朴な甘さのハトムギスイーツは美容にもいいヘルシーおやつ。アズキや白玉、アイスと一緒に食べるのでほどよいボリューム。

1.白玉紅豆薏仁(120元)　2イートインの場合、最低消費金額100元/人　3.西市場からこの地に移転

2階にカフェもある雑貨ショップ
独自の目線でセレクト
トウナンフォンカーフェイジウチャン
Ⓒ 透南風咖啡聚場

南台湾のカルチャーを発信する「透南風」による台湾雑貨のセレクトショップ。15:00に地元で人気のベーカリー「Ditto Bakery」のパンが入荷する。2階はカフェ。

MAP P.46-B3

🏠台南市永福路二段35巷6號 ☎(06)223-8338 🕙11:00～19:00 休月～水 🆑不可 🌐fb.com/southwind.2016

1.日常使いできる台湾雑貨をセレクト　2.「Ditto Bakery」のパンが人気　3.オリジナルの手ぬぐい(280元)

台南は
カフェ天国

店内のあちこちに飾られたオーナーの書がアクセント

古民家をリノベーションした

隠れ家カフェでほっこり旅時間

ときには喧騒から離れ、静かな空間でおいしいコーヒーとスイーツを。

迷ったら
「今月の
おすすめ」を

こんな所にカフェが！

グイカーフェイ
鬼咖啡

古い市場の住居スペースを転用した、知る人ぞ知る隠れ家カフェ。店内のロースターでオーナーが焙煎している。写真を撮る場合は他の人が入らないようにすること。少し入りづらい雰囲気もあるが、コーヒー好きはぜひトライしたい。

MAP P.44-B2

住台南市中山路79巷22-68號 電なし 時14:10～23:27（早めに閉めることもある）休水 CC不可 交台鐵台南駅より徒歩約10分 URLfb.com/blacklegend211

1.黑咖啡（150元～）と焦糖布丁（90元）　2.畳敷きの客席　3.店の入口　4.マカロン（2個150元）5.レトロな建物の向かって右の小道を進む　6.階段を上って入口へ

◉ カフェを楽しむヒント

ワンドリンク制、またはひとり当たりの最低消費金額が設定されていることが多い。日本と同様、90分、2時間など時間制限があることも。

◉美式咖啡　アメリカン
◉水滴咖啡　水出しコーヒー
◉拿鐵　ラテ
◉手沖　ハンドリップ
◉卡布奇諾　カプチーノ
◉欧蕾　オ・レ

◉蛋糕　ケーキ
◉布丁　プリン
◉鹹派　キッシュ
◉～派　パイ
◉鬆餅　ワッフル
◉塔　タルト

おおらかな雰囲気も魅力

品蓬咖啡 →P.92

孔子廟見学のあとに寄りたい、フレンドリーなオーナー夫妻のカフェ。ショーケースに並ぶ手作りスイーツはメニューの一部で、もっと種類がある。藝伎拿鐵（300元）が絶品。

1.テイクアウトも可　2.季節限定の品蓬鹹派（150元）　3.オーナーの先祖の家を改装　4.入口には店名の由来である蘋婆果の木が　5.コーヒーは30種類以上

> ひと休みに立ち寄って

> 半切れ150元でもオーダー可

1.ロールケーキ（2個260元）　2.シフォンケーキ（200元）　3.雰囲気のある客席　4.草苺千層（300元）　5.赤い扉が目印　6.1階で3匹のワンちゃんがお出迎え

スイーツが充実

シュンフォンハオ
順風號 →P.93

扇風機メーカー「順風牌」の創業者が住んでいた住宅をリノベーション。スイーツはパティシエが作るほどこだわっている。夏はマンゴー、冬はイチゴを使ったスイーツのバリエーションが豊富。

ムーディーな空間

ミーシーカーフェイ
秘氏咖啡

ローカルグルメの店でにぎわう永樂市場（→P.64）の2階で営業。芸術家でもあるオーナーが古きよき香港をイメージしてしつらえた店内は、あたたかみのある白熱灯の光も相まってアットホームな雰囲気。大人のスイーツタイムを楽しもう。

MAP P.46-B1

🏠 台南市國華街三段123-160號 永樂市場2階 ☎ 0935-393-9853 🕐 14:00〜22:00 🚫 水・木 💳 不可 🚉 台鐵台南駅の北站より5、18路バスで「西門民權路口」下車、徒歩約3分 🌐 fb.com/cafechamber.tainan

1.オーナーの林鼎義さん　2.永樂市場の2階にある　3.SCAA最高冰釀（220元）　4.バーのような雰囲気　5.コーヒーとクレームブリュレ（220元）

> クレームブリュレが絶品！

53

台南の パワースポットで 開運祈願

町を歩けばどこかの廟に行き当たる、といわれるほど寺廟が多い台南。
かなえてほしい願いごとによって参拝する廟を決めてみては？

恋愛運 仕事運 祀典武廟の関帝と 月下老人 P.64

③ダメ男（女）との縁を切ってすてきな出会いを祈願
④信用の神、関羽様には出世＆収入UPをお願い

****

主神はビジネス運や商売繁盛を司る関帝。同祀される月下老人は、将来結ばれる相手が書かれた帳簿を管理するとされる、いわば良縁を司る神様。特にこの廟の月下老人は悪縁を絶つパワーがあることでも知られている。

❶参拝後、赤い糸と緑粉をもらおう ❷赤い糸と緑粉を入れた封筒を香炉で3回回す

恋愛運 大観音亭の 月下老人 P.67

****

家庭円満を司る月下老人は、結婚が決まったカップルや夫婦に人気。永遠の愛や幸せな家庭生活をもたらしてくれるといわれている。入口に立つ御神木には、参拝客によって無数のお守りが結び付けられている。

❶ほかの月下老人像とくらべて大きい ❷相手がいない人は、参拝後に赤い糸が入った緑粉をもらえる

恋愛運 大天后宮の 月下老人 P.63

****

好きな相手との距離を縮めたり、さらに関係を深めたい場合にはこの台南最古の月下老人に参拝。相手を見つけたい人、幸せなパートナーシップを望む人は祠の外に置かれたピンクの用紙に記入して、参拝後に香炉で金紙とともに燃やす。

❶相手がいる場合、いない場合で用紙が異なる ❷手前の小さい像が台南最古の月下老人像

お参りの方法 ※諸説あります

〜 自己紹介 〜

❶お供えの金紙やお菓子、線香を買い、お供え物を台に置く

❷天公に向かって参拝。自分の名前、生年月日、住所、願いごとを心の中で唱え、三拝したあと香炉に線香を1本挿す

❸主神に参拝。❷と同様、自己紹介、願いごとを心の中で唱え三拝後、線香を1本挿す

❹月下老人など後殿の神様に参拝。❷と同様

恋愛運 重慶寺の 月下老人 P.71
****

浮気、すれ違いなどの恋愛トラブルの解決が得意とされる月下老人。像の前にある酢が入った壺の柄杓を時計回りに3回かき回すと、離れていきそうな相手の気持ちを取り戻すことができるといわれている。

❶酢をかき回して浮気を撃退
❷小首をかしげてかわいらしい立ち姿

子宝運 臨水夫人媽廟の 臨水夫人 P.73
****

順天聖母とも呼ばれる道教の女神で、もとは女性の難産を助ける神、ひいては子授けにも御利益がある神として、妊娠中や子供を望む女性から絶大な信仰を集める。産後のお礼参りに訪れる信者も多い。

❶36体の乳母像と一緒に祀られる ❷実在の人物を神格化した臨水夫人

全体運 天壇の 玉皇上帝 P.66
****

玉皇上帝は無数の神を祀る道教における最上位の神様で、天公、天帝、玉皇大帝などさまざまな呼び名がある。ほかの神々の上に立つ上司的な存在で、万物の成長や賞罰の一切を司るとされる。

❶あらゆる神を祀り、神様のデパートともいわれる
❷どの神様にお願いすればいいか迷ったらここへ

健康運 祀典興濟宮の 保生大帝 P.67
****

宋代に実在した名医が神格化された医学の神。病気の治癒や健康を祈願するならこの廟へ。おみくじは、内科、外科(小児科)、眼科から選ぶこともでき、結果は、漢方薬の処方箋になっている。

❶漢方薬の調合が書かれたおみくじ
❷医療の神、保生大帝

麻豆代天府で 天国と地獄を体験!! P.84

台南近郊の麻豆にある、麻豆代天府の「十八地獄」は、生前に犯した罪の因果に応じた18種類の地獄の様子を表現したアトラクション。途中で大きな音がするなど、お化け屋敷的なおもしろさがある。

❶リアリティを追求した地獄の風景 ❷入口で鬼が迎えてくれる ❸天国の様子を表現した「天堂」もある

おみくじの引き方

❶ 「ポエ」と呼ばれる赤い木片をふたつ取り、線香の上で時計回りに3回回す。ポエを握り、心の中で質問を唱える

❷ ポエを落とす。表と裏が出たら「YES」、表と表は「NO」、裏と裏は「質問の意味が不明」。3回まで挑戦できる。

❸ 「YES」が出たら、棒のおみくじを全部つかんで放し、いちばん飛び出たものを引く

❹ おみくじを台に置いてポエを落とし、「YES」が出たらその番号のおみくじをもらえる。内容は解籤處で解説してもらえる

古跡にグルメ、フォトスポットをぐるり
台南発祥の地・安平を歩く
（アンピン）

台南市中心部から南西へ約5kmの古い港町に半日トリップ。

鄭成功の像も立つ

ACCESS
台鐵台南駅前の北站より2路バス、南站より99路バス（土・日・祝のみ）で「安平古堡」下車。

1 安平古堡で台南の歴史に触れる
アンピンクーパオ →P.79

1624年にオランダ人が築いたゼーランディア城と呼ばれた城塞。鄭成功が1662年に攻略し軍事拠点とした。

2 安平樹屋で自然のパワーに圧倒
アンピンシューウー →P.80

徒歩約1分

木と廃墟のコントラスト

100年余りの年月を経てコンクリートの倉庫がガジュマルの木に飲み込まれて生まれた奇観。桟道が設けられていて、その様子を建物の上からも見ることができる。隣はかつてイギリスの貿易会社だった建物。

1.木は今も成長している
2.木が屋根を突き破っている

徒歩約6分

3 出店が並ぶ安平老街をぶらぶら
アンピンラオジエ →P.80

観光客でにぎわう延平街からさらに足を踏み入れると、昔ながらの町並みが広がっている。

おみやげ探そう

徒歩約1分

4 林永泰興蜜餞行でドライフルーツを
リンヨンタイシンミーチエンハン →P.99

台湾伝統のドライフルーツ、蜜餞の老舗。小ぶりでレトロなパッケージはおみやげにぴったり。1袋50元。

徒歩約2分

1.味のあるパッケージ
2.いろいろな種類がある

"劍獅"を探してみよう

安平では、古くから魔除けとして交差する2本の剣をくわえた獅子の顔のレリーフを家の門に飾る風習があった。安平老街の北側などに残る清代の家屋には、古い剣獅が残っているものもある。

②西門國小
「安平古堡」バス停
古堡街
①
安北路
安平開台天后宮 卍 →P.81
⑥
「安平蚵灰窯文化館」バス停
安平蚵灰窯文化館 →P.81
中興街
安平市場
③④
效忠街
延平街
⑤⑧
安平路
石門國小
台南市中心部へ
「石門國小」バス停
N
100m
⑦大魚的祝福へ↓

チェンジアクーチュエン

5 陳家蚵捲で カキ料理ランチ

安平名物のカキ料理
徒歩約7分→

安平近海で取れるカキを使用したさまざまなメニューを味わえる専門店。フライ系のほか、シンプルな焼ガキ(100元)も。

MAP P.79-A2

住台南市安平路786號 ☎(06)222-9661 ●10:00〜21:00 無休「安平古堡」バス停より徒歩約5分

1.安平路と古堡街の交差点に立つ　2.蚵仔煎(60元)　3.蚵捲(2本60元)

トンジーアンピンドウホア

6 同記安平豆花で デザートタイム

→P.96

ヘルシーなデザート

豆乳を固めた台湾伝統スイーツはローカロリーで植物性たんぱく質も豊富。安北路433號に本店がある。

ダーユィダチューフー

7 大魚的祝福で 記念撮影

→P.81

徒歩約18分

安平港のほとりに設置されたクジラのパブリックアートで、人気撮影スポットとなっている。2階部分が展望台になっていて、クジラの口から安平港を見渡せる。

楽しい写真を撮って

徒歩約10分→

ミンフォンシエンシアビン

8 銘峰鮮蝦餅の スナックを購入

→P.99

エビとカニで作るサクサクせんべいの店。オリジナル、辛口、イカスミ、サバヒー、黒胡椒の5種類のフレーバーがあり、どれもビールに合う。ホテルでの晩酌におすすめ。

安平の味だよ

1.サイズは中(120元)と大(250元)がある　2.エビとカニの風味が濃厚

朝

さっと食べられる

スームウユィトゥオヂョウ
虱目魚肚粥
虱目魚は台湾語でサバヒーと呼ばれる、台南名物の白身魚。脂の乗った半身がのった粥。
阿憨鹹粥 >>> P.89

サバヒー粥と牛肉湯は二大ポピュラーな台南朝食。早朝からオープンしているので、早起きして2回朝食を楽しむのもアリ！

イチオシ

新鮮なレアキ肉かとろとろスープ

野菜たっぷりの生春巻き

具だくさんの魚団子スープ

ニォウロウタン
牛肉湯
スライスした生の牛肉にアツアツのスープをかけて食べる。スープは牛肉のうま味が凝縮している。
文章牛肉湯 >>> P.89

チュンジュエン
春捲
キャベツ、豚肉、エビ、錦糸卵などをくるんだボリューム満点の生春巻き。砂糖とピーナッツ粉も入れる。
金得春捲 >>> P.91

ジャオバイゾンホータン
招牌綜合湯
サバヒーやエビのすり身団子のスープ。サバヒーの皮や魚餃子なども入っている。
第三代虱目魚丸 >>> P.90

朝・昼・夜 時間別！
台南名物おすすめ

昼

サクサクのエビロール

シアジュエン
蝦捲
エビやカキなどのシーフードを粗く刻んで揚げたもの。衣はサクサクでエビはプリプリの食感。
周氏蝦捲 >>> P.91

ランチはさっと食べられてある程度ボリュームもある人気小吃をセレクト。葉家小巻米粉は売り切れる前に早めに行こう。

イチオシ

サワラのフライのとろみスープ

ぷっくら炊き上げたエビごはん

イカのゆで加減が絶妙！

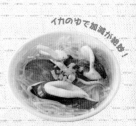

トゥートゥオユィゲン
魠魠魚焿
揚げたてでサクサクのサワラのフライにアツアツのとろみスープをかけた料理。ビーフンを入れても美味。
呂記魠魠魚焿 >>> P.90

シャーレンファン
蝦仁飯
小エビとネギを炒め、カツオだしでふっくらと炊き上げたご飯。ご飯は味がしみてやわらか。
矮仔成蝦仁飯 >>> P.87

シアオジュエンミーフェン
小巻米粉
イカのうま味が染み出た透明なスープで食べるうどんのように太い米麺。イカはゆで過ぎずプリプリの食感。
葉家小巻米粉 >>> P.88

小吃は小腹がすいたときにさっと食べられる量なので、スナックにも最適。棺材板、碗粿は台南発祥の郷土料理。

ぷにぷに食感の餃子

ロウユエン
肉圓
豚肉をデンプン質の皮でくるんで蒸し上げた料理。台湾語名で「バーワン」と呼ばれることも。

福記肉圓 >>> P.90

イチオシ

懐かしい豚のシチューがたっぷり

グアンツァイバン
棺材板
くり抜いた食パンにクリームシチューがかかっている。棺おけに似ているためこの名がついた。

赤嵌棺材板 >>> P.91

素朴でやさしい味

ワンゴオ
碗粿
エビやシイタケなどの具も入った米のペーストを茶碗に入れて蒸す、茶碗蒸しのような料理。

阿全碗粿 >>> P.91

中華風バーガー

グアバオ
割包
饅頭でできたふわふわのバンズに豚肉やザーサイを挟んで食べる、中華版ハンバーガー。

阿松割包 >>> P.90

シアオ　チー
小吃はコレ

美食の都、台南にはユニークな小吃（小皿料理）が盛りだくさん。早朝から夜遅くまで、食べ歩きを楽しめる。どれも気軽に食べられる量と値段だから、朝も昼も夜も小吃！

夜

ディナーは比較的遅くまで営業している店で、定番の台南料理を楽しみたい。サイドメニューと組み合わせて、本場の味を堪能しよう。

タウナギのあんかけ麺

シャンユイイーミエン
鱔魚意麺
さっと炒めたタウナギとタマネギのあんを軟らかく戻した揚げ麺に絡めた料理。好みで酢をかけて。

城邊真味鱔魚意麺 >>> P.88

イチオシ

カニの身たっぷりのおこわ

ホンシュンミーガオ
紅蟳米糕
ミソが詰まったカニと一緒に炊いたおこわは、結婚式など祝いごとの席で振る舞われるごちそう。

阿霞飯店 >>> P.86

"台湾ラーメン"の元祖

タンズィミエン
擔仔麺
漁師が閑散期に作ったのが始まり。食べる前にそぼろ肉とスープをよくかき混ぜて。

度小月 原始店 >>> P.87

具だくさんのジャンボ粽

トゥーチーバーバーロウゾン
特製八寶肉粽
ホタテ、イカ、シイタケ、卵の黄身など8種類の具が入った大きな粽。割ると煮汁も詰まっている。

再發號 >>> P.87

台南みやげに迷ったら……
レトロデパート林百貨で決まり！
リンバイフォ

1932年に開業したデパートが70年の時を経て復活し、大人気。
雑貨やお菓子など、手に入れたくなる台湾デザインがいっぱい。

→P.97

`MAP` `P.47-A2`

台湾雑貨も

魚の頭のポーチも

オリジナル商品も

特産のお菓子も

中正路と忠義路の交差点に立つ。堅牢かつモダンなコンクリート造り

1F お菓子・食品

お菓子や食品など、台南の特産品を中心にラインアップ。パッケージも凝っていて、プレゼントしたくなるものばかり。

レトロモダンな内装

玉井産愛玉マンゴー

185元

ドライマンゴー
絵画のような美しいパッケージで贈り物に最適。サイズもちょうどいい

145元

パイナップルケーキ
あんにパイナップルを使用。個包装で3個入っているのでバラにもできる

素朴なお菓子

クラシカルなエレベーター
ハヤシ百貨時代に設置された台南初のエレベーターを現在も使用。

45元

椪餅
中が空洞になっている台南名物のお菓子。「林」マーク入り

180元

クッキー
オリジナルの手作りクッキー。この缶はアールグレイ味

台南デザイン

台南出身のデザイナーによるブランドの雑貨や林百貨オリジナルグッズがずらりと並ぶ、要チェックのフロア。

がま口ポーチ
パイナップル、スイカ、バナナなど台湾フルーツの柄が楽しい

590元

> 錦源興のアイテム

帽子
布製で折りたたみもできる。柄のバリエーションも豊富

1080元

425元

> やさしい肌ざわり

ハンカチ
台南で越冬するクロツラヘラサギの柄。綿100%

> ポケット付きで便利

580元

580元

トートバッグ
錦源興(→P.97)のアイテムもずらり。柄に込められた意味も必読

 3F

洋服や靴など、ファッション関連のアイテムを中心としたフロア。

 4F

ショップのかたわら、台南カルチャーにまつわる企画展示も。

> 緑豆糕と一緒に

5F # カフェ&レストラン

1932年の開業当時にもあったカフェを再現した林珈琲と、山水豆花が入る。窓からの景色を眺めながらひと休みできる。

香嫩雞肉滑蛋咖哩
カレー専門店「Mr.咖哩」とコラボした、チキンオムレツカレー。辛さ控えめで食べやすい。

> レトロな雰囲気

180元

琥珀蜜香紅茶
ガラスの茶器で楽しめる。振發茶行(→P.99)の思郷凍頂烏龍茶もある。

320元

> 記念品ショップもある

屋上 # フォトスポット&神社

展望台になっていて、周辺の景色を見渡せる。1933年に建てられた神社の跡が残っている。

> 開業当初は非公開

1.台湾の商業施設に残る唯一の屋上神社 2.桜餅のオブジェが置かれ、記念撮影ができる

赤崁樓周辺

チーカンロウ

Chihkan Towers

観光客でにぎわう赤崁樓

MAP P.44-A1〜P.45-C2、
P.46-A1〜P.47-B2

ACCESS

バス 赤崁樓へは台鐵台南駅前の北站より3、5路バス、南站より土・日・祝のみ運行の88、99路バスで「赤崁樓」下車
神農街へは台鐵台南駅前の北站より5路バスで「西門民權路口」下車、徒歩約5分。または、土・日・祝のみ運行の88路バスで「神農街」下車

ローカルフードが集まる
永樂市場周辺

台南駅から歩いて約15分の所に立つ赤崁樓（→P.63）は、台南を代表する歴史的建造物。このあたりは鄭成功の時代より台南の中心地として栄え、歴史を感じさせる入り組んだ路地には祀典武廟（→P.64）、大天后宮（→P.63）をはじめとする清代創建の蒼古とした寺廟があちこちに立ち、その時代の面影を残している。

西門路を越えた西側は小吃店が集まる永樂市場（→P.64）やレトロな町並みが人気の神農街（→P.65）などがあり、散策とグルメを楽しんだりカフェでブレイクしたりできる。古都・台南の魅力が詰まった観光スポットが充実した、最も町歩きが楽しいエリアだ。

赤崁樓周辺の歩き方

観光からストリート散策、夜市まで1日楽しめる

まずは、誰もが訪れる台南のシンボル、**赤崁樓**とその南の**祀典武廟**、**大天后宮**を見学して、民族路を西へ向かおう。西門圓環を越えると、ローカルグルメの店がひしめく**永樂市場**が見えてくる。地元の人々に交じって腹ごしらえをしたら、國華街を南下して個性派ショップが集まる**正興街**（→P.65）で台南の今をチェック。そこから西門路を東へ渡れば、細い道が入り組んだ趣のある住宅街の**蝸牛巷**（→P.50）に迷い込める。清代の面影が残る町並みの**神農街**は蝸牛巷から徒歩約10分。明かりがともり始める夕方からの散策がおすすめだ。最後は金華路を北上する0右バスに乗れば、**花園夜市**（→P.68）へ向かえる。

赤崁樓周辺の見どころ

ぶらぶら歩きがおもしろい

清代の趣を残すノスタルジックな**神農街**、週末は若者でごった返す**正興街**、迷路のような**蝸牛巷**など散策が楽しい人気ストリートも充実。新旧の観光スポットがギュッと詰まった見どころ満載のエリアだ。

おさんぽプラン

⏱ 所要約6時間

必見 ① 赤崁樓（→P.63）
　　↓　徒歩約5分
② 永樂市場（→P.64）
　　↓　徒歩約6分
必見 ③ 正興街（→P.65）
　　↓　徒歩約4分
必見 ④ 神農街（→P.65）
　　↓　徒歩＆バスで約12分
必見 ⑤ 花園夜市（→P.68）

台南のシンボル ★★★

MAP
P.47-A1

チーカンロウ
赤崁樓

　もとは1653年にオランダ人によって建てられた城で、プロビンシャ城（紅毛城）と呼ばれていた。1662年にオランダを駆逐した鄭成功は、この城を承天府と改名し、統治の中心とした。その後、地震で楼閣が全壊するなど、移り変わる政権による改築や取り壊しを経て、今の姿になった。入口を入って正面に見えるのは、赤崁樓の側面。プロビンシャ城の姿は想像するしかないが、基礎はオランダ支配時代のもの。

　赤崁樓は海神廟と文昌閣からなり、海神廟には「赤嵌樓」と書かれた扁額が掲げられている一方で、文昌閣には「赤崁樓」と書かれた扁額が掲げられており、どちらが正しいのか論争になったこともある。文昌閣には赤崁樓の修復に尽力した日本統治時代の台南市長、羽鳥又男の胸像も置かれている。どちらの楼閣にも上ることができ、周辺の眺めを楽しんだり、精巧な屋根飾りを間近に観察することが可能。文昌閣の裏に残るオランダ時代の赤れんがの城壁は日本統治時代に発掘されたものだ。

　夜はライトアップされ、庭でコンサートなどのイベントが開かれることもある。昼とはまた違った楽しみ方もできる。

鄭成功が政治の中心とした

台南最古の媽祖廟 ★★

MAP
P.47-A1

ダーティエンホウゴン
大天后宮

　1664年に創建された、台南最古の媽祖廟。媽祖は航海の安全を司り、台湾で広く信仰される実在の女性がもとになったとされる道教の女神である。もとは明朝の末裔、寧靖王の邸宅として建てられた建物で、鄭氏政権崩壊後、媽祖廟に建て直された。台南大媽祖廟とも呼ばれる。1818年に火災に遭い現在の建物は1830年に再建したもの。正殿に鎮座する媽祖像は黄金に光り輝き、厳かな表情。

　後殿左側には縁結びの月下老人が祀られているが、こちらも台南最古。願いごとを書いたハート形のカードがびっしりと結び付けられている。

寧靖王の邸宅として建てられた

赤崁樓
🏠 台南市民族路二段212號
☎ (06) 220-5647
🕐 8:30～21:30（入場は21:00まで）
休 無休
💰 70元（赤崁樓、安平古堡、安平樹屋、億載金城がセットになったお得な古蹟漫遊券210元もある）
🚌 台鐵台南駅前の北站より3、5路バス、南站より土・日・祝のみ運行の88、99路バスで「赤崁樓」下車、すぐ
🌐 historic.tainan.gov.tw
※2024年2月現在、文昌閣とその裏の堡塁は修復工事中で入場できない。修復が終わり次第、海神廟が修復に入る予定。

海神廟からは周辺の景色を楽しめる

鄭成功の胸像

大天后宮
🏠 台南市永福路二段227巷18號
☎ (06) 222-7194
🕐 6:00～21:00
休 無休
💰 無料
🚌 台鐵台南駅前の北站より3、5路バス、南站より土・日・祝のみ運行の88、99路バスで「赤崁樓」下車、徒歩約2分
🌐 www.gtainanmazu.org.tw

主神に媽祖を祀る

住 台南市永福路二段229號
電 (06) 229-4401
時 5:30～21:00
休 無休
料 無料
交 台鐵台南駅前の北站より3、5路バス、南站より土・日・祝のみ運行の88、99路バスで「赤崁樓」下車、徒歩約1分。入口は南側
URL www.twsdwumiao.org.tw

有名な「大丈夫」の扁額

月下老人を祀る祠

台湾最古の関帝廟 ★★

チューディエンウーミャオ
祀典武廟

　赤崁樓の向かいにある、三国志の英雄、関羽を主神に祀る廟。忠義の臣として知られる関羽は信用、転じて商業を司る神とされ、台湾各地で祀られている。1665年に創建されたこの祀典武廟は台湾における関帝廟の総本山とされ、大関帝廟とも呼ばれる。台湾で唯一政府が管理する関帝廟でもある。

　廟は間口が狭く、奥行きがある造り。敷地内には二川門、拝殿、主殿、後殿が建ち並ぶ。台湾で最も保存状態のよい壮麗な古廟として知られ、国家第一級古蹟に指定されている。廟内には、縁結びの神様である月下老人、学問の神様の文昌帝君などを祀る祠もあり、熱心に拝む若者の姿も多い。特に月下老人は大天后宮（→P.63）、大觀音亭（→P.67）、重慶寺（→P.71）とともに台南4大月下老人のひとつに数えられ、良縁を願う男女が祠の中で真剣に祈りを捧げている。日本からわざわざ訪れる参拝客も少なくない。

ビジネスの神、関羽を祀る

第一級古蹟に指定されている

ローカルグルメの名店が並ぶ ★★

ヨンラーシーチャン
永樂市場

　1962年に設立された伝統市場。市場というより屋台街の趣で、國華街沿いに**阿松割包**（→P.90）をはじめとするローカルフードの店が並ぶ。2階に取り付けられた揃いの看板が連なる様子が美しく、思わずカメラを向けたくなるが、バイクの往来が激しいので撮影時は気をつけたい。國華街にも**金得春捲**（→P.91）、**富盛號**（→P.91）など人気店が並ぶ。さらに南下して食べ歩きを楽しむのもおすすめ。

住 台南市國華街三段123、234號
交 台鐵台南駅前の北站より5、18路バスで「西門民權路口」下車、徒歩約4分

ローカルグルメ店が並ぶ

看板が連なる

神農街の向かいにある市場 ★★

シュイシェンゴンシーチャン
水仙宮市場

水仙宮の周りに発達した、活気のあるローカル市場。屋根の下に野菜や鮮魚などの生鮮食品を売る屋台が並び、内部に廟が祀られている。新鮮な魚をすすめる威勢のいい声を聞きながら地元の人々の日々の営みを垣間見られるのがおもしろい。すぐ食べられる総菜やお菓子も売っていて、つまみ食いをしながら周辺をぶらぶら散策するのも楽しい。衣類なども売られている。市場が最もにぎわう早朝の散策がおすすめ。

屋根付きのローカル市場

水仙宮市場
- 台南市神農街1號
- (06) 226-7151
- 5:00～14:00 頃
- 無休
- 台鐵台南駅前の北站より5、18路バスで「西門民權路口」下車、徒歩約4分

素朴なお菓子も売られている

ノスタルジックな路地 ★★★

シェンノンジエ
神農街

清代の面影が残る約300mの小路。レトロで絵になる街並みで、人気撮影スポットになっている。このあたりはかつて港に面した問屋街で、店舗の2階から荷物の上げ下ろしをしていた。その名残で、バルコニーがせり出した台湾では珍しい建築となっている。その古い店舗はカフェやショップ、ギャラリーなどに活用され、それらをのぞきながら散策するのが楽しい。突き当たりには、薬の神様を祀る**薬王廟**がある。日本統治時代は北勢街という名で呼ばれ、地元の人の間ではその名前でも知られている（→P.48）。

人気のおさんぽストリート

神農街
- 台南市神農街
- 台鐵台南駅前の北站より5、18路バスで「西門民權路口」下車、徒歩約5分。または南站より土・日・祝のみ運行の88路バスで「神農街」下車、すぐ

突き当たりに立つ薬王廟

ローカルカルチャーを発信 ★★★

ヂォンシンジエ
正興街

全長230mほどの短い道周辺に、人気スイーツ店やカフェ、ショップが集まる観光客、台南っ子双方に人気のエリア。特に、ソフトクリーム店、**蜷尾家甘味處**とメロンを器にしたフォトジェニックスイーツで有名な**泰成水果店**（→P.95）の周りはいつも人だかり。かつて布問屋がひしめき合っていた西市場がリノベーションされ、よみがえりつつある。

休日は多くの人が訪れる

正興街
- 台南市正興街
- 台鐵台南駅前の北站より2路バスで「郭綜合醫院」下車、徒歩約2分

路地裏の散策も楽しい

天壇
住 台南市忠義路二段84巷16號
電 (06) 222-7983
時 6:00〜21:00
休 無休
料 無料
交 台鐵台南駅より徒歩約14分。
または台鐵台南駅前の北站より
2、6路バスで「民生綠園」下車、
徒歩約4分
URL www.tian.org.tw

熱心に祈る信者

吳園藝文中心
住 台南市民權路二段30號
時 24時間
交 台鐵台南駅より徒歩約8分

入口に立つ台南公会堂

王育德紀念館
M P.47-B1
電 (06) 221-9682
時 9:00〜17:00
休 月・火
料 無料

日本語の解説もありわかりやすい

鶯料理
住 台南市忠義路二段84巷18號
電 (06) 221-0595
時 10:00〜18:00
休 月・火
交 台鐵台南駅より徒歩約13分。
または台鐵台南駅前の北站より
2、6路バスで「民生綠園」下車、
徒歩約2分
URL fb.com/eaglehill14tainan

道教の神様が勢揃い ★★

ティエンタン
天壇

MAP P.47-A2

　道教の神々のなかで最高位の神格をもつ玉皇上帝（天公）を主神に20以上の神を祀る大きな廟。縁結びの月下老人、安産の註生娘娘など生活に関するさまざまな神を祀っているため、すべての願いに対応できると信じられている。正門にかけられている「一」の扁額は台南の三大名扁のひとつで「千算万算，天の一算にしかず」という意味が込められている。廟の前では山積みの金紙が販売されており、台湾の人々の信仰の深さを感じる。

頭上に掲げられた「一」の扁額

都会の真ん中にある美しい庭園 ★★

ウーユエンイーウェンチョンシン
吳園藝文中心

MAP P.47-B1

　台南の大商人、吳尚新が清代末期に建設した庭園、吳園を中心とした一画。表に立つバロック式建築は1911年に建てられた**台南公会堂**で、吳園の歴史に関するささやかな展示もある。庭園は池や亭台、築山が美しい調和となって、まるでビルの間のオアシスといった趣だ。日本統治時代の料亭「柳屋」も残り、**十八卯茶屋**（→P.94）という茶藝館となっている。亭台の内部は日本在住の言語学者で台湾独立運動家でもあった**王育德の記念館**が入る。

風雅な景観を楽しめる

再生された日本の料亭 ★★

うぐいすりょうり／インリャオリー
鶯料理

MAP P.47-A2

　1912（大正元）年開業の日本の料亭跡。当時台湾一と称された料理人天野久吉が腕を振るい、政財界の名士が夜な夜な集う「密談」の場だった。1923年、当時皇太子だった昭和天皇もここで食事をした。第2次世界大戦後は宿舎などに利用され荒廃したが、近年優雅な庭園と一部の棟が修復されて、当時の高級料亭の雰囲気を垣間見ることができる。敷地内に**阿霞飯店**（→P.86）が経営するカフェがある。

天壇の裏に立つ

月下老人も祀られている ★★

ダークワンインティン
大觀音亭

MAP P.44-B1

観音菩薩を祀る仏教寺院。1678年の創建で、台湾で最も古い観音堂である。隣の祀典興濟宮との間には賓客用の官廳という休憩所があり、八角門を通じて行き来できるようになっている。同祀されている月下老人は恋愛の仲立ちに優れているといわれ、よい出会いを求める若者の参拝客を集めている。入口に立つ御神木には、参拝客によって無数のお守りが結び付けられている。

観音菩薩を祀る

大觀音亭
住 台南市成功路86號
☎ (06) 228-6720
🕒 5:00〜21:00
休 無休　料 無料
交 台鐵台南駅より徒歩約10分。または台鐵台南駅前の北站より18路バスで「大道公廟」下車、徒歩約1分
URL fb.com/shring.tn

家庭円満を見守る月下老人

医療の神様を祀る ★★

チューディエンシンジーゴン
祀典興濟宮

MAP P.44-B1

大觀音亭の隣にある廟で、医薬の神様である保生大帝を祀っている。大道公廟とも呼ばれる。創立は明代の1679年とされ、台湾で最も古い保生大帝廟のひとつだ。漢方薬の処方箋が引けるおみくじは、内科、外科（小児科）、眼科の3種類。またトラの像も置かれているが、これは保生大帝の僕になった虎爺に由来する。門神を描いたのは当時の名画家、陳壽彝。彼は隣の大觀音亭の門神も描いているので、見比べてみよう。

健康を祈願しよう

祀典興濟宮
住 台南市成功路86號
☎ (06) 228-6720
🕒 5:00〜21:00
休 無休　料 無料
交 台鐵台南駅より徒歩約10分。または台鐵台南駅前の北站より18路バスで「大道公廟」下車、徒歩約1分
URL fb.com/shring.tn

漢方薬のおみくじがもらえる薬みくじ

朝は太極拳をする人々の姿も ★

タイナンコンユエン
台南公園

MAP P.45-C1

台南駅の北側に広がる公園。開園は1917（大正6）年で、100年以上の歴史をもつ。かつては河川を通じて物資が集まる「市仔頭」という市場があったが、日本統治時代に実験林となった後、公園に整備された。現在は風光明媚な燕潭（池）を中心に、水と緑豊かな市民の憩いの場所となっている。日本統治時代の防空壕や公園管理所、移築された清代の重道崇文坊などが残り、歴史も感じられる場所となっている。

風光明媚な公園

台南公園
住 台南市公園南路89號
🕒 24時間　休 無休　料 無料
交 台鐵台南駅より徒歩約8分。または台鐵台南駅前の南站より2、5、6路バスで「台南公園(北門路)」下車すぐ、北站より藍幹線バスで「公園路」下車すぐ

台南公園の向かいにある台南轉運站バスターミナル

花園夜市
住 海安路と和緯路の交差点
時 18:00～24:00頃
休 月・水・金
交 台鐵台南駅前の北站より0左路バスで「花園夜市」下車、徒歩約3分。帰路は道の反対側から0右路バスに乗る
URL fb.com/TainanGNM

野菜たっぷりの蚵仔煎

武聖夜市
住 台南市武聖路69巷42號
時 17:00～24:00頃
休 日・火・木
交 台鐵台南駅前の北站より3路バスで「文賢路」下車、徒歩約5分

ひんやりスイーツの雪淇冰

小北新成功夜市
住 台南市西門路四段171巷2號
時 17:00～24:00頃
休 水・木・土・月
交 台鐵台南駅前の南站より7路バスで「六甲里西」下車、すぐ

グルメエリアも充実

駐車場で開催される大規模な夜市 ★★★

MAP
P.43-B1

ホアユエンイエシー
花園夜市

　中心部から少し離れた海安路と和緯路の交差点にある広い駐車場で、木・土・日曜のみ開かれる夜市（→P.20）。暗闇の中、屋台から立つ無数の華やかなのぼりが人々を引き寄せる。定番からユニークなB級グルメの屋台がひしめき合うが、フルーツの**阿美芭樂**が大きなブースで出店しているのがフルーツの産地、台南ならでは。大きな鍋でグツグツ煮込まれる**二師兄古早滷味**のニワトリの足も有名。テーブルを用意した屋台もあるので、落ち着いて食べたいときに利用しよう。進むのが困難なほど混雑しているのでスリには十分注意を。

大勢の人でにぎわう

台南で最も長く営業 ★★

MAP
P.43-B1

ウーションイエシー
武聖夜市

　毎週水・金・土曜に開催される夜市。市街北西部にあるので、安平からの帰りに寄るのもおすすめ。水曜日は花園夜市とほとんど同じ屋台が出店するが、規模は花園夜市より小さい。1984年に始まったという、台南で最も古い夜市だ。住宅地にあり、子供の姿も多い。中央にグルメ屋台が集まり、それを囲むようにゲーム屋台が並ぶ。子供が楽しめる大型遊具もある。

ローカルに人気

花園夜市の近くで火・金曜に開催 ★★

MAP
P.43-C1

シアオベイシンチョンゴンイエシー
小北新成功夜市

　花園夜市から和緯路を東へ1kmほどの所で毎週火曜と金曜に開催。規模は小さいが、地元密着型の夜市で、ローカル気分を味わえる。400mほど南に屋根付きの「小北觀光夜市」もあるので間違えないようにしよう。

孔子廟

コンヅーミャオ

Confucius Temple

青々とした芝生に赤い建物が映える孔子廟

MAP P.44-A2～P.45-C3
P.46下、P.47下

ACCESS

バス 孔子廟へは台鐵台南駅前の北站より2路バス、南站より土・日・祝のみ運行の88路バスで「孔廟」下車
藍晒圖文創園區へは西門路二段を通る紅幹線、1路バスなどで「新光三越新天地」下車

孔子廟の向かいの府中街

白く大きな台南市美術館2館

台南の主要道路の起点となるロータリー、民生緑園から南へ進むと台湾最古の孔子廟（→P.70）があり、緑豊かな敷地は台南市民の憩いの場となっている。このあたりは延平郡王祠（→P.73）、臨水夫人媽廟（→P.73）などのパワースポットや愛國婦人會館（→P.72）、台南地方法院（→P.71）などの日本統治時代の建造物が点在し、区画整理が行き届いた町並みをゆったりとした気分で回れる。西に向かう中正路に立つ林百貨（→P.60、97）は再生された昭和時代のデパートで、民生緑園からの一帯は、かつて台南銀座と呼ばれるほどのにぎわいを見せていたという。

一方、西側の國華街二段や海安路一段の周辺はローカルな商店やB級グルメの店がひしめくにぎやかなグルメエリア。食べ歩きを楽しもう。さらに西門路を南下した藍晒圖文創園區（→P.74）では、ショップ巡りを楽しめる。

 ## 孔子廟周辺の歩き方

清代、日本統治時代に建てられた建築物を見ながら歩こう

民生緑園から南下し、**國立台湾文学館**、**孔子廟**、**台南市美術館2館**（→P.71）、**延平郡王祠**と巡ったら、府前路一段を通る6路バスで**保安路**（→P.74）、**藍晒圖文創園區**がある西門門一段へ向かえる。

 ## 孔子廟周辺の見どころ

路地裏には隠れ家的なカフェも多い

民生緑園から南へ延びる南門路周辺は、**國立台湾文学館**、2019年10月にオープンした**台南市美術館2館**、**孔子廟**、**愛國婦人會館**、**延平郡王祠**など見どころが集中している。このあたりは**窄門咖啡**（→P.94）、**浮游咖啡**（→P.93）、**順風號**（→P.93）など個性的なカフェも多い。時間があれば、台南市美術館2館の西側にある**友愛街**（→P.51）周辺を散策するのもおもしろい。

おさんぽプラン

🕐 所要約4時間

1 國立台湾文学館（→P.70）

必見 ↓ 徒歩約1分

2 孔子廟（→P.70）

必見 ↓ 徒歩約6分

3 台南市美術館2館（→P.71）

必見 ↓ バスで約6分

4 延平郡王祠（→P.73）

↓ バスで約10分

5 藍晒圖文創園區（→P.74）

孔子廟

歴代の扁額も見てみよう

台南市中正區圖書館

台南州会議室に使われていた
建築が図書館と二・二八事件
の資料館としてオープン

國立台湾文学館

吹き抜けのホール

コンゾーミャオ
孔子廟

　1665年、人材育成のために創建された台湾最古の孔子廟。孔子廟は儒教の祖である孔子を祀ると同時に儒学の教育機関でもあり、台南の孔子廟は台湾における儒学発祥の地といえる。そのことを表しているのが入口である東大成坊に掲げられた「全臺首學」の扁額だ。四方を朱色の壁に囲まれた緑あふれる敷地は約9000m²もあり、信仰の場であるだけでなく、木陰の下でおしゃべりを楽しめる地元の人々の憩いの場となっている。本殿である**大成殿**の内部には、孔子の位牌がおごそかに祀られ、上部には清代の歴代皇帝から蔡英文総統にいたる政治的指導者が揮毫した扁額が掲げられており、この廟の由緒正しさがうかがえる。奥にある**以成書院**には、皇太子時代に訪れた昭和天皇の写真も掲げられている。

　南門路を挟んだ向かいに延びる府中街は孔子廟への参道で、週末は屋台も出ておおいににぎわう。

主殿の大成殿

クオリータイワンウェンシュエグアン
國立台湾文学館

　台南の主要道路が集まるロータリーに面して立つ、華麗なバロック様式の建築物。1916年に台南州庁舎として、台北の總統府と同じ建築家の森山松之助によって建てられた。現在はその一部を利用した台湾初の文学専門の博物館となっている。台湾の文学に関連する、インタラクティブな常設展と企画展があり、言葉がわからなくても楽しめるものも多い。中庭だった吹き抜けのホールはベンチもあり、休憩もできる。

ロータリーを囲む建物のひとつ

浮気封じの月下老人も祀る ★★

MAP
P.47-A2

チョンチンスー
重慶寺

　國立台湾文学館裏の路地にある仏教寺院。小さな寺だが、その歴史は1778年まで遡ることができるという。この寺の月下老人は「台南四大月下老人」のひとりで、愛情を引き止める力があるといわれている。不仲になりそうな恋人や夫婦が、老人の前に置かれた壺の「醋矸」をかき混ぜて願えば、もとの仲に戻るという。恋愛の悩みを速達で神様に届けてくれるという「速報司」もこの寺の人気者だ。

願いを込めたろうそくが並ぶ

日本統治時代に造られた裁判所 ★★

MAP
P.46-B3

タイナンティーファンファーユエン
台南地方法院

　台北の總統府、國立台湾博物館と並び日本統治時代の三大建築とされる、1912年に建てられた裁判所。設計は總統府、國立台湾文学館（→P.70）と同じ森山松之助。老朽化により1970年に西棟の塔が取り壊されたが、ほかの部分は修復されて2016年より博物館として一般公開されている。法廷や拘置所の内部を見ることができ興味深い。柱や天井、窓飾りのディテールなど、建築作品としても見応えがある。

バロック様式の建築

台湾初の地方行政法人美術館 ★★★

MAP
P.46-B3

タイナンシーメイシュークアンアールグァン
台南市美術館2館

　かつての台南神社があった場所で、長らく駐車場として使われていた場所に建てられた、現代アートの美術館（→P.13）。劇場も入る白い大きな建物は、展示室を互い違いに積み重ねるように設計され、上空から見ると、台南のシンボルでもある鳳凰花をイメージした五角形になっている。内部は吹き抜けを中心とした開放的な造り。一方、孔子廟の向かいに立つ1館は、日本統治時代の警察署だった建物で、歴史を感じさせる。

入口は表と裏に2ヵ所ある

重慶寺
住 台南市中正路5巷2號
電 (06) 223-2628
時 7:30〜17:30
休 無休
料 無料
交 台鐵台南駅前の南站より藍幹線、紅幹線、1路バスで「林百貨」下車、徒歩約4分

浮気撃退に効果があるとされる
月下老人

台南地方法院
住 台南市府前路一段307號
電 (06) 214-7173
時 9:00〜17:00
休 月・祝　料 無料
交 台鐵台南駅前の北站より6路バスで「臺南市美術館2館」下車、すぐ
URL tnd1.judicial.gov.tw/hs/index.asp

台南市美術館2館
住 台南市忠義路二段1號
電 (06) 221-8881
時 10:00〜18:00(土〜21:00)
休 月(祝日を除く)、旧正月
料 200元(1館、2館共通)
交 台鐵台南駅前の北站より6路バスで「台南市美術館2館」下車、すぐ
URL www.tnam.museum

カフェは2軒あり、ゆっくり休憩もできる

台南市美術館1館
MAP P.47-A2
住 台南市南門路37號
料 2館と同じ
交 台鐵台南駅前の北站より2路バスで「孔廟」下車、すぐ

品格のあるたたずまい

愛國婦人會館

住 台南市府前路一段197號
☎ (06) 214-9510
◷ 9:00〜17:00
休 旧正月
交 台鐵台南駅前の北站より6路バスで「建興國中（府前路）」下車、徒歩約1分

靴を脱いで2階へ

台湾府城隍廟

住 台南市青年路133號
☎ (06) 224-0922
◷ 6:00〜21:00
休 無休
料 無料
交 台鐵台南駅より徒歩約10分

大きなそろばんが掲げられている

大南門

住 台南市南門路34巷（府城南門公園内）
☎ (06) 295-3407
◷ 8:30〜17:30
休 無休
料 無料
交 台鐵台南駅前の北站より2路バス、南站より土・日・祝のみ運行の88路バスで「大南門城」下車、すぐ

「大南門」の字が残る門

日本統治時代の建物 ★

MAP
P.47-A3

アイクオフーレンホェイグアン
愛國婦人會館

　愛国婦人会は、傷痍軍人や軍人遺族などの世話や保護を目的に明治期の日本で発足した団体。愛國婦人會館はその台南支部の会館として1940年に落成した。1階がコンクリート造り、2階が木造の和洋折衷建築で、前部は事務所、後部は宿舎や講習所などに使用された。現在は修復され、「文創Plus」という産業支援センターになっている。見学も可能で、靴を脱いで2階に上がると心落ち着く和の空間が広がっている。

1階はコンクリート建築

台湾で最も古い城隍廟 ★★

MAP
P.47-B2

タイワンフーチョンホアンミャオ
台湾府城隍廟

　城隍廟とは土地の守護神を祀る廟で、台湾のいたるところに存在している。1669年に鄭成功の息子鄭経のために建てられたこの廟は台湾でいちばん古い城隍廟といわれている。城隍爺は、因果応報をつかさどる閻魔大王のような役割もあるとされ、頭上には人の善悪を算定する赤い大算盤が掲げられている。また、廟には天壇の「一」と並んで台南市三大名額のひとつ「爾来了」という文字が掲げられている。

由緒ある城隍廟

公園の中に立つ ★

MAP
P.47-A3

ダーナンメン
大南門

　清朝政府は、当初台湾には城を造らない方針だったが、1721年に発生した朱一貴の乱をきっかけに市街を守るために木製の柵を設け、やがてれんがの城壁を造り始めた。最終的に門は14となったが、大南門は台湾で唯一、防衛と敵を誘引して捕らえるふたつの機能をもつ門だった。さまざまな時代の石碑を保存した碑林も歴史的価値が高い。公園内には台南放送局の建物もある。第三級古蹟に指定されている。

1977年に復元された

台南の英雄、鄭成功を祀る廟　★★★

MAP
P.47-B3

イェンピンジュンワンツー
延平郡王祠

　1874（清代同治13）年に大臣沈葆禎が創建した鄭成功を祀る廟。廟のすぐそばで、馬に乗った巨大な鄭成功像が大迫力で迎えてくれる。福州式の建築だが、日本統治時代に日本の神社と寺院建築を模して改築され「開山神社」という名もつけられた。

　鄭成功は福建出身で東アジアを中心に活躍した商人の鄭芝龍と長崎平戸の日本人女性田川マツとの間に生まれ、7歳まで日本で過ごした。明朝末期に父とともに清軍に対して抵抗運動を繰り広げ、明の皇帝から国姓の朱を賜ったことから、國姓爺とも呼ばれる。明朝復興の足掛かりとするために、1662年にオランダを追い払い台湾を本拠地とした。結果としてこのことが台湾の基礎を築くこととなり、台湾を開拓した功績から「開山王」、「開台聖王」とも呼ばれる。

眉目秀麗といわれた鄭成功の像

　廟内に掲げられている鄭成功の生い立ちについてのパネルは、日本語もありわかりやすい。祭壇にはきりりとした表情の鄭成功像が鎮座している。隣にあった鄭成功文物館は、台南市博物館にリニューアルした。

厳かな雰囲気

女性の守り神、臨水夫人を祀る　★★

MAP
P.47-B3

リンシュイフーレンマーミャオ
臨水夫人媽廟

　延平郡王祠の近くにあり、女性の守り神である臨水夫人（順天聖母）を祀った廟。不妊や安産などに御利益があるといわれ、いつも女性の参拝者でにぎわっている。創建は清代の1736年、細やかな彫刻群が美しく、中央には臨水夫人が置かれ、後に二媽の「林紗娘」、三媽の「李三娘」が加わって「三奶夫人」として祀られている。ほかに子宝の神様の花公、花婆や註生娘娘、子供の守り神である三十六婆姐なども祀られている。

安産祈願に訪れる女性が多い

藍晒圖文創園區
- 🏠 台南市西門路一段689號
- ☎ (06) 222-7195
- 🕐 12:00〜21:00（店により異なる）
- 休 火
- 🚇 台鐵台南駅前の南站より紅幹線、1路バスなどで「新光三越新天地」下車、徒歩約1分
- 🌐 fb.com/BCPTainanCity

2023年に登場した新しいギャラリー

保安路
- 🏠 台南市保安路
- 🚇 台鐵台南駅前の南站より紅幹線、1路バス、土・日・祝のみ運行の88路バスで「小西門（大億麗緻）」下車、徒歩約2分

人気店は行列ができている

五妃廟
- 🏠 台南市五妃街201號
- ☎ (06) 214-5665
- 🕐 9:00〜17:30
- 休 無休
- 料 無料
- 🚇 台鐵台南駅前の北站より5路バス、南站より88/0路バスで「體育公園」下車、徒歩約2分

王妃の姿が描かれた扉

ランシャイトゥーウェンチュアンユエンチュ
藍晒圖文創園區

　新光三越百貨台南新天地の向かいにあるアートスポット。かつての司法職員の官舎群をリノベーションした一帯に、台南のクリエイターによる個性的なショップやカフェが集まっている。

　入口には園區の名前にもなっているパブリックアートの「藍晒圖（ブループリント）」があり、人気の撮影スポットとなっている。これは以前、海安路にあった壁画だが、道路工事のためここに再現された。

フォトスポットになっている藍晒圖

バオアンルー
保安路

　美食で知られる台南でも、地元住民がいち押しするグルメストリートが保安路だ。小西門のロータリーから保安路まで緩やかにカーブした昔ながらの短い通りにずらりと小吃の店が並んでいる。どの店も庶民的な雰囲気で、入りやすい。米糕や香腸、意麺、冬粉、杏仁茶など気軽でおいしい、売り切れ御免の名店揃いだ。昼間でも開いている店はあるが、保安路がにぎわうのは夕方から。

おなかをすかせて繰り出そう

ウーフェイミャオ
五妃廟

　明朝最後の王、寧靖王の5人の妃を祀る。清軍に追われた寧靖王は、清に抵抗運動を続ける鄭成功を頼りに5人の妃とともに台湾に逃れた。しかし、鄭成功の孫の鄭克塽が清に降伏したため、明朝の滅亡を悟り自死を決意。妃たちには生き延びるよう伝えるが、彼女たちは寧靖王に先んじて自ら命を絶った。寧靖王は自らの手で5人を埋葬した後に自害する。この悲話を知った人々が、1751年に妃たちの墓の隣に廟を建てた。

5人の王妃たちの神像

台南駅後站
ホウヂャン
Tainan Station Rear Exit

台南城の城壁と大砲のレプリカが保存されている國立成功大学の光復校舎

MAP P.45-C1〜D3

國立成功
大学

台南駅 → ●4分 → 國立成功
大学博物館

●9分

●7分 → 知事官邸
生活館

ACCESS

台鐵台南駅の後口（裏口）より
徒歩

バス 大東門、大東夜市へは台
鐵台南駅前の南站より3、0右路
バスの利用が便利

國立成功大学のキャンパス

YouBike も便利

台鐵台南駅の裏口（後站）は、台湾の名門大学、國立成功大学
（→P.76）の大学町だ。駅前には高い建物があまりない台南
市街で圧倒的な高さを誇る「シャングリ・ラ ファーイースタンプラ
ザホテル台南」（→P.101）がそびえる。駅周辺から一帯が國立成功
大学のキャンパスで、駅から最も近い光復校舎には台南城の城壁
や古蹟に指定された日本統治時代の建物などが残り、観光スポット
としても楽しめる。このエリアには國立成功大学のほかにも、地元の
高校や小学校が多く、学生向けのリーズナブルなレストランや朝食
店がたくさんある。センスのいい大人向けのレストランやカフェは、
大学路18、22巷周辺に集まっている。まだ観光地としてはあまり注
目されていないぶん、通な町歩きを楽しめる。

台南駅後站の歩き方

地元の学生になった気分で散策

台南駅後站は正面出口と地下通路でつながっている。國立成
功大学は広いので、キャンパス内の見どころを回るには自転車
があると便利だが、徒歩でも回れる。**知事官邸生活館**（→P.76）、
大東門（→P.77）へは北門路一段、東門路一段を通る3路、紅
幹線バスの利用も便利。

台南駅後站の見どころ

大きく育ったガジュマルの木を見に行こう

台南のランドマークのひとつとして愛される**國立成功大学**光
復校舎内の大きなガジュマルの木（→P.76）は一見の価値あり。
近年は**知事官邸生活館、原台南廳長官邸**（→P.77）などリノベ
スポットとして再生される日本統治時代の建築物も増えている。
大東夜市（→P.77）は**花園夜市**（→P.68）に次ぐ規模のにぎや
かな夜市だ。

おさんぽプラン

🕐 所要約4時間

必見 ① 國立成功大学（→P.76）

↓ 徒歩約18分

② 知事官邸生活館（→P.76）

↓ 徒歩約14分

③ 大東門（→P.77）

↓ 徒歩約10分

必見 ④ 大東夜市（→P.77）

國立成功大學
🏠 台南市大学路1號
🕐 24時間
🈳 無休
💰 無料
🚃 台鐵台南駅後站（裏口）より
徒歩約4分。または台鐵台南駅
前の南站より2、5、6路バスで
「成功大學」下車、すぐ
🌐 www.ncku.edu.tw

古蹟に指定されている光復校舎

國立成功大學博物館
🏠 台南市大学路1號
☎ (06) 275-7575内線63020
🕐 10:00〜17:00
🈳 月、旧正月
💰 無料
🚃 台鐵台南駅後站（裏口）より
徒歩約9分
🌐 museum.ncku.edu.tw
※2024年2月現在修復中

台南高等工業学校時代の
建物を使用

知事官邸生活館
🏠 台南市衛民街1號
☎ (06) 209-7000
🕐 11:00〜20:00
🈳 月
🚃 台鐵台南駅後站（裏口）より
徒歩約7分
🌐 www.mrlc.tw

1階のカフェ「T-Bar 茶薔知事
官邸」でひと休みできる

クオリーチョンコンダーシュエ
國立成功大學

　理系に強いことで知られる台湾の名門大学で、日本統治時代
に創設された台南高等工業学校が前身。**光復校舎**はかつての旧
日本軍の駐站地（基地）で、旧文学院と大成館（礼賢樓）はそ
の当時の建物。この大学のシンボルでもある大きなガジュマル
の木は、1923年に当時皇太子だった昭和天皇によって植樹され
たもの。その木のそ
ばで、今は学生たち
が部活動やサークル
活動に励んでいる。
勝利路に小東門周辺
の城壁と、西門路一
段から移築された小
南門が残っている。

ガジュマルの巨木

クオリーチョンコンダーシュエボーウーグアン
國立成功大學博物館

　大学路に面した、台湾では初となる大学付属の博物館。1933
年落成の日本統治時代の台南高等工業学校の事務棟の建築を
利用し、2007年にオープンした。常設展では大学の歴史、台湾
の木彫りや陶器、家具、手
仕事で作られた精巧な鍵類
など、おもに教授らの寄付
による文物の展示を見るこ
とができる。またさまざまな
テーマの企画展 が行われて
いて、キャンパスに文化の
香りを漂わせている。

歴代の学長の写真が飾られている

チーシークアンディーションフオグアン
知事官邸生活館

　1900年に台南縣知事の官邸として建てられたコロニアル様式
の洋館。知事官邸とは普段は知事の官邸として使われるが、日
本の皇族が台湾を訪問する際の宿泊所となる役割もあった。こ
の台南知事官邸には1941年までに約20名近くの日本皇族が訪れ、
1923年には皇太子時代の昭
和天皇が宿泊した。現在は
古跡に指定され、カフェ、
ギャラリー、雑貨ショップ
などが入る。2階に昭和天
皇の台南視察についての展
示が少しある。

コロニアル様式の建物

今に残る明治期の洋館 ★

ユエンタイナンティンチャンクアンディー
原台南廳長官邸

MAP
P.45-C2

日本統治時代の台南庁の長官が住んだ官舎で、1900年に建設された。明治時代に流行した「和洋二館住宅」で、住居として使われた南側の和式建築と、おもに接客に使われた北側の洋館の2館からなっていた。第2次世界大戦後は台湾政府の官邸や教員宿舎などに使われていたが、1998年の火災で南棟は全焼、残った洋館のみ近年修復されて公開されている。南館は基礎部分と、美しい床タイルが部分的に残っている。

金～日曜のみ公開

迎春門とも呼ばれる ★

ダートンメン
大東門

MAP
P.45-D3

かつてあった14の城門のひとつで、現在の東門路と勝利路の交差点ロータリーにある。台南では清代の1725年に城壁の建築が始まり、大東門は改修を繰り返した後、1788年に台上に城楼が立つ現在の形となった。門は迎春門とも呼ばれ、牛と牛飼いを祀る立春の儀礼がこの門の外で行われたという。またアーチ内には、衛兵が通行人から賄賂を取ってはならないという旨の欽命の石版が埋め込まれている。

門の裏に散策できるスペースがある

月・火・金曜に開催 ★★★

ダートンイエシー
大東夜市

MAP
P.45-D3

台南の夜市は移動型で、曜日によって開催場所が変わり、屋台も移動する。大東夜市は台南駅の東側で月・火・金曜に開催される。周辺に学校が多いこともあり、多くの学生たちでにぎわっているのが特徴。さまざまな食べ物の屋台が出店し、座席は夜市の中央に多く設けられている。ファッションアイテムの屋台とゲームコーナーも同じくらいバリエーション豊富だ。つい夢中になってしまうが、スリには十分注意しよう。

隣接する大東夜市と合わせ、花園夜市に次ぐ規模がある

原台南廳長官邸
🏠 台南市育樂街197巷2號
🕐 9:00～17:00
休 月～木
料 無料
🚇 台鐵台南駅後站（裏口）より徒歩約7分

 ※（この位置ではない）

ダイニングルーム

大東門
🏠 東門路と勝利路の交差点
🚇 台鐵台南駅前の南站より3路バスで「東城郵局（臨時站）」下車、徒歩約1分

ロータリーに立つ

大東夜市
🏠 台南市林森路一段と崇善路の交差点
🕐 18:00～翌1:30頃
休 水・木・土・日
🚇 台鐵台南駅前の南站より0路バスで「大東夜市」下車、徒歩約3分。帰路は道の反対側から0左路バスに乗る

屋台は花園夜市（→P.68）とほとんど同じ

MAP P.43-A1・2、P.79

德記洋行・
安平樹屋

1分

安平古堡

3分 ↕ ↕ 3分

安平古堡　　　安平老街

ACCESS

バス 台鐵台南駅前の北站より2路バス、南站より土・日・祝のみ運行の99路バスで「安平古堡」下車。台南駅方面に戻る2路バスは安平路を通る。

旅遊服務中心
- M.P.79-A2
- 🏠 台南市安平路790號
- ☎ (06) 228-1382
- 🕐 9:30〜18:00
- 休 月

レンタサイクル(小遊龍)
- M.P.79-B1
- 🏠 台南市安北路120號
- ☎ (06) 228-5472
- 🕐 10:00〜18:00
- 休 水

「安平蚵灰窯文化館」バス停のすぐ前にある。レンタサイクル1日150元〜。

おさんぽプラン

🕐 所要約6時間

必見 ❶ 安平樹屋 (→P.80)
↓ 徒歩約6分
必見 ❷ 安平古堡 (→P.79)
↓ 徒歩約2分
必見 ❸ 安平老街 (→P.80)
↓ 徒歩約1分
❹ 安平開台天后宮 (→P.81)
↓ 徒歩約14分
❺ 大魚的祝福 (→P.81)

安平
アンピン
Anping

17世紀にオランダ人が築いた要塞、安平古堡

安平は台南市街の中心部から南西へ約5kmの所に広がるカキが名産ののどかな港町。町の歴史はとても古く、17世紀にオランダ人が上陸し開拓された町で、いわば台南発祥の地だ。オランダ人が築いた城塞、安平古堡(→P.79)は後に鄭成功一族の本拠となり、安平は承天府(赤崁樓周辺)、安平の北に位置する鹿耳門とともに当時台湾で最も繁栄した地域であった。1858年の天津条約で列強に開港され、現在は観光地として連日多くの人でにぎわいを見せる。門前町の延平街と安北路にかけては昔からの住宅街で、清代のれんが造りの家屋が残る静かな町並みが残っており、まるで200年前にタイムスリップしたような感覚にとらわれる(→P.56)。

安平の歩き方

P.79の地図の中なら徒歩圏内

「安平古堡」バス停を降りたら、まずは近くの**安平樹屋**(→P.80)で南国ならではの奇観をカメラに収めよう。次は安平のシンボル、**安平古堡**へ。独特な形をした赤い屋根の塔は展望台で、安平の町を360度見渡せる。**安平老街**(→P.80)でおみやげを見つけたあとは、清代の家屋が残るその奥の住宅街まで足を踏み入れて台南らしい町並みを散策したい。**億載金城**(→P.82)、**定情碼頭德陽艦園区**(→P.82)、**観夕平台**(→P.82)はいずれも2kmほど離れた所にあるので、自転車かタクシー、バスを利用する。

安平の見どころ

伝統的な町並みの散策とサイクリング

定番の見どころは**安平古堡**と**安平樹屋**だが、時間をとって清代の面影が残る路地裏散策も楽しみたい。北の湿地沿いにサイクリングロードが整備されているので、アウトドア派は5kmほど離れた近郊の**四草緑色隧道**(→P.83)や8kmほど離れた**鹿耳門天后宮**(→P.83)を目指して湿地帯をサイクリングするのもおすすめ。食事は**陳家蚵捲**(→P.57)や、**周氏蝦捲**(→P.91)でご当地グルメを味わおう。YouBikeもある。

オランダ人が建てた城堡の跡 ★★★

MAP
P.79-A1

アンピンクーバオ
安平古堡

1624年にオランダ東インド会社によって築かれた、台湾最古の城堡。当初はゼーランディア城と呼ばれ、建材にはインドネシアから運んだ赤れんがが使われた。その後1662年に鄭成功がオランダ人を台湾から駆逐し、ここを安平鎮と改称して、鄭氏政権3代にわたって居城とした。清代になると荒廃したが、日本統治時代には城砦が整地されて税関宿舎用地となった。第2次世界大戦後は「安平古堡」と命名され、日本統治時代の建築も博物館や展望台などに転用されて今にいたっている。敷地の北側にはガジュマルがからみついた城壁が残り、わずかにオランダ時代の面影を伝えている。

安平古堡
🏠 台南市國勝路82號
☎ (06) 226-7348
🕐 8:30～17:30
🚫 無休
💰 70元。古蹟漫遊券210元
(→P.63)もある
🚌 台鐵台南駅前の北站より2路バス、南站より土・日・祝のみ運行の99路バスで「安平古堡」下車、徒歩約3分

日本語の解説もある
熱蘭遮城博物館

立派な城壁が残る

独特な塔は展望台

赤れんがを階段状に積み上げて築かれた

展望台の内部

安平

安平樹屋・德記洋行

📍台南市古堡街108號
☎(06)391-3901
🕐8:30～17:00
🚫無休
💴70元。古蹟漫遊券210元
（→P.63）もある
🚌台鐵台南駅前の北站より2路
バス、南站より土・日・祝のみ運
行の99路バスで「安平古堡」下
車、徒歩約1分

貿易会社のオフィスだった
德記洋行

安平老街

📍台南市延平街周辺
🚌台鐵台南駅前の北站より2路
バス、南站より土・日・祝のみ運
行の88、99路バスで「安平古
堡」下車、徒歩約3分

住宅街には伝統的な家屋が残る

海山館

📍台南市効忠街52巷3號
☎(06)223-1380
🚌台鐵台南駅前の北站より2路
バス、南站より土・日・祝のみ運
行の99路バスで「安平古堡」下
車、徒歩約4分
※2024年1月現在修復中

劍獅のレリーフが施された門

自然のパワーを感じる ★★★

MAP
P.79-A1

アンピンシューウー・ドゥージーヤンハン
安平樹屋・德記洋行

安平樹屋は、長い年月を経てガジュマルの木に覆い尽くされてしまった倉庫。コンクリートの壁を飲み込んでいくように成長を続ける植物のパワーは驚異的で、畏怖の念すら感じさせる。

階段を上れば、ガジュマルが侵食する状況を観察できる。同じ敷地内に立つ白い西洋建築の**德記洋行**は、イギリス人が開設した貿易会社で、当時の商人の暮らしや、台湾開拓の歴史を展示する。奥の水路跡では、足踏み式水車を体験できる。

ガジュマルに飲み込まれた倉庫

雰囲気のある町並みを散策 ★★★

MAP
P.79-
B1・2

アンピンラオジエ
安平老街

安平古堡から東へ延びる延平街とその周辺は安平老街と呼ばれている。メインストリートの**延平街**にはおみやげの屋台が軒を連ね、連日縁日のようににぎやか。特に**林永泰興蜜餞行**（→P.56、99）には行列ができている。一方、延平街から路地を奥に入ると、伝統的な閩南式の赤れんがの町並みが残る静かな住宅街になっている。一部は空き家だが、実際に住んでいる人もいるので、地元の人の迷惑にならないよう静かに散策したい。

おみやげの屋台が並ぶ延平街

伝統的な三合院建築 ★★

MAP
P.79-B1

ハイシャングアン
海山館

安平老街にある、清代に建てられた安平の伝統的建築。清朝は安平に中国本土から兵士を駐屯させたが、そのとき兵士の出身地ごとに廟を建てた。安平五館と呼ばれたそれら廟宇のうち、この海山館のみが現存している。後に民家に改築され、中庭を建物がコの字に囲む「三合院」の造りとなっている。入口の門上をはじめ、随所に「劍獅」という剣をくわえた魔よけの獅子のレリーフが見られる。

井戸などが残る

安平で古くから信仰されている ★★

アンピンカイタイティエンホウゴン
安平開台天后宮

MAP
P.79-A2

1668年創建の台湾本島最古とされている媽祖廟。漁業、航海の安全を司る媽祖と開台聖王と呼ばれる鄭成功を祀っている。凝りに凝った壮麗な屋根飾りが見事で、その美しさに思わず目を奪われる。

竜宮城のような外観

安平開台天后宮
🏠台南市國勝路33號
☎(06) 223-8695
🕐5:00～22:00
休無休
料無料
🚌台鐵台南駅前の北站より2路バス、南站より土・日・祝のみ運行の99路バスで「安平古堡」下車、徒歩約3分
🌐www.anping-matsu.org.tw

媽祖の逸話が壁に彫られている

伝統の天然セメント＝牡蠣灰! ★

アンピンクーホイヤオウェンホアグアン
安平蚵灰窯文化館

MAP
P.79-B1

オランダ統治時代から近代まで、台湾ではカキ殻を焼いた牡蠣灰を漆喰の原料として使っていた。カキは安平特産で、牡蠣灰は台南の主要産業のひとつだったという。ここでは牡蠣灰製造室と保管倉庫を、牡蠣灰窯文化館として公開。屋外にある牡蠣灰生産用の窯も興味深い。

牡蠣灰を作っていた窯の跡

安平蚵灰窯文化館
🏠台南市安北路110-1號
☎(06) 228-6836
🕐8:30～17:00
休月、旧正月
料無料
🚌台鐵台南駅前の北站より2路バス、南站より土・日・祝のみ運行の99路バスで「安平蚵灰窯文化館」下車、すぐ

カキに関する詳しい展示がある

話題のパブリックアート ★

ダーユイダデューフー
大魚的祝福

MAP
P.43-A1

安平港のほとり、港濱歴史公園の駐車場のそばに作られた大きなクジラのオブジェ。台湾の著名な切り絵アーティスト、楊士毅氏による全長23m高さ8mの作品で、3714本ものパイプを溶接してなだらかな曲線のクジラの姿が形作られている。内部は展望台になっていて、大きく開けた口の部分から安平港を眺めることができる。夜にライトアップされた姿も幻想的。

大空を泳いでいるかのよう

大魚的祝福
🕐24時間
休無休
料無料
🚌台鐵台南駅前の北站より19路バス、南站より14路バスで「原住民文化会館」下車、すぐ

展望台の内部には台湾島の形をしたステンドグラスもある

億載金城
- 🏠 台南市光州路3號
- ☎ (06) 295-1504
- 🕐 8:30〜17:30
- 🚫 無休
- 💴 70元。古蹟漫遊券210元（→P.63）もある
- 🚌 台鐵台南駅前の北站より19路バス、南站より14路バスで「億載金城」下車、すぐ

海に向かって大砲のレプリカが置かれている

定情碼頭德陽艦園區
- 🏠 台南市安億路121號旁
- ☎ (06) 293-2925
- 🕐 9:00〜18:00（5〜9月〜19:00。入場は30分前まで）
- 🚫 無休
- 💴 100元
- 🚌 台鐵台南駅前の北站より19路バスで「德陽艦」下車、徒歩約4分。または億載金城より徒歩約12分

甲板は人気撮影スポット

觀夕平台
- 🕐 24時間
- 🚫 無休
- 💴 無料
- 🚌 台鐵台南駅前の南站より土・日・祝のみ運行の99路バスで「觀夕平台」下車、すぐ

砂浜が広がっている

MAP
P.43-A2

清代に築かれた要塞の跡地 ★★

イーザイジンチョン
億載金城

　1874年の日本の台湾出兵に対抗し、清朝の沈葆楨が防衛用に造った要塞で、二鯤鯓炮台とも呼ばれる。この砲台は台湾初の洋式砲台で、海に向かってイギリス製のアームストロング砲を備えた強靭な構え。周りは堀を巡らせ、跳ね橋を上げると要塞化できる仕組みだ。現在置かれている大砲はほとんどレプリカだが、そのうちひとつは往時のもの。このあたりは安平のほかの見どころから離れており、安平中心部から徒歩でのアクセスは難しい。

建造に当たり安平古堡の赤れんがも使われた

MAP
P.43-A2

観光スポットとして開放された軍艦 ★★

ティンチンマートウドゥーヤンジエンユエンチュー
定情碼頭德陽艦園區

　安平から億載金城に向かう途中に定情碼頭があり、台湾で唯一博物館として公開されている戦艦が係留されている。この戦艦はアメリカ製のギアリング級駆逐艦で、台湾名は「德陽」。1978年から台湾海峡の防衛任務などにつき2005年に退役、2009年に安平に移った。

　艦上では船内や甲板、艦橋まで自由に見学できる。檣楼からははるか安平の町まで見渡せて、この戦艦の巨大さを実感できる。

2010年から一般開放

MAP
P.79-A1外

安平観光の最後は夕日観賞 ★

クワンシーピンタイ
觀夕平台

　安平港の外れにある砂浜で、台湾海峡に沈む夕日を望む絶景スポットとして人気を集めている。場所柄、人が集まるのは夕方からで、日没間近になると多くの見物客でにぎわう。近くに客待ちのタクシーがいることが多いが、バスは非常に少ないので帰りの時間には気をつけよう。また風がある日は意外に冷えるので、防寒の用意も忘れずに。周辺に店はないので、飲料などは持参しよう。

ロマンティックな夕景

近郊の見どころ

マングローブが作り出す緑のトンネル ★★★

MAP P.42-A1

スーツァオリュースースイダオ
四草緑色隧道

船に乗ってマングローブが生い茂る緑のトンネルを約30分かけて行き来するミニクルーズ。周辺は独特の生態系が維持されていて、絶滅危惧種に指定されているクロツラヘラサギなど、希少な鳥が生息している。この四草緑色隧道コースのほかに、所要約70分の台江観光船というルートもあるが、緑のトンネルには行かないので注意しよう。

探検気分で出発

鄭成功が建てたといわれる ★★

MAP P.42-A1

ルーアルメンティエンホウゴン
鹿耳門天后宮

伝説によれば、鄭成功率いる船団は鹿耳門にいたるも水深が浅く上陸できなかった。そこで彼が媽祖に祈ると水かさが増し、オランダ軍に勝利できた。鄭成功は感謝の印に、媽祖廟を建てたという。しかしその廟は1871年の洪水で流されてしまった。鹿耳門天后宮はこの廟を少し内陸に再建したものとされるが、同様の主張をする他の廟もある。いずれにせよ廟の内外を飾る彫刻は見事で、一見の価値がある。

威風堂々としたたたずまい

旧日本軍パイロットを祀る ★★

MAP P.42-A1

チェンアンタン（フェイフーチアンジュンミャオ）
鎮安堂（飛虎将軍廟）

第2次世界大戦中、この地で墜落死した杉浦茂峰兵曹長を祀った廟。杉浦兵曹長が操縦する飛行機は、米軍機に撃墜されたが、被害が出ないよう集落を避け田畑に墜落した。正式名称は鎮安堂だが、多くの人から「飛虎将軍廟」と呼ばれている。飛虎は戦闘機、将軍は杉浦兵曹長を表す。廟内には主神となっている彼の像とともに、往時の写真なども展示されている。現在の立派な廟は1993年に建て直されたもの。

日本語の垂れ幕もかかる

四草緑色隧道
🏠 台南市安南區大衆路360號
☎ (06)284-1610
🕐 チケット販売8:00～16:00（売り切れまで）、緑色隧道クルーズ10:00～14:30（土・日・祝8:30～16:30）。平日は人が集まったら運航
❌ 無休
💰 200元
🚌 台鉄台南駅前の南站より土・日・祝のみ運行の99路バスで「四草生態文化園區/大衆廟」下車、徒歩約2分
🌐 www.4grass.com

切符売り場の近くに立つ大衆廟

鹿耳門天后宮
🏠 台南市安南區媽祖宮一街136號
☎ (06)284-1386
🕐 6:00～21:00
❌ 無休
💰 無料
🚌 台鉄台南駅前の南站より10、土・日・祝のみ運行の99路バスで「鹿耳門天后宮」下車すぐ
🌐 www.luerhmen.org.tw

月下老人も祀られている

鎮安堂(飛虎将軍廟)
🏠 台南市安南區大安街730-1號
☎ (06)247-8884
🕐 5:30～21:00
❌ 無休
🚌 台鉄台南駅前の北站より3路バスで「同安路口」下車、徒歩約3分

旧日本軍パイロットを祀る

國立台湾歷史博物館

住 台南市安南區長和路一段250號
電 (06)356-8889
時 9:00〜17:00（入場は16:30まで）
休 月（祝日の場合は翌日）、旧正月
料 100元
交 台鐵台南駅前の南站より18路バス、または台鐵永康駅より20路バスで「台灣歷史博物館」下車、すぐ。台鐵台南駅より所要約40分。閉館後、台鐵台南駅行きバスは激減するので注意
URL www.nmth.gov.tw

井仔腳瓦盤鹽田

住 台南市北門區永華里井仔腳
時 24時間
休 無休
料 無料
交 台鐵台南駅前の北站より藍幹線バスで終点「佳里站」下車、所要約50分、77元。そこから藍2路バスに乗り換えて「井仔腳」下車すぐ。所要約30分、45元。日没後も帰りのバスはあるが、ウェブサイトで確認を
URL fb.com/JingZaiJiaoTilePavedSaltFields

大台南公車
URL 2384.tainan.gov.tw

麻豆代天府

住 台南市麻豆區南勢里關帝廟60號
電 (06)572-2133
時 5:00〜20:00（十八地獄、天堂秘境は8:00〜16:45）
休 無休
料 無料（十八地獄、天堂秘境は各40元）
交 台南轉運站バスターミナル（**M**P.45-C3）より統聯客運1625台中行きで「麻豆轉運站」下車。約30分に1便。所要約35分、50元。麻豆轉運站より黄幹線、黄20路バスで「五王廟」下車、徒歩約2分。または台鐵隆田駅よりタクシーで約15分（200元）
URL www.5god.com.tw

本殿の裏にある十八地獄

壮大なスケールの博物館 ★★

MAP P.42-A1

クオリータイワンリーシーボーウーグアン
國立台湾歷史博物館

　台南中心部の北西の外れにある広大な敷地をもつ博物館。台湾の歴史を形作ってきた人々を、7つの時代に区切り、ジオラマや等身大の人形を使って紹介している。考古学的発掘の様子から漢民族の移住、日本統治時代の生活など当時の雰囲気を感じることができ、台湾の歴史と民俗を楽しみながら学べる。解説文は中国語と英語なので、日本語の音声ガイド機（100元）を借りると理解が深まる。

ジオラマで人々の暮らしや歴史を説明

天空を映す絶景の塩田 ★★

MAP P.42-A1

ジンヅジャオワーパンイエンティエン
井仔腳瓦盤鹽田

　清代に開設された台湾最古の塩田のひとつで、2002年まで瓦の破片を敷いて天日で干すという伝統的な製塩が続けられていた。現在見られる塩田は観光用に再現されたものだが、昔ながらの製塩作業を体験することもできる。またここは水面が夕焼けを映す絶好の夕景スポットでもある。ぜひ日没時間に合わせて訪れてみたい。

塩田に夕日が沈む

地獄の様子を表したスポットが人気 ★★

MAP P.42-A1

マードウタイティエンフー
麻豆代天府

　台南の北の麻豆にある代天府は、五府千歳（5人の王爺）を祀る由緒ある廟。地獄巡りと天国巡りができる珍スポットとして、観光客の人気を集めている。いずれも宗教的教育が目的だが、特に**十八地獄**のレトロなお化け屋敷的雰囲気と非情なリアリズムが見物客を虜にしている。十八地獄を体験できる地下道は本殿の裏にあり、周囲には内部が天国になっている巨大な龍や、巨大な卵のような観音寶殿などがある。

青いドームは観音寶殿

レトロな木造駅舎 ★★

パオアンチャーヂャン
保安駅（保安車站）

MAP
P.42-A1

　台鐵台南駅からひとつ高雄寄りにある鉄道駅で、保存状態の
よい日本統治時代（1899年落成）の木造駅舎が現在も使用され
ている。駅舎内の待合室も当時のままの姿を保ち、レトロでノス
タルジックな雰囲気を味わ
える。また、この駅で買え
る3駅離れた永康駅への切
符も有名。駅名を組み合わ
せると縁起のいい「永保安
康」となるため、大ブーム
となった。今も記念にこの
硬券を求める人が絶えない。

100年以上たった今でも現役

広大な敷地に立つヨーロッパ風の建物 ★★

チーメイボーウーグアン
奇美博物館

MAP
P.42-A1

　台湾の実業家、許文龍（1928年〜）のコレクションから絵画、
彫刻、楽器、兵器など多種多様な美術品を集めた総合博物館。
創立は1992年、広大な庭園の中に宮殿のような博物館があり、
氏のコレクションの約3分の1となる4000点余りの美術品を展示し
ている。個人コレク
ションながら、その膨
大さには驚くばかり。
有名なロダンの「考え
る人」は必見。レスト
ランやカフェ、ミュー
ジアムショップも充実
している。

まるでヨーロッパのような景色が広がる

自然と遺跡が調和した美しさ ★★

タイナンシャンシャンホアユエンシュイダオボーウーグアン
台南山上花園水道博物館

MAP
P.42-A1

　新化（→P.188）から北東へ約10kmの山上区にある、日本統
治時代の上水道施設をリノベーションした博物館。1922年に運
営を開始し、1982年まで使用されていた。濾過室やポンプ室な
どの建築が当時の姿で保存されている。敷地は広くのどかな自
然が広がり、れんが造り
の建築との調和も美し
い。高い天井でのんびり
できるカフェもあり、足
を延ばしてゆっくりする
のもいい。ここから徒歩
20分ほどの場所に浄水
池エリアもある。

かつての濾過タンクが並ぶ

保安駅（保安車站）
🚃 台鐵台南駅より區間車で6分

永康駅間の切符が人気

奇美博物館
🏠 台南市仁徳區文華路二段66
號
☎ (06) 266-0808
🕘 9:30〜17:30（入場は17:00ま
で）
休 水、旧正月
💰 200元
🚃 台鐵保安駅より徒歩約10分。
または台鐵台南駅より北站より
紅3、紅4路バスで「奇美博物
館」下車。ほかに土・日は台鐵保
安駅前より紅3-1路バスもある
🌐 www.chimeimuseum.org

台南都會公園の中にある

台南山上花園水道博物館
🏠 台南市山上區山上里山上16
號
☎ (06) 578-1900
🕘 9:30〜17:30（入場は〜16:30）
休 水
💰 100元
🚃 新化站バスターミナル
（M P.188-2）より線10路、線11路
バスで「台南山上花園水道博
物館」下車、すぐ。所要約20分
〜、38元。〜台鐵善化駅より線2
路バスも可
🌐 waterworks.tainan.gov.tw

自然の美しさも楽しめる

台湾料理

阿霞飯店
アーシアファンディエン

MAP P.47-A2
エリア 赤崁樓周辺

一度は食べたいカニおこわ

　結婚式などのお祝いの席でよく振る舞われる紅蟳米糕（ワタリガニのおこわ、小980元、大1880元）は台南の郷土料理といわれている。1940年創業のこの店は紅蟳米糕の有名店で、台南に来たらここの紅蟳米糕を食べたいという人は多い。少人数なら紅蟳米糕を含む1人用（880元）、2人用（1980元）のコースがおすすめ。コースには前菜、スープ、デザートも含まれていて大満足。宴会も多く、食事時は混み合うので、予約したほうがベター。おみやげ用のカラスミも人気。

🏠 台南市忠義路二段84巷7號
☎ (06)223-1418
🕐 11:00～14:00、17:00～21:00
休 月、旧正月
💳 10%
CC J M V
🚉 台鐵台南駅より徒歩約16分
🌐 www.a-sha.tw

1 コースなら少人数でもさまざまな味を楽しめる 2 地元客の利用も多い

阿美飯店
アーメイファンディエン

MAP P.47-B1
エリア 赤崁樓周辺

創業者の味を徹底して貫く

　1959年創業の老舗台湾料理店。開業当時から変わらぬ味を守り続け、地元の常連客も多い。
　この店の看板メニューは豚骨スープで白菜と鴨を3時間かけてじっくり煮込む砂鍋鴨（1000元）。鴨肉のうま味とコラーゲン成分がぎゅっと濃縮された濃厚な味わいだ。エビと豚肉ミンチを煮込んだスープ仕立ての肉米蝦（小450元、大900元）も人気が高い。こんがりあぶったカラスミ（烏魚子600元～）や、紅蟳米糕（ワタリガニのおこわ、1100元～）などの定番メニューもハイレベル。

🏠 台南市民權路二段98號
☎ (06)222-2848
🕐 11:00～14:00、17:30～21:00
休 火
CC 不可
💲 10%
🚉 台鐵台南駅より徒歩約13分
🌐 amei.com.tw

1 磨き抜かれた老舗の味を堪能 2 店内に歴代の食器をディスプレイ

筑馨居
チューシンジュイ

MAP P.46-A1
エリア 赤崁樓周辺

隠れ家的なリノベレストラン

　1876年に建てられたという趣のある古い家屋で営業する完全予約制のレストラン。ひとり600元で旬の食材を使った台湾家庭料理のコースを出す。メニューはおまかせ。予約は前日までで、2人以上から受付。

🏠 台南市信義街69號
📱 0927-307-890
🕐 11:30～14:00、17:30～21:00
休 無休（予約制）
CC 不可
🚉 台鐵台南駅前の北站より3路バスで「菱洲宮」下車、徒歩約3分
🌐 fb.com/筑馨居-408529669303867

1 雰囲気のある入口 2 素朴な家庭料理を味わえる貴重なレストラン

再發號
ツァイファーハオ

MAP P.47-B1
エリア 赤崁樓周辺

ジューシーな絶品ちまき

　1872年創業のちまき専門店。特製八寶肉粽（170元）は、ジャンボサイズのちまき。肉や卵、シイタケなど8種類の具材が入っている。八寶粽（110元）、肉粽（60元）もある。

🏠台南市民權路二段71號
☎(06) 222-3577
🕐10:00〜20:00
休不定休
CC不可
🚉台鐵台南駅より徒歩約8分
🌐www.zaifahao.url.tw

矮仔成蝦仁飯
アイヅチョンシアレンファン

MAP P.44-A2
エリア 孔子廟周辺

1922年に屋台でスタート

　ご飯を鰹だしで炊いてから小エビやネギと一緒に炒めた蝦仁飯（65元〜）は台南名物のひとつ。鴨蛋湯（鴨の卵のかきたまスープ、35元）と相性抜群。朝食にもおすすめ。

🏠台南市海安路一段66號
☎(06) 220-1897
🕐8:30〜19:30
休火　CC不可
🚉台鐵台南駅前の北站より6路バスで「保安宮」下車、徒歩約3分
🌐fb.com/100063724973785

集品蝦仁飯
ジービンシアレンファン

MAP P.46-A3
エリア 孔子廟周辺

ふっくら炊き上げたエビご飯

　エビを鰹だしで炊いたご飯と一緒に炒めた蝦仁飯（65元）の店。豚肉をのせた肉絲飯（55元）もある。蝦仁鴨湯（50元）、蛤仔湯（45元）、鴨蛋湯（35元）などスープの種類が豊富。

🏠台南市海安路一段107號
☎(06) 226-3929
🕐9:30〜20:30
休不定休
CC不可
🚉台鐵台南駅前の北站より5、18路バスで「小西門（大億麗緻）」下車、徒歩約5分

麺

度小月 原始店
トゥーシアオユエ ユエンシーディエン

MAP P.47-A2
エリア 赤崁樓周辺

擔仔麺の超有名店

　台湾名物として知られる擔仔麺（肉そぼろ麺）発祥の店。店名の「度小月」とは閑散期を過ごすこと。かつて漁師たちが台風で漁に出られないとき、生計を立てるために作り始めたのが発祥とされている。

　1895年創業で支店（MP.46-B2）も数店あるが、台南のこの本店で食べる擔仔麺（50元）の味は格別。煮卵（20元）をトッピングして味わうのもおすすめ。招牌黄金蝦捲（180元）や烤虱目魚肚（焼きサバヒー。180元）など、代表的な台南名物も味わえる。

🏠台南市中正路16號
☎(06) 223-1744
🕐11:00〜20:00
休無休
CC不可
🚉台鐵台南駅より徒歩約14分
🌐noodle1895.com

1 台南小吃のサイドメニューも豊富
2 昔ながらの製法で作ってくれる

三好一公道當歸鴨
サンハオイーコンダオタングイヤー

MAP P.45-C2
エリア 孔子廟周辺

漢方スープの薬膳麺

　當歸鴨腿麺線（80元）は鴨のモモ肉のった麺。漢方薬に用いられる当帰を煮出した黒いスープは、薬膳効果も期待できそう。麺は紅麹が練り込まれている。肉なしは當歸麺線湯（40元）。

🏠台南市府前路一段2號
☎(06) 220-6858
🕐14:30〜20:30
休第2・4月曜
CC不可
🚉台鐵台南駅より徒歩約13分

チェンビエンチェンウェイシャンユイイーミエン
城邊真味鱔魚意麺

MAP P.45-D3
エリア 台南駅後站

酢をかけるとおいしさが引き立つ

　さっと炒めたプリプリのタウナギのあんかけをのせた鱔魚意麺（130元）の専門店。イカを入れた花枝意麺（130元）もある。ブタのホルモンスープの豬肝清湯（60元）と一緒に。

🏠台南市東門路一段235號
☎(06) 209-1235
🕐11:30〜14:00、16:30〜22:00
休
CC不可
🚃台鐵台南駅前の南站より3路バスで「東門教會」下車、徒歩約2分

チュージアシアオチュエンミーフェン
邱家小巻米粉

MAP P.46-B1
エリア 赤崁樓周辺

もっちり太麺にスープがからむ

　観光客にも人気の神農街にほど近い路地にある人気店。弾力があってプリプリのゆでイカがのった小巻米粉（110元）を求めて、開店直後から長い列ができる。列が短い開店直後の時間がねらい目。

🏠台南市國華街三段251號
☎(06) 221-0517
🕐11:00〜17:00 休月、不定休
CC不可
🚃台鐵台南駅の北站より3、5路バスで「赤崁樓」下車、徒歩約10分 🌐fb.com/Chiu.RiceNoodlesWithSquid

イエジアシアオチュエンミーフェン
葉家小巻米粉

MAP P.46-A3
エリア 孔子廟周辺

日本人の口にもよく合う

　スルメイカのスープと一緒に食べる小巻米粉（130元）はうどんのような太い米麺。イカのだしが効いたスープはあっさり味。人気店で、閉店前に売り切れることが多い。

🏠台南市國華街二段142號
☎(06) 222-6142
🕐8:30〜15:00(売り切れまで)
休月・火
CC不可
🚃台鐵台南駅の北站より6路バスで「保安宮」下車、すぐ

シャージアショウゴンユイミエン
夏家手工魚麺

MAP P.46-B3
エリア 孔子廟周辺

魚のすり身で作る麺

　魚麺（60元〜）は狗母魚という白身魚のすり身で作る珍しい麺で、汁ありと汁なしがある。独特の風味だが生臭さはない。弾力のある食感。毎朝店で手作りしている。

🏠台南市府前路一段353號
☎(06) 214-4400
🕐11:30〜17:00(土〜15:00)
休日
CC不可
🚃台鐵台南駅前の北站より6路バスで「小西門(府前路)」下車、徒歩約1分

チュンシエンファンオシャオイーミエン
醇涎坊鍋燒意麺

MAP P.46-A3
エリア 孔子廟周辺

台南式鍋燒きうどん

　安くておいしい店が並ぶグルメストリートとして知られる保安路（→P.74）にある。鍋燒意麺（60元〜）は、油で揚げた麺が煮込まれていて、鍋焼きうどんのようなやさしい味わい。

🏠台南市保安路53號
☎(06) 221-5033
🕐6:00〜20:00
休無休
CC不可
🚃台鐵台南駅前の北站より6路バスで「保安宮」下車、徒歩約1分

コンヅロウツァオイーミエン
恭仔肉燥意麺

MAP P.46-B2
エリア 赤崁樓周辺

新美街で1950年から営業

　看板メニューの意麺（50元〜）はパンチの効いた味で汁なしと汁ありが選べる。次いで老恭招牌水餃（10個70元）も人気。スープや麺のバリエーションが豊富で、いろいろ試したくなる。

🏠台南市新美街28〜32號
☎(06) 221-7506
🕐11:00〜22:00
休不定休
CC不可
🚃台鐵台南駅前の南站より紅幹線、1路バスで「中正西門路口」下車、徒歩約4分

粥

阿憨鹹粥
アーハンシエンチョウ

MAP P.44-B1
エリア 赤崁樓周辺

台南名物のサバヒー粥

台南人がこよなく愛する白身魚、虱目魚（サバヒー）は独特のにおいがあるといわれているが、この店の魚は新鮮なので気にならない。脂の乗ったサバヒーの半身がのった虱目魚肚粥（150元）は骨を取ってあり食べやすい。

住 台南市公園南路169號
(06) 221-8699
6:30～14:00
休 水
CC 不可
交 台鐵台南駅より徒歩約15分

❶ 広く席数が多い ❷ おいしさを知るためにぜひ一度は食べてみたい

阿堂鹹粥
アータンシエンチョウ

MAP P.46-B3
エリア 孔子廟周辺

台南市中心部にあり便利

朝6時のオープン直後からにぎわう。初心者でも食べやすい虱目鹹粥（180元）はカットされたサバヒーやカキが入って滋味深い味。サワラが入った綜合鹹粥（180元）もある。

住 台南市西門路一段728號
(06) 213-2572
6:00～13:00
休 火
CC 不可
交 台鐵台南駅前の南站より藍幹線バスで「小西門」下車、徒歩約1分

スープ

西羅殿牛肉湯
シールオティエンニュウロウタン

MAP P.45-C1
エリア 赤崁樓周辺

台南名物の牛肉湯でパワーチャージ

生の薄切り牛肉を熱々のスープにくぐらせて食べる牛肉湯は台南ではポピュラーな朝食。牛肉湯（120元～）は白飯か肉燥飯付きで、牛肉は針ショウガと醤油ベースのたれと一緒に味わう。日本語の注文票もある。

住 台南市公園南路98號
(06) 229-4056
5:00～13:30
休 火
CC 不可
交 台鐵台南駅より徒歩約11分
URL fb.com/profile.php?id=100064118881529

❶ ローカルな雰囲気だが入りやすい ❷ 麻油炒牛肝（150元～）、芥蘭炒牛肉（130元）などのサイドメニューも人気

石精臼牛肉湯
シージンジウニュウロウタン

MAP P.47-A1
エリア 赤崁樓周辺

夜のみ営業

赤崁樓の近くにある牛肉湯（110元～）の店。熱いスープにくぐらせた牛肉はそのまま食べてもショウガだれをつけても美味。白飯（10元）をスープに浸して食べるのがおすすめ。

住 台南市民族路二段246號
(06) 223-2266
17:00～21:00頃（売り切れまで）
休 月
CC 不可
交 台鐵台南駅前の北站より3、5路バスで「赤崁樓」下車、徒歩約1分

文章牛肉湯
ウェンチャンニュウロウタン

MAP P.43-A1
エリア 安平

食事時は行列

新鮮な牛肉に熱いスープをかけ、ミディアムレアの状態で食べる牛肉湯（小120元、大180元）は少し甘めに仕上げてある。ここは安平観光の帰りに立ち寄りたい店。

住 台南市安平路300號
(06) 358-7910
10:30～翌2:00
休 無休 CC 不可
交 台鐵台南駅前の北站より2路バス、南站より99路バスで「半路暦」下車、徒歩約2分
URL www.winchangbeef.com.tw

リュジートゥートゥオユィゲン
呂記魠魠魚焿

MAP P.44-A2
エリア 孔子廟周辺

ローカル市場近くの老舗

　サワラのとろみスープ＝魠魠魚焿（小70元、大85元）の店。店先でたくさん揚げているサワラのフライは肉厚でサクサク、とろみの強いスープもコクがある。麺やビーフンを加えてもおいしい。

🏠 台南市西門路47號
☎ (06)224-5582
🕐 6:30～13:00
休 毎月旧暦の17日と18日
CC 不可
🚌 台鐵台南駅前の南站より藍幹線バスで「水萍塭公園」下車、徒歩約5分

ディーサンタイスームーユィワン
第三代虱目魚丸

MAP P.47-A3
エリア 孔子廟周辺

サバヒー団子のスープ

　台南特産の魚、虱目魚（サバヒー）のつみれスープの専門店。具は選ぶことができる。超値魚丸湯套餐（130元）は、魚丸湯、肉燥飯（魯肉飯）、滷味、野菜がセットになっていてお得。

🏠 台南市府前路一段210號
☎ (06)220-9539
🕐 6:00～14:00
休 水
CC 不可
🚌 台鐵台南駅前の北站より2路バスで「建興國中（南門路）」下車、徒歩約1分

フージーロウユエン
福記肉圓

MAP P.47-A3
エリア 孔子廟周辺

自家製ソースをかけて

　すりつぶした米で作る皮で豚肉を包んで蒸し上げた肉圓（50元）はぷにぷにした食感。台湾語でバーワンと呼ばれ親しまれている。セットで付いてくるスープはお代わり可。

🏠 台南市府前路一段215號
☎ (06)215-7157
🕐 6:30～18:00
休 不定休
CC 不可
🚌 台鐵台南駅前の北站より6路バスで「建興國中（府前路）」下車、徒歩約1分

マオシォンシアレンロウユエン
茂雄蝦仁肉圓

MAP P.46-A3
エリア 孔子廟周辺

売り切れ御免のエビ肉圓

　蝦仁肉圓（3個65元）はエビと豚肉をサツマイモや米の粉で包み、蒸してからエビのそぼろあんをかけた小吃。売り切れたら閉店なので早めに訪れたい。タロイモ蒸餅の芋粿（45元）も人気。

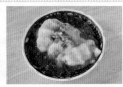

🏠 台南市保安路46號
☎ (06)228-3458
🕐 9:30～21:00（売り切れまで）
休 火
CC 不可
🚌 台鐵台南駅前の北站より6路バスで「保安宮」下車、徒歩約1分

アーソングアパオ
阿松割包

MAP P.46-B1
エリア 赤崁樓周辺

中華風バーガー

　中華風バンズに豚肉を挟む割包は、普通包（豚バラ肉、80元）、ヘルシーな痩肉包（赤身肉、90元）、豬舌包（豚の舌、100元）の3種類。卓上の袋に入れて食べると食べやすい。イートインはスープ付き。

🏠 台南市國華街三段181號
☎ (06)211-0453
🕐 8:00～15:30
休 木
CC 不可
🚌 台鐵台南駅前の北站より5、18路バスで「西門民權路口」下車、徒歩約4分

ワンチュアンハオ
萬川號

MAP P.47-B2
エリア 孔子廟周辺

店頭で蒸し上げる肉まん

　1871年創業という老舗の菓子店で味わえる蒸したての肉まんが人気。定番の台湾肉包（25元～）、透き通った台湾水晶餃（23元）、黒芝麻包（25元）などバリエーション豊富。

🏠 台南市民權路一段205號
☎ (06)222-3234
🕐 8:00～22:00
休 第4月曜、旧正月
CC 不可
🚌 台鐵台南駅より徒歩約12分

春巻

チョウシーシアチュエン
周氏蝦捲

MAP P.43-A1
エリア 安平

リーズナブルな値段で本物の味

エビやセロリなどの具材を巻いて油で揚げた蝦捲（90元）は台南を代表する小吃。注文はファストフード形式で、さまざまな台南小吃をリーズナブルに味わえておすすめ。エビせんはおみやげに。

🏠台南市安平路408-1號
☎(06) 280-1304
🕙10:00～21:30
🈂無休
💳J M V
🚌台鐵台南駅前の北站より2路バスで「望月橋」下車、すぐ
🌐www.chous.com.tw

ジンダーチュンチュエン
金得春捲

MAP P.46-B1
エリア 赤崁樓周辺

ボリューム満点の生春巻き

キャベツ、錦糸卵、豚肉、エビなどをライスペーパーでくるんだ生春巻き（55元）は、野菜たっぷりでヘルシーだがかなりのボリューム。砂糖とピーナッツ粉も入って少し甘い味。

🏠台南市民族路三段19號
☎(06) 228-5397
🕙7:30～16:30
🈂火
💳不可
🚌台鐵台南駅前の北站より5、18路バスで「西門民權路口」下車、徒歩約4分

パン

チーカンクアンツァイバン
赤嵌棺材板

MAP P.46-A3
エリア 孔子廟周辺

かんおけからインスピレーション

揚げた食パンをくり抜いてシチューを入れる台南名物の棺材板（70元）は、洋食を学んだこの店の2代目が考案し、広まったのだとか。カレー味も人気。雑然とした市場の中にある。

🏠台南市康樂市場沙卡里巴（康樂市場）内180號
☎(06) 224-0014
🕙11:00～20:00 🈂隔週火・水
💳不可 🚌台鐵台南駅前の南站より紅幹線、1路バスで「西門友愛街口」下車、徒歩約4分
🌐www.guan-tsai-ban.com.tw

碗粿

フーションハオ
富盛號

MAP P.46-B1
エリア 赤崁樓周辺

豚肉、エビなど具だくさん

長く営業している碗粿の老舗。ここの碗粿（35元）は具だくさんの濃いめの味付けで、サイドメニューの魚羹スープ（35元）とよく合う。角を挟んで2店で営業しており、民族路の店舗のほうが席が多い。

🏠台南市國華街三段184號
☎(06) 227-4101
🕙7:00～17:00 🈂木 💳不可
🚌台鐵台南駅前の北站より5、18路バスで「西門民權路口」下車、徒歩約4分
🌐taiwanese-restaurant-306.business.site

アーチュエンワングオ
阿全碗粿

MAP P.47-A3
エリア 孔子廟周辺

おやつに食べたい碗粿

豚肉や塩漬け卵などの具材に米をつぶした汁を注ぎ、高温で蒸し上げた碗粿（35元）は茶碗蒸しのような食感でやさしい味。好みでおろしにんにくをかけるとおいしさアップ！

🏠台南市府前路一段279號
☎(06) 214-6778
🕙6:00～18:00
🈂月
💳不可
🚌台鐵台南駅前の北站より6路バスで「建興國中(府前路)」下車、徒歩約2分

上海料理

シャンハイホアトウシアオチー
上海華都小吃

MAP P.47-B1
エリア 赤崁樓周辺

安くておいしい小籠包

台南でおいしい小籠包が食べられる店として、日本人の利用も多い。メニューすべてに日本語名がついていて選びやすい。小籠包（90元）は風味をつけるため松の葉と一緒に蒸している。

🏠台南市民權路二段28號
☎(06) 221-6268
🕙10:30～14:30、16:30～21:30
🈂無休
💳不可
🚌台鐵台南駅より徒歩約11分

カフェ

PARIPARI apt.
パリパリアパート

MAP P.47-B1
エリア 赤崁樓周辺

おしゃれなレトロカフェ

　緑のタイル張りのレトロなビルの1階がショップ、2階がカフェ、3階は宿泊施設になっている。2階のカフェへは1階のショップで呼び鈴を押して入店。ビンテージ感漂う落ち着いたカフェで、コーヒーやデザートを味わえる。

🏠 台南市忠義路二段158巷9號
☎ (06) 221-3266
🕐 11:00〜18:00
休 木
CC 不可
🚊 台鐵台南駅より徒歩約12分
🌐 paripariapt.co

1 漫画や雑誌も置かれ、読むことができる **2** ティラミスとアフォガードを融合させたオリジナルデザートの叭哩咖朵（180元）が人気

We Love Cafe
ウィラブカフェ

MAP P.46-A2
エリア 赤崁樓周辺

人気ストリートの路地裏にある

　正興街の路地裏に立つデザインホテル、末艾公寓（→P.103）1階のカフェ。ショコラティエが手作りするchocolat R巧克力職人のチョコレートを味わえる。ケーキ、チョコ1個、ドリンクのケーキセット（200元〜）がおすすめ。

🏠 台南市正興街77巷10號
☎ (06) 222-6696
🕐 9:00〜18:00（土・日13:00〜）
休 無休
CC 不可
🚊 台鐵台南駅前の北站より2路バスで「郭綜合醫院」下車、徒歩約2分

1 シックで落ち着ける **2** マンゴー、高粱（コーリャン）酒など台湾らしいフレーバーのチョコも

品蓬咖啡
ピンポンカーフェイ

MAP P.47-A3
エリア 孔子廟周辺

入口の蘋婆（ピンポン）樹が店名の由来

　孔子廟から延びる府中街の路地裏にある古民家を改装したカフェ（→P.53）。オーナーが心を込めて入れるコーヒー（150元〜）が旅の疲れを癒やしてくれる。キッシュやスイーツはすべて手作り。18:00以降はお酒も提供。

🏠 台南市府前路一段196巷17號
☎ (06) 221-5293
🕐 12:00〜22:00
休 第1・3木曜
CC 不可
🚊 台鐵台南駅前の北站より2路バスで「孔廟」下車、徒歩約2分
🌐 fb.com/pinpongcoffee

1 天井が高く、広々と開放的でゆったりした時間を楽しめる **2** アジア、アフリカ、中南米を中心とした30種類以上のコーヒーを味わえる

米寓
ミーユィ

MAP P.46-A2
エリア 赤崁樓周辺

ブランチにおすすめ

　1935年創建の古民家をカフェに転用。揚げ物を出さないことがモットーで、料理は添加物や保存料を使わずほぼすべて手作り。米寓大早餐（300元）はソーセージ、ベーコン、卵焼きなどが入ってボリューム満点だが胃にもたれない。

🏠 台南市忠明街3號
☎ (06) 221-0128
🕐 10:00〜16:00（土・日9:00〜）
休 水・木
CC 不可
🚊 台鐵台南駅前の北站より2路バスで「郭綜合醫院」下車、徒歩約2分
🌐 www.fb.com/APTM1040103

1 約90年前に建てられた古民家を利用 **2** 大満足の米寓大早餐

順風號
シュンフォンハオ

MAP P.47-B3
エリア 孔子廟周辺

住宅街の隠れ家カフェ

　入り組んだ住宅街にある、ビンテージの家具を配したレトロな内装のカフェ（→P.53）。人気メニューはミルフィーユで、冬はイチゴがサンドされた草莓千層（300元）、夏はパイナップルとマンゴーの鳳芒LiLu水果千層となる。

🏠台南市開山路35巷39弄32號
☎(06) 223-5398
🕐12:00～18:00（土・日10:30～）
休水・木
CC不可
🚌台鐵台南駅前の北站より6路バスで「延平郡王祠」下車、徒歩約3分

1 周辺になじんで見落としそうになる入口 **2** パティシエが作る絶品スイーツでブレイク

浮游咖啡
フーヨウカーフェイ

MAP P.47-B3
エリア 孔子廟周辺

とっておきの1杯を味わえる

　まるで友達の家に招かれたかのようなあたたかさで迎えてくれる個人カフェ。オーナーがハンドドリップで入れるコーヒーの香りに包まれてしあわせな気持ちになれる。手作りの司康（スコーン、100元）も美味。民宿も経営。

🏠台南市府前路一段122巷81號
☎0921-510-547
🕐13:00～18:00（土・日～19:00）
休水
CC不可
🚌台鐵台南駅より徒歩約14分。または台鐵台南駅前の南站より藍幹線、紅幹線、1路バスで「中山民權路口」下車、徒歩約7分。
🌐www.fb.com/DrifterCafeRoom

1 フレンドリーな雰囲気 **2** コーヒー（160元～）は数種類の産地を揃える

水倉試験所
シュイチュアンシーヤンスオ

MAP P.46-B2
エリア 孔子廟周辺

シックな店内で上質な時間を楽しめる

　清代、日本統治時代、中華民国時代の家屋が連なった建物で営業。厳選した3種の台湾紅茶の茶葉をブレンドした究極のミルクティー只我奶茶（アイス180元、ホット200元）は無糖だが自然の甘味を感じる。2階は民宿（→P.104）。

🏠台南市永福路二段81巷18號
☎0918-492-818
🕐11:00～18:00（土・日12:00～）
休火
CC不可
🚌台鐵台南駅前の南站より紅幹線、1路バスで「中正西門路口」下車、徒歩約2分

1 バーのようなたたずまいの入口 **2** 手沖拿鐵（ラテ、180元）、西港芝麻巴斯克乳酪蛋糕（西港産ゴマのバスクチーズケーキ、150元）なども

南美春室 The POOL
ナンメイチュンシー

MAP P.46-B3
エリア 孔子廟周辺

陽光が心地よい

　台南市美術館2館の最上階にあるカフェ。台湾のガラスメーカーが運営し、シンプルでおしゃれな食器は自社製品。カニおこわで有名な阿霞飯店（→P.86）、魚スープで有名な嘉義の林聡明とコラボしたフードメニューもある。

🏠台南市忠義路二段1号 台南市美術館5階
☎(06) 221-1916
🕐10:00～18:00（土～20:30）
休月
CC J M V
🚌台鐵台南駅前の北站より6路バスで「台南市美術館2館」下車、徒歩約2分
🌐fb.com/thepooltainan

1 陽光が木漏れ日のように降り注ぐ **2** ドライフルーツがトッピングされた夏威夷莓果威風（220元）と咖啡拿鐵（170元）

チャイメンカーフェイ
窄門咖啡

MAP P.47-A3
エリア 孔子廟周辺

孔子廟近くの老舗カフェ

「狭いドア」という店名のとおり、細い通路を通って階上に向かわなければ入れないカフェ。店内は静かで落ち着いた雰囲気で、昭和レトロな空気も流れている。コーヒーがおいしいと好評。注文はレジまで行って先払いする。

🏠 台南市南門路67號2階
☎ (06)211-0508
🕐 11:30～19:00(土・日11:00～20:00)
休 水
CC 不可
🚋 台鐵台南駅前の北站より2路バスで「孔廟」下車、すぐ

1 窓の外の緑がまぶしい **2** 窄門特調冰咖啡 (210元)

シンバークー タイナンウェンチュアンメンシー
スターバックス 台南文創門市

MAP P.45-C1
エリア 台南駅周辺

赤れんがのスターバックス

台南駅のほど近くにある、日本統治時代の建物を改装したスターバックス。朝早くから開いているので、電車の待ち時間に利用するのもよい。中庭のテラス席からは電車が見える。台南限定グッズも販売。

🏠 台南市北門路二段16號
☎ (06)223-5690
🕐 7:30～19:00
休 無休
CC J M V
🚋 台鐵台南駅より徒歩約3分
🌐 www.starbucks.com.tw

1 台南市の指定文化財である、旧台湾総督府専売局台南出張所の建物を利用 **2** 席と席が離れていて落ち着ける

シーバーマオチャーウー
十八卯茶屋

MAP P.47-B1
エリア 赤崁樓周辺

歴史を感じる建物でお茶を

呉園藝文中心 (→P.66) の敷地内に残る日本統治時代の料亭「柳屋」を利用した茶藝館。十八號紅玉紅茶 (150元) など、さまざまな台湾茶を揃える。窓の外には美しい中国風庭園、呉園の借景が広がり、静かな空間でくつろげる。

🏠 台南市民權路二段30號
☎ (06)221-1218
🕐 10:00～18:00
休 月
CC 不可
🚋 台鐵台南駅より徒歩約9分

1 公会堂に来る人のための食堂として使われていた柳屋 **2** 和の趣もあり落ち着ける

タイヤンパイビンピン
太陽牌冰品

MAP P.45-C2
エリア 孔子廟周辺

レトロな看板がすてき

自家製ミルク味アイス「牛乳霜」が看板メニュー。65年以上前に創業し、現在は2代目が営業。紅豆牛乳霜 (60元) は牛乳霜にアズキがたっぷりかかった素朴なスイーツ。キューブ状アイスの草湖芋仔冰 (60元) も人気。

🏠 台南市民權路一段41號
☎ (06)225-9375
🕐 10:00～21:15
休 無休
CC 不可
🚋 台鐵台南駅より徒歩約12分
🌐 sunice.myweb.hinet.net

1 レトロな店構えも魅力 **2** 台南っ子に愛されるひんやりスイーツ

莉莉水果店
リーリーシュイグオディエン

MAP P.47-A3
エリア 孔子廟周辺

街角のフルーツパーラー

　孔子廟の近くにある、1947年開業のフルーツ専門店。店頭に季節のフルーツが並ぶ様子は圧巻。店先はイートインスペースになっていて、その場でカットしたフルーツやフルーツかき氷、搾りたてのフレッシュジュースを味わえる。マンゴーやパパイヤ、スイカなど、旬のフルーツを盛り合わせた綜合水果盤（60元〜）は小腹も満たせておやつにぴったり。フルーツと豆をトッピングした蜜豆氷（75元）はボリュームがあるので、シェアして食べたい。濃厚なパパイヤミルク（65元）、豆花（35元〜）も絶品。

🏠台南市府前路一段199號
☎(06) 213-7522
🕐11:00〜22:00
🈂水、旧正月
CC不可
🚇台鐵台南駅前の北站より2路バスで「孔廟」下車、徒歩約1分
🌐www.lilyfruit.com.tw

1 旬のフルーツを堪能 **2** オーナーは台南の歴史の研究家でもある

裕成水果
ユイチョンシュイグオ

MAP P.46-B2
エリア 赤崁樓周辺

厳選されたフルーツ

　オーナーが厳しい目で厳選したフルーツを味わえる。旬のフルーツをのせた鮮果氷（150元）や夏季限定の新鮮芒果牛奶氷（200元）が人気。どちらもボリューム満点。

🏠台南市民生路一段122號
☎(06) 229-6196
🕐12:00〜24:00
🈂月
CC不可
🚇台鐵台南駅前の北站より10路バスで「中華電信」下車、徒歩約2分

泰成水果店
タイチョンシュイグオディエン

MAP P.46-A2
エリア 赤崁樓周辺

フォトジェニックな人気スイーツ

　半分にカットしたメロンに、自家製シャーベットをトッピングしたデザート、哈蜜瓜瓜氷（230元）が大人気。冬はイチゴのせもできる。1935年創業の人気店で、土・日曜は特ににぎわう。

🏠台南市正興街80號
☎(06) 228-1794
🕐12:00〜18:00（土・日〜19:00）
🈂木　CC不可
🚇台鐵台南駅前の北站より2路バスで「郭綜合醫院」下車、徒歩約2分
🌐www.fb.com/Tai.cheng.fruit.shop

冰郷
ビンシアン

MAP P.46-B2
エリア 赤崁樓周辺

大人気のかき氷店

　フルーツ店を兼ねたかき氷店。大粒のアズキと練乳をたっぷりかけた紅豆牛乳氷（70元）が大人気。夏季限定の芒果牛乳氷（170元）を食べたいなら、売り切れる前に早めに行こう。

🏠台南市民生路一段160號
☎(06) 223-4427
🕐12:00〜20:00
🈂月、不定休
CC不可
🚇台鐵台南駅前の北站より10路バスで「中華電信」下車、徒歩約4分

黃火木舊台味冰店
ホアンフオムージョウタイウェイビンディエン

MAP P.44-A1
エリア 赤崁樓周辺

昔ながらのかき氷

　正興街近くで営業する有名かき氷店「江水號」の姉妹店。八寶氷（55元）は、毎日8時間かけて煮込んだ豆類など8種のトッピングの上に、ふわふわに削った氷をこんもりとのせてくれる。

🏠台南市海安路三段55號
☎(06) 226-2629
🕐12:00〜22:30
🈂月、旧正月
CC不可
🚇台鐵台南駅前の北站より3路バスで「成功路西段」下車、徒歩約3分

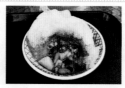

Chun純薏仁。甜点。
チュンイーレン ティエンティエン

MAP P.46-B3
エリア 孔子廟周辺

肌にもいいハトムギスイーツ

白玉紅豆薏仁（120元）はおかゆのように軟らかく炊いた薏仁（ハトムギ）をアズキと抹茶に入った白玉団子と一緒に食べる。素朴でやさしい甘さでお汁粉より軽く食べられる。

🏠台南市友愛街115号7号
📞(06) 220-8910
🕐11:00〜17:00（土・日・祝〜18:00） 休無休 CC不可
🚃台鐵台南駅前より6路バスで「小西門（府前路）」下車、徒歩約1分
🌐fb.com/chundessert

同記安平豆花
トンジーアンピンドウホア

MAP P.79-A1
エリア 安平

ほっとする味わい

豆乳で作る台湾伝統のスイーツ、豆花（35元〜）の有名店。トッピングはアズキ、タピオカ、緑豆、レモンの4種。昔ながらの製法にこだわり、添加物は不使用。竹炭を使用した黒豆花もある。

🏠台南市安北路141〜6号
📞(06) 226-2567
🕐10:00〜22:00（土・日9:00〜）
休無休 CC不可
🚃台鐵台南駅前の北站より2路バスで「安平古堡」下車、徒歩約3分
🌐www.tongji.com.tw

蜜桃香
ミータオシアン

MAP P.47-B2
エリア 孔子廟周辺

暑気払いにぴったり

スターフルーツのシロップ漬けを戻したものを氷と一緒に食べる楊桃冰（40元）。氷が溶けて、ちょうどよい甘さと冷たさになったジュースとサクサクのスターフルーツを味わおう。

🏠台南市青年路71号
📞(06) 228-4228
🕐9:00〜21:00
休無休
CC不可
🚃台鐵台南駅より徒歩約12分

赤崁中藥行 Speakeasy Bar
チーカンヂョンヤオハン

MAP P.47-A1
エリア 赤崁樓周辺

ここでしか味わえないユニークなカクテル

伝統的な漢方薬局がコンセプトのおしゃれな古民家バー。茶器に入ったジンと金萱茶のカクテル「胭脂」（380元）をはじめ、見た目もきれいで個性的なカクテルを楽しめる。

🏠台南市赤崁街45巷3号
📞(06) 221-9599
🕐20:00〜翌2:00（金・土〜翌3:00） 休不定休（月のことが多い） CC不可
🚃台鐵台南駅前の北站より3、5路バスで「赤崁樓」下車、徒歩約3分

Bar TCRC
バー ティーシーアールシー

MAP P.47-A1
エリア 赤崁樓周辺

海外から訪れる客も多い

アジアベストバー50に選ばれたこともある実力派。有名バーテンダーをゲストに招くことも。府城漫歩（360元）などオリジナルカクテルも充実。予約はfacebookから受付。

🏠台南市新美街117号
📞(06) 222-8716
🕐20:00〜翌2:00
休日 CC不可
🚃台鐵台南駅前の北站より3、5路バスで「赤崁樓」下車、徒歩約3分
🌐www.fb.com/TCRCbar

LOLA蘿拉冷飲店
ローラルオラーリンインディエン

MAP P.46-A1
エリア 赤崁樓周辺

古民家再生を手がけるオーナーの店

清代に建てられた老家屋で音楽とお酒を楽しめる、シックだが気取りのないバー。エキゾチックな雰囲気が魅力。BGMはUKロックが中心だが、日本のポップスがかかることもある。

🏠台南市信義街110号
📞(06) 222-8376
🕐18:00〜翌1:00（金・土〜翌2:00）
休月 CC不可
🚃台鐵台南駅前の北站より3路バスで「菱洲宮」下車、徒歩約4分

ショッピング

台南で先祖代々営業する老舗の専門店はのぞくだけでも楽しい。丈夫な帆布のバッグも人気。

デパート

リンバイフオ
林百貨

MAP P.47-A2
エリア 孔子廟周辺

再生したレトロデパート

　日本統治時代に営業していたデパート「ハヤシ百貨」を再現したショッピングセンター。第2次世界大戦中に閉店後、70年の時を経て2014年に再オープンを果たした。

　1階は台南の特産品、2階は台湾デザインプロダクト、3階はファッション関連、4階はCDや本などを販売。各階で地元ブランドとのコラボ商品を展開している。屋上は展望台で、1933年に建てられた神社も残る。内装は当時の姿をできるだけ忠実に再現している。復刻されたエレベーターも人気（→P.60）。

🏠台南市忠義路二段63號
☎(06) 221-3000
🕐11:00～21:00
休無休
CC J M V
🚃台鐵台南駅前の南站より紅幹線、1路バスで「林百貨」下車すぐ
🌐www.hayashi.com.tw

1 2階では林百貨オリジナルグッズを販売 **2** 外観は当時のまま

エビスカン
戎館

MAP P.46-A2
エリア 赤崁樓周辺

おみやげ選びを楽しめる

　台南の香腸メーカー「黒橋牌」が運営する、1935年に建てられた映画館をリノベーションしたショップ。1階は食品や雑貨のおみやげを買うことができ、香腸も食べられる。2階は映画館だった往年の姿を彷彿させるカフェとなっている。

🏠台南市中正路220號
☎(06) 229-5248
🕐10:00～20:00
休無休
CC J M V
🚃台鐵台南駅前の北站より2路バスで「郭綜合醫院」下車、徒歩約3分
🌐fb.com/YebisuKan1935

1 日本統治時代の映画館だった建物をリノベ **2** 1階は台湾雑貨や食品のおみやげが勢揃い

雑貨

ジンユエンシン
錦源興

MAP P.46-A2
エリア 孔子廟周辺

台南発の雑貨ブランド

　カラスミ、サンダル、屋台の赤いプラスチックの椅子など、台湾の日常に溶け込む物をモチーフにしたカラフルなテキスタイルが人気の台湾ブランドの本拠地。デザイナーの揚子興さんは生地問屋の4代目で、1923年から営業する店舗を改装して自分の店をオープン。バッグやポーチ、文房具などのファッション小物や、コースターなど品揃えが豊富。生地も販売しており、ハンドメイド好きは要チェック。丈夫な地厚の生地で、さまざまな用途に使えそう。柄にはそれぞれストーリーがある。

🏠台南市中正路209巷3號
☎(06) 221-3782
🕐10:00～18:00
休月・火
CC J M V
🚃台鐵台南駅前の南站より紅幹線、1路バスで「中正西門路口」下車、徒歩約4分
🌐www.gimgoanheng.com

1 2階に並ぶ生地 **2** バッグ（580元）など、ファッションアイテムが充実

合成帆布行
ホーチョンファンプーハン

MAP P.47-B2
エリア 赤崁樓周辺

実用的なおみやげ

本来は卸売りがメインの帆布バッグメーカーだが、トートバッグ（250元～）やポーチなどオリジナル商品も販売。バッグは形、色、サイズのバリエーションが豊富。店先でボタン付けなどの作業を行っていて、思わず足を止めたくなる。

🏠台南市中山路45號
☎(06)222-4477
🕐9:00～20:00（土・日は早めに閉めることも）
休無休
CC不可
🚇台鐵台南駅より徒歩約10分
🌐onebag.com.tw

1 店先に学生かばんが並ぶ **2** 小物は色のバリエーションも豊富

永盛帆布行
ヨンションファンプーハン

MAP P.47-A2
エリア 赤崁樓周辺

使い込むほど味が出る

超厚地の5号帆布を使ったトートバッグ（500元～）はとても頑丈で、型崩れの心配がない。色は黒やアースカラーが中心で性別を問わず使用できる。限りなくシンプルで無骨さすら感じさせるデザインが、素材の特性とベストマッチ。

🏠台南市中正路12號
☎(06)227-5125
🕐9:00～20:00（日10:00～18:00）
休旧正月
CC不可
🚇台鐵台南駅より徒歩約15分

1 ミシンがけの音が聞こえてくる **2** A4の書類も入る大型トート（850元）

廣富號
コワンフーハオ

MAP P.47-B1
エリア 赤崁樓周辺

台北にも支店をもつ

現代的なデザインで、カラー、サイズのバリエーションが豊富。リュックやトートバッグは用途やファッションに合わせていろいろなタイプから選べる。ペンケース（390元）など気軽に買える小物もある。セミオーダーの商品も扱う。

🏠台南市忠義路二段125號
☎(06)221-6123
🕐10:30～12:30、13:00～19:00
休無休
CC J M V
🚇台鐵台南駅より徒歩約13分

1 女性用も男性用も充実 **2** 自立して丈夫なミニトート（2180元）

年繡花鞋
シエンシウホアシエ

MAP P.46-A2
エリア 孔子廟周辺

華やかな柄に心が踊る

花や鳥などの色鮮やかな刺繍が施された、チャイナシューズの専門店。店内にはところ狭しと商品が並び、お気に入りを探すのが楽しい。靴底はゴム製で、室内履きはもちろん、屋外でも使用できる。サイズは71が24cm相当。

🏠台南市中正路193巷13號
☎(06)220-0045
🕐12:30～20:00
休無休
CC不可
🚇台鐵台南駅前の南站より紅幹線、1路バスで「中正西門路口」下車、徒歩約4分
🌐fb.com/groups/332893593554217

1 雑然とした、問屋のような店構え **2** かかとがない平織鞋（350元～）だけでもたくさんの柄がある

サンダル

雙全昌鞋行
シュアンチュエンシェハン

MAP P.46-B1
エリア 赤崁樓周辺

カラフルなビーチサンダル

創業65年を超える町の靴販売店。店先に並ぶカラフルなビーチサンダル（120元〜）はトング（鼻緒）と靴底のカラーバリエーションが豊富。底が厚くて歩きやすい。

- 台南市西門路二段316號
- (06)225-9360
- 9:00〜21:00
- 無休
- CC不可
- 台鐵台南駅前の北站より3、5路バスで「赤崁樓」下車、徒歩約3分

茶

振發茶行
ツェンファーチャーハン

MAP P.47-B2
エリア 孔子廟周辺

清代に創業

1860年創業という台湾で最も古い茶葉店。良質な台湾各地の茶葉を豊富に取り揃えている。林百貨（→P.97）でコラボ商品を扱っている。特選東方美人茶（75g400元）などが人気。

- 台南市民權路一段137號
- (06)222-3532
- 10:00〜18:30
- 旧正月 CC不可
- 台鐵台南駅前の北站より6路バスで「延平郡王祠」下車、徒歩約4分
- www.teashop1860.com

菓子

林永泰興蜜餞行
リンヨンタイシンミーチエンハン

MAP P.79-B1・2
エリア 安平

歴史を感じるたたずまい

蜜餞（小50元）とは、シロップ漬けの果物を乾燥させた昔ながらのドライフルーツ。マンゴーをはじめ50種類以上ある。1886年創業。定休日は支店（MP.43-A1 安平路542號）で購入可。

- 台南市延平街84號
- (06)225-9041
- 11:30〜19:00
- 火・水、旧正月 CC不可
- 台鐵台南駅前の北站より2路バスで「安平古堡」下車、徒歩約3分
- www.chycutayshing.com.tw

銘峰鮮蝦餅
ミンフォンシエンシアビン

MAP P.79-B2
エリア 安平

ホテルの晩酌用におすすめ

エビとカニで作るせんべい。フレーバーはオリジナル、辛口、イカスミ、サバヒー、黒胡椒の5種類、サイズはそれぞれ中（120元）と大（250元）がある。塩胡椒が効いてビールに合う。

- 台南市安平路742號
- (06)228-7807
- 11:00〜20:00
- 無休
- CC不可
- 台鐵台南駅前の北站より2路バスで「安平古堡」下車、徒歩約6分

連得堂餅家
リエンダータンビンジア

MAP P.44-B1
エリア 赤崁樓周辺

製造風景を見るのも楽しい

創業は1905年頃という老舗。昔ながらの機械でせんべいを焼くリズミカルな音が聞こえてくる。人気の味噌煎餅（40元）と鶏蛋煎餅（40元）は、ひとり合計2袋まで購入可。

- 台南市崇安街54號
- (06)225-8429
- 8:00〜20:00（土〜18:00）
- 日
- CC不可
- 台鐵台南駅前の北站より0左路バス、南站より21路バスで「公園國小」下車、徒歩約2分

カラスミ

吉利號烏魚子
ジーリーハオウーユイツ

MAP P.43-A1
エリア 安平

風味豊かな手作りカラスミ

昔ながらの製法を守り、手作業でていねいに作っている。価格はランクにより、頂級170gで1530元。日本語での対応もOK。シーズンによってないこともあるので、事前に確認したい。

- 台南市安平路500巷12號
- (06)228-9709
- 10:00〜20:30
- 無休 CCAJMV
- 台鐵台南駅前の北站より2路バスで「承天橋口」下車、徒歩約1分
- www.karasumi.com.tw

台北に比べると、マッサージ店は少ない。歩き疲れた体を癒やせるおすすめはこの4店。

マッサージ

ユイショウクオイータイナンホェイグアン
御手國醫台南會館

MAP P.44-B1
エリア 赤崁樓周辺

漢方を取り入れた施術

漢方医の知見を取り入れた施術を展開。漢方足底按摩（漢方足裏マッサージ、60分799元）は漢方薬を加えた足湯に入ってから施術を開始。施術中は天然石を使用した、腰を温めるベルトを巻いて全身の血行を高める。最後は足裏にカッピングをして終了。オイルマッサージ（90分1300元）は漢方医と協力して開発した漢方エッセンシャルオイルを使用して全身のコリをほぐす。施術の後にデザートのサービスあり。予約はウェブサイトからも可能。電話やLINEで連絡すれば送迎もしてくれる。

🏠 台南市公園南路368號
📞（06）511-6688
🕐 9:00〜翌0:30（金〜日は〜翌2:00）　🈳無休
💳 J M V
🚍 台鐵台南駅前の南站より7、11路バスで「民德路口」下車、徒歩約3分
🌐 www.e111.com.tw

1 全身マッサージは60分900元
2 規模の大きなマッサージ店

パオジャオチュアジャオツゥーティージエンカンホェイグアン
泡腳抓腳足體健康會館

MAP P.44-A3
エリア 孔子廟周辺

深夜まで営業

中心部から少し離れるが、きれいな設備で女性ひとりでも入りやすい。足裏マッサージ（40分600元）と全身マッサージ（60分800元）は足湯10分付き。全身マッサージの延長は30分400元。カッサ（20分400元）もある。

🏠 台南市夏林路110號
📞（06）222-5678
🕐 10:00〜翌2:00
🈳無休
💳 不可
🚍 台鐵台南駅前の南站より紅幹線、1路バスで「西門健康立體停車場」下車、徒歩約5分
🌐 fb.com/utopiafoot

1 足裏マッサージのコーナー　**2** 水萍溫公園の近くにある

ジンホアヤンシングアン
晶華養生館

MAP P.43-B2
エリア 台南市政府周辺

24時間営業の店

コースは全身マッサージ（120分1700元）のみ。施術後はドリンクのサービスがある。24時間営業なので、早朝や深夜など、好きな時間に施術を受けられる。

🏠 台南市永華路二段495號
📞（06）299-8666
🕐 24時間
🈳無休
💳 J M V
🚍 台鐵台南駅前の南站より14路バスで「華平路口」下車すぐ

シアンコンヤンシングアン
箱根養生館

MAP P.47-B1
エリア 赤崁樓周辺

中心部にあり行きやすい

赤崁樓の近くにあり、アクセスしやすい。足裏マッサージ（40分600元）は足湯をしながらの首肩マッサージ10分も付いている。全身マッサージは60分800元〜。足裏と全身のセットもある。

🏠 台南市忠義路二段195號
📞（06）221-0596
🕐 13:00〜21:30
🈳無休
💳 不可
🚍 台鐵台南駅前の北站より3、5路バスで「赤崁樓」下車、徒歩約4分

ℹ️ ホテルガイド

台南は人気の観光地なので、週末の予約は早めに。古民家をリノベーションした民宿も多い。

高級

香格里拉台南遠東國際大飯店 （シアングリーラータイナンユエントンクオジーダーファンディエン）
シャングリ・ラ ファーイースタンプラザホテル台南

MAP P.45-C1 **エリア** 台南駅後站 日📶

世界的なホテルグループ

台南でいちばん高い円筒形の建物の上階にあり、市街のパノラマを楽しめる。インターナショナルホテルならではの洗練されたサービスも魅力。無料で利用できるジムや屋外プール、サウナあり。

🏠 台南市大学路西段89號
☎ (06) 702-8888
📠 (06) 702-7777
🛏 Ⓦ①5610元～　⑨15.5%
💳 ⒶⒹⒿⓂⓋ　🛏330
🚉 台鐵台南駅後站（裏口）よりすぐ
🌐 www.shangri-la.com

台南晶英酒店 （タイナンジンインジョウディエン）
シルクスプレイス台南

MAP P.44-B3 **エリア** 孔子廟周辺 日📶

シックでミニマルなデザイン

「新光三越百貨 台南新天地」の裏手で静かな場所に立つ。儒学者をイメージしたという内装は、重厚感がありながら、モダンでスタイリッシュ。朝食は中華と洋食でフロアが異なる。

🏠 台南市和意路1號
☎ (06) 213-6290　📠 (06) 215-9290
🛏 Ⓢ①1万1000元～　⑨10%
💳 ⒶⒹⒿⓂⓋ　🛏255
🚉 台鐵台南駅前の南站より紅幹線、1路バスで「新光三越新天地」下車、徒歩3分
🌐 www.silksplace-tainan.com.tw

和逸飯店 台南西門館 （ホーイーファンディエン タイナンシーメングァン）
ホテルコッツイ 台南西門館

MAP P.44-B3 **エリア** 孔子廟周辺 日📶

キッズフレンドリーなホテル

「新光三越新天地」の裏手の静かな場所に立つ。2015年オープンで、客室や設備が新しい。「親子で楽しめるホテル」がコンセプトで、屋外、屋内ともに小さい子供が楽しめる遊び場が充実している。家族連れの利用が多い。

🏠 台南市西門路一段658-2號
☎ (06) 702-6699
📠 (06) 702-6688
🛏 Ⓢ①1万800元～　⑨10%
💳 ⒶⒿⓂⓋ
🛏222
🚉 台鐵台南駅前の南站より紅幹線、1路バスで「新光三越新天地」下車、徒歩約3分
🌐 www.hotelcozzi.com

1 子供サーキット場もある **2** シックで落ち着ける配色

禧榕軒大飯店 （シーロンシュアンダーファンディエン）
グランドバンヤンホテル台南

MAP P.45-C1 **エリア** 赤崁樓周辺 📶

2022年オープンの新ホテル

小さく見えるが奥行きがあって、部屋数は多い。窓が大きく明るい客室は、木目調で自然を感じさせる雰囲気。屋上にはプールと親子で遊べる遊水池がある。ホテル内にふたつのレストランがある。

🏠 台南市成功路28號
☎ (06) 222-2188
📠 (06) 222-0788
🛏 Ⓦ①9800元～　⑨10%
💳 ⒶⒿⓂⓋ
🛏180
🚉 台鐵台南駅より徒歩約7分
🌐 www.grandbanyanhotel.com

タイナンダーファンディエン
台南大飯店

MAP P.45-C1 **エリア** 赤崁樓周辺 日📶

歴史のある老舗ホテル

台鐵台南駅前に位置し、ほかの町への移動に便利。檜の床の間を設けた和室のスイートルームもある。1階は飲茶ビュッフェ形式のレストランがある。フロントスタッフは日本語ができて親切。

🏠 台南市成功路1號
☎ (06) 228-9101
📠 (06) 226-8502
🛏 Ⓢ6000元～　①7000元～
⑨10%
💳 ⒶⒹⒿⓂⓋ　🛏152
🚉 台鐵台南駅より徒歩約2分
🌐 www.hotel-tainan.com.tw

煙波大飯店台南館（ヤンボーダーファンディエンタイナングアン）
レークショアホテル 台南館

ツインタワーの大きなホテル

台南市美術館2館の斜め向かいにある。オープンは2019年、客室は2～13階で眺めもよく、白と灰色を基調としたシックなつくり。2階に屋外プールもある。常時日本語を話すスタッフがいる。

🏠台南市永福路一段269號
☎(06) 215-6000 📠(06) 213-5766 料Ⓦ Ⓣ4400元～
⊕15.5% CC A J M V
🛏500 🚇台鐵台南駅前の北站より6路バスで「臺南市美術館2館」下車、徒歩約2分
🌐tainan.lakeshore.com.tw

富信大飯店（フーシンダーファンディエン）
フーシンホテル台南

モダンバロック風の外観

赤崁樓も徒歩圏内の台南中心部の北部に立つ。客室は広く、設備がきれいで快適に過ごすことができる。ジム、ランドリー、ビジネスセンターも併設。サービスも行き届いている。

🏠台南市成功路336號
☎(06)222-7373 📠(06)222-7086
料Ⓢ5500元～ Ⓣ6000元～
⊕10% CC A D J M V 🛏116
🚇台鐵台南駅前の北站より3路バス、南站より7路バスで「西門路三段口」下車、徒歩約2分
🌐www.fushin-hotel.com.tw/tainan

友愛街旅館（ヨウアイジエリューグアン）
U.I.J Hotel & Hostel

台南カルチャーを満喫

台南市美術館2館のすぐ近くに立つユニークなデザインのホテルで、ホステルも併設。客室は赤れんがを基調としたビンテージな雰囲気。1階は24時間営業の書店「物物書BBBooks」。

🏠台南市友愛街115巷5號
☎(06) 221-8188 📠(06) 221-5123 料Ⓢ1万5800元～
Ⓓ2500元（96ベッド）
CC A J M V 🛏100 🚇台鐵台南駅前の北站より6路バスで「小西門(府前路)」下車、徒歩約2分 🌐www.uij.com.tw

シンチャオタイダーファンディエン
新朝代大飯店

フロントは日本語がよく通じる

かつて日本人ビジネス客に人気だったこともあり、バスタブ付きの部屋が多く、日本人客対応にも慣れている。屋上にコインランドリーがあり、長期滞在に便利。無料のレンタサイクルもある。

🏠台南市成功路46號
☎(06) 225-8121
📠(06) 221-6711
料Ⓢ3800元～ Ⓣ4400元～
CC A D J M V
🛏117
🚇台鐵台南駅より徒歩約7分
🌐dynastyhotel.com.tw

台南安平雅樂軒酒店（タイナンアンピンヤールーシュアンジョウディエン）
アロフト台南安平

おしゃれにステイできる

億載金城の向かいに立つマリオット系列のデザインホテル。屋上は台南一の高さを誇るルーフトップバー「Sky Bar」で270度のパノラマビューを楽しみながらスタイリッシュな夜を過ごせる。

🏠台南市光州路108號 ☎(06) 297-6161 📠(06) 297-8122
料Ⓢ Ⓣ3050元～ ⊕10%
CC A J M V 🛏115 🚇台鐵台南駅前の北站より2、19路バスで「億載金城」下車、徒歩約1分
🌐www.marriott.com/ja/hotels/tnnal-aloft-tainan-anping/overview

ウェイユエジョウディエン
維悦酒店

台南運河沿いに立つ

ロビーは南洋風のインテリア。客室は豪華な内装で、窓からは遠くまで町を見渡せる。安平地区まで徒歩圏内で、無料レンタサイクルもあり観光に便利。ジムなどの設備も充実している。

🏠台南市慶平路539號
☎(06) 295-0888 📠(06) 295-0222 料Ⓦ Ⓣ9000元～
⊕10% CC J M V 🛏87
🚇台鐵台南駅前の北站より2路バスで「安平國中」下車、徒歩約5分
🌐www.weiyat-hotel.com.tw

中級

ウェイアイコンユイ
未艾公寓 We Love Apartment

MAP P.46-A2
エリア 赤崁楼周辺

アートなデザインホテル

正興街の路地の奥に立つ。夜間は自分で建物の鍵を開閉する。1階はWe Love Cafe（→P.92）。注文を受けてから手作りする朝食がとてもおいしい。中華風と洋風から選べる。予約は電話かメール（英語か中国語）で。

住 台南市正興街77巷10號
電 (06) 222-6696
料 Ⓢ2000元〜　Ⓦ3000元〜
CC 不可
室 8
交 台鐵台南駅前の北站より2路バスで「郭綜合醫院」下車、徒歩約2分
URL fb.com/welove7710

1 ステンドグラスが美しいリノベ建築
2 内装は部屋ごとに異なる

ライラ
來了

MAP P.47-A1
エリア 赤崁楼周辺

朝ごはんもおいしい

コンクリート造りの古民家をリノベーションした民宿。入口は自分で開けるスタイルで、チェックイン時にカギの使い方を教えてくれる。すてきなアンティーク家具がしつらえられた客室は広々としていて、台南の住民になったように滞在できる。

住 台南市新美街149號
電 (06) 222-9293
FAX (06) 223-2618
料 Ⓦ2350元〜
CC 不可
室 8
交 台鐵台南駅前の北站より3、5路バスで「赤崁樓」下車、徒歩約3分
URL dearbnb.com/bnb/laile/

1 バスルームもおしゃれ **2** カーテンを開けると中庭の緑

フーイーシーシャンジォウディエン
富驛時尚酒店 FX hotel

MAP P.46-A2
エリア 赤崁楼周辺

おしゃれなビジネスホテル

神農街や正興街に近く、さらに安平へ向かうバス停のすぐそばという台南観光に便利なホテル。小さいがジムもある。「FX」と書かれた看板が遠くからも目立ち、目印になる。

住 台南市民生二路76號8樓
電 (06) 511-6977　FAX (06) 511-9477
料 Ⓢ2900元〜　Ⓣ3200元〜
CC J M V　室 199
交 台鐵台南駅前の北站より2路バスで「郭綜合醫院」下車、徒歩約1分
URL www.fxhotels.com.tw/tainan

フーホアダーファンディエン
富華大飯店

MAP P.47-A2
エリア 孔子廟周辺

日 🛜

観光に非常に便利な立地

林百貨（→P.97）の向かいで、台南市内の多くの観光スポットが徒歩圏内。無料のランドリー、ジムも用意されている。朝食はビュッフェ形式。花園夜市への送迎バス（前日まで要予約）もある。

住 台南市忠義路二段28號
電 (06) 225-1000　FAX (06) 225-1567
料 Ⓦ3800元〜　Ⓣ5500元〜
⊕10%　CC A D J M V　室 166
交 台鐵台南駅前の南站より紅幹線、1路バスで「林百貨」下車、徒歩約1分
URL www.fuward-hotel.com.tw

ショウシャンダーファンディエン
首相大飯店

MAP P.45-C1
エリア 赤崁楼周辺

日 🛜

かゆい所に手が届くもてなし

フロントは日本語がよく通じる。客室は古めだが、アメニティに入浴剤もあるなどきめ細かいサービス。無料で使えるジムにはマッサージチェアもある。無料レンタサイクルあり。

住 台南市公園路128號
電 (06) 225-2141
FAX (06) 228-6018
料 Ⓢ2200元〜　Ⓣ2400元〜
CC A D J M V
室 82
交 台鐵台南駅より徒歩約8分
URL www.premier.com.tw

中級

仲青行旅 Light Hostel
ジョンチンシンリュー

MAP P.46-A3
エリア 孔子廟周辺

おしゃれなホステル

　リーズナブルに旅したい旅人が世界中から訪れる。ドミトリーは女性専用もあり、女性のひとり旅も安心して利用できる。共用スペースにキッチンもある。

住台南市友愛街309巷20號　**電**(06)224-0555　**FAX**(06)224-7555　**料**⑤①1700元〜　**D**480元〜　**CC**JMV　**室**15(40ベッド)　**交**台鐵台南駅前の南站より紅幹線、1路バスで「西門友愛街口」下車、徒歩約5分　**URL**www.lighthostel.com.tw

---

屎溝墘客廳
サイカウキンクーティン

MAP P.46-A1
エリア 赤崁樓周辺

一軒家をまるごと借りるスタイル

　1897年創建の古民家を利用した民宿。日本語堪能なオーナーがかつて五條港と呼ばれたこのエリアの歴史を詳しく語ってくれる。2〜7人まで宿泊可(土・日・祝は4人以上の利用)。

住台南市信義街3號　**電**0931-820552　**料**2900元(2名用)〜　**CC**不可　**室**1室　**交**台鐵台南駅前の北站より3路バスで「成功路西段」下車、徒歩約5分　**URL**fb.com/sugozen

---

水倉依舊
シュイチュアンイージョウ

MAP P.46-B2
エリア 孔子廟周辺

安くて快適な古民家ホステル

　蝸牛巷の古民家カフェ、水倉試驗所(→P.50、93)の2階はホステル。ドミトリーはカプセルタイプで、内側からカギもかけられて安心。チェックイン時に動画で設備について案内がある。

住台南市永福路二段81巷18號　**電**0918-492-818　**料**⑤900元〜　①1400元〜　**D**400元〜(10ベッド)　**CC**不可　**室**4　**交**台鐵台南駅前の南站より紅幹線、1路バスで「中正西門路口」下車、徒歩約2分　**URL**booking.owlting.com/jerrysmazehut?

経済的

鐵道大飯店
ティエダオダーファンディエン

MAP P.45-C1
エリア 赤崁樓周辺

駅前の経済的なホテル

　市バス、中距離バスが発着する台南駅前のロータリーに面し、バス利用や、朝早い鉄道利用の際に便利。設備はシンプルだが通常の滞在には十分。コインランドリーもあって長期滞在にも便利。

住台南市成功路2號　**電**(06)221-3200　**FAX**(06)220-3291　**料**⑤1680元〜　**W**1880元〜　**CC**AJMV　**室**200　**交**台鐵台南駅より徒歩約1分　**URL**fb.com/TieDao08

老曼船長青年旅館 (ラオマンチュアンチャンチンニエンリューグアン)
オールドマンキャプテンホステル Old Man Captain Hostel

MAP P.45-C1
エリア 赤崁樓周辺

駅員になった感覚で宿泊できる

　台南駅に隣接し、1970年代から駅事務所に使われていた建物を利用したホステル。少々狭いが、レトロな雰囲気はそれを補って十分。外国人の利用も多い。入口はファミリーマートの中にある。

住台南市北門路2段2號　**電**0982-697940　**料**⑤380元〜　①950元〜　**CC**不可　**室**6(48ベッド)　**交**台鐵台南駅後站(裏口)より徒歩約1分　**URL**oldmancaptain.github.io

---

堀旅青年旅舎 Journey Hostel
ジュエリューチンニエンリューシャー

MAP P.45-C2
エリア 台南駅後站

旅好きの若者が集まる

　台鐵台南駅の東側にある、旅行好きのオーナーがオープンしたおしゃれなユースホステル。ドミトリーは女性部屋、男性部屋、ミックスがある。周辺は安いレストランやコンビニなどがあり便利。

住台南市育樂街161號　**電**(06)235-5161　**FAX**(06)235-0161　**料**⑤1900元〜　**D**600元〜　**CC**JMV　**室**12(55ベッド)　**交**台鐵台南駅後站(裏口)より徒歩約5分　**URL**www.journeyhostel.com

高雄
Kaohsiung

高雄 の歩き方
アジア有数の港湾都市

Kaohsiung カオシォン

MAP P.42-A2

MAP P.42-A2

高雄市DATA
面積●2952km²
人口●273万人(2023年12月)
市外局番●07

高雄へのACCESS

台北から

高鐵 高鐵台北駅より高雄左營駅まで所要約1時間30分～2時間20分、普通車両1445元。高鐵左營駅は、MRT紅線のR16左營駅と台鐵新左營駅に隣接。

台鐵 台鐵台北駅より台鐵高雄駅まで毎日多発、所要約3時間33分～。自強號843元。

バス 台北轉運站バスターミナルより國光客運1838「高雄」行きなどが毎日多発。所要約5時間、600元。

※台北の空港からのアクセスは→P.244参照

台南から

台鐵 台鐵台南駅より台鐵高雄駅まで毎日多発。所要約30分～1時間10分、區間車68元、莒光號82元、自強號106元。

高鐵左營駅

緊急連絡先

日本台湾交流協会高雄事務所
📍P.112-B2
🏠 高雄市和平一路87號 南和和平大樓9、10階
☎ (07)771-4008
🕐 9:00～12:30、13:30～17:30
🚫 土・日・祝、一部日本の祝日
🚇 C34五權國小駅より徒歩約6分
🌐 www.koryu.or.jp

高雄市警察局外事科
📍P.121-C2
🏠 高雄市中正四路260號
📠 (07)215-4342(24時間。外国人専用)
🕐 8:00～12:00、13:30～17:30
🚫 土・日
🌐 www.kcpd.kcg

南 台湾最大の都市、高雄は台湾最大の貿易港を擁する港湾都市で、台湾における経済と貿易の要。「港都」という名前でも親しまれている。起伏に富んだ地形で、壽山と高雄港の高低差が生み出した風光明媚な絶景スポットも数多い。台湾海峡に面しているため、絶好の夕日観賞スポットも多く、特に西子灣に沈む夕日の美しさは台湾全土に知られている。

高雄は日本統治時代に大きく発展した町で、初代の高雄駅があった哈瑪星地区にはその時代に縁が深い史跡が残り、それらを巡る町歩きを楽しむ人も多い。

また、近海で取れた新鮮なシーフード料理が名物で、B級グルメから高級料理まで、幅広く楽しめるのも魅力。

観光スポットも集まる高雄港

高雄に到着

高雄国際空港から

日本からの直行便も発着する高雄国際空港は、南台湾の玄関口。高雄市中心部から6kmほどしか離れておらず、アクセスも便利。MRT紅線の**R4高雄國際機場駅**が隣接している。ここから台鐵高雄駅と連絡する**R11高雄車站駅**までは所要約20分、35元。タクシーは350～400元程度。

高鐵左營駅から

R16左營駅、**台鐵新左營駅**と連絡している。

台鐵高雄駅から

MRT紅線**R11高雄車站駅**と連絡している。地上に出るとタクシー乗り場、市バスが発着するバス停がある。

高雄の歩き方

大都市なので、MRTの利用が必須。定番の見どころは、西側の鹽埕・愛河周辺 (→P.147)、哈瑪星・西子灣 (→P.151)に多く集まっている。湾岸を走るLRTは沿線に観光スポットが多く、車窓からの景色も楽しめる。MRT駅から遠い見どころはタクシー、バスを併用すると効率よく回れる。

MRT&LRTの路線 ▶ R 紅線　○ 橘線　C LRT

市内交通

MRT（捷運）
ジエユィン

　高雄の中心部を走る地下鉄で、正式名称は高雄捷運。高雄市街を南北に走る**紅線（R）**と東西に走る**橘線（O）**の2路線ある。

　紅線は北は高雄市街郊外の岡山區にある**R24南岡山駅**から、南は高雄国際空港のひとつ先の**R3小港駅**まで運行。途中、高鐵左營駅、台鐵高雄駅、高雄国際空港にそれぞれ連絡する。

　橘線は高雄市街を横断し、東は高雄市街東郊外の**OT1大寮駅**から西は**O1西子灣駅**まで運行。見どころが集まる**O2鹽埕埔駅**、**O1西子灣駅**へアクセスできる。**R10/O5美麗島駅**で紅線と連絡している。

◎MRTの運賃
　單程票（片道切符）は二次元コードのついた紙片で、乗車料金は20～60元。一卡通（iPass Card）、悠遊卡（EasyCard）などのICカード使用の場合は1.5割引きとなる。

◎運行時間
　紅線は5:55～24:00、橘線は6:00～24:00。

◎乗車の注意点
　改札前に引かれた線から車内も含め**飲食、喫煙は厳禁**。違反すると罰金を科される。紺色の席は博愛座（優先席）。ホームは長いが、車両は3両編成と短い。進行方向前寄りに停車するので、ホーム前方で待つようにしよう。

片道切符の買い方
① タッチパネルで「QR單程票」を選択
② 運賃と人数を選択
③ 表示された額を投入
④ 切符とおつりを取る
※日本語も選択できるので簡単

LRT（輕軌）
チングイ

　環境にやさしい、架線レスの次世代型路面電車（Light Rail Transit）。2024年1月に全線が開通し市街地を一周する環状線が完成した。**C3前鎮之星駅**と**C24愛河之心駅**でMRT紅線、**C14哈瑪星駅**でMRT橘線と接続している。

◎LRTの運賃
　距離に応じて1回20～35元。悠遊卡、一卡通を駅の読み取り機にタッチするか、LRT駅の自動券売機で單程票（片道切符）を購入する。ICカードの場合、降車時も読み取り機にタッチすること。

◎運行時間
　6:30～22:00に15分間隔で運行。

◎乗車の注意点
　車内は飲食、喫煙禁止で違反すると1500～7500元の罰金。券売機は小銭しか使えないが、両替機はない。

旅遊服務中心
⏰9:00～18:00頃（オフィスにより異なる）
休無休
　台鐵高雄駅や新左營駅、R10/O5美麗島駅などにオフィスがある。

高雄捷運（MRT）
高雄捷運 www.krtc.com.tw

單程票（片道切符）

一卡通
　高雄発祥のICカード、一卡通（i-pass）はMRT駅やコンビニなどで購入できる。悠遊卡は台北発祥。どちらも使用できる。
www.i-pass.com.tw

台湾全土で使える

タッチパネル式の自動券売機
2024年2月現在、紙幣は使えず両替機もない

LRTの車内

乗車時、降車時はボタンを押してドアを開ける

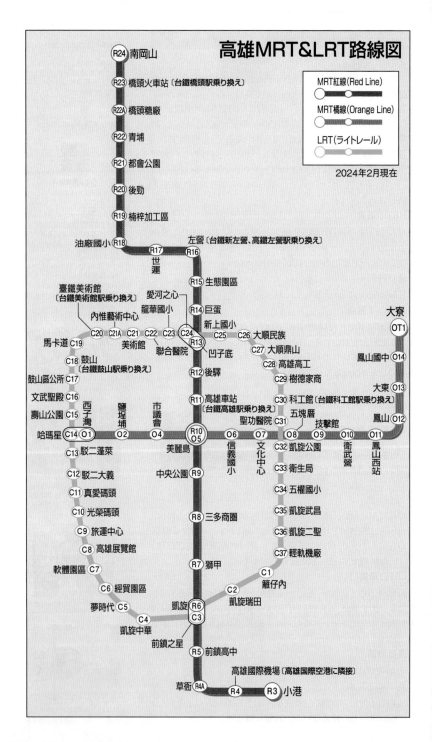

高雄MRT&LRT路線図

MRT紅線(Red Line)
MRT橘線(Orange Line)
LRT(ライトレール)

2024年2月現在

R24 南岡山
R23 橋頭火車站〔台鐵橋頭駅乗り換え〕
R22A 橋頭糖廠
R22 青埔
R21 都會公園
R20 後勁
R19 楠梓加工區
R18 油廠國小
R17 世運
R16 左營〔台鐵新左營、高鐵左營駅乗り換え〕
R15 生態園區
R14 巨蛋
愛河之心
龍華國小
新上國小
R13 凹子底
R12 後驛
R11 高雄車站〔台鐵高雄駅乗り換え〕
R10 O5 美麗島
R9 中央公園
R8 三多商圈
R7 獅甲
R6 凱旋
R5 前鎮高中
高雄國際機場〔高雄国際空港に隣接〕
草衙 R4A R4 R3 小港

臺鐵美術館〔台鐵美術館駅乗り換え〕
內惟藝術中心
C20 C21A C21 C22 C23 C24 C25 C26 大順民族
美術館 聯合醫院 C27 大順鼎山
馬卡道 C19 C28 高雄高工
C18 鼓山〔台鐵鼓山駅乗り換え〕 C29 樹德家商
鼓山區公所 C17 C30 科工館〔台鐵科工館駅乗り換え〕
文武聖殿 C16 五塊厝
壽山公園 C15 西子灣 鹽埕埔 市議會 聖功醫院 C31
哈瑪星 C14 O1 O2 O4 R10 O6 O7 O8 O9 技撃館 O10 O11
C13 駁二蓬萊 O5 信義國小 文化中心 五權國小 衛武營 鳳山西站
C12 駁二大義 C32 凱旋公園
C11 真愛碼頭 C33 衛生局
C10 光榮碼頭 C34 五權國小
C9 旅運中心 C35 凱旋武昌
C8 高雄展覽館 C36 凱旋二聖
軟體園區 C7 C37 輕軌機廠
C6 經貿園區 C1
夢時代 C5 籬仔內
C4 C2 凱旋瑞田
凱旋中華 C3
前鎮之星

大寮 OT1
鳳山國中 O14
大東 O13
鳳山 O12

市バス

　MRTの駅から離れた見どころはバスのほうが便利なこともある。運賃は12元〜で、悠遊卡、一卡通などのICカードも使用できる。一卡通で2回乗車すれば3回目の乗車は無料。一卡通でMRTに乗り換えれば6元引き。

　観光に便利な路線は**O1**西子灣駅から西子灣（→P.152）へ向かう橘1、99路バスや、**R16**左營駅から左營蓮池潭（→P.140）へ向かう紅35、紅51、301路バスなど。市街中心部を横断する主要道路の五福路を走る五福幹線も利用価値は高い。

タクシー（→P.249）

　メーター制で、初乗りは85元。後部トランクに荷物を入れると10元加算される。チップは不要。コンビニの端末から無料でタクシーを呼ぶこともできる（→P.249）。チャーターする場合は事前に時間と値段を交渉する。相場は1時間500元程度。

レンタサイクル

　台湾の多くの都市にYouBikeという自転車シェアサービスが普及している。町なかのどこのスタンドに返却してもよく、移動の自由度を増してくれる優れものだ。利用方法は、悠遊卡などのICカードを登録する方法とクレジットカードを利用する方法のふたつ。台湾の電話番号が必要になるが、使い勝手はICカード登録のほうが断然いい。いずれの場合も「YouBike 2.0」というアプリが必要。なお以前登録したICカードは、そのまま継続して使用可能。

◎ICカードを登録して借りる

　アプリを立ち上げ「Login/Register」から台湾の電話番号、生年月日、パスポート番号などを入力。「Send verification code」をタップするとSMS認証コードが送られてくるのでそれを入力。次にICカードの番号を入力して登録。以上で完了。続いて保険加入のページが現れるが、何もしなくてOK。

◎ICカードでの使用法

　自転車のハンドル部分の緑のボタンを押す→反応したらICカードをタッチ→「請取車」と表示されたら自転車を引き抜く→返却は空いているスタンドに自転車をセット→表示が出たらICカードをタッチ→利用分の料金が表示されて返却完了。

◎クレジットカードで借りる

　アプリを立ち上げ「Login/Register」から「Single Rental」をタップ。入力したメールアドレスに送られてくる認証コードを入力。次にクレジットカード情報を入力して完了。登録から5日間有効で、最初に3000元がデポジットとして引き落とされるが、レンタルで問題がなければ返却される。

◎クレジットカードでの使用法

　アプリを立ち上げ、ハンドル部分の赤のボタンを押す→現れる二次元コードをアプリでスキャンするか、認証コードを入力→確認されたら自転車を引き出す→返却は空いているスタンドに自転車をセット→「還車成功」と表示されて返却完了。

ICカードは乗車時、下車時ともセンサーにタッチする

高雄開頂雙層巴士
料 300元
URL www.kaohsiungsightseeing.com.tw
　高雄の主要観光スポットを巡るオープントップバスもある。土・日・祝のみ運行。要予約。

西子灣線と新灣線の2路線ある

YouBike 2.0のアプリ
　どこにYouBikeのスタンドがあるか地図上に表示でき、空き自転車の有無、使用履歴なども表示できる。

YouBikeの使用料金
　高雄の場合、4時間まで毎30分以内に10元が加算される。4時間を超えると毎30分以内に20元が加算され、長く使うほど高くなる仕組み。各自治体が補助金を出している場合が多く、町ごとに多少料金が異なる。

ハンドル部分

YouBike
CC J M V
URL www.youbike.com.tw

スタンドが空いていればどこに返しても OK

高雄

Kaohsiung

早わかり エリアナビ

台湾最大の貿易港を擁する港湾都市、高雄は
台湾を代表する大都市で、交通網も発達している。
風光明媚な景色と新鮮な海鮮料理を楽しもう。

Area 1 高雄の玄関口
高雄駅周辺 →P.136

食べ歩きを楽しんで

2018年秋に地下化が完了した台鐵高雄駅の周辺は、主要都市や近郊の町へ向かうバスが発着するバスターミナルが集中する交通の要衝。ホテルも多く、長距離バスを利用するならこのエリアに宿を取ると便利。MRT紅線と橘線が交差するMRT美麗島駅はステンドグラスのドーム、光之穹頂が必見で、高雄を代表する人気夜市の六合國際観光夜市の最寄り駅となっている。

MAP P.116〜117、P.122〜123

おもな見どころ

舊高雄驛	P.137
三鳳中街觀光商圈	P.137
光之穹頂(美麗島駅)	P.138
六合國際觀光夜市	P.138

Area 5 観光スポットが集まる
哈瑪星・西子灣 →P.151

初代高雄駅があったかつての高雄の中心地で、町角には日本統治時代の面影を残す建物も一部残る。旗津行きのフェリーが出航する鼓山漁港より西側の丘には、清代のイギリス領事館、打狗英國領事館文化園區があり、ここや近くに設けられた展望台からは、西子灣に沈む美しい夕日を一望できる。

MAP P.118〜119

おもな見どころ

西子灣	P.152
打狗英國領事館文化園區	P.152
武德殿	P.153
壽山情人觀景台	P.154

Area 6 風光明媚な観光地
旗津 →P.155

高雄港を外海から守るように延びる全長約10km半島で、高雄本島からフェリーで渡る。フェリー発着所から続くのが観光客でにぎわうメインストリートの廟前路で、新鮮な海鮮料理をリーズナブルに楽しめる海鮮街、さらに海水浴場につながっている。レンタサイクルを借りて、海沿いのサイクリングロードを快走したい。

MAP P.112-A2・3、P.155

青い海が広がる〜

おもな見どころ

旗津輪渡	P.156
旗津天后宮	P.156
高雄燈塔	P.156
旗后砲台	P.157

フェリーで旗津へGo!

N

2km

◎ 龍虎塔

◎ 鳳山縣舊城

★ 瑞豐夜市

◎ 高雄市立美術館

野生のサルが生息している

台鐵美術館駅

壽山　馬卡道駅

4 鹽埕・愛河周辺

★ 六合國際觀光夜市

◎ 壽山動物園

5 哈瑪星・西子灣周辺

◎ 西子灣　◎ 武德殿

◎ 壽山情人觀景台

哈瑪星駅

西子灣駅　駁二大義駅

駁二蓬萊駅

◎ 打狗英國領事館文化園區

◎ 高雄燈塔

◎ 旗后砲台

旗津輪渡

旗津天后宮

真愛碼頭駅
光榮碼頭駅

旅運中心駅

6 旗津

半島の端から端まで海沿いを走れるサイクリングロードが延びている

◎ 駁二藝術特區

◎ 高雄市立歴史博物館

◎ 玫瑰聖母聖殿主教座堂

台湾最大の貿易港

定番の見どころは西側

観光スポットは西部のMRT鹽埕埔駅、西子灣駅周辺に集中している。高雄駅周辺や高雄85大樓周辺は、広い車道が碁盤の目状に走る。MRT駅から離れた場所はタクシーやレンタサイクルの利用が便利。

路面電車、LRT

全線が開通した環状線のLRTは環境にやさしい次世代型路面電車。沿岸沿いは駁二藝術特区や愛河、高雄85大樓など目玉となる観光スポットが多く、高雄港の景色も眺められるので、観光路線としておおいに活用できる。

Area 2 龍虎塔がある
左營・高雄駅北部 →P.139

龍の口から入ってね

龍と虎の塔で有名な左營蓮池潭は、高雄市街北部の左營区にある。周辺は清代の城壁跡や城門の跡が残る、歴史のあるエリアだ。中心部からはMRTとバス、または台鐵でアクセスできる。

そのほか、高雄市立美術館や國立科学工藝博物館などの見どころも点在している。

MAP P.112-A1～B2、P.114～115

おもな見どころ
左營蓮池潭	P.140
龍虎塔	P.140
鳳山縣舊城	P.141
瑞豊夜市	P.142

台湾で2番目に高い

Area 3 ビルが建ち並ぶ
高雄85大樓周辺 →P.144

開発が続く新興地区で、商業施設や高級レストラン、高層ビルが集まる都会的なエリア。MRT三多商圏駅周辺はデパートが建ち並び、ショッピングに便利。LRTが走る高雄港沿岸は高雄85大樓をはじめとするユニークなデザインの巨大建築が次々と建設されていて、今後もさらなる発展が予想される。

MAP P.113、P.122-A・B3、P.125～127

黒糖かき氷は必食

おもな見どころ
高雄85大樓	P.133
星光水岸公園	P.145
高雄市立圖書館	P.145
玫瑰聖母聖殿主教座堂	P.146

Area 4 下町風情が残る
鹽埕・愛河周辺 →P.147

高雄市街を流れる愛河が高雄港にそそぐ河口付近は、日本統治時代から発展した高雄の下町エリア。レトロなたたずまいの老舗ローカルフード店も多く、ビルが建ち並ぶMRT紅線沿いに比べると、旧市街といった趣だ。沿岸には斬新なデザインの高雄流行音楽中心、人気のリノベスポット、駁二藝術特区などがある。

MAP P.120～121、P.124

おもな見どころ
愛河	P.148
高雄流行音樂中心	P.148
駁二藝術特區	P.149
高雄市立歷史博物館	P.148

左營駅
高鐵左營駅
中山高速公路
左營蓮池潭
生態園区駅・自由黄昏市場

2 左營・高雄駅北部
巨蛋駅
高雄MRT紅線
凹子底駅
新上小学
大順民族駅
大順鳳山駅
三鳳中街観光商圏
高雄高工駅

舊高雄駅
樹德家商駅
九如二路
國立科学工藝博物館
科工館駅
高雄駅
民族駅

1 高雄駅周辺
美麗島駅
高雄MRT橘線
信義國小駅
文化中心駅
五塊厝駅
技撃館駅
衛武営駅
中央公園駅
中央公園

黒糖かき氷は必食

高雄LRT
三多商圏駅
凱旋二聖駅
高雄85大樓

3 高雄85大樓周辺
獅甲駅
凱旋瑞田駅
籬仔内駅
經貿園区駅
凱旋駅
高雄LRT
高雄展覧館

時代駅
凱旋中華駅
前鎮之星駅
前鎮高中駅
星光水岸公園

屋上に大きな観覧車がある
夢時代購物中心

SKM Park outlets
高雄草衙
草衙駅
高雄国際空港
高雄國際機場駅

高雄市主要部

高雄展覧館駅

P.126

高雄展覧館周辺

新光路

高雄市立圖書館
▶P.133、145

水岸公園へ
45

林森四路

中山二路
高雄MRT紅線

文林街

修文街

1

獅甲駅へ

高雄展覧館
▶P.132、145

成功二路

前鎮第一市場

中華五路

復興三路

KUBIC 集盒

成功啓智学校

S IKEA

C7 軟體園區駅

復興三路

中鋼集團總部大樓
▶P.133

S 家樂福

忠勤路

2

好市多
(コストコ)

R
LA ONE Café
▶P.169

高雄LRT

S MLD 台鋁
▶P.176

E
MLD シネマ

正勤路

台湾電力南部発電所

中華五路

野球場

君毅正勤活動中心

3

C6 經貿園區駅

116-117

118-119 120-121 122-123

155 124-125 126-127

N

0   200m

113

▶P.176
S 夢時代購物中心へ

台糖物流

左營

A | B

第一家刀削麺

豐穀宮
哈囉市場

寶踐路

孔子廟
▶P.141

「左營市場」バス停

左營第一市場

元帝廟

左營蓮池潭
▶P.140

中央市場

元帝廟北極亭
▶P.141

▶P.172
阿里古早味剉冰

啓明堂

春秋閣
▶P.140

五里亭

高雄地區農會生鮮超市 S
第二市場

C

慈濟宮

龍佳饌小籠湯包

鎮福社

龍虎塔 ▶P.140

高雄物産館
S

左營南站バスターミナル

鳳山縣舊城(北門)
▶P.141

「蓮池潭(勝利路)」バス停

152足體養生會館 M

龜山

新庄仔路

高雄蓮池潭國際會館
H

三牛牛肉麺
▶P.166

高雄美國学校
(アメリカンスクール)

左營駅(台鐵)

▶P.141
鳳山縣舊城
(東門)

「左營火車站」
バス停

勝利國小

「翠華國宅」バス停

▶P.141
鳳山縣舊城(南門)

「果貿社區」
バス停

果貿社區
▶P.133

A | B

翠華路

半屏山

明潭路

C

N

0 400m

台鐵

高鐵(新幹線)

R16 左營駅

紅51路バス停

新左營駅

2

1

新光三越百貨 高雄左營店

S

彩虹市集

高鐵左營駅

墾丁・旗山方面バスターミナル

高鐵路

自由四路

博愛四路

福山國小

新莊高中

華夏路

福山國中

2

高雄MRT紅線

新光國小

左營國中

R15 生態園區駅

2

1

全聯福利中心

孟子路

曾子路

新民國小

自由自助餐

R

P.142

自由黃昏市場

家樂福

S

微笑公園

鼎泰豐 高雄店 ▶P.164

R

漢神巨蛋購物廣場

S

新庄仔路

小北百貨

S

高雄巨蛋

C

D

115

高雄駅周辺

N

0 ── 200m

1

顔家肉圓(屋台) ℝ

熱河二街

自立一路

ℝ 漢口街蒸肉圓

ℝ 台南肉粽
十全菜市場

遼寧二街

麥麥登速食早餐

ℝ 萬和早餐店

通化街
康平街
安東街

紅君腿庫飯 ℝ

ℝ 阿雲手工麵線

嫩江街
漢口街

ℂ 5

家和商旅 H

中華二路

九如二路

都會商旅 H

更新街

棉菓子工坊 S

2

三民德北公園

鐵道三街

台鐵（地下部分）

三塊厝駅

三德西街

高雄中学 文

三民德北公園

▶P.167
清溪小吃部 ℝ

▶P.137
三鳳中街觀光商圈

「三鳳中街」バス停

▶P.171
春霞正港古早味粉圓冰 ℂ

自立一路

南台路

文 三民國小

建國三路

「三民國小」バス停

第一銀行 B

三民街

三鳳宮
卍

▶P.137

立德街

自立一路

S 全聯福利中心

▶P.171
老周冷熱飲 ℂ

中華三路

三民街

阿萬意麵 ▶P.166

3

自強一路

聖公會

河北二路

河南二路

瑞源路

ℂ 黃家粉圓冰 ▶P.172

銅亭鐵路便當 ℝ

京城扁食 ℝ

洪師傅肉燥飯

七賢二路

A   B
P.121

D 三民公園

十全一路

御宿商旅 H

S 九乘九文具專家

熱河二街

熱河一街

哈爾演街

天津街

重慶街

松江街

114-115

遼寧二街

御宿商旅 H

大連街

118-119

120-121 122-123

155

124-125 126-127

113

錦州街

遼寧一街

吉林街

撫順街

R 老牌鴨肉飯

虎爺雞飯 R R ▶P.181 京城大飯店 H

現代商務旅館

梅家村排骨飯 H

九如二路

S 澎湖名產

九如二路

康橋商旅 H

PAPO'A HOTEL H

安寧街

碧港良居 H 盛薈飯店 H

驛站食堂 ▶P.168

R11 高雄車站駅

鐵道三街

台鐵（地下部分）

高雄駅
（地下）
2

郵政博物館高雄館

60路(駁二藝術特區へ)、
88、紅27、205路
(三鳳中街へ)バス停

▶P.137

統聯客運
高雄建國站バスターミナル

御宿行旅 H

建國三路

舊高雄驛

KFC

高雄客運建國站
バスターミナル

同愛街

エアラインイン ▶P.180

60路(澄清湖へ)バス停

H H 御宿商旅 H

康橋大飯店 H 站前館

和欣客運建國總站バスターミナル

建國二路

▶P.181

河北二路

幸福川

H 華賓旅館 ▶P.182

河南二路

H 金馬大飯店

國光客運高雄站バスターミナル

河北一路

▶P.181

100路(高雄85大樓へ)バス停

▶P.182

河南一路

八德二路

H シングルイン 高雄站前館

H シングルイン 林森館

H 康橋大飯店

▶P.179

H ジャストスリープ 高雄站前館

八德一路

S 光南大批發

全聯福利中心 S

南華路

林森一路

忠孝一路

大世界舞廳 N

鼎王麻辣鍋

七賢二路

B 土地銀行

▶P.181
金石大飯店 H

皇家尊龍大酒店

LA INN H

七賢一路

肯商旅 H

明星街 H

•中華電信

明星釣蝦場

P.122

D

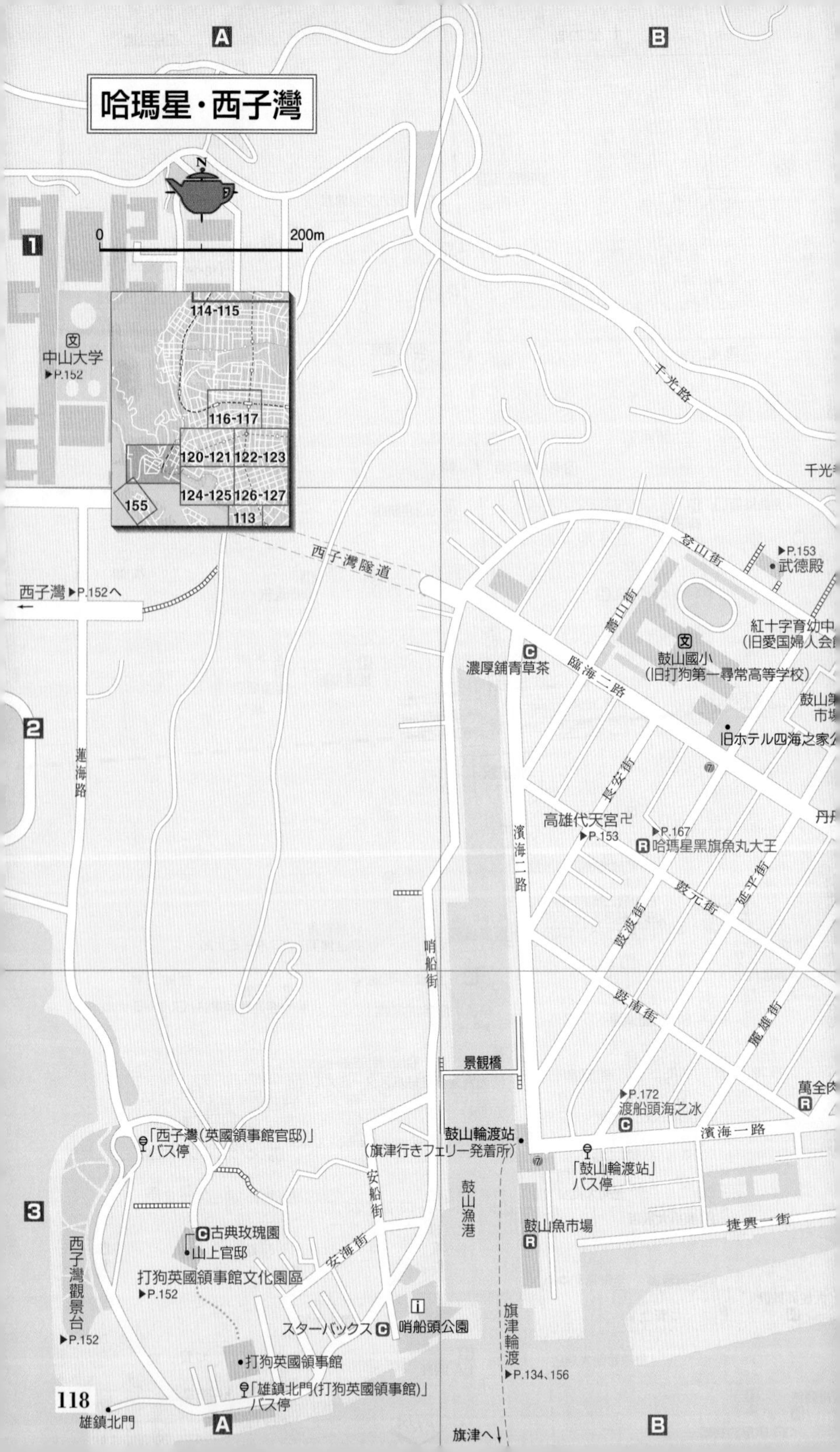

哈瑪星・西子灣

0　　　200m

図 中山大学 ▶P.152

114-115

116-117

120-121 122-123

124-125 126-127

155 113

西子灣隧道

西子灣 ▶P.152へ

蓮海路

千光路

▶P.153 ・武德殿

濃厚舗青草茶 C

壽山街

臨海二路

紅十字育幼中
(旧愛国婦人会

図 鼓山國小
(旧打狗第一尋常高等学校)

鼓山輝
市場

旧ホテル四海之家4

登山街

長安街

丹朮

高雄代天宮卍
▶P.153

哈瑪星黒旗魚丸大王
▶P.167

延平路

萬全A

延嘉街

臨海一路

濱海一路

哨船街

濱海二路

麥元街

麥波街

麥南街

臨海街

景観橋

「西子灣(英國領事館官邸)」
バス停

古典玫瑰園 C
山上官邸

打狗英國領事館文化園區
▶P.152

スターバックス C

鼓山輪渡站
(旗津行きフェリー発着所)

鼓山漁港

安船街

安海街

哨船頭公園 i

「鼓山輪渡站」
バス停

渡船頭海之冰 C
▶P.172

捷興一路

鼓山魚市場

西子灣観景台
▶P.152

打狗英國領事館

「雄鎮北門(打狗英國領事館)」
バス停

雄鎮北門

旗津輪渡
▶P.134、156

旗津へ

C

壽山動物園へ
▶P.154

D

1

P.120

萬壽路

大公路

大仁路

大忠路

新樂街

新興街

興國路

壽山公園

P.129 駁二藝術特區周辺

C15 壽山公園駅

五福四路

▶P.165
鴨肉珍
R

H

154
雄忠烈祠

忠義路

大安街

堀江商場

高雄漢王洲際飯店

P.120

54
情人
観景台

金馬賓館當代美術館

紅彌撒酒咖啡館
R

必忠街

建國四路

2

卍龍鳳宮

旧吉井商行

公園二路

七賢三路

登山街

臨海一路

台湾銀行
B

壹貳樓(旧山形屋書店)

駁二藝術特區 蓬萊倉庫
▶P.128、149

高雄港牌楼

必信街

新興街

P.124

光行
高雄警察署

舊打狗驛故事館
▶P.153

臨海三路

新濱‧駅前
▶P.169
C

春田氷亭
▶P.170
C

C14 哈瑪星駅

哈瑪星鐵道文化園區

哈瑪星台湾鐵道館
▶P.150

潮南街

01 西子灣駅
丸山
郵局

橘1、99路バス

P.150
2

C13
駁二蓬萊駅

高雄LRT

々木
商行門
S

旧本島館

Le Bon Marché(旧合美運輸組)

新濱旧倉庫

高雄MRT橘線

三亭
▶P.170
C

旧明治製菓の販売店

臨海新路

蓬萊路

打狗文史再興會社

R

姨蛋餅

台湾航業公司

3

KW2 Hostel
H

掌門精釀啤酒餐廳
▶P.131

桟貳庫旋転木馬
▶P.131

N
C

貝力岡法式冰淇淋
▶P.131

桟貳庫旗津航線

桟貳庫
▶P.131、150

高港小火車乗り場

新濱碼頭
(澎湖島への船乗り場)

高雄観光遊艇
▶P.150

高雄港史館

C

D

▶P.116

卍 東隆宮

C

D

烏巣頂級商旅 七賢館 H
▶P.180

丹丹漢堡 七賢店 R ▶P.168

七賢二路

康瀚行旅 H

中華三路

瑞源路

1

全聯福利中心 S

癮室 inns H

自強一路

六合二路

健新醫院 H

國泰人壽 ●

B 高雄銀行 ✉

成功一路

興隆居 R ▶P.166

文武一街

グリートイン ▶P.180 H

小北百貨 S

▶P.167 果貿來來豆漿 R

前金國中 文

高雄市議會

中正四路

ガイドホテル H
▶P.181

1

○4 市議會駅

4

3

2

⊗

中央花園

2

▶P.106、253
高雄市
警察局外事科
⊗

中正四路

兆豐銀行 B

● 雄獅旅遊
i
交通部觀光局旅游服務中心高雄服務処

文武二街

新盛二街

P.122 2

B 兆豐銀行

綠豆兵綠豆湯 C
▶P.173

雄市勞工博物館

高雄法院

大同二路

前金國小
文

✉

▶P.173
高雄牛乳大王 C

中央公園

3

▶P.148
之船(國賓站)

民生二路

光復三街

R 五湖豆漿

自強二路

成功二路

光復一街

御宿商旅 中央公園館 C
▶P.181

市中一路

河東路

高雄女子高中 文

長生街

P.125

五福三路

C

D

A
B

薇肯商旅 H
明星釣蝦場 E
金石大飯店 H
▶P.181
明星街

濃厚舖青草茶 C
▶P.173

Watsons S
康是美 H
▶P.138

▶P.138
六合國際觀光夜市
六合一路

小承輕旅
高雄館 H
▶P.182

大圓環雞肉飯 R
光之穹頂 ▶P.138
▶P.165

P.138
中央飯店 H ▶P.182

R10/05 美麗島駅

郭元益 S

愛玉冰 C ▶P.172
Hotel dùa H
▶P.179

假期商務 H

中正四路

舊振南餅店 S
▶P.175

半九十茶屋 C
▶P.170

南華觀光購物街
南華路

球庭路

復橫一路
林森一路
忠孝路

大豐家常料理 ▶P.168
自立一路

大同一路

大通大飯店 H

高雄MRT紅線

中山一路

南華一路

大同一路

上竹林養生草食館 R ▶P.169
パパホエール H

P.121

民生一路

民生二路

古德曼研磨咖啡 C

新興國小 文

R9 中央公園駅

中央公園
▶P.146

新興高中 文

正忠排

同・居 With Inn Hostel H ✕

五福幹線(50路)バス
「城市光廊」バス停

J CAFE C

城市光廊

五福三路

新堀江

文橫二路

永富冰淇淋 C

adidas

▶P.164
海天下

灰灰基地美

上智街

左腳右腳經典按摩會館 ▶P.177

M

A
B

P.126 新田路
民享街

美麗島駅周辺

H ハワードプラザホテル高雄 ▶P.179
C
文國小

H 三華大飯店

六合一路

鄭師傅功夫菜 R

復興一路

高雄MRT橘線

中正三路

信義國小 文

O6 信義國小駅

國泰人壽中正大樓 ■

三餘書店へ▶ C P.170

渤海街

高雄商旅 H ▶P.179

興隆居(支店) R

小北百貨 S

仁愛一街綠豆湯 C

民生一路

光華一路

自來水公園

日光花園商務飯店 H

蟳之屋 R ▶P.163

金門街

麗尊酒店 H

典欣黑砂糖剉冰 C ▶P.171

▶P.255
蔡忠雄外科診所 ✚

五福二路

兆豐銀行 B

高雄高商 文

民權一路

馬可先生 S

青年一路

四維國小 文

S 青年書局

▶P.127

123

C   D

A

五福四路

B

河西路

湳南街

堀江街

大勇路

忠孝街

忠孝國小

必忠街

H 福容大飯店
▶P.166

港園牛肉麵館
R

威靈宮
卍

瑪莉食品
▶P.175
S

公園二路

文賓大飯店 **H**

台糖蜜鄰
S

必忠街

啓光街

北極殿 卍

必信街

光榮街

大智路

大義街

大阪街

P 60路「駁二藝術特區」バス停

駁二藝術特區
大勇倉庫 ▶P.128、149

1

城市商旅 駁二館 **H**

公園二路

OKマート

C11 真愛碼

趣活 in STAGE ▶P.174
駁二設計師概念倉庫

大東倉庫商店
S

新化街

城市商旅 高雄真愛館 **H**

駁二塔・
▶P.129

C12 駁二大義駅

禮拜文房具 ▶P.129
S

駁二藝術特區
大義倉庫 ▶P.128、149

C 路人咖啡 ▶P.169

C NOW&THEN by nybc ▶P.129

微熱山丘 ▶P.129

P.119

▶P.130
打水灣酒樓

大港橋
▶P.15、130、149

高雄流行音樂中
▶P.12、132、148

▶P.130
大港潭
S

大港倉 8

蓬萊路

大港倉 7

大港倉 9

大港倉 10

大港迴聲 ▶P.130

2

高港小火車
乗り場
▶P.131

P.129 駁二藝術特區周辺

3

A

B

愛河 ▶P.148

P.121

C

D

不老松足湯/高雄愛河館 M ▶P.177

高雄女子高中 文

鄧老師養生館 ▶P.177

「大立百貨」バス停

大立百貨 S

盤谷銀行 B

「高雄女中」バス停

五福三路

土地銀行 H

現代人健康廣場 ▶P.177

喜達絲飯店 H

高雄大橋

▶P.146 玫瑰聖母聖殿主教座堂

七美望安 ▶P.164

英雄路

新田路

台湾銀行 B

「漢神百貨」バス停

龍袍湯包 ▶P.164

漢來大飯店 H ▶P.178

紅陶上海湯包 H ▶P.164

漢神百貨 S ▶P.176

Watsons S

高雄流行音樂中心珊瑚礁群

青年二路

康橋商旅 H

成功一路

鼓山亭 卍

厚得福 R ▶P.164

C10 光榮碼頭駅

高雄港14號碼頭

海邊路

永平路

江海豆漿

苓雅二路

P.126

永昌街

高 雄 港

聖公媽廟 卍

苓中路

四維四路

四維四路

苓中路

永泰路

陳中和紀念館 ▶P.146

成功國小 文

苓南路

苓安路

N

0   200m

114-115

116-117

118-119

120-121 122-123

126-127

155

113

C9 旅運中心駅

高雄港旅運中心 ▶P.132

高雄LRT

高雄港周辺

C

D

大立精品 **S**

C スターバックス **A**

P.122

左脚右脚經典按摩會館 ▶P.177 **M**

海天下餐廳 **R** ▶P.164 **B**

DBS銀

新田路

1

青年一路

台灣銀行 **B**

H 康橋商旅

文橫二路

青年二路

禾豆咖啡 **C**

C 紅逗冰室 ▶P.171

全聯福利中心 **S**

苓雅二路

苓雅國中 **文**

中華四路

中山二路

苓雅二路

生日公園

四維三路

四維四路

自強夜市

高雄MRT紅線

背包41青年旅店 **H**

2 **P.125**

四維香花公園

興中二路 Wat

文橫二路

苓洲國小 **文**

C 茶の魔手

興中一路

御宿商旅 **H**

陽光大飯店 **H**

6

順億 **R**

7 R8 三多商圏駅

5

三多

小北百貨 **S** 自強三路

遠東SOGO百貨 高雄

4

三多四路

好地方大飯店 **H**

1

ホテルコッツ 高雄中山館 **H** ▶P.178

3

大遠百 **S** ▶P.176

2

3

▶P.133

•高雄85大樓

中山二路

文橫三路

成功二路

喬品貢炒飯 **R**

新光路

インターコンチネンタル 高雄 **H** ▶P.178

C8 高雄展覧館駅

晶英國際行館

A 高雄市立圖書館 ▶P.133、145

P.113

B

忠孝夜市

苓雅一路

復興二路

高雄市政府

▶P.174
⑤吳寶春麥方店
Ⓗ寒軒國際大飯店▶P.178

四維三路

Ⓗ林森會館

Ⓡ興中客家菜

壹加咖啡館Ⓒ

永康街

99百貨
⑤興中一路
天下書坊⑤

忠孝二路

林森二路

永樂街

三多三路

生力美食⑤

Ⓗ康橋大飯店

三多旅店

▶P.163
紅毛港海鮮餐廳Ⓡ

✉

Ⓑ彰化銀行

藍色海岸 HOTEL
Ⓗ

廣西路

三越百貨 高雄三多店

民權公園

民權二路

愛群國小🄯

二聖二路

小北百貨⑤

林森三路

復興三路

興中公園

一心二路

歐式早餐
Ⓡ
Smoko Salad Bar

寬明街

Watsons ⑤

民權一路

民權二路

1

2

3

N

0 ────────── 200m

114-115

116-117

118-119　120-121　122-123

155　　　124-125

113

新スポットが充実のリノベエリアを歩こう

高雄ウオーターフロントへGO

大港橋が完成し、駁二藝術特區の大義倉庫の対岸には
新しいリノベ倉庫の大港倉も登場。散策やグルメを楽しみたい。

PIER2

ボーアールイーシュートゥーチュー

駁二藝術特區

→P.149

高雄港沿いに残る大勇、大義、蓬萊倉庫群が改装
され、ショップやカフェ、展示施設として活用されて
いる。パブリックアートもたくさん。

A 駁二駅の壁画

架空の「駁二駅」プラットホームが
壁一面に描かれている。近年描き
変えられ、LRTも加わった。

B 工人と漁婦

顔もなき働き者の労働者の夫婦は
駁二のイメージキャラクター。エリア
のところどころに立っている。

C トランスフォーマー

LRTの線路沿いに立つ、駁二藝術
特區の守護神的存在。数年に一
度塗り直され、色が変わる。

あちこちに
遊び心あふれる
アートが

室外機やマンホールなど日常の何気ない物もペイントで
大変身。お気に入りの作品を探してみよう。

N

※この地図はデフォルメされています。大義倉庫から大勇倉庫まで徒歩約5分

鼓山一路 / 建國四路 / 七賢三路 / 大勇路 / 大義路 / 五福四路 / 愛河

MRT鹽埕埔駅 1番出口

→P.150

MRT西子灣駅 2番出口

哈瑪星鐵道文化園區

蓬萊倉庫

哈瑪星台灣鐵道館

YouBikeスタンド →P.150

棧貳庫

大勇倉庫

公園二路 →P.174

趣活 in STAGE 駁二設計師概念倉庫

YouBikeスタンド

LRT駁二大義駅

LRT駁二蓬萊駅

大義倉庫

LRT真愛碼頭駅

高雄流行音樂中心 →P.148

路人咖啡 →P.169

新しい高雄のシンボル

A B C D E F G H I J K L M N O

大港倉

香蕉碼頭

高雄港港史館 高港水花園

新しい文房具との出合い

リーバイウェンファンジュー

D 禮拝文房具

外国の博物館のような店内に、世界中からセレクトしたこだわりの文房具が収蔵のように陳列されている。普段使いの物こそていねいに選びたい。

MAP P.124-A1

🏠高雄市大義街2號大義C6-10倉庫 ☎(07)521-6823 ⏰13:00〜19:00 休月・火 CC J M V 🌐fb.com/ToolsToLiveby

1.静謐な空間で文房具と向き合える　2.日本製の物もあり、改めて目にすると新鮮　3.チェコ製の消しゴム(12元)　4.イタリア製のスティックのり(55元)

アーモンドの香り

上からの景色も抜群！

ボーアールター

F 駁二塔

埠頭に隣接した5階建ての展望塔で、周辺の360℃のパノラマを楽しめる。入口は無人で、ゲートの集金箱に10元硬貨を挿入し、バーを押して入場する。

MAP P.124-A1

🏠駁二藝術特區の高雄港大港橋近く ⏰10:00〜17:20（金〜日・祝〜19:20）休無休 料10元

1.下のゲートに集金箱が設置されている　2.穴場の絶景スポット

ニューヨークのようなカフェ

ナウアンドゼンバイエヌワイビーシー

E NOW & THEN by nybc

コンクリートとアイアンフレームが基調のニューヨークスタイルのカフェ。外のにぎわいから逃れ、ほっとひと息できる。盛りつけもおしゃれな料理はどれもおいしい。

MAP P.124-B1

🏠高雄市大義街2號大義倉庫C9-19 ☎(07)531-6999 ⏰10:00〜17:00(土・日9:00〜17:30) 休無休 CC J M V 🌐fb.com/nowandthenbynybc

華やかなフレンチトースト

1.インダストリアル調でスタイリッシュな店内　2.香蕉新樂園佐鹽味焦糖漿(260元)

人気パイナップルケーキをゲット

ウェイラーサンチュー

G 微熱山丘

パイナップル100%のあんで絶大な人気を誇るパイナップルケーキ店の高雄支店。団体ツアー客でいっぱいだが、個人でも利用可能。

MAP P.124-B2

🏠高雄市大義街2-6號C11-1倉庫 ☎(07)551-0558 ⏰11:00〜19:00 休無休 CC J M V 🌐sunnyhills.com.tw

お茶と一緒に試食できる

1.パイナップルケーキ、リンゴケーキがひとつずつ入ったセット(110元)　2.試食ついでにひと休み　3.1個試食できる

向かいの
大港倉へ！

→ P.149

大義倉庫と大港倉を結ぶ

Ｈ 大港橋
ダーガンチャオ

2020年に完成した、2階建ての展望台もある白いつり橋。15:00（土・日・祝は19:00も）に30分間旋回し、その間は渡れなくなる。歩行者専用なので、自転車で渡る場合は、必ず降車して押して歩こう。

ダーガンツァン

大港倉

駁二藝術特區の対岸にある4つの倉庫をリノベーション。ショッピングやグルメを楽しめる。桟貳庫と姉妹施設で、両者を結ぶミニトレーラーバス「高港小火車」もある。

味も大満足！

夕方からオープン

Ｉ 打水灣酒樓
ダーシュイワンジョウロウ

高雄港の景観を楽しめるバーレストラン。夜はライトアップした大港橋も間近に眺められる。17:00前はひとり300元、それ以降はひとり500元の最低消費金額が設定されている。

MAP P.124-A2
🏠 高雄市蓬萊路6-6 大港倉8内
☎ 0975-900-081 🕐 16:00〜24:00（土・日11:00〜） 休 無休 CC J M V
📱 fb.com/bistroclub1883

1.人気メニューの客家煙花女海鮮板條（左、380元）と甲覇軟殻蟹刈包（220元） 2.天井が高く開放的 3.ウオッカベースの柚花烏龍（350元）などカクテルも充実

台湾メイドを集めた店

Ｊ 大港潮
ダーガンチャオ

大港倉10内にあるギフトショップで、台湾デザインの雑貨やアパレル商品、食品などのおみやげを探すことができる。福灣巧克力（→P.213）の台湾産チョコレートも販売。

MAP P.124-A2
🏠 高雄市蓬萊路6-6 大港倉10内 ☎ (07) 262-6128
🕐 10:00〜21:00（金・土〜22:00） 休 無休 CC J M V

屏東産の
カカオを使用

1.リュックや帽子など実用的なものもある 2.数々の賞を受賞した、台湾紅玉茶のチョコレート（380元）

高雄港に響く鐘の音

Ｋ 大港迴聲
ダーガンホェイシェン

MAP P.124-A2

🏠 高雄市蓬萊路
🕐 24時間

大港倉9屋外の広場に設置されたパブリックアートで、1個の独立したベルと37個の固定されたベルが毎正時に音楽を奏でる。船の出航を知らせる鐘の音は高雄港の歴史を象徴している。

次む夕日に
うっとり

→P.150

棧貳庫
チャンアルクー

リノベ倉庫群の西端にあり、ショップやカフェ、レストランにホステルも入る。窓の外には高雄港が広がり、倉庫の前では潮風に吹かれながら夕日を眺めることができる。

濃厚な味のジェラート

L 貝力岡法式冰淇淋
ベイリーグアンファーシー ピンチーリン

カルピス味も
イケる！

高雄を中心に展開するアイスクリームメーカーによる、台湾の素材を使用したフランス風のジェラート。2スクープ85元～。

MAP P.119-C3

🏠高雄市蓬萊路17號 棧貳庫内 ☎0965-300-105 🕙10:00～21:00（金・土～22:00）🈺無休 CC不可 URL lepelican.com.tw

---

写真撮影にも人気

M 棧貳庫旋転木馬
チャンアルクーシュアンチュアンムーマー

棧貳庫の建物の外にある、白一色のメリーゴーラウンド。子供だけでなく大人も乗れる。

MAP P.119-C3

🕙12:30～20:30（金・土12:00～21:30、日12:00～）🈺不定休 🈯60元

小さな汽車が港を走る

N 高港小火車
カオガンシアオフォーチャー

大港倉まで
ラクラク移動

棧貳庫と大港倉を結ぶ、機関車型のミニトレーラーバス。20～30分に1本運行している。

MAP P.119-D3、P.124-A2

🕙12:00～20:00（土・日・祝10:00～）🈺無休 🈯50元

クラフトビールで乾杯

O 掌門精醸啤酒餐廳
チュアンメンジンニアンピージョウ ツァンティン

メイドイン台湾のクラフト生ビールやピザ、ポテトなどビールによく合う食事を楽しめる。窓際の席とテラス席からは夕日がよく見え、ビールを飲みながらのんびり夕景を楽しめる。

MAP P.119-C3

🏠高雄市蓬萊路17號 棧貳庫内 ☎(07)551-7799 🕙11:30～21:00（金・土～22:00）🈺無休 CC JMV URL fb.com/KaohsiungKW2

ビールに合う
料理たち

1.夕暮れ時はビール片手にチルアウト 2.夕日を眺めるテラス席もある 3.台湾のクラフトビール会社の直営店 4.特選美式無骨牛小排（手前、1280元）など

ウォーターフロントを彩るユニークなデザイン
高雄 建築ウオッチング

遠くからも目を引く、まるで巨大パブリッククアートのような近代建築をチェック。

必見POINT
デザインにさまざまな海の要素が取り入れられている

→ P.148

新生・高雄を象徴する
カオシオンリョウシンインユエチョンシン
高雄流行音樂中心

愛河の河口一帯に設けられた、音楽業界発展のため複合施設。泡立つ白波を彷彿させるデザインの音浪塔、六角形が連なる屋根をもつ展示&商業施設の珊瑚礁群、クジラの形をイメージした展示空間が並ぶ鯨魚堤岸、それらをつなぐ海豚歩道などで構成されている。メインの建物である音浪塔は、低音塔と11階建ての高音塔、巨大コンサートホール海音館などからなる。

建築DATA
竣工年：2020年
建築家：🔲マヌエル・A・モンテセリン・ラホス、🔲翁祖模建築師事務所
用途：コンサートホール

南台湾随一の海の玄関口
カオシオンガンリューユィンチョンシン
高雄港旅運中心

大きなクジラに見える！

2023年に開業した高雄港国際線旅客船ターミナル。22万5000トンの豪華客船が2隻停泊できるという、新しい海の玄関口だ。3階は高雄港や船を眺められる「海韻廣場」となっている。

MAP P.125-C・D-3

🏠 高雄市海港路5號 ☎ (07)561-2311
🕐 海韻廣場10:00〜21:00（土・日9:30〜）🚇 C9旅運中心駅よりすぐ

建築DATA
竣工年：2022年
建築家：🔲ライザー+ウメモト、🔲宗邁建築師事務所
用途：客船ターミナル

必見POINT
大胆でありながら都会的で優美なデザイン

必見POINT
波のような独特の形は強風をやわらげる効果も

太陽光を反射してキラキラ輝く
カオシオンヂャンラングアン
高雄展覽館

→ P.145

5G回線も装備する台湾唯一のスマートビルのコンベンションセンターで、国際的な見本市などが開催される。外装は約1万6000枚の三角形の熱線反射ガラス（マジックミラー）で覆われ、壁と屋根がつながったチューブのようなデザインが斬新で、エコ的にも最先端。

建築DATA
竣工年：2013年
建築家：🔲フィリップ・コックス、🔲劉培森
用途：コンベンションセンター

2万5000人を収容できる

→P.145

いまも台湾のシンボル
カオションバーウーダーロウ
高雄85大樓

\必見POINT/
高雄の「高」の字をイメージした形

高さ378mの台湾で2番目に高いビル。閉業してしまった展望台の再開が待たれる。

MAP P.126-A3

🏠 高雄市自強三路1號 🚇 R8 三多商圏駅1番出口より徒歩約7分。またはC8高雄展覧館駅より徒歩約4分

建築DATA
竣工年：1996年
建築家：李祖原
用途：オフィスビル

各種の建築賞に選出
チョンガンジートゥアンゾンブーダーロウ
中鋼集團總部大樓

\必見POINT/
菱形で構成された立体的なデザイン

台湾最大の製鉄会社、中国鋼鉄の本部として建てられた地上29階、地下4階のビル。中国古代の青銅器「鼎」をモチーフとしている。

MAP P.113-A2

🏠 高雄市成功二路88號 🚇 C7 軟體園區駅より徒歩約1分

建築DATA
竣工年：2012年
建築家：姚仁喜
用途：オフィスビル

\必見POINT/
ライトが点灯する夜の姿が美しい

吹き抜けを中心に席を配置

宝箱のような存在感 →P.145
カオションシーリートゥーシューグアン
高雄市立圖書館

図書館のイメージを覆す、まるでおしゃれな書店か商業施設のような造り。屋上は空中庭園になっていて、周辺の展望も楽しめる。

建築DATA
竣工年：2014年
建築家：劉培森
用途：公立図書館

1.全面ガラス張りの設計で、周辺の景色も楽しめる　2.読書もはかどりそう

15年の歳月をかけて完成
ウェンウーインクオジアイーシュー
衛武營國家藝術
ウェンホアチョンシン
文化中心 →P.158

\必見POINT/
曲線に包み込まれるような感覚

ガジュマルの森林からインスピレーションを得たという、ダイナミックで開放的なデザイン。

建築DATA
竣工年：2017年
建築家：フランシーン・フーベン
用途：コンサートホール

1.内部も流線。各ホールをつなぐ空間は自由に見学可能　2.なめらかな曲線を描く屋根

フォトジェニックな巨大団地も

おもしろい写真が撮れる！

建築的な魅力で再注目
グオマオシャーチュー
果貿社區

左營區にある、13棟からなる大規模な集合住宅。前身は南台湾最大の眷村で、中央の棟の1階には朝食店などが入る。

MAP P.114-A3

🏠 高雄市果貿街 🚇 台鐵内惟駅より徒歩約10分

ペダルをこいで気分爽快!

旗津で海風サイクリング
（チージン）

→ P.155

高雄からフェリーで約5分の旗津半島。海沿いにはサイクリングロード、旗津踩風大道が設けられている。

リゾート気分満点!

1 哈瑪星からフェリーで旗津半島へ →P.156

鼓山輪渡站から5:00〜翌2:00に約10分おき（24:00からは30分おき）に運行しているフェリーで旗津輪渡站へ渡る。所要約5分、30元。

外の席をゲット!

1.高雄本土の鼓山輪渡站から乗船
2.少ないが座席もある

徒歩すぐ ↙

2 まずは自転車を確保

旗津輪渡站を出ると、レンタサイクルの店が並んでいる。料金はどこもほぼ同じ。レンタル中はパスポートを預ける。

1.YouBikeもある 2.電動自転車（2人乗り300元/時間）が人気 3.いろいろな種類の自転車がある

自転車で約1分 →

3 海鮮街で新鮮海鮮料理のランチ

廟前路には旗后海産（→P.163）など、ローカルな海鮮料理レストランが軒を連ね、「海鮮街」と呼ばれている。店先に近海で取れた魚、エビ、貝などがずらりと並ぶ。

おいしくてリーズナブル

1.新鮮な海の幸を好みの調理法でオーダーできる。
2.海鮮料理店が並ぶ

交通ルールに気をつけてね

自転車で
約1分 →

4 旗津海水浴場で海を眺める
チージンハイシュイユィチャン

4〜10月のみ開放される海水浴場。マリンスポーツより夕日や海を眺めるために訪れる人が多い。

タンカーがいっぱい

MAP P.155-A・B
🏠 高雄市廟前路1號 ☎
(07)571-0811 🚉 旗津輪渡站より徒歩約5分

自転車で
約1分 →

5 旗后觀光市場でおみやげ探し
チーホウクワングアンシーチャン →P.157

スルメ、デンブなど旗津で取れた海産物の加工品を販売する店が並ぶ。観光客向けのおみやげ市場。

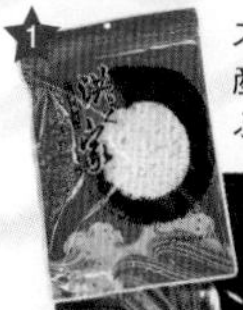

1.少し甘めのさきいか(600g100元)は太めで大満足の食べ応え 2.乾物を山盛りにしたブースが並ぶ

自転車で約20分 ↘

6 風車公園まで駆け抜ける!
フォンチャーコンユエン

旗津輪渡站から約3.5kmの所にある小さな風車が並ぶ海沿いの公園。海を眺めてひと休みしたら折り返そう。

MAP P.112-A3
🏠 高雄市旗津二路 ⏰ 24時間 🈵 無休
🚉 旗津輪渡站より自転車で約20分

自転車で約17分 →

7 斗六冰城でクールダウン
トウリョウビンチョン →P.172

1978年創業のレトロなアイスクリームパーラー。招牌冰淇淋(45元)はバニラ、ミカン、タロイモなど12種類のフレーバーから3種を選べる自家製アイスクリーム。

1.昔から変わらない外観 2.添加物不使用の自家製

地元の人も誇る味

自転車&徒歩で約20分 ↓

旗津MAP
MAP P.112-A2・3、155

N
350m

8 高雄燈塔で夕景ビューを満喫
カオシォンドンター →P.156

高雄港の出入口を見下ろす白亜の灯台。開放時間が夜まで延び、夕焼けや高雄の夜景も楽しめるように。

1.カフェもあり、眺望とともにブレイクできる 2.21:00まで開いている

地図内ラベル

P.156
海岸路
旗后山
旗津天后宮卍
旗津輪渡站
通山路
旗后砲台
P.157
吉祥巷
廟前路
中洲一路
YouBikeスタンド
福壽宮卍
Sセブン-イレブン
旗津踏風大道
彩虹教堂
貝殼展示館
中洲三路
海珍珠
労働女性紀念公園
中洲二路
北汕巷
戦争與平和記念公園展示館

135

MAP P.116〜117,P.122〜123

10分　舊高雄驛
三鳳中街　高雄車站　すぐ
観光商圏
六合國際　すぐ
観光夜市
美麗島

ACCESS
MRT 紅線R11高雄車站、紅線、橘線R10/O5美麗島駅下車
鉄道 台鐵高雄駅、三塊厝駅下車

2018年に地下化した台鐵高雄駅

周辺の町へのバスが発着する高雄客運建國站バスターミナル

おさんぽプラン
🕐 所要約4時間
① 舊高雄驛（→P.137）
　↓　徒歩約10分
② 三鳳中街観光商圏（→P.137）
　↓　徒歩約4分
③ 三鳳宮（→P.137）
必見　↓　徒歩約11分
④ 六合國際観光夜市（→P.138）
必見　↓　徒歩すぐ
⑤ 光之穹頂(美麗島)（→P.138）

高雄駅周辺
カオシォン
Kaohsiung Station

高雄市中心部を縦断するメインストリートの中山路

大都市・高雄の玄関口である、台鐵高雄駅周辺は、主要都市や近郊へ向かう大型バス、高雄市内を走る路線バスがひっきりなしに発着する高雄きっての交通の要衝。2024年2月現在、高雄駅周辺は2025年に終了予定の大規模工事の最中にあり、周辺の様相は日々変化している。

　2018年に地下化された駅を出ると、メインストリートの中山一路が真っすぐに延び、その先にランドマークビルの高雄85大樓（→P.133）がはっきりと見える。駅前からMRT美麗島駅にかけてのエリアはホテルが林立している。近郊の町へバスの旅を計画しているなら、高雄客運建國站バスターミナルが近い駅周辺に宿を取ると便利。経済的なホテルは幸福川沿いに多い。

高雄駅周辺の歩き方

　駅前の建國三路を西へ向かうと、台北の迪化街のような乾物問屋街、三鳳中街観光商圏（→P.137）がある。その付近の中華三路から自強一路にかけての三民街は、小吃店や商店がびっしりと並ぶ細い通りで、夜市のような商店街。このあたりは下町といった風情で、ローカル気分を味わえる。ここまで来たら折り返し、三鳳宮（→P.137）を参拝後、ブーゲンビリアが咲き乱れる幸福川沿いを歩いて中山一路方面へ戻ろう。夜はMRT美麗島駅そばの六合國際観光夜市（→P.138）で屋台グルメを食べ歩くのが楽しい。

高雄駅周辺の見どころ

　いちばんの観光スポットは、高雄を代表する六合國際観光夜市。その最寄り駅であるMRT美麗島駅には美しいステンドグラスのドーム、光之穹頂（→P.138）がありこちらも必見。

MRT&LRTの路線 ▶ R紅線　O橘線　C LRT

2代目の高雄駅駅舎 ★
ジョウカオシォンイー
舊高雄驛

MAP
P.117-
C2

1941年に建設された、第2代目の高雄駅。初代高雄駅は現在のLRT哈瑪星駅付近の海沿いにあったが、新駅は少し離れた現在地に建てられた。1階は洋風の近代建築、2階は日本の伝統的な瓦屋根という和洋折衷の帝冠様式の駅舎となっている。2002年に駅舎としての役目を終えたあと、曳家によりそっくりそのまま100mほど南東に移され、2021年に再び曳家で中山路の正面に移された。

歴史的建造物として保存されている

毘沙門天の息子といわれる哪吒太子を祀る ★★
サンフォンゴン
三鳳宮

MAP
P.116-
A3

三鳳宮は道教の神様、中壇元帥（哪吒太子）を主神として祀る寺廟。いつ行っても参拝客であふれ、にぎやかな台湾らしい寺廟だ。1672年の建立で、1971年に建國三路から現在の場所に移築された。色とりどりの彩色と彫刻が美しい中国北方の宮殿様式の建築で、本殿1階と3階に道教の神様、2階に釈迦三尊など仏教の神様が祀られている。旧暦9月9日の哪吒太子元帥誕生日には盛大な祭典が行われる。

中国北方式宮殿造り

乾物問屋が並ぶアーケード ★★
サンフォンチョンジエクワングァンシャンチュエン
三鳳中街觀光商圈

MAP
P.116-
A3〜B2

南北貨と呼ばれる乾物類の集積地として、移転前の三鳳宮があった時代から営業している商店街。そのにぎわいから、高雄の「迪化街」とも呼ばれている。売られている品々も菓子やお茶、豆類、乾シイタケ、海産物などさまざま。特にドライフルーツは安価で質が高いと評判だ。商店街はアーケードになっていて、雨の日でも快適。時間があれば、ローカルフードが豊富な近くの三民街にも立ち寄ってみたい。

ドライフルーツやお茶を買える

舊高雄驛
台鐵高雄駅よりすぐ

工事が続く高雄駅周辺

三鳳宮
高雄市河北二路134號
(07) 287-1851
5:00〜22:00
無休
無料
台鐵高雄駅、R11高雄車站駅2番出口より徒歩約11分。または台鐵高雄駅前より88、205路バスで「三鳳中街」下車、徒歩約3分
sunfong.org.tw

赤いランタンがフォトジェニック

三鳳中街観光商圈
高雄市三鳳中街
台鐵高雄駅、R11高雄車站駅2番出口より徒歩約15分。または台鐵三塊唐駅より徒歩約4分

雨の日も安心

光之穹頂（美麗島駅）
🚇R10/O05美麗島駅内

光のショー
🕐10:00、11:00、13:00、15:00、17:00、18:00、19:00、20:00、21:00
約6分間のライトショー。

構内の高雄捷運商品館では
MRTグッズを買える

六合國際観光夜市
🏠高雄市六合二路
🕐18:00〜24:00頃
🚇R10/O5美麗島駅11番出口よりすぐ

「烤肉之家」も人気の
串焼き屋台

飲んだあとのシメにもいい
海産粥

色彩が圧倒するステンドグラスのドーム ★★★

クワンヂーチュオンディン
光之穹頂（美麗島駅）

**MAP
P.122-
A1**

高雄市中心部を十字に走るMRT紅線と橘線が交差する美麗島駅のコンコースを覆う、直径約30mにわたる巨大なステンドグラスのドーム。この作品はイタリアのアーティストによるもので、1252枚のガラスを使って人間の一生を「水・生命の子宮」、「地球・繁栄と成長」、「光・創造の精神」、「火・破壊と再生」という4つのテーマに沿って描いている。

色とりどりの光にあふれた空間は、高雄屈指の人気撮影スポットになっている。

ガラスのパブリックアートとしては世界一

中心部にありアクセスしやすい ★★★

リョウホークオジークワングアンイエシー
六合國際観光夜市

**MAP
P.122-
A1**

MRT美麗島駅近く、中山一路から自立二路かけての六合二路に毎晩立つ夜市（→P.21）。18:00頃から深夜まで観光客やローカルでにぎわう。屋台の多くは食べ物系で、特に中山一路側の入口付近の**鄭老牌木瓜牛奶**のパパイヤミルクと、自立二路側の入口にある**莊記海産粥**の海産粥は有名。港町らしく、海の幸を並べた屋台も目に留まる。道の真ん中や脇にイートイン用のテーブルを用意している屋台もある。

高雄の名物夜市

▶P.173 濃厚舗青草茶

自立二路　南台路　民主横路

莊記海産粥 R　烤肉之家 R　Watsons S

檸檬愛玉冰　老牌花生粽燒肉粽
六合二路
0　C R　100m　方記水餃 R

鄭老牌木瓜牛奶

中正二路

R10/O5 美麗島駅

六合国際観光夜市

康是美（免税手続き可能）

鄭老師養生會館 六合店　▶P.182 小承輕旅 高雄館 H

Area Guide

左營・高雄駅北部
ズオイン　カオシォン
Zuoying

MAP P.112-A1〜B2、P.114〜115

高雄

高雄駅周辺／左營・高雄駅北部

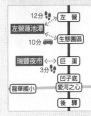

湖畔をサイクリングできる左營蓮池潭

台 鐵高雄駅より北には広い範囲に美術館や博物館など、興味によって訪れたい見どころが点在している。特に人気なのは、高雄駅から北へ4kmほど離れた左營にある、口を開けた龍と虎の塔で有名な左營蓮池潭（→P.140）で、連日多くの観光客が訪れる。

　今から約300年前の清の時代、このエリアは現在の高雄、屏東地区に及ぶ鳳山縣の中心地であり、その時代に築かれた鳳山縣舊城（→P.141）の城壁や城門跡は第一級古蹟として保存されている。日本統治時代の都市計画の対象にならなかったため、現在も町なかのいたるところに廟や家屋など当時の面影をしのばせる史跡が残る。朝早い時間に訪れると、蓮池潭沿いの蓮潭路に朝市が立っていて、地元の人の生活空間に触れることができる。

左營・高雄駅北部の歩き方

タクシー利用もおすすめ

　広い範囲に見どころが点在しているため、時間が限られる場合はタクシーをうまく利用したい。**高雄市立美術館**（→P.142）、**國立科学工藝博物館**（→P.143）は規模が大きいので、じっくり見るなら数時間確保しておきたい。

左營・高雄駅北部の見どころ

喧騒を離れ、ほっと一息できる

　周辺に**龍虎塔**（→P.140）、**春秋閣**（→P.140）、**孔子廟**（→P.141）などがある**左營蓮池潭**、**澄清湖**（→P.143）のように風光明媚な自然を満喫できるスポットや、広大な敷地に恵まれた専門博物館が多い。**自由黄昏市場**（→P.142）ではローカル気分で夕食の買い物ができる。**左營蓮池潭**、**瑞豊夜市**（→P.142）以外は観光客の姿は珍しく、人と違った旅をしたい人におすすめ。

ACCESS

MRT 紅線を利用。駅から離れた見どころは最寄り駅からバスに乗り換えるかタクシーで。
LRT 高雄市立美術館はC21美術館駅、國立科学工藝博物館はC30科工館駅が最寄で。C24愛河之心駅で紅線R13凹子底駅に乗り換えできる。
左營は台鐵左營駅（區間車のみ停車）も利用できるが、本数は少ないので時間を調べておこう

龍虎塔へ向かうバス

おさんぽプラン

⏱ 所要約3時間

必見 ❶ **龍虎塔**（→P.140）
　↓ 徒歩約2分
❷ **春秋閣**（→P.140）
　↓ 徒歩約5分
❸ **鳳山縣舊城**（→P.141）
　↓ 徒歩＆バスで約20分
❹ **自由黄昏市場**（→P.142）
　↓ 徒歩＆MRTで約14分
必見 ❺ **瑞豊夜市**（→P.142）

139

左營蓮池潭

🚇 台鐵左營駅より徒歩約7分、またはR16左營駅より徒歩約12分

湖岸の道には農産物の露店が並ぶ

龍虎塔

🏠 高雄市蓮潭路9號(慈濟宮管理処)
📞 0933-643-348
🕗 8:00〜17:30
休 無休
🚇 R15生態園區駅2番出口より紅35路バス、R16左營駅2番出口より301區間路バス、台鐵高雄駅前より301區間路バスで「蓮池潭(勝利路)」下車、すぐ。いずれも便数が少ないので注意
※2024年2月現在、修復中。

左側の龍の口から入ろう

春秋閣

🏠 高雄市蓮潭路36號
📞 (07)581-6216
🕗 7:00〜21:00
休 無休
料 無料
🚇 R15生態園區駅2番出口より紅35路バス、R16左營駅2番出口より301區間路バス、台鐵高雄駅前より301區間路バスで「蓮池潭(勝利路)」下車、徒歩約4分
🌐 www.zycmt.org.tw

壮麗な装飾の啓明堂

廟が点在するのどかな湖 ★★★

ズオインリエンチータン
左營蓮池潭

MAP
P.114-
B1・2

高雄市街北部にある面積約7ヘクタールの淡水湖。このあたりは歴史が古く、高雄で最も廟が多いエリアとして知られる。池のほとりには廟が点在し、池の中に各廟が設けた楼閣まで桟橋が伸びている。そのなかのひとつが高雄のシンボルとして有名な**龍虎塔**だ。湖畔に沿って遊歩道が整備されているので、楼閣巡りがてらの散策や、サイクリングもおすすめ。

高雄のパワースポット

池の東側の路地裏は歴史を感じさせる入り組んだ町並みで、旧跡も多い。

口を開けた龍と虎が待ち構える ★★★

ロンフーター
龍虎塔

MAP
P.114-
B2

池の南西のほとりに立つ、医療の神である保生大帝を祀る慈濟宮が設けたふたつの楼閣。悪魔が入ってこられないように、ジグザグに折れ曲がった桟橋の先で、口を開けた龍と虎が待ち構える。龍の内部は死後の世界、虎の内部は仏教説話のレリーフで装飾され、龍の口から入って虎の口から出てくると善人になれるといわれている。各塔からは蓮池潭を一望できるので、脚力に自信があればぜひ上ってみたい。初夏は周辺に蓮の花が咲き、絵に描いたような景色となる。

厄よけに訪れよう

龍に乗った観音菩薩 ★★

チュンチウグー
春秋閣

MAP
P.114-
B2

1899年創建の関帝を祀る啓明堂がその目の前に建てた2塔の楼閣で、その間には龍の背に乗り慈悲救世を行う観音菩薩の像が立つ。全長78mの龍の内部は階段が108段あり、壁には十八羅漢や観音菩薩に関する仏教説話の絵が描かれている。その奥の桟橋は、神託を受けて蓮池潭の中ほどに建てられた神々を迎えるための八角形の楼閣、五里亭に続いている。

龍の胎内を歩ける

像の内部に入ることができる ★★

ユエンディーミャオベイジーティン
元帝廟北極亭

MAP
P.114-
B2

　蓮池潭の真ん中に鎮座し、存在感を放っているのは高さ24mの北極玄天上帝の像。元帝路に立つ元帝廟が北極玄天上帝のお告げを受けて建立した。足元を見ると亀と蛇を踏みつけているのがわかるが、これは魔王を退治したという神話のエピソードから。像の内部は祠になっていて、年季の入った北極玄天上帝像が祀られている。

手にした剣は世界一の大きさといわれている

その大きさに圧倒される ★★

コンズーミャオ
孔子廟

MAP
P.114-
B1

　蓮池潭の北端近くにある、台湾最大の規模を誇る孔子廟。前身は1684年に創建された鳳山縣孔子廟（現舊城國民小学）。その後1976年に現在の場所に再建された。敷地内には主殿の大成殿を囲んで大成門、崇聖祠が立ち、欞星門、書院、文昌祠などの一連の建築が並んでいる。隣接した蓮池潭の景観も美しく、近年はインスタ映えする撮影スポットとしても人気を集めている。

厳粛なたたずまい

城壁と門が残る ★★

フォンシャンシエンジォウチン
鳳山縣舊城

MAP
P.114-
A2・3

　1722年に築かれた台湾初の土城の跡地で第一級古蹟に指定されている。2度の落城を経て、1826（清代道光6）年、この地に再建された。かつては東西南北に城門をもち高さ4mほどの城壁で囲まれていたが、現在は東門（鳳儀門）、南門（啓文門）、北門（拱辰門）と1kmほどの城壁が残るのみ。そのうち北門は、龍虎塔の近くでアクセスしやすい。城壁内の龜山には散策道が整備され、第2次世界大戦の際に設けられた塹壕なども残っている。

龍虎塔に近い北門

元帝廟北極亭
住 高雄市蓮潭路196-1號
⊙ 8:30〜21:40
休 無休　料 無料
文 R16左營駅より301路バスで「左營市場」下車、徒歩約5分

像の内部

孔子廟
住 高雄市蓮潭路400號
☎ (07) 588-0023
⊙ 9:00〜17:00
休 月
料 無料
文 R16左營駅より徒歩約18分、または台鐵高雄駅前より205路バスで「豐穀宮」下車、徒歩約4分

願いごとを書けるお札

鳳山縣舊城
文 北門へは龍虎塔より徒歩約3分。南門へは北門より徒歩約15分。東門へは南門より徒歩約5分

北門から東門までは徒歩約10分

左サイドバー

自由黄昏市場
- 高雄市自由三路261號
- 14:00〜20:00
- 無休
- R15生態園區駅1番出口より徒歩約7分、または台鐵高雄駅前より92路バスで「自由三路」下車、徒歩約1分
- fb.com/freeSM261

念陸眷村燒餅
- (07) 346-1477
- 15:00〜19:00
- 休日

皆焼き上がりを待ち構えている

瑞豐夜市
- 18:00〜翌1:00頃
- 休月・水
- R14巨蛋駅1番出口より徒歩約3分
- fb.com/rueifong

夕食を楽しむ人も多い

高雄市立美術館
- 高雄市美術館路80號
- (07)555-0331
- 9:30〜17:30（入場は17:00まで）
- 休月、旧正月
- 90元
- C21美術館駅より徒歩約3分
- www.kmfa.gov.tw

LRT 内惟藝術中心駅と美術館駅の間に龍貓隧道（トトロのトンネル）と呼ばれる人気撮影スポットがある

本文

午後からオープンする市場 ★★

MAP P.115-D3

ツーヨウホアンホンシーチャン
自由黄昏市場

　台湾では珍しく、夕方から営業する大きな屋根付きの市場。一般の夜市とは違い、食事系の屋台だけでなく野菜や魚、肉などの生鮮食品も売られている。焼き魚やスープなどそのままですぐ食卓に並べられるような総菜が多い。衣料品や雑貨なども豊富。高雄では最大級の規模で活気があり、見て回るだけでも時間を忘れて楽しめる。注目グルメは、**念陸眷村燒餅**（旧：江蘇周家碳烤缸爐燒餅）で、専用窯で焼き上げる蟹殻黄酥餅を目当てに行列ができる。

あらゆる食べ物が手に入る

ローカル色たっぷりの夜市 ★★★

MAP P.112-B1

ルイフォンイエシー
瑞豐夜市

　観光客が多い六合國際觀光夜市（→P.138）に比べ、ローカルが多くリーズナブル。目の肥えたツーリストが注目している夜市だ。フルーツを閉じ込めたボール型ゼリーやスペイン人オーナーが作るパエリアなど、ここにしかない屋台も多い。食べ物だけでなく、雑貨やウエアの店、マッサージや輪投げなどのゲームができるコーナーもあり、いろいろな楽しみ方ができる。

夜市グルメを楽しもう

現代美術に触れるチャンス ★

MAP P.112-A1

カオシォンシーリーメイシューグアン
高雄市立美術館

　1994年に建設された台湾南部で最初の公立美術館。地下2階、地上4階の広大な空間に書や絵画、彫刻が展示されている。また、ゲームを通じて創作意欲を高められる児童美術館も併設し、家族で楽しめる美術館となっている。すぐ隣に彫塑公園があり、緑の中にいくつもの彫刻や塑像が配置されており、静かなひとときを過ごすのに最適。

近代的な外観

世界2位の応用科学博物館 ★★

クオリークーシュエコンイーボーウグアン
國立科學工藝博物館

MAP
P.112-
B2

台中の國立自然科學博物館、恆春の國立海洋生物博物館（→P.226）と並ぶ、台湾の三大科学博物館のひとつ。敷地面積は18.34ヘクタール、地下1階、地上6階の建物と、パリの国立科学技術工業博物館に次ぐ規模を誇る。館内では、昔の交換手の電話体験や地震体験、無重力体験など楽しみながら学べる工夫がなされている。

大規模な博物館

國立科學工藝博物館
高雄市九如一路720號
(07) 380-0089
9:00～17:00（入場は16:00まで）
月、旧正月
展示室100元、3D映画150元
C30科工館駅より徒歩約13分
www.nstm.gov.tw

体験型アトラクションが充実

漢民族の少数派、客家の人々の文化とは？ ★★

クージアウェンウーグアン
客家文物館

MAP
P.112-
B2

もともと黄河流域に住んでいたとされる漢民族の客家（ハッカ）は、独特の習俗を保ち、客家語を話す。客家文物館では、客家建築に基づいた赤い屋根瓦の三合院式民家風の建物の中に、客家の家具や婚礼道具、寝具などを展示しており、客家独自の文化を案内する。新客家文化圏區には、劇場、レストラン、工芸品店などがある。

伝統の三合院を模した建物

客家文物館
高雄市同盟二路215號
(07) 315-2136
9:00～17:00
日、旧正月
無料
R12後驛駅2番出口北側より紅28路バスで「客家文物館」下車、すぐ。または4番出口より徒歩約10分

客家の伝統文化を学べる

美しい景色を織りなす人造湖 ★

チョンチンフー
澄清湖

MAP
P.42-A2

高雄市中心部から7kmほど北東へ行った所にある面積約103ヘクタールの湖。青い湖の中に延びる、ジグザグに造られた真っ白な九曲橋が美しい景観をつくり出している。広いので、見どころをくまなく巡るには入口で待機しているタクシー利用（500元～）が便利。

ほとりに高雄圓山大飯店（→ P.179）が立つ

澄清湖
高雄市大埤路32號
(07) 370-0821
6:00～18:00（10～3月～17:30）
月
100元
台鐵高雄駅より60路バスで所要約25分、「澄清湖」下車すぐ

立派な入口の門

高雄85大樓周辺
カオシォンバーウーダーロウ
85 Sky Tower

MAP P.113、P.122-A・B3、P.125～127

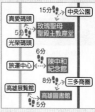

15分　中央公園
真愛碼頭
5分　玫瑰聖母
　　　聖殿主教座堂
光榮碼頭
6分
旅運中心　陳中和
　　　　　紀念館
　　　　　　三多商圏
高雄展覧館　高雄圖書館
　　　　　　5分

MRT 紅線R9中央公園駅、R8三多商圏駅下車
LRT C10光榮碼頭、C9旅運中心駅、C8高雄展覧館駅下車。
バス R9中央公園駅を経由し五福三路を通る五福幹線バス、100路バスの利用も便利

全長378mの高さを誇る高雄85大樓

おさんぽプラン

（必見）　所要約4時間

1 高雄市立圖書館（→P.145）
　↓　徒歩約9分
2 星光水岸公園（→P.145）
　↓　徒歩約6分
3 高雄展覧館（→P.145）
　↓　徒歩&LRTで約20分
4 玫瑰聖母聖殿主教座堂（→P.146）
　↓　徒歩で約15分
5 中央公園（→P.146）

高雄港から見渡す高雄85大樓一帯

高雄市中心部の南側のエリアは開発が続く新興地区。アジア有数の港湾都市として発展する現在の高雄を象徴するエリアだ。特にLRTが走る高雄港沿いは高雄展覧館（→P.145）や高雄市立圖書館（→P.145）をはじめとする斬新なデザインの巨大建築や新しいビルが次々と生まれている。遠くからも目を引く台湾で2番目の高さを誇る高雄85大樓（→P.133）の展望台は2024年2月現在休業中だが、高雄のシンボルとして親しまれている。

高雄のメインストリート、中山二路が貫くMRT三多商圏駅周辺は大遠百（→P.176）、遠東SOGO百貨、新光三越百貨などのデパートが集まるショッピングエリアで、買い物客でいつもにぎわう。高級な海鮮料理を楽しめるきちんとしたレストランも多い。また、地元に根づいた老舗デパートの漢神百貨（→P.176）周辺も生活感のある商業地区だ。

都会的なMRT三多商圏駅周辺

👣 高雄85大樓周辺の歩き方

観光路面電車として利用できるLRT

市街中心部からは**MRT紅線**の利用が便利だが、中山二路周辺は道幅の広い道路が縦横に走り、のんびりと町歩きを楽しむという雰囲気ではない。港沿いを走る**LRT**に乗車すれば、車窓の景色を楽しみながら湾岸の見どころへアクセスできる。

📷 高雄85大樓周辺の見どころ

高雄のランドマークの**高雄85大樓**や**高雄市立圖書館**、**高雄展覧館**、**玫瑰聖母聖殿主教座堂**（→P.146）など目を楽しませてくれるユニークな建築物がいっぱい。

のんびりくつろげる公園 ★★

MAP P.112-B2

シンクアンシュイアンコンユエン
星光水岸公園

高雄展覧館近くにある公園。近年周辺の公園整備が完了し、海の生物のオブジェやクレーンのような噴水池、港が展望できる空中迴廊などが点在する、アートな雰囲気漂う憩いの場となっている。ここからは高雄85大樓が間近に見え、記念写真の撮影場所にうってつけ。LRT高雄展覧館駅も近く、アクセスは便利。

背後にそびえる高雄85大樓

アートなデザインの巨大建築 ★

MAP P.113-A1

カオシォンヂャンラングアン
高雄展覧館

高雄港に隣接した都市再開発エリアの中心、亞洲新灣區に2014年に完成した国際コンベンションセンター。正面をミラーガラスで覆った平たいハート形のような建築で、光を反射して輝く姿が独特だ（→P.132）。エコロジーの概念から設計され、国際的な持続可能建物（グリーンビルディング）の基準を満たしている。内部は南北の大展示ホールほか大小の会議場、飲食店やショップが入居したモール街を備えている。

港から見た高雄展覧館

高雄市の総合文化施設 ★★

MAP P.113-A1

カオシォンシーリートゥーシューグアン
高雄市立圖書館

高雄85大樓の向かいに立つ、高雄市立圖書館の本館。四角いユニークなデザインの建築は木をイメージしていて、中央は吹き抜けになっている（→P.133）。夜間にライトアップされた姿も美しい。3階の入口までエスカレーターが延び、近未来的な雰囲気も漂う。蔵書は書店のように平積みされ、勉強や読書ができるリーディングスペースも広々。屋上は展望台で、周辺を一望できる。カフェや無料Wi-Fiもあり、1日快適に過ごせる。日本にもあったらいいなと思ってしまう、理想の図書館だ。

斬新なデザイン

星光水岸公園
- 高雄市新光路
- 24時間
- 無休 料無料
- C8高雄展覧館駅より徒歩約2分

高雄展覧館に続いている

高雄展覧館
- 高雄市成功二路39號
- (07)213-1188
- 9:00〜18:00
- 無休
- 無料
- C8高雄展覧館駅より徒歩約5分
- www.kecc.com.tw/tw

見本市などが開かれる

高雄市立圖書館
- 高雄市新光路61號
- (07)536-0238
- 10:00〜22:00（土・日〜21:30、祝〜16:30）
- 月、旧正月
- R8三多商圏駅2番出口より徒歩約8分。またはC8高雄展覧館駅より徒歩約5分
- www.ksml.edu.tw

屋上の展望台

高雄港の夜景を楽しめる

中央公園
🚇R9中央公園駅1番出口よりすぐ

光が彩る城市光廊

玫瑰聖母聖殿主教座堂
🏠五福三路151號
☎(07)221-4434
🕘9:00～17:30
休土・日
💴無料
🚇C11真愛碼頭駅より徒歩約5分。またはR9中央公園駅1番出口より徒歩約15分

入口上部の天使が支える「奉旨」碑は、布教を認めた清の同治帝の勅令を表したもの

陳中和紀念館
🏠高雄市苓東路14號
☎(07)331-5640
🕘毎週第2土曜10:00～16:30
休第2土曜以外
💴無料
🚇◯旅運中心駅より徒歩約6分
※2024年2月現在、閉館中

砂糖の運搬に使用した機関車も保存

市街中心部のオアシス ★
MAP
P.122-
A2・3

中央公園
チョンヤンコンユエン

　緑豊かな高雄のセントラルパーク。ビルや商店街の多い市街で、市民の憩いの場となっている。緑とともに水が豊富なことも特徴で、小川が流れ、噴水が舞う水舞広場、オブジェが風に舞う池などが点在している。公園の南側の一角には**城市光廊**があり、夜は光るオブジェの一群が見られる。なお最寄りのMRT中央公園駅は曲線を生かした独特の建築で、ランキングサイト「世界で最も美しい地下鉄駅」の上位に入っている。

1日数回、噴水のショーがある

台湾最古のカトリック教会 ★★
MAP
P.125-
C1

玫瑰聖母聖殿主教座堂
メイグイションムーションディエンデュージャオズオタン

　ビルが建ち並ぶ界隈にあって、独特の雰囲気を漂わせるカトリック教会。前身は天津条約で1858年に台湾で最初に創立された茅葺きの教堂で、1863年にれんが造りに改築され、スペインから聖母像を迎えて玫瑰聖母堂と呼ばれた。その後も改修が続き、現在はゴシックとロマネスク両様式が混在した建築となっている。教会内部はアーチ曲線が美しく、今も聖母像が見られる。内部の撮影は不可。

美しい石造りの教会

大商人の邸宅 ★★
MAP
P.125-
D3

陳中和紀念館
チェンチョンホージーニエングアン

　陳中和（1853～1930年）は高雄の資本家で、砂糖輸出などで財を成し、陳家は台湾五大氏族のひとつとなった。この邸宅は高雄で最初の洋館で、1920年に落成し、陳中和はここで最後の10年を過ごした。バロック様式の2階建てで、円柱を備えた回廊が周囲を囲む独特の構造になっている。かつては正面テラスから海を見渡せたという。1997年から陳中和紀念館として開放されているが、見学できるのは月に1日だけである。

美しい洋風邸宅

鹽埕・愛河周辺
イエンチョン　アイホー

Yancheng · Love River

高雄流行音樂中心、大港橋など新スポットが登場

MAP P.120〜121、P.124

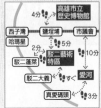

高雄市立歴史博物館
4分
西子灣　　鹽埕埔　市議會
哈瑪星　　　　　　　　5分
　　　2分　駁二藝術　　10分
駁二蓬萊　　　特區
　　　駁二大義　すぐ　愛河
　　　　　　　　　　　　3分
　　　　真愛碼頭

ACCESS

MRT 橘線O2鹽埕埔駅下車
LRT C13駁二蓬萊駅、C12駁二
大義駅、C11真愛碼頭駅下車

愛河と高雄港に挟まれた三角地帯、鹽埕埔は高雄の下町。「鹽埕」という地名は清代にこの地で塩の製造が行われていたことに由来する。1908年に高雄港が拡張され、町の拡大を見込んで愛河を埋め立て、現在の地形になった。以後、鉄工所やセメント、れんが工場が造られ、貿易港を支える工業地区として発展した。駁二藝術特區（→P.128、149）付近に町工場が多いのはその名残だ。

鹽埕の東側を流れる愛河（→P.148）は、高雄市の北西部から高雄港に流れ全長約15km。両岸は遊歩道が整備され、市民の憩いの散歩道となっている。川はソーラーパワーで動くクルーズ船、愛之船がゆっくりと行き交い、夜は周辺の夜景とともにカラフルな明かりで水面を彩る。涼しい夜風にあたりながらロマンティックな気分で歩きたい。

高雄港に架かる大港橋

鹽埕・愛河周辺の歩き方

グルメ＆アート散策を楽しんだあと愛河へ

五福四路周辺には20〜30年以上にわたって営業を続ける老舗のローカルレストランがいっぱい。町並みも下町らしさが残っている。まずこのあたりで腹ごしらえをしてから、人気のリノベーションスポットの**駁二藝術特區**へ向かおう。ここからLRT路線沿いに進めば**高雄流行音樂中心**が見え、**愛河**の河口に出る。

鹽埕・愛河周辺の見どころ

全長1kmのリノベスポットと愛河クルーズ

リノベスポットの**駁二藝術特區**ではショップ巡りや屋外パブリックアートの前で記念撮影を楽しめる。現在のLRT路線が走る港沿いのエリアはかつて貨物路線が走っていたこともあり、**哈瑪星台湾鐵道館**（→P.150）、**哈瑪星鐵道文化園區**（→P.150）など鉄道関係の見どころも多い。水辺の景色に癒やされる**愛河**では気軽にクルージングを楽しみたい。

おさんぽプラン
🕐 所要約5時間

① 高雄市立歴史博物館（→P.148）
必見　↓　徒歩約13分
② 駁二藝術特區（→P.149）
必見　↓　徒歩すぐ
③ 大港橋（→P.149）
必見　↓　徒歩約7分
④ 高雄流行音樂中心（→P.148）
必見　↓　徒歩約5分
⑤ 愛河（→P.148）

愛河の遊覧船（愛之船）

- **M** P.121-C3
- **住** 高雄市河東路176號
- **☎** (07) 281-1313
- **⏰** 15:00～22:00（金、夏季～22:30、土・日・祝9:00～22:30）
- **料** 150元
- **交** O4市議會駅2番出口より徒歩約10分
- **URL** fb.com/loveboat.KH

船乗り場には「LOVE」のオブジェが

高雄流行音樂中心

- **住** 高雄市真愛路1號
- **☎** (07) 521-8012
- **⏰** 10:00～22:00
- **休** 月
- **料** 無料（博物館199元、コンサート有料）
- **交** C11真愛碼頭駅より徒歩約2分
- **URL** kpmc.com.tw

対岸に珊瑚礁群という多目的スペースもある

アーティスト気分を味わえる博物館

高雄市立歴史博物館

- **住** 高雄市中正四路272號
- **☎** (07) 531-2560
- **⏰** 9:00～17:00
- **休** 月、旧正月　**料** 無料
- **交** O2鹽埕埔駅2番出口より徒歩約4分

1階にひと息つけるカフェもある

高雄のシンボルのひとつ ★★★

MAP
P.120-A1～
P.125-C1

アイホー
愛河

　日本統治時代に「高雄運河」として開削された川。豊かな水をたたえた美しい水辺を高雄市民はこよなく愛し、川岸に設けられた散歩道には、犬の散歩をする人や部活動に励む学生などの姿が見られる。夜は高雄大橋と中正大橋、七賢橋がライトアップされ、川面に色とりどりのライトがゆらめくさまは幻想的。夕涼みがてら、**遊覧船**から夜景を楽しみたい。元宵節はランタン祭り、端午節はドラゴンボートレースの会場となる。

遊覧船が行き交う

白波をイメージした独特のデザイン ★★★

MAP
P.124-B1・2

カオションリュウシンインユエチョンシン
高雄流行音樂中心

　2021年にオープンした、巨大な複合音楽センター（P.12、132）。六角形が集まったユニークなデザインが目を引く音浪塔がメイン建築で、低音塔と高音塔、最大5000人を収容できるコンサートホール海音館、屋外イベントスペースの海風広場からなる。開館時間内は内部の見学も可能。高音塔7階に台湾の流行音楽について展示する博物館「POP! POP! POP!」があり、ミュージックビデオの撮影や作曲などを体験することもできる。

愛河側から見る音浪塔。右側が海音館

建築そのものが展示物 ★

MAP
P.120-B2

カオションシーリーリーシーボーウーグアン
高雄市立歴史博物館

　日本統治時代に建てられた旧高雄市役所。戦後も1992年まで市役所として使用されていた。1階は常設展で、港、鉄道、河川などのテーマから高雄の歴史を解説。2階には高雄における二・二八事件（→P.262）の経緯に関する展示室もある。建築は2階中央部に瓦屋根を乗せた帝冠様式で、桃の形をあしらった窓、菊や梅模様の装飾など意匠のあちこちに日本らしさを垣間見ることができる。

横に長い造り

古い倉庫群を転用したアートスポット ★★★

ボーアルイーシュートゥーチュー
駁二藝術特區

MAP
P.119-D3〜
P.124-B1

　高雄港沿いの約1kmに及ぶ、使われなくなった倉庫群をカフェやショップ、ギャラリーとして再利用。高雄におけるリノベエリアの草分け的存在だ。屋外にはカラフルな壁画やユーモラスなオブジェなど、パブリックアートがあふれ、旅の思い出となる楽しい写真がいっぱい撮れるだろう（→P.128）。週末はクリエイターによるマーケットも開かれ、老若男女が集まる人気スポットとなっている。

　倉庫街は中央の大勇倉庫、西の蓬萊倉庫、東の大義倉庫の3つのエリアに分かれ、大勇倉庫は大型パブリックアートが充実し、大義倉庫はおしゃれな雑貨ショップやカフェが並ぶ。蓬萊倉庫はミニ鉄道が走る哈瑪星台湾鐵道館（→P.150）もあり、家族連れに人気。大港橋を通って、対岸に新しくできた同様の倉庫街、大港倉に行くこともできる。

ショップやカフェが充実している大義倉庫

展望台もある旋回する橋 ★★★

ダーガンチャオ
大港橋

MAP
P.124-
A1・2

　2022年に完成した、駁二藝術特區の大義倉庫と向かいの大港倉をつなぐ全長110mの橋（→P.15、130）。船を通せるよう水平に旋回する可動橋で、台湾初かつアジアで最長の旋回式可動橋である。毎日15:00（週末は19:00も）に音楽とともに旋回が始まり、その様子を見物する人々でにぎわう。旋回は約30分間で、その間は通行不可となるので注意。橋の中央には展望デッキもあり、そこから望む高雄流行音樂中心を中心とした高雄港の景観はすばらしい。

なだらかな曲線が美しい

駁二藝術特區
MAP P.129
住 高雄市大勇路1號
☎ (07) 521-4899
🕙 10:00〜18:00（金〜日〜20:00）　休 旧正月　料 無料
🚇 O2 鹽埕埔駅1番出口より徒歩約5分。またはC13駁二蓬萊駅、C12駁二大義駅下車
🔗 pier2.org

写真を撮りたくなるアートがいっぱいの大勇倉庫

大勇倉庫にあるインフォメーションセンター

蓬萊倉庫の入口

大港橋
住 高雄市新化街1號
☎ (07) 561-2311
🕙 24時間
休 無休　料 無料
🚇 C12駁二大義駅よりすぐ
🔗 fb.com/GreatHarborBridge

中央は2階建てになっている

展望デッキからの眺め

哈瑪星台湾鐵道館

- 高雄市蓬萊路99號 蓬萊B7、B8倉庫
- (07) 521-8900
- 10:00〜18:00（金〜日・祝〜19:00。入場は閉館30分前まで）
- 火
- 149元（駁二線小火車149元。セット料金は219元）
- ◎①西子灣駅2番出口、C14哈瑪星駅より徒歩約5分

駁二線小火車

哈瑪星鐵道文化園區

- 高雄市鼓山一路32號
- 24時間
- 無休
- 無料
- ◎①西子灣駅2番出口、C14哈瑪星駅よりすぐ

棧貳庫

- 高雄市蓬萊路17號
- (07) 531-8568
- 10:00〜21:00（金・土〜22:00）
- 無休
- ◎C13駁二蓬萊駅より徒歩約6分。または①西子灣駅より徒歩約9分
- kw2.com.tw

旗津（→ P.155）行きのフェリーも出航する

高雄港観光遊艇

- 高雄市七賢三路底
- 0981-193-030
- 不定休
- 不定 400元
- ◎C13駁二蓬萊駅より徒歩約6分。または①西子灣駅より徒歩約9分
- www.0927688197.com.tw

運行時間は当日に確認

ジオラマは鉄道ファンでなくても一見の価値あり ★
MAP
P.119-D3

ハーマーシンタイワンティエダオグアン
哈瑪星台湾鐵道館

　台湾における鉄道の歴史などについて展示している小さい博物館。目玉は第2展示エリアいっぱいに作られた現物の1/87のサイズの鉄道ジオラマ。台湾各地の駅を精巧に再現し、照明や音で日の出から日没までの様子を表現している。屋外では建物の周りを**駁二線小火車**という子供向けのミニ鉄道が走っている。

アジア最大の鉄道ジオラマ

駅の跡地が公園に ★★
MAP
P.119-C2・3

ハーマーシンティエダオウェンホアユエンチュー
哈瑪星鐵道文化園區

　駁二藝術特區の蓬萊倉庫とLRT哈瑪星駅の間はパブリックアートの巨大オブジェ、蒸気機関車などが置かれた公園になっている。ここはかつて初代の高雄駅、のちの臨港線高雄港駅があった場所であり、その名残で地面には何列もの古い路線が残っている。赤い陸橋近くにはかつての信号所「北號誌樓」が公開されている。

オブジェの前で写真を撮ろう

夕景も楽しめるリノベスポット ★★
MAP
P.119-C3

ヂャンアルクー
棧貳庫

　かつての漁人碼頭の跡地にオープンした新スポット（→P.131）。1914年に建てられた古い倉庫を現代のテイストを加えてリノベーションし、中には台湾デザイナーによる雑貨ショップやカフェなどが入っている。2階には無印良品が手がけた海に面したホステルもある。窓の外には一面高雄港が広がり、夕暮れはロマンティックな雰囲気。

港の目の前

高雄港クルーズ ★★
MAP
P.119-D3

カオシォンガンクワングアンヨウティン
高雄港観光遊艇

　棧貳庫入口の向かいの香蕉碼頭の端で、「占岸一號」という高雄港内を巡る観光船のチケットを販売している。沿岸の巨大建築を船上から観賞できるほか、コンテナ船を間近に見ることもできる。運行時間はその日によって異なり、所要時間は約1時間。団体用のクルーズ船に混乗する形になることもある。

哈瑪星・西子灣
ハーマーシン　シーヅワン
Hamasen・Sizihwan

MAP P.118～119

壽山情人観景台

打狗英國領事館文化園區　　高雄代天宮　10分

3分

西子灣　　哈瑪星　10分

ACCESS

MRT 橘線O2 西子灣駅下車
LRT C13哈瑪星駅下車
打狗英國領事館文化園區、中山大学へは、西子灣駅前で橘1、99路バスに乗り換える。徒歩の場合は、臨海二路から続くトンネルの西子灣隧道を通ると近い

日本語の名残を残す地名

西子灣隧道の内部は電飾がキラキラ

MRT西子灣駅、LRT哈瑪星駅の周辺は、「哈瑪星」と呼ばれる高雄港に突き出した三角地帯。少し変わった名前の由来は、日本統治時代に、ここに「浜線」という名前の貨物専用路線が敷かれていたため。1900年に高雄と台南を結ぶ鉄道の臨時駅が現在の舊打狗驛故事館（→P.153）の場所に設けられてから、現在の高雄駅の場所に新駅が建てられる1941年頃までこのあたりが高雄の中心地だった。当時の駅前広場に旅館や飲食店が並んでいた面影が、現在の西子灣駅周辺のところどころに残っている。

旗津行きのフェリーが出航する鼓山漁港を挟んだ西側は、壽山からつながる小高い丘で、清代のイギリス領事館が史跡として残っている。中山大学から延びる防波堤の一帯の海は西子灣と呼ばれ、美しい夕日を望むことができる（→P.152）。

哈瑪星・西子灣の歩き方

古きよき港町をぶらり歩き

武德殿（→P.153）など日本統治時代の遺構が点在するほか、港町風情の古い町並みも残り、それらを観察しながらの散策が楽しい。打狗英國領事館文化園區（→P.152）まではバスの利用が便利だが、高雄港の景色を楽しみながら哨船街をのんびり歩くのもおすすめ。高雄代天宮（→P.153）の境内はローカルグルメの店が集まり、夜は夜市のような雰囲気になる。

哈瑪星・西子灣の見どころ

高台から絶景を楽しもう

打狗英國領事館文化園區は高雄を代表する観光スポットで高台から高雄港を一望することができる。西子灣に沈む夕日は、西子灣觀景台や、中山大学の西子灣海水浴場から観賞。壽山情人観景台（→P.154）からは美しい夜景を楽しめる。

おさんぽプラン

🕐 所要約5時間

1 舊打狗驛故事館（→P.153）
↓　徒歩約7分
2 武德殿（→P.153）
必見　↓　徒歩&バスで約12分
3 打狗英國領事館文化園區（→P.152）
必見　↓　徒歩約2分
4 西子灣（西子灣觀景台）（→P.152）
↓　徒歩約13分
5 高雄代天宮（→P.153）

打狗英國領事館文化園區

🏠 高雄市蓮海路20號
☎ (07)525-0100
🕙 10:00～19:00 (土・日・祝9:00
～。入場は閉館の30分前まで)
🚫 水
💰 99元
🚇 〇1西子灣駅1、2番出口より
橘1、99路バスで「雄鎮北門 (打
狗英國領事館)」、「西子灣 (英
國領事館官邸)」下車、すぐ
🌐 britishconsulate.kcg.gov.tw

丘の下の事務所跡

旧領事官邸からの眺め

西子灣
🚇 〇1西子灣駅1、2番出口より
橘1、99路バスで「西子灣 (英國
領事館官邸)」下車、すぐ

中山大学
🗺 P.118-A1
🏠 高雄市蓮海路70號
☎ (07)525-2000
🚇 〇1西子灣駅1、2番出口より
橘1、99路バスで「中山大學行
政大樓」下車、すぐ。または鼓山
輪渡站の北西の奥からトンネル
を通ると近い

西子灣観景台
🗺 P.118-A3

中山大学に続く西子灣隧道

ターゴウイングオリンシーグアンウェンホアユエンチュー

打狗英國領事館文化園區

　壽山の先端の丘の上に立つ旧イギリス領事官邸と丘の下に再建された領事館事務所跡からなる。旧イギリス領事官邸はアーチが連なる赤れんがの2階建ての建物で、1865年に建てられたものが1900年に改装されて現在の姿になった。高雄市内で最も古い西洋建築である。ここは三方を海に囲まれた、高雄港を見渡せる絶好の場所であり、**西子灣**に沈む夕日と高雄市街のきらめく夜景を同時に楽しめる。屋内は領事館の歴史についての展示室と、イギリス風アフタヌーンティーを楽しめるカフェ、**古典玫瑰園**が入る。

領事官邸と事務所跡は階段で行き来できる

　丘の下の事務所跡は等身大の人形を使って当時の様子を表現している。

丘の上に立つ旧領事官邸

シーヅワン

西子灣

　台湾の西側に位置する港町の高雄には夕日観賞のスポットが数多くあるが、なかでも高雄港の入口を守る防波堤一帯の西子灣は特に有名で、高雄八景のひとつにも数えられる。観賞スポットは**中山大学**内のビーチが人気だが、**打狗英國領事館文化園區**の入口へ向かう階段前の広場に設けられた**西子灣観景台**もおすすめ。日没の時間が近づくと家族連れやカップルが集まり、たそがれ色に染まりながら水平線に沈む夕日を見つめている。

心地よい海風に吹かれて

初代高雄駅の様子を展示 ★★

ジョウターゴウイークーシーグアン
舊打狗驛故事館

MAP
P.119-
C2

2008年に廃線となった臨港線高雄港駅の駅舎を修復した博物館。LRT哈瑪星駅とオブジェが並ぶ公園、哈瑪星鐵道文化園區（→P.150）に隣接し、その向こうに駁二藝術特區（→P.149）が続いている。1900年の創建当時はこの駅が「高雄」駅で、周辺は高雄の中心地としてにぎわっていた。内部は駅長室と事務所の内部が当時の様子のまま保存され、駅長室では駅長の制服（ジャケット）を羽織って写真が撮れる。

駅舎内を再現

日本統治時代の武道場 ★

ウードゥーディエン
武德殿

MAP
P.118-
B2

哈瑪星の登山街に今も威容を誇る日本統治時代の建築。当時は振武館と呼ばれ、文字どおり学生や警察官などに剣道や柔道など武芸の振興を図る場所だった。建物はれんが造りで1924年に落成、戦後は鼓山國小の教室などに利用された。1999年に市定古蹟となって修復が進み、今は再び剣道などの道場に利用されている。外壁上部には矢と的のレリーフがあり、当時の雰囲気を伝えている。大きなガジュマルの木も当時からのものだ。

大きく育ったガジュマル

立派な牌楼が立つ ★★

カオシォンタイティエンゴン
高雄代天宮

MAP
P.118-
B2

旗津へのフェリー乗り場から徒歩5分ほどの場所にある、庶民的な寺廟。南鯤鯓代天府から勧請された道教の王爺を祀っている。この場所にはかつて初代の高雄市役所があり、1924年から1939年に新庁舎に転居するまで、高雄における行政の中心地であった。第2次世界大戦後の1949年に、爆撃で破壊された跡地にこの代天宮が創建された。境内には小吃の店が並び、地域の歴史資料を集めた歴史文物館もある。

境内はグルメスポット

舊打狗驛故事館
🏠 高雄市鼓山一路32號
☎ (07) 531-6209
🕐 10:00～18:00
休 月(祝日の場合は翌日)
料 無料
🚇 ○1 西子灣駅2番出口、C14哈瑪星駅よりすぐ
🌐 takao.railway.tw

保存されている蒸気機関車

武德殿
🏠 高雄市登山街36號
☎ (07) 531-7382
🕐 10:00～18:00(武道のレッスン中は入場不可)
休 月
🚇 ○1 西子灣駅1番出口より徒歩約5分
🌐 www.fb.com/butokuden1924

鎧兜などが飾られている

高雄代天宮
🏠 高雄市鼓波街27號
☎ (07) 551-8801
🕐 5:00～22:00
休 無休
料 無料
🚇 ○1 西子灣駅1番出口より徒歩約3分
🌐 daitienkung.org.tw

5人の王爺を祀る

高雄忠烈祠
- 🏠 高雄市忠義路32號
- ☎ (07)521-0368
- 🕐 8:00～17:00
- 休 無休
- 💴 無料
- 🚇 ○1西子灣駅、C14哈瑪星駅より徒歩約20分、またはタクシーで約10分

牌楼からの眺め

壽山情人觀景台
- 🏠 高雄市忠義路30號
- 🕐 24時間
- 休 無休
- 💴 無料
- 🚇 ○1西子灣駅、C14哈瑪星駅より徒歩約20分、またはタクシーで約10分

昼の眺めもすばらしい

壽山動物園
- 🏠 高雄市萬壽路350號
- ☎ (07)521-5187
- 🕐 9:00～17:00(入場は16:30まで)
- 休 月(祝日の場合は翌日)
- 💴 40元
- 🚇 ○2鹽埕埔駅4番出口、C16文武聖殿駅より56路バスで「壽山動物園」下車、すぐ
- 🌐 zoo.kcg.gov.tw

壽山にすむ野生のサル

カオシォンヂョンリエツー
高雄忠烈祠

　台湾の主要な町には必ずある、戦没した中華民国の兵士を祀る祠。高雄の忠烈祠は、日本統治時代の高雄神社を転用して創立された。その後1974年に神社建築は撤去され、中国式の忠烈祠が建設された。それでも神社付属の狛犬や石灯籠などが、今も敷地内に散見される。神社跡地であるだけに眺めはよく、境内からは高雄市街を一望できる。牌楼の横には**壽山情人観景台**が設置された。

戦没者の霊を祀る

ショウシャンチンレンクワンジンタイ
壽山情人觀景台

　忠烈祠のすぐ隣に設けられた高雄市街を一望できる展望台。「LOVE」のモニュメントがあり、「LOVE観景台」とも呼ばれる。皆このモニュメントでポーズを取り記念撮影をしている。高雄港に沈む夕景と高雄市街の夜景を楽しむスポットとしてカップルに人気だが、晴れ渡った日の昼間のパノラマも圧巻だ。車通りがないさみしい場所なので、夜に行くならタクシーを利用し、帰るまで待ってもらったほうが安心だ。

高雄港の光がまばゆい

ショウシャンドンウーユエン
壽山動物園

　壽山の山腹に位置する大きな動物園。1978年に西子灣動物園として発足し、1986年に現在の場所に移転し壽山動物園として再オープンした。自然豊かな環境にゾウやキリン、ライオン、カバなど珍しい動物が数多く飼育されている。人気ナンバーワンはホワイトタイガー。檻の外にサルがいることもあるが、野生のサルなのでびっくりしないように！野生サルとは目を合わさないように、接触を避けよう。

開放的に飼育されている

旗津

チージン

Qijin

高雄港を渡って到着

高雄本島からフェリーで渡る旗津半島は、高雄港を外海から守るように伸びる幅200m、長さ11.3kmの砂州。もともと陸続きだったが、港の建設にともない今は独立した島になった。新鮮な海鮮料理とサイクリングを楽しめる風光明媚な観光地だ（→P.134）。

旗津の歩き方

フェリーを降りて旗津に上陸すると、レンタサイクル店が並んでいる。そこから延びる廟前路がメインストリートで、通山路を越えると海鮮レストランが並ぶ海鮮街となっている。その突き当たりは**旗津海水浴場**（→P.135）で、ここから海沿いにサイクリングロードが延びている。

旗津の見どころ

主要観光スポットは半島の北端に集中

高雄燈塔（→P.156）、**旗后砲台**（→P.157）は旗后山上にあり、すばらしい眺めを楽しめる。**旗津踩風大道**（→P.157）でサイクリングを楽しんだり、新鮮でリーズナブルな海鮮料理を味わいたい。

MAP P.112-A2・3、P.155

ACCESS

フェリー 鼓山輪渡站（Ⓜ P.118-B3）よりフェリーで約5分、30元（ICカード20元）。または桟貳庫（Ⓜ P.119-C3）より桟貳庫旗津航線が13:15〜16:15（土・日〜19:15）に1時間に1便、所要約8分、80元

バス R4A草衙駅より紅9路バスで終点「旗津市場」下車。所要約26分、24元

旗津輪渡站

旗津

おさんぽプラン

🕐 所要約5時間

① 旗津天后宮 (→P.156)

必見 ↓ 徒歩約14分

② 高雄燈塔 (→P.156)

↓ 徒歩約5分

③ 旗后砲台 (→P.157)

必見 ↓ 徒歩約11分

④ 旗津踩風大道 (→P.157)

旗津輪渡

☎ (07) 551-4316
🕐 5:00〜翌2:00に約10分おき
（24:00からは30分おき）に運行
休 無休
💴 30元（ICカードで20元）
🚇 ○①西子灣駅1番出口より徒歩約5分
🌐 kcs.kcg.gov.tw
※休日はたいへん混み、30分以上並ぶこともある。

旗津天后宮

🏠 高雄市廟前路93號
☎ (07) 571-2115
🕐 6:00〜21:00
休 無休
💴 無料
🚇 旗津輪渡站より徒歩約2分
🌐 www.chijinmazu.org.tw

お祭りではカラフルな姿に

高雄燈塔

🏠 高雄市旗下巷34號
🕐 敷地内10:00〜21:00
休 無休
💴 無料
🚇 旗津輪渡站から麓まで徒歩約10分。その後7分ほど坂を上る
🌐 fb.com/kaohsiunglighthouse

見学時間が長くなり、夕景や夜景も楽しめるようになった

MAP
P.118-B3

チージンルウントゥー
旗津輪渡

　市街側の鼓山輪渡站と旗津半島側の旗津輪渡站を約5分で結ぶカラフルなフェリー。2階建てになっていて、座席がある2階はエアコン完備。1階はバイクや自転車も乗船できる。わずか5分間の船旅だが、高雄港の向こうにそびえ立つ高雄85大樓や高雄展覽館など、港町・高雄ならではのパノラマを観賞できる。発着所に到着するとバイクがいっせいに飛び出していく様子も大迫力だ。土・日曜の朝夕はたいへん混み合う。

高雄港のミニクルーズを楽しめる

MAP
P.155-A

チージンティエンホウゴン
旗津天后宮

　天后宮は、台湾全土で広く信仰されている航海の安全、豊漁を司る道教の女神、媽祖（別名：天上聖母）を祀る廟。台湾各地にあるが、この旗津の天后宮は1673年に建てられたという台湾本島でも古い廟のひとつである。廟宇は中国の伝統的な寺院建築様式で、燕の尾のように沿った屋根には細やかで華やかな彫刻や飾りがびっしりと施されている。3世紀以上にわたり旗津の人々の信仰を集めてきた歴史を見て取れる。

由緒正しい廟

MAP
P.155-A

カオションドンター
高雄燈塔

　旗津半島の北端にそびえる旗后山の頂上に1883年に建てられた、台湾本島で2番目に古い灯台。断崖に立つその姿は対岸からもはっきり望むことができる。1918年に改修されて現在の八角形の姿になった。1階は灯台の歴史や模型が展示された展示室となっている。敷地からは高雄港とその向こうの高雄市街を一望できる。旗后灯台とも呼ばれる。

白亜の優美な灯台

清代に造られた砲台 ★★★

チーホウパオタイ
旗后砲台

MAP
P.155-A

旗后山の西端に、高雄港を防衛するため清朝政府によって1875年に造られた赤れんが造りの砲台。高雄燈塔から舗装された山道を5分ほど歩くとたどり着く。階段が張り巡らされた要塞のようになっていて、現在も事務所や兵隊の部屋の跡が残る。ここは台湾海峡に沈む夕日観賞の絶好スポットでもあり、夕暮れ時はカメラを構えた大勢の人々が集まる。高雄燈塔とともに第二級古蹟に指定されている。

たくさんの船が浮かんでいる

海の幸のおみやげを販売 ★★

チーホウクワンアンシーチャン
旗后観光市場

MAP
P.155-B

旗津の海水浴場の向かいに横たわる、魚の骨をイメージしたカラフルな鉄筋建築内に旗后観光市場がある。魚乾貨市場とも呼ばれ、小魚やイカの干物、干貝、干しエビ、煮干しやマグロのキューブ型のおつまみなどおもに魚介の乾物がカゴに山盛りになり、ところ狭しと並んでいる。試食もできるので、食べ歩き感覚で探索を楽しめる。市場の上階はホテルになっていて、宿泊も可能。

旗津産のスルメがおすすめ

海沿いのサイクリングロード ★★★

チージンツァイフォンダーダオ
旗津踩風大道

MAP
P.155-
A・B

旗津半島の端から端まで整備された、海沿いの道を走れるサイクリングロード。海を見ながら自分でペダルをこぐのも気持ちいいが、屋根付きの電動自転車なら快適。まずは、旗津海水浴場から3kmほど離れた風車公園を目指してみよう。途中にはカラフルなアーチが水面に映える**彩虹教堂**や、巨大な貝のオブジェ**海珍珠**などの撮影スポットも点在する。レンタサイクル店は**旗津輪渡站**や**旗后観光市場**の前に集まっている。

爽快に駆け抜けよう

旗后砲台
住 高雄市旗后山土
時 24時間
休 無休
料 無料
交 旗津輪渡站より麓まで徒歩約10分。その後5分ほど坂を上る

周辺の眺望がすばらしい

旗后観光市場
住 高雄市旗津三路1050號
時 8:00〜19:00(土〜23:00、日〜21:00)
休 無休
交 旗津輪渡站より南へ徒歩約5分

カラフルな外観

旗津踩風大道
交 旗津輪渡站より南へ徒歩約5分

波の音を集めているかのような
海珍珠

人気撮影スポットの彩虹教堂

台湾糖業博物館

🏠 高雄市橋頭區糖廠路24號
☎ (07) 611-9299
🕐 9:00〜16:30
休 無休　料 無料
🚉 R22A橋頭糖廠駅より徒歩約3分

サトウキビの運搬に使用した
五分車

売店で台糖のアイスを販売

五分車之旅

🏠 高雄市橋頭區創新路93號
☎ (07) 612-8473
🕐 土・日・祝10:30、11:30、13:30、14:30、15:30、16:30
休 月〜金
料 100元（往復）
🚉 R22A橋頭糖廠駅3番出口よりすぐ

屋根と座席を取り付けてある

衛武營國家藝術文化中心

🏠 高雄市三多一路1號
☎ (07) 262-6666
🕐 11:00〜21:00　休 無休
料 無料（公演は有料）
🚉 O10衛武營駅6番出口すぐ
🌐 www.npac-weiwuying.org

定時にガイドツアー（中国語）があり、日本語のオーディオガイド（有料）も借りられる。

ショップやカフェもある

近郊の見どころ

日本統治時代に建てられた製糖工場の跡地　★★★

タイワンタンイエボーウーグアン
台湾糖業博物館

MAP
P.42-A2

　大規模な製糖工場の跡地を開放した博物園區。広大な敷地に、オフィスとして使われていた建物や、職員の住居だった日本式家屋が残っている。台湾のかつての主要産業は製糖業で、台湾各地に製糖関連の遺構が残っているが、ここがいちばん初めに建てられた工場だ。第2次世界大戦後も引き続き台糖の工場として稼働していたが、1999年に役目を終えた。今は廃墟となってしまった製糖工場の内部に入ることもできる。

巨大な工場跡

ガタガタ走るミニ列車　★★

ウーフェンチャーヂーリュー
五分車之旅

MAP
P.42-A2

　かつて上記の工場までサトウキビを運んでいた列車に乗ることができる。乗り場はMRT橋頭糖廠駅に隣接。台湾各地でサトウキビを運んでいたディーゼル機関車は、「五分車」と呼ばれているが、その理由は、線路の幅が通常の半分である狭軌線路であるため。終点の高雄花弁中心まで、パイナップル畑の間をゴトゴトと揺られながら、10分ほどののんびりとした旅が楽しめる。週末に台湾糖業博物館を訪れたなら、ぜひこちらにも乗ってみたい。

サトウキビ列車が観光用に復活

建築鑑賞に訪れるのもおもしろい　★★

ウェンウーインクオジアイーシューウェンホアチョンシン
衛武營國家藝術文化中心

MAP
P.112-B2外

　衛武營都會公園に隣接する大規模な総合コンサートホール。建物全体が流線形の白波のイメージで造られた特異な建築で、2000人以上を収容する巨大な歌劇院をはじめとする計5つのコンサートホールがある。各ホールをつなぐ空間は自由に見学でき、展示場やカフェ、ショップなども入っているので、コンサート時以外に訪れてもおもしろい（→P.133）。

曲線に包まれるような不思議な空間

鳳山縣の城があった ★★★

MAP
P.42-A2

フォンシャン
鳳山

　高雄市中心部の東に位置する鳳山は、100年以上前から繁栄する、歴史の古いエリア。清代の1788年に左営から鳳山縣の城が移され、その遺構が町のあちこちに残っている。MRT鳳山駅から北へ延びる**中華街**は長年営業するローカルグルメの屋台がひしめき合う、夜市のようなグルメストリート。特に信義街の交差点にある**老張愛玉冰**の伝統スイーツは人気だ。近くを流れる内濠溝沿いには、**平成砲台**と**澄瀾砲台**のふたつの砲台が残っている。

清代の学校 ★★

MAP
P.159-B1

フォンイーシューユエン
鳳儀書院

　人材育成のための学校として清代の1814年に建てられた赤れんが造りの四合院建築。中国の役人登用試験である科挙の地方試験もここで行われていた。今も後殿で学問の神様である文昌帝君を祀っている。講堂や中庭では当時の講義の様子を人形でユーモラスに再現。カフェもあり、一定金額以上を消費すれば清代、日本統治時代、中華民国時代の家具を配した部屋を使用することができる。

人形と一緒に写真が撮れる

鳳山

鳳山
🚇O12鳳山駅下車。または台鐵鳳山駅下車

グルメストリートの中華街

老張愛玉冰
Ⓜ P.159-A1
🏠高雄市鳳山區信義街13號
☎(07)746-1169
🕐9:00～23:30
🈺無休
🚇O12鳳山駅2番出口より徒歩約3分

金桔愛玉檸檬（50元）

平成砲台

鳳儀書院
🏠高雄市鳳山區鳳明街62號
☎(07)740-5362
🕐10:30～17:30（土・日・祝～18:30。入場は閉館の30分前まで）
🈺月、旧正月　💴66元
🚇O12鳳山駅2番出口より徒歩約5分
🌐fb.com/fongyiacademy

学問の神様、文昌帝を祀る

159

紅毛港保安堂

🏠 高雄市南成里國慶七街132號
☎ (07) 796-6198
🕐 5:00〜21:00
休 無休
🎫 無料
🚉 R4A草衙駅より徒歩約22分

海を感じさせる外観

佛光山佛陀紀念館

🏠 高雄市大樹區統嶺里統嶺路
1號
☎ (07) 656-3033
🕐 9:00〜18:00（土・日・祝〜
19:00）
休 火 🎫 無料
🚉 R16左營駅1番出口より哈佛
快線バスまたは義大客運「佛光
山」行きバスで「佛陀紀念館」
下車。所要30〜50分、70元。哈
佛快線バスのほうが速い
🌐 www.fgsbmc.org.tw

仏陀の生涯についての展示

田寮月世界

🏠 高雄市田寮區月球路36號
☎ (07) 636-7036（泥岩地質生
態解説中心）
🕐 24時間
休 無休 🎫 無料
🚉 R24南岡山駅1番出口より紅
70路（延駛）バス、8012「旗山」
行きバスで所要約1時間、「日月
禪寺」下車、すぐ。紅70路（延
駛）バスの発車時間は8:00、
9:00、11:00、13:00、17:00、18:40
（土・日・祝は10:00、12:00、14:00、
15:00、16:00が増発）。8012路バ
スは早朝と夕方のみ発。

紅70路バス

ホンマオガンバオアンタン
紅毛港保安堂

MAP
P.112-
B3

　日本の軍艦とその艦長を主神に祀る。その理由は、第2次世界大戦後、紅毛港の漁師が頭蓋骨を引き上げたことによる。夢のお告げにより、その頭蓋骨が「日本の38番軍艦の高田艦長」とわかり、保安堂で海府大元帥として祀ったところ大漁が続いた。その後軍艦も祀られて、日本人も多く参拝に来る特別な場所となった。紅毛港が再開発された際、2013年にこの場所に移された。敷地内に安倍晋三元首相の像が立てられた。

軍服姿の海府大元帥像

仏教のテーマパーク ★★

フオーグアンシャンフオートゥオジーニエングアン
佛光山佛陀紀念館

MAP
P.42-A2

　佛光山とは台湾の四大仏教宗派のひとつで、ここはその総本山に設置された紀念館。礼敬大廳を抜けると両側に塔が建ち並ぶ成仏大通りで、その先に総高108mの金色に輝く大仏が鎮座する本館がある。本館では仏陀の一生についての約15分の映画を上映したり、仏教関連のさまざまな展示がある。洗練されたベジタリアンレストランもあり、観光スポットとして定着している。山上にある佛光山とはシャトルバスで結ばれている。

金色に輝く沸光大仏

荒涼とした風景が広がる ★★★

ティエンリャオユエシージエ
田寮月世界

MAP
P.42-A2

　旗山（→P.194）の西の郊外には、泥岩が雨水で侵食され、草も生えないまるで月面のような荒涼とした地形が点在している。そのひとつが田寮にあり、非日常的な風景を楽しめる景勝地として人気。一帯は地景公園に指定され、公園内には美しい風景を眺められる遊歩道や泥岩地質生態解説中心などが設けられている。付近にはガスとともに粘土が吹き出す泥火山なども見られる。

特撮映画のロケ地のよう

衛生管理が徹底された近代的な漁港 ★

クーヅリャオユィガン
蚵仔寮漁港

MAP
P.42-A2

高雄市北部に位置する蚵仔寮漁港は、かつてはボラ漁やカキの養殖などを行っていた小漁村だったが、日本統治時代に軍港が開かれて以来、漁獲高の多い漁港となった。観光客でにぎわ

う旗津漁港などに比べて地味な存在だったが、近年は観光開発も図られ、台湾で最も魅力的な漁港の上位にも選ばれている。漁港には観光魚市場があり、新鮮な海鮮料理を満喫でき、毎日正午から競りの様子なども見学できる。

観光客でにぎわう場外市場

ちょっぴりスリリングな撮影スポット ★

カンシャンヂーイエン
崗山之眼

MAP
P.42-A2

周囲を見晴らす眼のような小崗山に、2018年にオープンした音楽と造形芸術のテーマパーク。公園の中心にそびえる天空廊道は楽器をイメージした陸橋のような建造物で、全長88m、高さ約

40.5m、ビルの10階に相当する高さから周囲の景観を楽しめる。天気のいい日は高雄85大樓なども見えるという。一部ガラス張りになっている床もあり、スリル満点。周囲には登山歩道などもあり、高雄近郊の自然を楽しめる。

まさに天空の歩道

日本統治時代の鉄橋 ★★

ジウティエチャオティエンコンプーダオ
舊鐵橋天空歩道

MAP
P.42-A2

日本統治時代に建設され、当時東洋一の長さを誇った鉄橋が遊歩道となっている。高屏舊鐵橋（下淡水溪鉄橋）は高雄市と屏東縣の間を流れる高屏溪に架かる鉄道橋で、全長1526m、飯田豊二の設計で1913年に完成し1992年まで使用され

ていた。現在鉄橋付近は「大樹舊鐵橋生態公園」として整備され、橋の上から広大な湿原を見渡すことができる。また屏東側の鉄橋にも車両を利用した展示室が設けられている。

かつての鉄橋を歩いてみよう

蚵仔寮漁港
🏠 高雄市梓官區漁港二路
☎ (07)619-4100
🕐 13:00～18:00（観光市場）
❌ 無休
💴 無料
🚌 R16左營駅より紅53B、53C、53D路バスで「蚵仔寮漁港」下車すぐ（紅53Aは不可）
🌐 www.eatfish.org.tw

新鮮な魚が並ぶ

崗山之眼
🏠 高雄市岡山區近崗山好漢坡
☎ (07)628-2100
🕐 8:30～17:00（土・日～18:00。入場は15分前まで）
❌ 月
💴 80元
🚌 R24南岡山駅1番出口を直進した所にタクシー乗り場があり、崗山之眼まで290元。タクシーはシェアもでき、シェアできた場合ひとり当たり100～185元。

タクシー乗り場

舊鐵橋天空歩道
🏠 高雄市大樹區竹寮里竹寮路109號
☎ (07)652-2292
🕐 9:00～17:00（夏季～18:00）
❌ 無休
💴 無料
🚌 台鐵九曲堂駅から徒歩約15分

すぐ隣は現役の鉄橋

近くにある三和瓦窯では陶芸を体験できる

岡山

図 台鐵高雄駅より台鐵岡山駅下車、所要約19分〜、區間車31元、自強號49元

再建された岡山神社大鳥居

徳昌羊肉

MAP P.162
住 高雄市岡山區柳橋西路70號
TEL (07)625-7070
時 11:00〜15:00、16:00〜21:30
休 木
CC J M V
図 台鐵岡山駅より徒歩約20分
URL dechangmutton.wixsite.com/dechang

1944年創業のヤギ肉料理の老舗

岡山壽天宮

住 高雄市岡山區公園路40號
TEL (07)621-2424
時 6:00〜21:00
休 無休
料 無料
図 台鐵岡山駅より徒歩約20分。または岡山轉運站バスターミナルより紅69號バスで「岡山高中」下車、徒歩約1分

岡山神社の御神輿

カンシャン 岡山

　高雄市中心部から北へ約17kmに位置する岡山は、上質な**羊肉**が食べられることで有名な町。ただし、台湾では羊肉とは一般にヤギの肉を指す。林立する羊肉レストランでは、漢方スープ仕立ての羊肉湯、台湾でポピュラーな調味料のバーベキューソースで炒めた沙茶羊肉などさまざまな羊肉料理を味わえる。また、ハチミツも特産で、リュウガンの花から採取するハチミツはおみやげにおすすめ。

　岡山駅を出たら、平和東街から続く**平和路**へ足を向けてみよう。この通りは**岡山老街**とも呼ばれ、ところどころに日本統治時代の建築物が残り、懐古的な風情が残る。壽天路を越えた所に広がる**中山公園**には、かつてあった**岡山神社の大鳥居**が再建され、日本とのつながりを感じさせる。

古い建物が残る平和路

カンシャンショウティエンゴン 岡山壽天宮

　1712年の創建と伝えられる、岡山を代表する媽祖廟。台南の大天后宮から勧請された媽祖を中心に註生娘娘、千里眼、順風耳などを祀っている。立地が悪くたびたび水害に遭ったため、第2次世界大戦後にかつて岡山神社があった現在の場所に再建された。建築は華南の廟様式で、台北の龍山寺が手本にされたという。境内には岡山神社の手水鉢や狛犬が置かれ、廟内には大小の神輿も保存されている。

壮麗な媽祖廟

岡山

公園西路　公園東路　台南へ
岡山壽天宮 ▶P.162
岡山高中
図書館
中山公園　▶P.162
岡山神社大鳥居　大德一路
▶P.162
平和路
(岡山老街)　平和東街
岡山轉運站バスターミナル
岡山駅
0　300m
中華路
民族路
德昌羊肉 ▶P.162　源坐羊肉
柳橋西路　維仁路　柳橋東路
要城養蜂場
高雄へ

グルメガイド

港町・高雄で食べたいのはやはり海鮮料理。高級店から気軽に入れるローカル店まで幅広い。

シュインヂーウー
蟳之屋

MAP P.123-D2
エリア 高雄駅周辺

最高級の海鮮を味わえる

47年の長きにわたり営業する、高雄で指折りの老舗海鮮料理店。すっきりと洗練されたインテリアのなか、リッチな気分でおいしい料理を堪能できる。

店名のとおり、特に有名なのがカニ料理で、鹽酥蟳（カニの塩揚げ、時価。1匹2000元前後）、蟳粥（時価、1800元前後）が絶品。小人数向けの決まったコースはないが、ふたり以上ならひとり当たり2000元から鹽酥鰻、鹽蒸蝦（エビの塩蒸し）、海鮮料理などを含むコースの設定が可能。10人以上なら、ひとり当たり1500元から豪華なコースがある。

住 高雄市民生一路93號
☎ (07) 226-6127
⏰ 11:30〜14:00、17:30〜21:00
休 旧正月 ⊕10%
CC ADJMV
交 O6信義國小駅4番出口より徒歩約7分

1 変わらぬおいしさにリピーターも多い
2 1階はテーブル席で2階は個室

ホンマオガンハイシエンファンティン
紅毛港海鮮餐廳

MAP P.127-C2
エリア 高雄85大樓周辺

南台湾の海の幸を堪能

澎湖島や東港から毎日直送する新鮮な魚介を洗練された調理法で味わうことができる。

看板料理は、ニンニクがウチワエビの甘さを引き立てる蒜茸蒸黒蛄（ウチワエビのニンニク蒸し、1両＝37.5g約150元）。紅毛港魚翅（ホタテとフカヒレの姿煮、2500元）、バター香るアワビの陶板焼き（480元）など、ワインと合うメニューも多い。

日本人には刺身も人気。特に、太い甘エビのような鐵甲蝦（1匹90元）は、甘エビよりさらに弾力があり、プリプリの食感を楽しめる。ランチは予約のみ。

住 高雄市三多三路214號
☎ (07) 335-3606
⏰ 11:30〜14:30（LO.13:30）、17:30〜21:30（LO.21:00）
休 旧正月 ⊕10%
CC ADJMV
交 R8三多商圏駅5番出口より徒歩約5分
🌐 www.seafoodnet.com.tw

1 新鮮な魚介を、いちばんおいしい調理法で提供 2 店の入口

チーホウハイチャン
旗后海産

MAP P.155-A
エリア 旗津

ローカルに交じって味わう新鮮海産

「海鮮街」と呼ばれる旗津半島（→P.155）の廟前路に並ぶ庶民的海鮮レストランのひとつ。九層海瓜子（アサリと台湾バジルの炒め物、200元）など、近海で取れた海鮮をリーズナブルに味わうことができる。日本語メニューあり。

住 高雄市廟前路31號
☎ (07) 571-5460
⏰ 11:00〜20:00
休 月、旧正月
CC JMV
交 旗津輪渡站より徒歩約5分

1 ローカルな雰囲気 2 リーズナブルに味わえる取れたての海鮮の数々

海鮮料理

海天下餐廳
ハイティエンシアツァンティン

MAP P.122-B3
エリア 高雄85大樓周辺

要人も訪れる高級店

個室があり、日本人の利用も多い。烙蟳（処女蟹の塩蒸し、時価。1500元〜）が有名でミソがたっぷり詰まったカニを使用。澎湖島のカボチャと海鮮が入った南瓜粥（200元／人）もおすすめ。

🏠 高雄市林森二路188號
☎ (07)281-0651
🕐 11:15〜14:00、17:15〜21:30
🈺 旧正月　⊕10%
💳 D J M V
🚇 R9中央公園駅2番出口より徒歩約8分

七美望安
チーメイワンアン

MAP P.125-C1
エリア 高雄85大樓周辺

リーズナブルな人気店

居酒屋スタイルの海鮮料理店。澎湖島の七美と望安で取れた新鮮な魚介が並ぶショーケースの中から好きな魚を選んで注文するシステム。開店直後からすぐ席が埋まるので早めに行こう。

🏠 高雄市海辺路75號
☎ (07)281-9854
🕐 17:30〜23:30
🈺 毎月旧暦初日と16日、旧正月
💳 不可
🚇 R9中央公園駅1番出口より徒歩約15分。またはC10光榮碼頭駅より徒歩約5分

小籠包

龍袍湯包
ロンパオタンパオ

MAP P.125-D1
エリア 高雄85大樓周辺

カジュアルな雰囲気

「漢神百貨」（→P.176）から徒歩約2分の所にあり、日本人の利用が多い。さまざまな小籠包があるが、定番の招牌龍袍湯包（10個200元）とカニミソの湯包＝蟹肉湯包（10個300元）が二大人気。

🏠 高雄市新田路375號
☎ (07)251-0562
🕐 11:00〜14:00、17:00〜21:00
🈺 無休
💳 月
🚇 R9中央公園駅1番出口より徒歩約12分。またはC10光榮碼頭駅より徒歩約6分

紅陶上海湯包
ホンタオシャンハイタンパオ

MAP P.125-D1
エリア 高雄85大樓周辺

夜景と料理を堪能

漢來大飯店（→P.178）内にある、上海料理レストラン。皮が薄く、スープがたっぷりの湯包＝上海湯包（200元）、アズキ餅＝赤豆鬆糕（2個80元）など。奥の窓際の席からは高雄の夜景を楽しめる。

🏠 高雄市成功一路266號
　　漢來大飯店10階
☎ (07)213-5751
🕐 11:30〜14:30、17:30〜21:30
🈺 無休　⊕10%
💳 A D J M V
🚇 R9中央公園駅1番出口より徒歩約11分

鼎泰豐 高雄店
ディンタイフォン カオションディエン

MAP P.115-C3
エリア 左營

人気店の味を高雄で

大型デパート「漢神巨蛋購物廣場」に入る、台湾を代表する人気小籠包店の高雄支店。小籠包（10個250元）、元盅雞湯（チキンスープ、230元）などメニューは台北店と同じ。

🏠 高雄市博愛二路777號地下1階　☎ (07)553-3312
🕐 11:00〜21:00
🈺 無休　⊕10%
💳 A D J M V
🚇 R14巨蛋駅5番出口より徒歩約4分
🌐 www.dintaifung.com.tw

厚得福
ホウダフー

MAP P.125-D2
エリア 高雄85大樓周辺

行列必至の庶民派小籠包

カジュアルで、ひとりでも入りやすい庶民的なレストラン。おいしい鮮肉湯包（100元）ほか蒸餃子（100元）、烙餅（台湾風クレープ）や麺類もメニューが豊富。紅茶と豆乳は飲み放題。

🏠 高雄市成功一路214號
☎ (07)269-2912
🕐 11:00〜21:00
🈺 旧正月
💳 不可
🚇 R9中央公園駅2番出口より徒歩約15分
🌐 fb.com/holdfu.tw

鴨肉珍
ヤーロウチェン

今も創業者が店に立つ

鹽埕で65年以上続く鴨肉料理店。鴨肉飯（60元〜）は、小さな豚の角煮とアヒル肉がご飯の上にのってボリューム満点。豚モツが入った綜合下水（40元）とよく合う。人気店なので、食事時をずらすか、ピーク時は大行列を覚悟して。

住 高雄市五福四路258號
☎ (07) 521-5018
🕐 10:00〜20:00
休 不定休（月・火が多い。FBで告知）
CC 不可
交 O2鹽埕埔駅1番出口より徒歩約5分
URL fb.com/100046519366105

1 食事時は行列 **2** ちょうどいいボリューム

大圓環雞肉飯
ダーユエンホアンジーロウファン

売り切れしまいの人気店

MRT美麗島駅1番出口の目の前にある、庶民的な食堂。創業から40年近く、変わらぬ味を保つ雞肉飯（40元〜）や肉燥飯（魯肉飯、40元〜）が人気。蛤仔雞湯（鶏肉入りハマグリスープ、60元）は夕方前に売り切れるので、早めに訪れたい。

住 高雄市中山橫路1-1號
☎ (07) 285-9805
🕐 9:00〜16:00（売り切れまで）
休 不定休、旧正月
CC 不可
交 R10/O5美麗島駅1番出口よりすぐ
URL fb.com/100063859578580

1 混んでいるときは相席 **2** 長年愛され続けている雞肉飯

米糕城
ミーガオチョン

ぺろりと食べられる人気おこわ

鹽埕市民広場近くで3代にわたり営業を続ける有名店。甘いでんぶがかかった米糕（45元）や四神湯（35元）など台湾伝統のローカルフードを味わえる。虱目魚（サバヒー）の魚肚（100元）も美味。

住 高雄市大仁路107號
☎ (07) 533-3168
🕐 10:30〜19:30
休 水
CC 不可
交 O2鹽埕埔駅2番出口より徒歩約2分

正宗周燒肉飯
ヂォンゾンチョウシャオロウファン

高雄でポピュラーな焼肉丼

焼いた豚肉がのった燒肉飯（小45元〜）が看板メニュー。持ち帰りには燒肉飯便當（100元）が人気。味噌湯（20元）などのスープやゆで野菜などのサイドメニューも豊富で栄養バランスを取れる。

住 高雄市裕誠路221-213號
☎ (07) 558-4232
🕐 9:30〜20:30
休 旧正月
CC 不可
交 R14巨蛋駅2番出口より徒歩約15分

四川麺店
スーチュアンミエンディエン

1953年創業

歴史が古く、グルメタウンとしても知られる鳳山（→P.159）にある老舗牛肉麺店。牛肉のエキスが凝縮された澄んだスープの牛肉麺（140元）は、中心部から足を運ぶ価値のある味。

住 高雄市鳳山區三民路284號
☎ (07) 743-6002
🕐 11:00〜20:00
休 第2・4木曜
CC 不可
交 O12鳳山駅1番出口より徒歩約4分

港園牛肉麵館
ガンユエンニュウロウミエングアン

MAP P.124-B1
エリア 鹽埕・愛河周辺

高雄で牛肉麺といえばココ

高雄でいちばん有名な牛肉麺店。牛肉の味がしみ出たあっさりスープの牛肉湯麵（120元）、汁なしで濃いめのたれに麺をからませる牛肉拌麵（120元）どちらも甲乙つけがたく美味。大きな豚足がのった豬腳湯麵（120元）も人気。

🏠 高雄市大成街55號
☎ (07)561-3842
🕐 10:30〜20:00
🈲 旧正月
💳 不可
🚇 O2鹽埕埔駅4番出口より徒歩約6分

1 昼時は特に混み合う **2** 牛肉拌麵はスープ付き

三牛牛肉麵
サンニュウニュウロウミエン

MAP P.114-B2
エリア 左營

蓮池潭近くの人気牛肉麺店

左營蓮池潭（→P.140）の龍虎塔の近くにあり、食事時は行列ができるほど人気。おすすめは澄んだスープの清燉牛肉麵（185元）。麺は細麺、拉麺、すいとんのような疙瘩（＋10元）から選ぶ。

🏠 高雄市勝利路85號
☎ (07)588-7264
🕐 11:00〜15:00、17:00〜20:30
🈲 火、旧正月
💳 不可
🚇 台鐵左營駅より徒歩約6分

阿財雞絲麵
アーツァイジースーミエン

MAP P.120-A2
エリア 鹽埕・愛河周辺

独特の食感を楽しんで

細い卵麺に鶏肉をのせた雞絲麵が看板メニュー。麺は一度油で揚げていて弾力がある。雞絲乾麵（55元）は汁なしで、雞絲湯麵（45元）は汁あり。太監雞（蒸し鶏、130元）もおすすめ。

🏠 高雄市壽星街11號
☎ (07)521-5151
🕐 11:30〜21:00
🈲 日
💳 不可
🚇 O2鹽埕埔駅2番出口より徒歩約11分

阿萬意麵
アーワンイーミエン

MAP P.116-A3
エリア 高雄駅周辺

歴史を感じる店構え

創業者は意麺が有名な鹽水（→P.192）出身で、ローカルレストランが並ぶ三民街で50年以上営業。意麺（50元）は汁ありの意麵湯、汁なしの乾意麵、とろみスープの意麵焿の3種類。

🏠 高雄市三民街184號
☎ (07)231-3207
🕐 11:00〜13:30、15:30〜21:30
🈲 不定休
💳 不可
🚇 O4市議會駅1番出口より徒歩約10分。または台鐵三塊厝駅より徒歩約7分

興隆居
シンロンジュイ

MAP P.121-C1
エリア 高雄駅周辺

湯包が人気

名物である肉まんサイズの大きな湯包（25元）を求める人で、毎朝行列ができる。湯包を頼まない場合は列に並ばなくてOK。鹹豆漿（32元）や生野菜をパイで挟んだ焼餅生菜（50元）も人気。2階にも客席がある。

🏠 高雄市六合二路184、186號
☎ (07)261-6787
🕐 4:30〜11:30
🈲 月・火、旧正月
💳 不可
🚇 O4市議會駅1番出口より徒歩約2分
🌐 fb.com/100064697676083

1 毎朝行列ができる **2** 湯包と豆漿で1日をスタート

グルメ

朝食

グオマオライライドウジアン
果賀來來豆漿

興隆居の隣にある

伝統的な朝食店。油條、蛋餅、焼餅などさまざまなメニューが並び、欲しい物をトレイに取って会計する。豆漿 (17元) はレジで注文。韮菜蒸包 (ニラまん、17元) はニラがたっぷりで特製のピリ辛たれをつけるとさらにおいしい。

MAP P.121-C1
エリア 高雄駅周辺

- 高雄市自強一路47-1號
- (07)583-2801
- 4:00～11:30
- 火
- 不可
- O4市議會駅1番出口より徒歩約2分

1 自強一路と六合二路の交差点付近にある **2** 安いのにボリューム満点

粥

シアンウェイハイチャンヂョウ
香味海産粥

ニンニクが効いた海鮮粥

エビ、イカ、カキが入ったボリューム満点の海鮮粥を味わえる。量が多いので2人以上でシェアしたい。原味海産 (180元) が定番で、味噌味の味噌海産 (190元) もある。

MAP P.112-B2
エリア 高雄駅周辺

- 高雄市七賢一路7號
- (07)225-5302
- 16:00～23:00
- 旧正月
- 不可
- O7文化中心駅1番出口より徒歩約7分

豆腐

イエンチョンポーチョウドウフ
鹽埕波臭豆腐

臭豆腐のメニューが豊富

路地裏にあるこぢんまりとした臭豆腐の店。カラッと揚がった港式臭豆腐 (65元) は、外はサクサク中はしっとりで理想的な臭豆腐の食感。ピリ辛の豆腐乳のたれを付けてもおいしい。

MAP P.120-A2
エリア 鹽埕・愛河周辺

- 高雄市瀨南街186號
- 0977-331-733
- 15:00～22:00
- 月、旧正月
- 不可
- O2鹽埕埔駅2番出口より徒歩約5分
- fb.com/100083464790882

スープ

チンシーシアオチーブー
清溪小吃部

トロトロのあったか白玉団子

三鳳中街観光商圏 (→P.137) 内にて問屋街で働く人たちの胃袋を支える店。鹹湯圓湯 (55元) はセロリスープに入った豚肉あんの白玉団子。綜合湯 (55元) は鹹圓仔、肉団子、エビ団子入り。

MAP P.116-A2
エリア 高雄駅周辺

- 高雄市三鳳中街80-1號
- (07)286-7767
- 11:30～20:00
- 日
- 不可
- 台鐵高雄駅より徒歩約11分。または台鐵三塊厝駅より徒歩約2分

ハーマーシンヘイチーユイワンダーワン
哈瑪星黑旗魚丸大王

旗津帰りの利用におすすめ

旗津フェリーの鼓山輪渡站近くにある高雄代天宮 (→P.153) の境内に店を構える。綜合魚丸湯 (60元) は、白身魚とエビのすり身団子が入ったスープでセロリが効いたあっさり味。シンプルだが滋味深く、最後の一滴まで飲み干したくなる。

MAP P.118-B2
エリア 哈瑪星・西子灣

- 高雄市鼓波街27-7號
- (07)521-0948
- 10:30～20:00
- 不定休、旧正月
- 不可
- O1西子灣駅1番出口、C14哈瑪星駅より徒歩約3分

1 廟の境内にある **2** ボリューム満点の滷肉飯 (50元～) と一緒に

丹丹漢堡 七賢店
ダンダンハンバオ チーシェンディエン

隠れた南台湾名物

　高雄発祥で、台湾南部のみに展開するハンバーガーチェーン。サクサクのフライドチキンを挟んだバーガー、鮮脆雞腿堡（63元）が看板メニュー。人気のサイドメニューは麺線で、チキンバーガーと麺線とドリンクのセット（109元）がおすすめ。

- 高雄市七賢二路224號
- (07) 241-0928
- 7:00～21:00
- 火、旧正月
- 不可
- O4市議會駅4番出口より徒歩約2分
- dain-dain-hamburger.com

1 ペリカンの看板が目印　**2** 高雄に来たらぜひ食べたい

大胖碳烤三明治
ダーパンタンカオサンミンヂー

次々と焼き上がる

　開店と同時に行列ができる炭火焼きホットサンドの専門店。創業時から炭火で焼くことにこだわる。おすすめは招牌三明治（50元）。席数は少ないがイートインスペースもある。

- 高雄市大公路78號
- (07) 561-0262
- 7:00～10:50、18:00～22:50
- 日、不定休
- 不可
- O2鹽埕埔駅2番出口 より徒歩約4分

港都茶樓
ガンドウチャーロウ

高雄で飲茶を楽しむなら

　翰品酒店（→P.179）3階にあり、おいしい飲茶で知られる。水晶餃などの定番メニューのほか、富貴蝦球（エビのマヨネーズ炒め480元）、芋頭西米露（タロイモとタピオカのデザート）も人気。

- 高雄市大仁路43號翰品酒店3階
- (07) 561-4688内線5
- 11:00～14:00、17:00～21:00
- 無休　⊕10%
- A D J M V
- O2鹽埕埔駅2番出口より徒歩約3分

大饗家常料理
ダーシアンジアチャンリャオリー

地元に根付いた店

　醤炒水野蓮（160元）、客家小炒（200元）など、オーソドックスな客家料理を堪能できる本格派。招牌蘿葡板（100元）は自家製の大根餅でほとんどの客が注文するこの店の看板メニュー。

- 高雄市大同一路228-1號
- (07) 241-5022
- 11:00～14:00、17:00～20:30
- 火
- 不可
- R10/O5美麗島駅2番出口より徒歩約5分

驛站食堂
イーヂャンシータン

線路のすぐそば

　台鐵高雄駅の近くにある客家料理店。オーナーが鉄道好きで、レトロな客家風インテリアの随所に鉄道関連グッズが置かれている。薑絲大腸（250元）、花雕醉鷄腿（250元）、破布子炒山蘇（200元）などがおすすめ。

- 高雄市天津街2-1號
- (07) 321-9986
- 11:30～13:30、17:30～19:30
- 月・火
- J M V
- 台鐵高雄駅より徒歩約5分

1 ノスタルジックな雰囲気　**2** ご飯とよく合う客家料理

鍋

シャンチューリンヤンションツァオシーグアン
上竹林養生草食館

無農薬野草を食べ放題

　空気がきれいな台東の自社農場で自然栽培した野草を漢方スープの鍋で食べる。大人550元、子供280元のビュッフェ形式。野草は解毒やむくみ防止などさまざまな効果があるものを多数用意。サイドディッシュ、デザートも豊富。

- 🏠 高雄市林森一路100號
- ☎ (07) 272-7888
- 🕐 11:00～14:30、17:30～21:30
- 休 月
- ⊕ 10%
- CC 不可
- 🚇 R10/O5美麗島駅6番出口より徒歩約5分
- URL www.facebook.com/pg/sjihotpot

1 初めて見る野草が並ぶ **2** 十種類の漢方薬を2、3時間煮込んだスープ

西洋料理

ラワンカフェ
LA ONE Café

高雄の食材を洗練されたスタイルで

　地産地消にこだわり、高雄で取れる食材を使用する。メニューはパスタ、リゾット、ピザなどイタリアンが中心。前菜、デザートも充実している。店内はカジュアルだが洗練された雰囲気。隣は同系列のフランス料理店。

- 🏠 高雄市成功二路11號
- ☎ (07) 536-3715
- 🕐 9:00～21:00
- 休 無休
- ⊕ 10%
- CC D J M V
- 🚇 C7軟體園区駅よりすぐ
- URL www.laone.com.tw

1 ひとりでも入りやすい **2** 柚子胡椒が効いたシーフードのパスタ、鮮魚干貝・柚子胡椒奶油麵（580元）

カフェ

シンビン イーチェン
新濱.駅前

昔の銀行を利用したレトロカフェ

　店名の由来はかつてこの地域が高雄駅前だったから。その当時からここに立つ旧三和銀行の建築をリノベした、昭和浪漫を感じるカフェ。レトロな雰囲気のなか、洋風スイーツや軽食、かつての金庫で作られる冰滴コーヒーなどを楽しめる。

- 🏠 高雄市臨海三路5號 旧三和銀行
- ☎ (07) 531-5770
- 🕐 11:00～20:00
- 休 無休
- CC J M V
- 🚇 O1西子灣駅2番出口、C14哈瑪星駅より徒歩約1分
- URL fb.com/100063812155095

1 日本統治時代の銀行をカフェに転用 **2** 旧金庫室で造られる金庫冰滴咖啡（210元）はフィナンシェ付き

ルーレンカーフェイ
路人咖啡

高雄で人気の路人咖啡の5号店

　観光客でにぎわうベイエリア、駁二藝術特區の大義倉庫C8-20にある。倉庫の様子を残した灰色一色の内装がシックで、隣のホールには大きなコーヒー豆の焙煎機が並んでいる。エスプレッソベースの濃いめのコーヒーがおいしい。

- 🏠 高雄市大義街2-2號 C8-20
- ☎ (07) 521-4325
- 🕐 13:00～18:00（土・日12:00～19:00）
- 休 無休
- CC 不可
- 🚇 C12駁二大義駅より徒歩約1分
- URL ruhcafe.com

1 モノトーンのおしゃれな店内 **2** 路人拿鐵（140元）は微量のアルコール入り

ヒフミテイ
一二三亭

MAP P.119-C3
エリア 哈瑪星・西子湾

料亭をリノベしたカフェ

日本統治時代に料亭だった建物をリノベーションしたカフェ。当時の内装をできるだけ生かしレトロな雰囲気。本棚には本好きのオーナーが集めた本がずらり。日本語の本も多く、異国の地でコーヒーを飲みながら読書を楽しむのもいい。

住 高雄市鼓元街4號2階
☎ (07) 531-0330
🕙 10:00～18:00
休 無休
CC 不可
🚇 O1西子灣駅1番出口、C14哈瑪星駅より徒歩約3分
🌐 www.fb.com/cafehifumi

1 モンブランとブラックコーヒーのセット（260元）**2** 天井に当時の面影が残る

サンユィシューディエン
三餘書店

MAP P.112-B2
エリア 高雄駅周辺

書店が営業するカフェ

1階はカルチャー系の本を扱う独立系書店。2階はソファやテーブルがゆったりと配置されたカフェで、席と席の間が広く、周りに邪魔されずおしゃべりや読書に没頭できる。コーヒー、スイーツのほか、台湾のクラフトビールも味わえる。

住 高雄市中正二路214號
☎ (07) 225-3080
🕙 13:30～21:00
休 火
CC 不可（1階は可）
🚇 O7文化中心駅1番出口より徒歩約2分
🌐 www.takaobooks.tw

1 1階は書店 **2** ゆったりとしたくつろげる空間

バンジョウシーチャーウー
半九十茶屋

MAP P.122-A1
エリア 高雄駅周辺

シックで落ち着く店内

厳選されたお茶と、台湾の家庭料理をアレンジした定食（420元～）を提供するモダンな茶藝館。MRT美麗島駅に近く、中心部でお茶をしたいときに便利。店内はレトロでしっとりとした雰囲気。台湾茶（180元～）はカップかポットで。

住 高雄市中正四路71號
☎ (07) 281-5195
🕙 11:00～20:00、11:00～14:00（ランチ）、17:00～20:00（ディナー）
休 毎月最終火曜
CC 不可
🚇 R10/O5美麗島駅2番出口より徒歩約3分

1 蛤蠣虱目魚肚（ハマグリとサバヒーの定食、450元）**2** 茶葉の種類も豊富

チュンティエンビンティン
春田氷亭

MAP P.119-C2
エリア 哈瑪星・西子湾

重箱に入ったかき氷が名物

日本統治時代には高級旅館「春田館」だった建築をリノベーション。4階のカフェでは、季節のフルーツをふんだんに使ったかき氷や料亭をイメージしたかき氷、宮・九枡（200元、2人用280元）が写真映えすると人気だ。3階は台湾茶が楽しめる「春田茶室」。

住 高雄市臨海三路5號貿易商大樓4階
☎ (07) 531-2770
🕙 11:00～20:00
休 水・木
CC J M V
🚇 O1西子灣駅2番出口、C14哈瑪星駅より徒歩約1分

1 建物の歴史にちなんだホテルのような入口 **2** 8種のトッピングをお好みでかき氷に盛りつける「宮・九枡」

スイーツ

高雄

グルメ

典欣黑砂糖剉冰
ディエンシンヘイシャータンヅオビン

MAP P.123-D2　**エリア** 高雄駅周辺

氷に隠れた5つのトッピング

　黒糖シロップをかけたかき氷は台湾南部の名物。招牌黒砂糖剉冰（45元）は、中に黒糖ゼリーや白玉団子、アズキ、タピオカなど5種のトッピングが入る。練乳（＋5元）を追加する人が多い。

- 高雄市五福一路147號
- (07) 226-2986
- 13:00〜21:00
- 月、不定休（FBで告知）
- 不可
- O6信義國小駅4番出口より徒歩約8分
- fb.com/100057183351450

高雄婆婆冰
カオシォンポーポービン

MAP P.120-A2　**エリア** 鹽埕・愛河周辺

1934年創業の老舗

　芒果煉乳冰（110元）は大きめにカットしたマンゴーがごろんとのっている。冬は草莓煉乳冰（イチゴかき氷、110元）が人気。カットフルーツやフレッシュジュースもある。

- 高雄市七賢三路135號
- (07) 561-6567
- 10:00〜24:00
- 火
- 不可
- O2鹽埕埔駅2番出口より徒歩約5分

芒果好忙
マンゴーハオマン

MAP P.112-B1　**エリア** 高雄駅北部

おいしいマンゴーかき氷を食べられる

　厳選した旬のフルーツを使用したかき氷を楽しめる。草莓芒果雪花（240元）はイチゴとマンゴーがのったミルク味のかき氷で、冬も生のマンゴーを味わえる。冬はイチゴのメニューが充実。

- 高雄市富民路401號
- (07) 550-8115
- 12:30〜21:00
- 無休
- 不可
- R14巨蛋駅4番出口より徒歩約3分
- fb.com/ling131450

紅逗氷室
ホントウビンシー

MAP P.126-A1　**エリア** 高雄85大樓周辺

映画の撮影にも使われる

　レトロな店構えのスイーツ店。屏東産のアズキを使った古早味紅豆冰（45元）はアズキ、きなこ、練乳と黒糖シロップがかかった素朴で飽きない味。冬はホットのアズキスイーツもある。

- 高雄市文武三街95號
- 0977-092-468
- 14:00〜21:30（土・日・祝13:00〜）　休月
- 不可
- R9中央公園駅2番出口より徒歩約10分
- fb.com/hongdoubingshi

春霞正港古早味粉圓冰
チュンシアヂョンガンクーザオウェイフェンユエンビン

MAP P.116-A3　**エリア** 高雄駅周辺

素朴なタピオカかき氷

　1968年創業の伝統甘味店。タピオカをはじめトッピングはすべて手作りでやさしい甘さ。綜合地瓜圓（35元〜）はイモ団子、タピオカ、仙草ゼリー、緑豆、粉粿をかき氷と一緒に食べる。

- 高雄市三民街78號
- (07) 286-9192
- 10:00〜18:00
- 旧正月
- 不可
- 台鐵高雄駅より徒歩約11分。または台鐵三塊厝駅より徒歩約5分

老周冷熱飲
ラオチョウロンルーイン

MAP P.116-A3　**エリア** 高雄駅周辺

ほっとする素朴な味

　市場のようになっている三民街にある。ピーナッツやアズキ、白玉など8種類のトッピングをおしるこ風に食べる伝統スイーツ（60元）は、かき氷を加える「冰品」、ホットの「熱品」どちらか選ぶ。

- 高雄市三民街126號
- (07) 281-6780
- 10:00〜23:30
- 毎月旧暦17日
- 不可
- O4市議會駅4番出口より徒歩約11分。または台鐵三塊厝駅より徒歩約6分

トゥーチュアントウハイチービン
渡船頭海之冰

MAP P.118-B3
エリア 哈瑪星・西子灣

シェアして食べたい大盛りかき氷

人数に合わせて2～20倍にできるかき氷で有名。おすすめはミルク味のかき氷に季節の果物をふんだんにトッピングした牛奶水果冰（65元～）。特大かき氷を大人数でシェアして盛り上がろう。

🏠 高雄市濱海一路76號
📞 (07) 551-3773
🕐 11:00～23:00
休 月
CC 不可
🚇 O1西子灣駅1番出口、C14哈瑪星駅より徒歩約5分
🌐 fb.com/SealceKH

アーリークーザオウェイツオビン
阿里古早味剉冰

MAP P.114-A2
エリア 左營

左營蓮池潭見学後に立ち寄りたい

左營蓮池潭の龍虎塔（→P.140）から徒歩約4分の所にあるローカルなかき氷店。トッピングはすべて手作り。人気は愛玉檸檬冰（50元）。夏季限定の黒糖粉粿（黒糖ゼリー）もおすすめ。

🏠 高雄市坋仔頭路28號
📞 0929-773-528
🕐 7:00～14:00
休 不定休　CC 不可
🚇 台鐵左營駅より徒歩約15分。またはR16左營駅より紅51A、301B路バスで「左營農會」下車、徒歩約4分

ホアンジアフェンユエンビン
黃家粉圓冰

MAP P.116-A3
エリア 高雄駅周辺

10元から食べられるかき氷

タピオカと自家製の黒糖シロップで食べるシンプルな黒糖粉圓冰（10元）は驚きの安さ。＋5元でトッピングを増やすこともできる。八寶冰（40元）は8種類のトッピングがのっている。

🏠 高雄市河南二路131號
📞 (07) 282-1010
🕐 10:30～22:00
休 旧正月
CC 不可
🚇 O4市議會駅1番出口より徒歩約10分

トウリョウビンチョン
斗六冰城

MAP P.112-A2
エリア 旗津

懐かしい雰囲気を味わって

旗津（→P.155）にある1978年創業の老舗アイスクリーム店。冰淇淋（45元）は12種類のフレーバーから3種を選べる自家製アイスクリーム。アイスをクラッカーでサンドした冰餅（30元）も人気。

🏠 高雄市中洲三路450號
📞 (07) 571-3850
🕐 10:30～22:30
無休　CC 不可
🚇 旗津輪渡站より徒歩約13分。または旗津輪渡站より紅9路バスで「中州路」下車、徒歩約1分

イエンチェンウージアジンジエドウホア
鹽埕吳家金桔豆花

MAP P.120-A2
エリア 鹽埕・愛河周辺

添加物不使用の自家製豆花

富野路にシンプルな店を構える。看板メニューの金桔氷豆花（50元）は特製キンカンシロップと滑らかな豆花の組み合わせが絶妙。先代から受け継いだ、調味料を使わない自家製法を守っている。

🏠 高雄市富野路70號
📞 0981-615-230
🕐 11:00～18:00
休 月
CC 不可
🚇 O2鹽埕埔駅2番出口より徒歩6分

アイユイビン
愛玉冰

MAP P.122-B1
エリア 高雄駅周辺

ぷるぷるの愛玉ゼリー

アーケードになっている南華観光購物街で長年営業している屋台。暑い日はレトロなガラスの器に入った透明なレモン味のゼリー、愛玉冰（小25元、大35元）で涼を取りたい。

🏠 高雄市南華路58號前
📞 なし
🕐 11:00～21:00
休 不定休
CC 不可
🚇 R10/O5美麗島駅5番出口より徒歩約1分

スイーツ

緑豆兵緑豆湯
リュードウビンリュードウタン

MAP P.121-C2
エリア 鹽埕・愛河周辺

すっきりとした甘さの緑豆湯専門店

緑豆の甘いスープ、緑豆湯 (35元) は解熱作用があり、暑い高雄でよく食べられる。美肌効果があるといわれるハトムギスープの薏仁湯 (35元) もあり、ミックスもできる。

🏠 高雄市成功一路445-1號
☎ (07) 201-9738
🕐 8:00〜22:00(土9:00〜)
休 日
💳 不可
🚇 O4市議會駅2番出口より徒歩約3分

九記食糖水
ジョウジーシータンシュイ

MAP P.120-A3
エリア 鹽埕・愛河周辺

イラストで心が和む

路地裏の小さな港式スイーツ店。芝麻杏仁糊 (ゴマと杏仁のスープ、100元) など2色のものを頼むと、イラストを描いてくれる。何が描かれてくるかはお楽しみ。西米露 (85元) も人気。

🏠 高雄市鹽埕埔36巷23號
☎ (07) 531-4007
🕐 14:00〜23:00
休 無休
💳 不可
🚇 O2鹽埕埔駅2番出口より徒歩約3分
🌐 fb.com/100063717437018

J.C.co Art Kitchen 藝術廚房
ジェイシーコー アートキッチン イーシュウチューファン

MAP P.112-B2
エリア 高雄市北部

SNSで話題の犬のアイス

本物そっくりな犬の形のアイス (110元〜) をはじめとするユニークなアイスを開発するデザイン会社のオフィス。2024年2月に屏菸1936文化基地 (→P.204) に出店予定。

🏠 高雄市大豐二路564巷3號
☎ 0985-345-924
🕐 10:00〜17:00(要予約)
休 月 💳 J M V
🚇 C28高雄高工駅より徒歩約17分
🌐 fb.com/J.C.co.ICE

ドリンク

樺達奶茶
ホアダーナイチャー

MAP P.120-B3
エリア 鹽埕・愛河周辺

高雄発祥のタピオカミルクティー

台湾全土に支店をもつ人気ミルクティー店の創始店。店名になっている樺達奶茶 (60元) のほか、プーアール茶を加えた甘さ控えめの美容奶茶 (60元) などもある。タピオカ入りはプラス5元。

🏠 高雄市新樂街101號
☎ (07) 551-2151
🕐 9:00〜22:00
休 無休
💳 不可
🚇 O2鹽埕埔駅3番出口より徒歩約3分
🌐 fb.com/HWADAmilktea

高雄牛乳大王
カオションニュウルーダーワン

MAP P.121-D2
エリア 高雄85大樓周辺

消化を助けるパパイヤミルク

木瓜牛乳 (パパイヤミルク、65元) の発祥店。西瓜汁 (スイカジュース、80元) のフレッシュジュースを飲める。三明治全餐 (サンドイッチとドリンクのセット、185元) など軽食もある。

🏠 高雄市中華三路65-5號
☎ (07) 282-3636
🕐 7:00〜翌2:00
休 無休
💳 不可
🚇 O4市議會駅3番出口より徒歩約5分

濃厚舖青草茶
ノンホウプーチンツァオチャー

MAP P.122-A1
エリア 高雄駅周辺

体にいい薬草茶

高雄市内で展開する薬草茶店の本店。薄茶 (小40元〜) は、飲むと胃がすっきりとし、食後や暑い日の暑気払いにおすすめ。仙草ゼリー仙草凍 (45元) はミルクをかけてもおいしい。

🏠 高雄市民主横路16號
☎ (07) 288-1888
🕐 24時間
休 無休
💳 不可
🚇 R10/O05美麗島駅11番出口より徒歩約1分

ショッピング

フルーツの産地が近く、おみやげにはジャムやドライフルーツなどの加工品がおすすめ。

雑貨

チゥフオインステージポーアールシャージーシーガイニエンツァンクー
趣活 in STAGE 駁二設計師概念倉庫

MAP P.124-A1
エリア 塩埕・愛河周辺

台湾のデザイン雑貨を買える店

駁二藝術特區（→P.149）の大義倉庫にある、メイドイン台湾の雑貨を中心に扱う店で、台南の藍晒圖文創園區（→P.74）などにも支店がある。帽子やリュックなど実用的な物も多く、旅行中から活躍できそうなアイテムも多い。

🏠 高雄市大義街2號C6-4倉庫
☎ (07) 531-0188
🕐 11:00～19:00（土・日～21:00）
休 無休
CC J M V
🚇 C12駁二大義倉庫より徒歩約1分
🌐 cheerfor-in-stage-pier2.business.site

1 広い店内でおみやげ選びが楽しい **2** 高雄発のテキスタイルブランド、「好感良物」の商品も販売

文房具

エスケービーウェンミンガンビー
SKB文明鋼筆

MAP P.120-A3
エリア 塩埕・愛河周辺

メイドイン台湾の文房具

高雄に本社をおく、1955年創業の台湾文具メーカーの専門店。ボールペンや色鉛筆などさまざまな自社製品を販売。ペン類は絶妙なニュアンスカラーが充実していて、文具好きは要チェック。

🏠 高雄市五福四路153號
☎ (07) 521-8271
🕐 10:30～19:00（土・日11:00～）
休 無休
CC J M V
🚇 O2塩埕埔駅1番出口よりすぐ
🌐 www.skb.com.tw

バッグ

シューバオダーワン
書包大王

MAP P.120-B3
エリア 塩埕・愛河周辺

台湾の学生かばんをゲット

地元の中高生が使っている学生用かばん（480元～）のメーカー＆販売店。丈夫な帆布でできていて、実用的なショルダーバッグとして一般客からも人気。オリジナルデザインもある。

🏠 高雄市大仁路33號
☎ (07) 531-2542
🕐 12:00～21:00
休 火
CC J M V
🚇 O2塩埕埔駅2番出口より徒歩約3分

パン

ウーバオチュンマイファンディエン
吳寶春麥方店

MAP P.127-D1
エリア 高雄85大樓周辺

世界チャンピオンのパン職人の店

パンの世界大会でチャンピオンになった吳寶春氏のベーカリーの本店。グランプリを獲得した荔枝玫瑰麵包（ライチパン、370元）と準グランプリを獲得した酒釀桂圓麵包（酒かすとリュウガンのパン、370元、半分210元）を目当てに開店前から客が並んでいる。昼過ぎには売り切れることも多いので、確実に手に入れるなら午前中に訪れたい。どちらもかなり大きく、日持ちは常温で3日程度。高雄産のパイナップルを100％使用した無嫌鳳梨酥（パイナップルケーキ、38元）は日持ちも1ヵ月でおみやげに最適。

🏠 高雄市四維三路19號
☎ (07) 335-9593
🕐 10:30～20:00
休 旧正月
CC J M V
🚇 R8三多商圈駅3番出口より紅21路バスで「市政府大樓」下車、徒歩約2分
🌐 www.wupaochun.com

1 外はカリッ、中はふんわり **2** さまざまなパンを販売

菓子

MAP P.112-B2

ウージーピンディエン
呉記餅店

エリア 高雄駅周辺

1937年創業の菓子店

老舗の伝統菓子店。綠豆椪（1個60元）は中秋節に100万個以上売れる人気商品。そのほか鳳梨酥（パイナップルケーキ、10個300元）は甘さを抑えた大人の味で、高雄みやげにおすすめ。

🏠高雄市和平一路242號
☎(07) 225-8721
🕐8:30～21:30
休無休
CC J M V
🚇O7文化中心駅4番出口より徒歩約2分
🌐www.wuchi.com.tw

マーリーシーピン
瑪莉食品

MAP P.124-B1
エリア 鹽埕・愛河周辺

高雄みやげにぴったりのお菓子

自家製造の菓子を直売。1個ずつかわいい箱に入った愛河栗子焼（50元）はティラミス味のマロンスイーツでお茶にもコーヒーにも合う。太鼓の形をした旗鼓餅（35元）も高雄ならではのおみやげ。

🏠高雄市五福四路25號
☎(07) 561-4475
🕐10:00～18:00（土～20:00、日12:00～）
休無休
CC M V
🚇O2鹽埕埔駅4番出口より徒歩約7分

ジュウジェンナンビンディエン
舊振南餅店

MAP P.122-A1
エリア 高雄駅周辺

高雄の囍餅街の老舗

1890年創業という中華菓子の老舗店。たっぷりとあんが詰まった漢餅（220元）は、肉系やクルミあん、パイナップルあんなど11種類がある。鳳梨酥（9個435元）も人気がある。店内で試食も可。

🏠高雄市中正四路84號
☎(07) 288-8202
🕐9:30～21:00
休無休
CC A J M V
🚇R10/O5美麗島駅1番出口より徒歩約3分
🌐www.jzn.com.tw

ムールンホアションタン
木侖花生糖

MAP P.112-B3
エリア 高雄市南部

サクサクのピーナッツバー

高雄っ子が必ずおみやげに持参するという手作り花生糖（ピーナッツバー）の有名店。ピーナッツ（320元）のほかアーモンド（杏仁糖、400元）など8種類がある。試食もできる。

🏠高雄市五甲二路559號
☎(07) 821-4892
🕐8:00～20:00
休日
CC不可
🚇R5前鎮高中駅2番出口より徒歩約20分
🌐fb.com/100057239838856

カラスミ

チョンウェイチェンウーユィヅュアンメンディエン
正味珍烏魚子専門店

MAP P.120-A2
エリア 鹽埕・愛河周辺

創業65年以上にも及ぶ

鹽埕で親子2代にわたり営業するカラスミ専門店。すべて自社で製造しており、店先で天日干ししている。ランクは約200元の安価なものから、贈答用の高級品までさまざま。1斤1400元～。

🏠高雄市七賢三路125號
☎(07) 551-2749
🕐10:00～21:00
休無休
CC J M V
🚇O2鹽埕埔駅2番出口より徒歩約5分

スーパー

ジアルーフーアイホーディエン
家樂福 愛河店 Carrefour

MAP P.120-B1
エリア 鹽埕・愛河周辺

見て回るだけでも楽しい

フランス資本のスーパーマーケットチェーン「カルフール」。売り場は広大で、商品の品揃えも豊富。台湾名産品を揃えたコーナーもあり、おみやげ探しにも便利。YouBikeが店の前にある。

🏠高雄市河東路356號
☎(07) 272-5066
🕐8:30～23:00
休無休
CC M V
🚇O4市議會駅1番出口より徒歩約20分
🌐www.carrefour.com.tw

漢神百貨
ハンシェンバイフオ

MAP P.125-D1
エリア 高雄85大樓周辺

信頼の厚い高級デパート
　高級ホテル漢來大飯店(→P.178)に隣接し、シャネル、エルメスなどラグジュアリーブランドも充実。地下にMUJIや糖村、高級スーパーのMia C'bonもあり、おみやげ探しもできる。

🏠 高雄市成功一路266-1號
☎ (07) 215-7266
🕐 11:00～21:30(金・土・祝前日～22:00、土・連休中日10:30～22:30、日・祝10:30～)
休 無休　CC ADJMV
🚇 R9中央公園駅1番出口より徒歩約11分

大遠百
ダーユエンバイ

MAP P.126-B3
エリア 高雄85大樓周辺

誠品書店も入る
　MRT三多商圏駅直結の地上17階、地下1階の大型デパート。11階のフードコートには台南の人気小吃店、周氏蝦捲(→P.91)の支店がある。17階は誠品書店、13～16階は映画館。

🏠 高雄市三多四路21號
☎ (07) 972-8888
🕐 11:00～22:00
休 無休
CC ADJMV
🚇 R8三多商圏駅1番出口よりすぐ
🌐 www.feds.com.tw/tw/51

夢時代購物中心
モンシータイゴウウーチョンシン

MAP P.112-B3
エリア 高雄市南部

観覧車が楽しい巨大モール
　クジラをイメージした外観で、地上9階、地下2階というアジア最大級を誇るショッピングモール。屋上には高雄市街を一望できる巨大な観覧車があり、高雄のシンボルのひとつとなっている。

🏠 高雄市中華五路789號
☎ (07) 813-5678
🕐 11:00～22:00(金・祝前日～22:30、土・連休10:30～22:30、日・祝10:30～)　休 無休
CC ADJMV(店による)
🚇 C5夢時代駅より徒歩約3分
🌐 www.dreammall.com.tw

MLD台鋁
エムエルディータイリュー

MAP P.113-A・B2
エリア 高雄85大樓周辺

LRTで訪れたいリノベスポット
　日本統治時代に造られたアルミ工場をリノベーションした複合商業施設で、シネマコンプレックスのMLDシネマ、文化発信型書店のMLDリーディング、オーガニックスーパーのMLDフレッシュなどからなる。週末は手作りマーケットを開催。

🏠 高雄市忠勤路8號
☎ (07) 536-5388
🕐 書店11:30～21:30
休 無休
CC MV
🚇 C7軟體園區駅より徒歩約7分
🌐 mld.com.tw

1 工場をきれいにリノベ **2** 洗練された書店、MLDリーディングでは雑貨や食品も販売

SKM Park outlets 高雄草衙
エスケーエムパークアウトレットカオションツァオヤー

MAP P.112-B3
エリア 高雄市南部

大人も子供も楽しめる
　ショッピングセンターとフードコート、遊園地が併設された大型複合商業施設。鈴鹿賽道樂園は日本の鈴鹿サーキットを10分の1サイズで再現したゴーカート。高雄国際空港に近く、荷物を預かるサービスもあるので、帰国前にも立ち寄れる。

🏠 高雄市中安路1-1號
☎ (07) 796-9999
🕐 10:30～22:00
休 無休
CC ADJMV(店による)
🚇 R4A草衙駅2番出口よりすぐ
🌐 www.skmpark.com

1 レーサー気分を味わえるサーキット場 **2** 新光三越系列のアウトレットパーク

リラクセーション

台北に次ぐ大都市、高雄はマッサージ店も充実している。高級ホテルにはスパも併設。

マッサージ

左腳右腳經典按摩會館

ズオジャオヨウジャオジンディエンアンモーホェイグァン

MAP P.122-B3
エリア 高雄85大樓周辺

長年営業する実力店

きれいな設備のマッサージ店。足裏マッサージ（70分1400元）、全身マッサージ（100分1700元）ほか、時間に応じたメニューの選択が可能。足裏の角質取り（600元）、爪切り（600元）などもあり、気軽にフットケアもできる。

🏠 高雄市新田路145號
☎ (07) 282-1377
🕙 10:00〜翌2:00
休 無休
💳 J M V
🚇 R9中央公園駅2番出口より徒歩約5分
🌐 www.feet.com.tw

❶ 店名が大きく書かれてわかりやすい看板
❷ 歩き疲れた旅の疲れをリセット

鄧老師養生館

トンラオシーヤンシュングァン

MAP P.125-D1
エリア 高雄85大樓周辺

高雄発祥のマッサージチェーン

台湾南部を中心に台湾全土に支店がある。熟練のマッサージ師を揃え、足裏マッサージ（50分700元）、全身マッサージ（70分950元）のほか、カッサやカッピング（各30分600元）もある。

🏠 高雄市五福三路96號
☎ (07) 272-5599
🕙 10:00〜翌4:00
休 無休
💳 J M V
🚇 R9中央公園駅1番出口より徒歩約11分
🌐 fb.com/dengteacher/?locale=ja_JP

不老松足湯 高雄愛河館

ブーラオソンズータン カオションアイホーグァン

MAP P.125-C1
エリア 高雄85大樓周辺

足湯にこだわるマッサージ店

台中発のマッサージチェーンで、高雄に数軒の支店あり。足裏マッサージ（40分700元〜）は漢方の入浴剤を入れた足湯付き。全身マッサージも足湯からスタート。施術後は漢方ゼリーが出る。

🏠 高雄市河東路2號
☎ (07) 221-3777
🕙 24時間
休 無休
💳 J M V
🚇 C11真愛碼頭駅より徒歩約6分
🌐 fb.com /youngsongshu2

現代人健康廣場

シエンタイレンジエンカンゴワンチャン

MAP P.125-D1
エリア 高雄85大樓周辺

昔からある老舗

全身マッサージ（90分1500元）、足裏マッサージ（700元）など定番マッサージから、顔マッサージ（1000元）、爪切り（400元）、耳掃除（500元）などメニュー豊富。日本円でも支払い可。

🏠 高雄市五福三路101號
☎ (07) 241-3222
🕙 24時間
休 無休
💳 J M V（カード利用は＋5%）
🚇 R9中央公園駅1番出口より徒歩約7分

スパ

DOLORES 朵芮絲Spa

ドローレス ドゥオルイスースパ

MAP P.112-B1
エリア 高雄市北部

体質改善も目指せる本格スパ

施術には独自に開発したオイルや化粧品を使用。おすすめメニューはオイルマッサージ（60分2400元）。facebookのメッセージから日本語で予約もできる。3日前までの予約が望ましい。

🏠 高雄市裕誠路1663號
☎ (07) 586-7775
🕙 12:00〜21:00（入店は18:30まで）　休 旧正月
💳 A J M V
🚇 C23龍華國小より徒歩約12分
🌐 fb.com/dolores.spa

ホテルガイド

台南に比べホテルの数が多く、料金も比較的リーズナブル。台鐵高雄駅周辺は経済的な宿が多い。

高級

ハンライダーファンディエン
漢來大飯店

MAP P.125-D1
エリア 高雄85大樓周辺

日 🛜

高雄を代表する老舗

　商業エリアの中心部に立つ高層ホテルで、客室は26〜42階。最上階の45階は眺めのよいレストランフロアになっている。高級感のある内装で、調度品に格調の高さが表れている。ジムやプール、サウナなどの施設も充実。キティルームもある。

🏠 高雄市成功一路266號
☎ (07) 216-1766
FAX (07) 216-1966
💰 ⑤①1万2800元〜
➕ 15%
CC A D J M V
🛏 540
🚇 R9中央公園駅1番出口より徒歩約11分。土・日・祝は同駅より漢神百貨の無料シャトルバスあり
🌐 www.grand-hilai.com
1 デパートも隣接する高層ホテル
2 クラシカルで落ち着く内装

和逸飯店 高雄中山館 （ホーイーファンディエン カオシォンチョンシャングアン）
ホテルコッツィ 高雄中山館

MAP P.126-B3
エリア 高雄85大樓周辺

日 🛜

絶好のビューを楽しめる

　MRT三多商圏駅の交差点に立つビルの上層部を占め、フロントは30階にある。周辺はデパートやレストランが集まるショッピングエリアで便利な立地。広々とした客室は、使いやすさを考慮したオリジナルのインテリアで、くつろげる配色でまとめられている。窓の外には高雄市街のパノラマが広がり、旅の気分も盛り上がる。

　眺め抜群のレストランからは、高雄85大樓の後ろに高雄港が広がる絵に描いたような景色を楽しめる。

🏠 高雄市中山二路260號
☎ (07) 975-6699
FAX (07) 975-6688
💰 ⑤①5200元〜　➕ 10%
CC A J M V
🛏 182　🚇 R8三多商圏駅3番出口より徒歩約1分
🌐 hotelcozzi.com

1 レストランからの眺めは最高。夕景も楽しめる。
2 機能的かつ洗練されたデザイン

ハンシュエンクオジーダーファンディエン
インターコンチネンタル 高雄 （カオシォンジォウジージォウディエン）

MAP P.126-B3
エリア 高雄85大樓周辺

日 🛜

ハイクラスな滞在を楽しめる

　2021年11月にオープン。緑道に面した高層ビルに入り、高層階からの眺めは抜群。デザインはアールデコ調で、モダンで洗練された雰囲気。周辺の景色を楽しめる屋内プールも高級感が漂う。

🏠 高雄市新光路33號
☎ (07) 339-1888
💰 W①7120元〜　①7471元〜
CC A J M V
🛏 253
🚇 R8三多商圏駅2番出口より徒歩約5分
🌐 ickaohsiung.com

ハンシュエンクオジーダーファンディエン
寒軒國際大飯店

MAP P.127-D1
エリア 高雄85大樓周辺

日 🛜

遠くからでも目立つ高層ホテル

　国際的な建築家が設計した客室は、窓が大きく眺めがいい。プール、ジム、スパ、サウナなど、高級ホテルならではの設備も揃う。7階のビジネスセンターとロビーで日本語の新聞を用意。

🏠 高雄市四維三路33號
☎ (07) 332-2000　FAX (07) 336-1600　💰 ⑤7000元〜　①9800元〜　➕15% CC A J M V
🛏 380　🚇 R8三多商圏駅6番出口より徒歩約10分。R8三多商圏駅より無料シャトルバスもある（要予約）🌐 www.han-hsien.com.tw

---

高級

ホテルドゥア
Hotel dùa

MAP P.122-B1
エリア 高雄駅周辺

日 📶

個人客を重視する大人ホテル

　「住」を意味する台湾語「dùa」が名前の由来。上質な環境を維持するため、ツアー客の利用はない。眺望が自慢の15階のバー「étage15」での朝食ですがすがしく朝をスタートできる。

住 高雄市林森一路165號
☎ (07) 272-2999
FAX (07) 272-2993
料 Ⓦ3630元〜　⊕10%
CC AJMV
室 145　交 R10/O5美麗島駅6番出口より徒歩約1分
URL www.hoteldua.com

高雄福華大飯店（カオシォンフーホアダーファンディエン）
ハワードプラザホテル高雄

MAP P.123-C1
エリア 高雄駅周辺

日 📶

日本のホテルと提携

　日本語がよく通じ、安心して利用できる。台鐵高雄駅や六合國際観光夜市に近く、観光に便利。部屋は明るくゆったりとしている。予約は東京事務所（ハワードプラザホテル☎(03)3344-0279）へ。

住 高雄市七賢一路311號
☎ (07) 236-2323
FAX (07) 235-8383
料 Ⓢ8800元〜　Ⓣ9680元〜
⊕10%　CC AJMV　室305
交 R10/O5美麗島駅8番出口より徒歩約10分　URL kaohsiung.howard-hotels.com.tw

ハンピンジョウディエン
翰品酒店 CHATEAU DE CHINE KAOHSIUNG

MAP P.120-B3
エリア 鹽埕・愛河周辺

日 📶

サービスがよいと評判

　鹽埕市民広場の角に立ち、周辺には人気ローカルフードの老舗が多い。3階の「港都茶樓」（→P.168）の飲茶はローカルにも大人気。無料で使える洗濯機、乾燥機、自転車があり便利。

住 高雄市大仁路43號
☎ (07) 521-7388
FAX (07) 521-7068
料 Ⓦ2499元〜　⊕10%
CC JMV　室152
交 O2鹽埕埔駅2番出口より徒歩約3分
URL kaohsiung.chateaudechine.com

カオシォンシャンリュー
高雄商旅 URBAN HOTEL33

MAP P.123-D2
エリア 高雄駅周辺

日 📶

ツアーでも利用

　寒軒グループの高級ビジネスホテル。仕事で疲れたビジネス客が静かに休めるようビジネス客専用の客室エリアを設けるなど、気遣いにあふれている。客室は使いやすく機能的なデザイン。

住 高雄市民族二路33號
☎ (07) 222-1333
FAX (07) 223-3800
料 ⓈⓉ5000元〜
⊕10%　CC ADJMV
室167　交 O6信義國小駅4番出口より徒歩約2分
URL www.han-hsien.com.tw/urban

カオシォンユエンシャンダーファンディエン
高雄圓山大飯店

MAP P.42-A2
エリア 高雄市郊外

📶

台北の圓山大飯店と同系列

　澄清湖（→P.143）湖畔に立つ中国宮殿風建物。高雄市街を見下ろす小高い丘にあり、自然に囲まれた静かで落ち着いた環境。町歩きには不便だがくつろいだホテルステイを楽しめる。

住 高雄市圓山路2號
☎ (07) 370-5911　FAX (07) 370-4889　料 Ⓦ9000元〜　Ⓣ1万5000元〜　⊕10%
CC AJMV　室106
交 台鐵高雄駅より60路バスで「正修科技大学」下車、徒歩約10分　URL www.grand-hotel.org

捷絲旅 高雄站前館（ジェスーリュー カオシォンヂャンチエングアン）
ジャストスリープ 高雄站前館

MAP P.117-C3
エリア 高雄駅周辺

日 📶

都会的なデザインホテル

　晶華酒店（リージェント）グループのデザインホテルで、ショッピングや観光に便利。客室はスタイリッシュなデザイン。無料ランドリー、ジム完備。長期滞在や家族連れに便利な中正館もある。

住 高雄市中山一路280號
☎ (07) 973-3588
FAX (07) 973-3583
料 2900元〜　⊕10%
CC AJMV　室136
交 台鐵高雄駅より徒歩約4分
URL www.justsleep.com.tw/KaohsiungStation/jp

喜迎旅店 (シーインリューディエン)
グリート イン GREET INN

採光のよい大きな窓が特徴

グレーを基調としたシンプルでおしゃれな客室。窓が大きくとられ、心地よくステイできる。宿泊客は無料で使用できるジム、ランドリールームもある。愛河、六合國際觀光夜市は徒歩圏内。

🏠 高雄市六合二路161號
☎ (07) 231-2333
📠 (07) 231-8383
💴 ⑤①3650元〜　🛏 94
🚇 ○4市議會駅4番出口より徒歩約3分
🌐 greetinn.com.tw

頭等艙飯店 (トウドンツァンファンディエン)
エアラインイン

「空の旅」の気分も味わえる

高雄駅の目の前という便利な立地。エアライン(航空)がテーマで、フロントはまるで空港のチェックインカウンターのよう。客室デザインは明るく楽しい雰囲気で、旅の気分を盛り上げてくれる。

🏠 高雄市建國三路33號
☎ (07) 285-3888
📠 (07) 285-3999
💴 ⑤1600元〜　①1800元〜
💳 ＡＪＭＶ
🛏 134
🚇 台鐵高雄駅から徒歩約2分
🌐 www.airlineinn.com

アルサンチーチョンジーデューティーリューディエン
237重機主題旅店

バイクがテーマのホテル

古いオフィスビルをリノベーション。内装、客室は今風でおしゃれ。宿泊客は無料で自転車を借りられる。MRT駅から少し遠いが、自転車で鹽埕・愛河周辺、哈瑪星エリアを回るには便利な立地。

🏠 高雄市七賢三路237號
☎ (07) 521-8237
📠 (07) 531-7237
💴 ⑤1050元〜　①2580元〜
💳 ＪＭＶ　🛏 32
🚇 ○2鹽埕埔駅2番出口より徒歩約10分
🌐 www.fb.com/pg/Hotel237

ニャオチャオディンジーシャンリュー チーシエングアン
鳥巣頂級商旅 七賢館

「鳥の巣」がコンセプト

客室は広々としていて、最新式のシャワー、洗面台を揃えて快適に滞在できる。ロビーに無料で使えるパソコンを用意。大きな鳥籠を模したインテリアで写真が撮れる。

🏠 高雄市七賢二路165號
☎ (07) 971-9999
📠 (07) 971-9988
💴 Ｗ4880元〜　①5880元〜
💳 ＪＭＶ　🛏 77
🚇 ○4市議會駅4番出口より徒歩約7分
🌐 www.nesthotel.com.tw

高雄愛河智選假日酒店 (カオシォンアイホーデーシュアンジアリージョウディエン)
ホリデイ・イン エクスプレス高雄愛河

下町にオープンした高層ホテル

庶民的なエリアにある2021年オープンのホテル。客室はシンプルで機能的。ロビーにはアップルのコンピューターと無料のコーヒーコーナーがある。全エリアをバリアフリーでカバーしている。

🏠 高雄市大智路129號
☎ (07) 532-3333
💴 ①2593元〜　⊕10%
💳 ＡＪＭＶ　🛏 93
🚇 ○2鹽埕埔駅3番出口より徒歩約4分
🌐 www.hiexpress.com

窩酒店 (ウォージョウディエン)
WOホテル

現代アートが迎えるエントランス

コスパがよくデザインも洗練されている。「窩」とは家という意味で、宿泊客がリラックスできるような空間づくりを心がけている。ビュッフェ形式の朝食は手が込んでいてハイレベル。

🏠 高雄市七賢二路 394 號
☎ (07) 282-6000
📠 (07) 282-2153
💴 ⑤6000元〜　⊕10%
💳 ＡＪＭＶ　🛏 123
🚇 ○4市議會駅1番出口より徒歩約10分
🌐 www.hotelswo.com

カンチャオダーファンディエン チャンチエングアン
康橋大飯店 站前館

MAP P.117-C3
エリア 高雄駅周辺

台鐵高雄駅にいちばん近いホテル

建國路を挟んでほぼ台鐵高雄駅の向かいにある。客室は清潔で機能的。宿泊客がいつでも自由に楽しめるドリンクとアイスクリームのコーナーが置かれている。洗濯機と自転車の使用も無料。

住 高雄市建國二路295號
☎ (07)238-6677
FAX (07)238-8989
料 Ⓦ2580元～　Ⓣ2980元～
㋚10%
CC A J M V　室 119
交 台鐵高雄駅より徒歩約2分
URL www.kindness-hotel.com.tw

承攜行旅 (チェンシエシンリュー)
ガイドホテル GUIDE HOTEL

MAP P.121-C2
エリア 鹽埕・愛河周辺

フロントは日本語にも対応

かつての華園大飯店をリニューアル。設備は古めだが、バスタブのある部屋が多い。興隆居（→P.166）、果貿來來豆漿（→P.167）など近くにおいしい朝食店があるのが好ポイント。

住 高雄市六合二路279號
☎ (07)241-0122
FAX (07)282-2965
料 ⓌⓉ2100元～　㋚10%
CC A J M V　室 270
交 O4市議會駅1番出口より徒歩約5分
URL guidehotel.com.tw

ジンチョンダーファンディエン
京城大飯店

MAP P.117-C2
エリア 高雄駅周辺

日本人リピーターも多い

高雄の有名デザイナーが手がけたというロビーは大人の雰囲気。客室もチーク調に統一され、落ち着いて滞在できる。台鐵高雄駅からすぐという、ビジネスにも観光にも便利な立地。

住 高雄市九如二路362號
☎ (07)311-9906
FAX (07)311-9591
料 ⓈⓉ2000元～
㋚10%　CC A D J M V
室 150
交 台鐵高雄駅より徒歩約6分
URL www.kingstown-hotel.com.tw

ジンマーダーファンディエン
金馬大飯店

MAP P.117-C3
エリア 高雄駅周辺

コスト重視派におすすめ

台鐵高雄駅近くの川沿いに立ち、近くには安いレストランも多い。客室はやや古いがシックで落ち着いた雰囲気。平日は約6割引き、週末は約5割引きが可。

住 高雄市河南二路12號
☎ (07)286-5141～7
FAX (07)286-9128
料 Ⓢ2200元～　Ⓣ3200元～
CC A J M V
室 56
交 台鐵高雄駅より徒歩約3分

ユィスーシャンリュー チョンヤンコンユエングアン
御宿商旅 中央公園館

MAP P.121-D3
エリア 高雄85大樓周辺

高雄、台南を中心に展開

高雄市内に多数の支店をもつ、ビジネスホテルチェーン。客室はコンパクトにまとめられ、宿泊客は無料で洗濯機、乾燥機を使える。地下に24時間無料で利用できる飲み物や軽食を用意。

住 高雄市中華三路15號
☎ (07)215-5990
FAX (07)261-5572
料 Ⓢ1700元～　Ⓣ2100元～
CC J M V
室 66　交 R9中央公園駅1番出口より徒歩約3分
URL www.royal-group.com.tw

ジンシーダーファンディエン
金石大飯店 GOLDEN STONE HOTEL

MAP P.122-A1
エリア 高雄駅周辺

静かな環境でステイできる

部屋のつくりはややコンパクトだが、きれいで必要な物はすべて揃っているコスパのよいホテル。MRT美麗島駅に近く、六合國際觀光夜市にも近い。近くにコインランドリーもある。

住 高雄市明星街32號
☎ (07)288-7171
FAX (07)288-7179
料 Ⓢ3580元～　Ⓣ4080元～
CC J M V
室 65　交 R10/O5美麗島駅11番出口より徒歩約5分
URL www.milordhotels.com

経済的

小承輕旅 高雄館 Let's Hostel!
シアオチェンチンリュー カオションアン

MAP P.122-A1
エリア 高雄駅周辺

六合國際觀光夜市からすぐ

ドミトリーもあるきれいでおしゃれなホステル。エントランスで靴を履き替える。フロントにスタッフがいるのは9:00～22:00で、それ以外の時間は自分で鍵を開けて出入りする。

🏠高雄市中山一路145號
☎(07) 288-1212
FAX(07) 288-2323
🛏⑤1500元～　①5000元～
①1000元～　CC JMV
🛌33(72ベッド)　⊗R10/O5美麗島駅9番出口よりすぐ
URL hotelday.com.tw

シングルイン 高雄站前館 Single Inn
單人房 高雄站前館 (タンレンファン カオシォンヂャンチエングアン)

MAP P.117-C3
エリア 高雄駅周辺

大浴場があるのが魅力

部屋はすべてひとり用のコンパクトな個室。フロアは男女別で、トイレ、シャワーは共用だが、掃除が行き届いていて清潔。大浴場もある。パジャマ、タオル、歯ブラシ付きで身軽に宿泊できる。台鐵高雄駅にも近く、アクセスも良好。

🏠高雄市八德一路392號
☎(07) 236-3256
FAX(07) 236-4889
🛏⑤1000元～
CC JMV
🛌126
⊗台鐵高雄駅より徒歩約4分
URL www.singleinn.com.tw

1 部屋はかなりコンパクト **2** スタイリッシュな外観

あひる家 AHIRUYAH
鴨家青年旅館 (ヤージャチンニエンリューグアン)

MAP P.122-B1
エリア 高雄駅周辺

清潔さピカイチのゲストハウス

日本人オーナーの経営で、ベッドサイドの設備やウッドフロアの清潔なシャワー室に日本的な心遣いを感じる。トイレ＆シャワーは男女別で、女性も安心して快適に過ごせる。MRT美麗島駅や六合國際觀光夜市も近くて観光に便利。

🏠高雄市六合一路158號5階
☎(07) 235-2638
🛏⑤1000元～　①1400元～
①500元～
CC JMV
🛌11(48ベッド)
⊗R10/O5美麗島駅10番出口より徒歩約2分
URL ahiruyah.com/jp

1 居心地のいいリビングルーム **2** 遮光カーテンでぐっすり眠れる

中央飯店
チョンヤンファンディエン

MAP P.122-A1
エリア 高雄駅周辺

コスパ最高の大型ホテル

美麗島駅から1分もかからないロケーション、料金もリーズナブルで、高雄で最もコスパが高いホテルのひとつ。設備が古く、団体でざわざわした雰囲気はあるが、通常の滞在なら十分快適。

🏠高雄市中正四路6號
☎(07) 285-2520
🛏⑤Ⓦ580元～
CC JMV
🛌110
⊗R10/O5美麗島駅1番出口より徒歩約1分
URL fb.com/centerhotel072852520

華賓旅館 Happy Hotel
ホアビンリューグアン

MAP P.117-D3
エリア 高雄駅周辺

リーズナブルな駅近ホテル

台鐵高雄駅の近くにあり便利な立地。建物は古いが、客室は清潔に保たれ、必要最低限の設備は整っている。無料で使える自転車もある。平日はさらに割引あり。朝食は別料金。

🏠高雄市南華路221號
☎(07) 235-8800
FAX(07) 235-0975
🛏⑤Ⓦ1100元～
CC JMV　🛌25
⊗台鐵高雄駅より徒歩約3分
URL fb.com/HAPPYHOTEL.KAOHSIUNG

屏東&南台湾の町

Short Trip

南台湾の魅力的な町へ行こう!

台南と高雄の周辺には、日帰りで足を延ばせるユニークで魅力的な町がいっぱい。
うまくスケジュールに組み込めば、ひと味違った個性的な旅ができる。

墾丁でビーチリゾートを楽しむ

高雄から約2時間30分 >>> P.223

ケンティン

美しいビーチが広がる台湾最南端のリゾート地。マリンスポーツや景勝地のハイキングなど、アクティブな旅を楽しめる。冬は風が強い。

玉井で旬のマンゴーかき氷を味わう

台南から約1時間10分

ユイジン

>>> P.186

台湾有数のマンゴーの名産地。5〜9月の収穫期は町中にマンゴーがあふれる。マンゴーが取引される玉井青果集貨場では、新鮮なマンゴーかき氷も楽しめる。

新化で美しい老街を散策

台南から約40分

シンホア

>>> P.188

玉井へ行く途中に立ち寄れる、美しい老街が残る町。武德殿など日本にゆかりのある見どころも多い。小さい町なので、1、2時間で回れる。

烏山頭で八田與一のダムを見学

台南から約1時間

ウーシャントウ

>>> P.190

台湾の歴史の教科書にも載っている八田與一が造ったダムがある。ダムの周辺は公園として整備され、再建された八田與一の家や、彼に関する展示館が設けられている。

旗山でバナナスイーツを堪能

高雄から約1時間

チーシャン

>>> P.194

バナナの名産地でバナナスイーツやバナナを使ったお菓子を堪能。かつて製糖業で栄えた町でもあり、その栄華を伝える老街や砂糖鉄道の駅舎跡などが見どころ。

高雄から約1時間30分

美濃で
客家文化に触れる >>>P.197

　客家の人々が開墾し、現在もその文化が息づくのどかな田舎町。伝統的な町並みや、風光明媚な湖の周りに広がるバナナ畑を、サイクリングしながらのんびり回ろう。

高雄から約1時間10分

サンティーメン

三地門で
原住民文化に出合う >>>P.207

　パイワン族とルカイ族が住む山あいの町は彼らが先祖代々得意とする彫刻で彩られている。レストランでは粟で作るちまきやソーセージなど、伝統的な料理を味わうこともできる。

高雄から約1時間20分

シアオリョウチュウ

小琉球で
スノーケリング >>>P.214

　珊瑚礁でできた小さな島。奇岩を観賞したり、その近くでスノーケリングを楽しめる。グラスボートに乗れば、周辺に生息するウミガメの姿を見ることもできる。

高雄から約2時間

ハンチュン

恆春で
南国の町歩き >>>P.217

　清代に築かれた城塞都市で、その城壁が今も残る。宿泊施設やレストランがコンパクトにまとまっていて、墾丁へ向かう起点にもおすすめ。近年はおしゃれなカフェも増えている。

台南から約50分

イエンシュイ

鹽水でノスタルジック
さんぽ >>>P.192

　清代に発展した貿易港で、その面影を残す老街がある。鹽水意麵で台湾全土にその名を知られている。

高雄から約20分

ピントン

屏東でリノベ
カフェ巡り >>>P.202

　かつての軍人宿舎群跡を利用したカフェやレストランが次々とオープンし、話題を呼んでいる。

高雄から約2時間

マオリン

茂林でバタフライ
ウオッチング >>>P.200

　世界的にも珍しい蝶の越冬地で、11〜2月は無数のルリマダラが飛び交う。ルカイ族の集落でもある。

高雄から約1時間10分

トンガン

東港で新鮮なマグロを
ほおばる >>>P.211

　台湾一のクロマグロの水揚げ量を誇る漁港の町で、華僑市場では新鮮な刺身や海鮮料理を楽しめる。

MAP P.42-A1

ACCESS

台南から

バス 台鉄台南駅前の北站（M P.45-C1）より興南客運緑線幹線「玉井」行きで終点玉井站バスターミナル下車。約15～30分に1便、所要約1時間15分、119元。

新化から

バス 興南客運新化站バスターミナル（M P.188-2）より大台南公車線幹線「玉井」行きで終点玉井站バスターミナル下車。約15～30分間隔。所要約35分、77元。

⚠ **生のマンゴーは持ち帰り禁止**

検疫上、ほとんどの生の果物は日本に持ち込めないので台湾滞在中に食べてしまおう。ドライマンゴーなどの加工品は持ち込み可能。

町の中心、中正路

おさんぽプラン

必見 ⏱ 所要約3時間

① 玉井青果集貨場（→P.187）
↓ 徒歩すぐ
② 愛文郷萬玲氷店（→P.187）
↓ 徒歩約5分
③ 光芒果子（→P.187）
↓ 徒歩約2分
④ 熱情小子（→P.187）

玉井
ユイジン
Yujing

マンゴーが取引される玉井青果集貨場

台南から北東へ約30kmに位置する玉井は、マンゴーの産地として知られる。かつてはサトウキビの生産が盛んであったが、1960年代に入りマンゴーの生産が奨励されるようになり、台湾有数のマンゴー生産地となった。玉井青果集貨場は、5月から9月にかけてカゴに盛られたマンゴーであふれ返る。産地ならではの新鮮なマンゴーをのせたかき氷を味わうのもよさそうだ。

👣 玉井の歩き方と見どころ

訪れるならマンゴーのシーズンがおすすめ

まずは、マンゴーがずらりと並ぶ**玉井青果集貨場**を見学したあと、マンゴーかき氷を味わおう。中正路はメインストリートで店やホテルが集まっている。農協が運営する**熱情小子**の周辺はマンゴーを使ったおみやげ品の店も並ぶ。

玉井

0 — 100m

民生路

C 熱情小子 ▶P.187

郵便局

玉井老街民宿 H

中正路

噍吧哖事件紀念館

光芒果子 ▶P.187

▶P.187
愛文郷萬玲氷店

玉井區公所

興南客運玉井站
バスターミナル

中華路

玉井青果集貨場
▶P.187

民権路

玉井國小

🔍 大台南公車 📖 2384.tainan.gov.tw/NewTNBusWeb/index.html

玉井青果集貨場

夏はカゴに入ったマンゴーがずらり ★★★

ユイジンチンオジーフオチャン
玉井青果集貨場

MAP P.186

玉井で収穫される農産物が取引される果物市場。5〜9月はマンゴーのシーズンで、カゴに山盛りにされたマンゴーがずらりと並ぶ。有名な愛文マンゴーのほか、細長く黄色いペリカンマンゴー、大きく葉付きの紅凱特マンゴーなどさまざまな品種があり、7月の最盛期に色とりどりのマンゴーであふれる様子は圧巻だ。食堂コーナーではマンゴーかき氷やスムージーを味わうことも可能。生のマンゴーは日本に持ち帰れないが、屋内市場の隣で販売されるドライマンゴーやジャムなどの加工品はおみやげにできる。マンゴーが出回る時期はその年の収穫状況によって異なるので、5月、9月に訪れる場合は事前に確認したい。

基本的に屋内市場はカゴ売りで、屋外は個人客向け　マンゴーかき氷をどうぞ!

玉井青果集貨場
🏠台南市玉井區中正路27號
☎(06)574-5572 🕐4:00〜19:00
(10〜4月は〜17:00) 🈳無休
🚍興南客運玉井站バスターミナルより徒歩約3分

町の南西にある

ドライフルーツはおみやげにおすすめ

産地で食べるマンゴーかき氷は格別

ルーチンシアオズ
熱情小子

MAP P.186
スイーツ

マンゴー尽くしのメニュー

玉井農協が運営するカフェ＆ショップ。かき氷をはじめ、マンゴーを使用したスイーツを1年中楽しむことができる(冬は冷凍)。ホットドッグ、カレーなどの食事メニューもある。

🏠台南市玉井區中正路139號
☎(06)574-8552
🕐10:00〜17:00
🈳休 💳不可
🚍興南客運玉井站バスターミナルより北東へ徒歩約4分

アイウェンシアンワンリンビンディエン
愛文郷萬玲冰店

MAP P.186
スイーツ

自家製アイスをトッピング

マンゴー農家の葉さんが経営。芒果綿綿冰(150元)はマンゴー味のふわっとした氷で、芒果冰(大130元)は普通の氷。どちらも新鮮なマンゴーがどっさり。店名を書いた看板などはない。

🏠台南市玉井區憲政街64號
☎0972-603-474
🕐7:00〜日没(7〜9月〜19:00)
🈳無休
💳不可
🚍興南客運玉井站バスターミナルより徒歩約1分

グアンマングオヅ
光芒果子

MAP P.186
スイーツ

手作りのイタリアンジェラート

マンゴー、パッションフルーツなど旬のフルーツを使った16種類ほどのジェラートとソルベが並ぶ。3種類のフレーバーで140元。自家製ドライマンゴー(200元)はかわいいパッケージ。

🏠台南市玉井區中正路103號
☎(06)574-3999
🕐11:00〜18:00 🈳月
💳AJMV
🚍興南客運玉井站バスターミナルより徒歩約2分
🌐www.facebook.com/SunnyMango.ItalianGelato

MAP P.42-A1

ACCESS

台南から

🚌 台鐵台南駅前の北站（🅜P.45-C1）より興南客運緑線幹線「玉井」行き、線17路「新化」行きで新化站バスターミナル下車。15分に1便、所要約40分、43～53元。

蘇家古厝
🅜P.188-2
🏠 台南市新化區中正路341巷33號
☎ 0921-567-711
🕐 9:30～12:00、13:30～17:00
休 月・火
🅹 無料
🚌 興南客運新化站バスターミナルより徒歩約4分

地元の名士、蘇一族の伝統的な三合院住宅を見学できる。時間があれば訪れてみよう。

住宅地にある

シンホア
新化
Xinhua

創建時のままの姿を残す新化老街

台南から北東へ約10kmに位置する新化は、近隣の商業中心地として栄え、美しい老街が残る。1920年頃から店先に亭仔脚と呼ばれるアーケードを備え、バロック風の装飾を施した商店の建築が盛んになった。これらは、町の中心部を南北に貫く中正路沿いに整然と並び、精緻な装飾の西側と、モダンで合理的な表情を見せる東側との対比も見どころ。

おさんぽプラン

🕐 所要約3時間

必見
① 新化老街 (→P.189)
　↓　徒歩約4分
② 1934街役場古蹟餐坊 (→P.189)
　↓　徒歩約7分
③ 新化武德殿 (→P.189)
　↓　徒歩約3分
④ 蘇家古厝 (→P.188)

💡 興南客運 緑幹線 🌐tainanbus.info/green/green.html

新化の歩き方と見どころ

ほとんどの見どころは中正路沿い

　新化老街の散策を楽しんだら、中正路を北上し、**1934街役場古蹟餐坊**まで歩いてみよう。この建物は日本統治時代の新化町役場で、保存のため2000年に1500人の市民が引っ張ってこの場所に移された。時間があれば、近年リノベスポットとしても注目される**新化武徳殿**にも足を運び、カフェでひと息入れたい。

南台湾の町

新化

中正路と忠孝路の交差点に立つ新化町役場古蹟餐坊（下記）

台湾でいちばん美しい老街と呼ばれる ★★★

MAP P.188-2

シンホアラオジエ
新化老街

　中山路から信義路にかけての中正路の両側には、約180mにわたって瀟洒なバロック建築のアーケードが残っている。1920年代に建てられたままの姿を保ちながら現在も店舗として利用されている貴重な老街だ。特に統一された看板が連なる様子が美しい。重厚感と品格が漂い、台湾一美しい老街といわれるのもうなずける。

年季の入ったたたずまい

新化老街
🚌 興南客運新化站バスターミナルより徒歩約2分

美しい装飾

周辺はリノベーションスポット ★★

MAP P.188-2

シンホアウードゥーディエン
新化武徳殿

　日本統治時代に台湾各地に設置された、警官や青少年が武道や道徳を学ぶための施設。現在は修復され、内部を一般公開している。周辺に日本式宿舎群も再建され、カフェやレストラン、かつて大目降と呼ばれた新化の歴史について展示する**大目降故事館**などが入るリノベーションスポットとなっている。

記念撮影スポットとして人気

新化武徳殿
🏠 台南市新化區和平街53號
☎ (06) 221-3597
🕘 9:00～12:00、13:30～17:00
🈺 月・祝　🆓 無料
🚌 興南客運新化站バスターミナルより徒歩約6分
🌐 fb.com/100064586316842

剣道の道具などが展示されている

イージョウサンスージエイーチャンクージーツァンファン
1934街役場古蹟餐坊

MAP P.188-1
西洋料理&鍋

建物は昔の新化町役場

　日本兵が当地にオリーブを植えたエピソードにちなんだ緑鑽石橄欖鍋（420元～）は1人用鍋の定食。サツマイモを練り込んだ鬆餅（ワッフル、250元）もおすすめ。ステーキも人気。

🏠 台南市新化區中正路500號
☎ (06) 590-5599
🕘 11:00～21:30（L.O.20:30）
🈺 月　⊕10%
💳 J M V
🚌 興南客運新化站バスターミナルより徒歩約5分
🌐 fb.com/sinhua1934

ツェンシンシーフー
真心食府

MAP P.188-2
ドリンク

日本式宿舎群で営業

　乳液咖啡（90元）はコーヒー、スチームミルクが層になったフォトジェニックなカフェラテ。ティーラテバージョンの乳液紅茶（60元）や季節限定のメニューもある。飲む前によく振って。

🏠 台南市新化區和平街23號
☎ (06) 590-0756
🕘 11:00～18:00
🈺 月
💳 不可
🚌 興南客運新化站バスターミナルより徒歩約5分
🌐 fb.com/sincere.guo/timeline

MAP P.42-A1

ACCESS

台南から

台南市街から直通するバスはなく、台鉄隆田駅、善化駅、林鳳營駅のいずれかでバスに乗り換える。隆田駅からはタクシーも利用可。片道350元、約2時間の観光を含む往復1000元。隆田駅にはYouBikeもあり、サイクリングも兼ねて訪れるのも楽しい。

鉄道&バス 台鉄台南駅より台鉄隆田駅下車。所要約30〜35分、38元〜。「隆田火車站」バス停より興南客運橘10路「臺南藝術大學」行きで「烏山頭水庫」下車。8:45、10:05、13:35、16:50発。所要約30分、32元。

鉄道&バス 台鉄台南駅より台鉄善化駅下車。所要約12〜27分、28元〜。善化轉運站バスターミナルより興南客運橘4路「烏山頭水庫」行きで終点下車。7:50、13:00、16:30、19:30発。所要約30分、49元。または興南客運橘5路「六甲」行きで「嘉南里」下車、徒歩約10分。11:25、13:15、17:10発。所要約30分、50元。

鉄道&バス 台鉄台南駅より台鉄林鳳營駅下車。所要約35〜45分、46元。「林鳳營火車站」バス停より新營客運黃1路「臺南藝術大學」行きで「烏山頭水庫」下車。7:04、7:50、8:39、9:44、10:54、12:34、13:34、14:39、15:24、17:08発。所要約17分、29元。

ダムの上は道路になっている

おさんぽプラン
🕐 所要約3時間

必見 ❶ 八田與一紀念園區 (→P.191)
↓ 徒歩約20分
必見 ❷ 烏山頭水庫 (→P.191)
↓ 徒歩約14分
❸ 八田技師紀念室 (→P.191)

ウーシャントウ
烏山頭
Wushantou

台湾の農業の発展に大きく寄与したダム

台湾の教科書にも載っている日本人技師、八田與一が建設に尽力し、1930年に完成させたダムが烏山頭水庫だ。台南市街の北東約25kmに位置する。あわせて建設された嘉南大圳(用水路)とともに、嘉南平原を豊かな水田地帯へと変える原動力となった。

👣 烏山頭の歩き方と見どころ

風景區は広大

まずは、**八田與一紀念園區**の**3D動畫館**で八田與一や烏山頭ダムについて予習しよう。園區内には八田夫妻をはじめとする技師たちの家も復元されている。八田夫妻の墓と八田與一像がある**烏山頭水庫**(ダム)までの道は曲がりくねった上り坂で、ひととおり見て回るならタクシー利用がおすすめ。

烏山頭

赤山龍湖巌
嘉南國小
湖山派出所
八田宅
鷁町
「嘉南里」バス停
八田與一紀念園區 ▶P.191
聖徳宮
3D動畫館 ▶P.191
▶P.191
烏山頭水庫風景區
烏山頭水力発電所
「烏山頭水庫」バス停
階段 八田與一像 ▶P.191
切符売り場
保存蒸気機関車
親水公園
殉工碑 ▶P.191 ダムの上は道
珊瑚潭
(烏山頭水庫)
八田技師紀念室 ▶P.191
麻豆坪
福爾摩沙高速道路
鎮護宮
烏山頭水庫 ▶P.191
開簪仔
天壇
中正公園
0 600m
烏山頭橋
放水口

六甲坑
竹仔坑

N

大台南公車時刻表
🔗 2384.tainan.gov.tw/NewTNBusWeb/othersInfoTimePrice.html

八田與一の業績を記念して造られた ★★★
パーティエンスシャンチュー
烏山頭水庫風景區

MAP P.190

烏山頭水庫一帯は風景區として観光客に開放されている。園内には八田夫妻の家屋を復元した**八田與一紀念園區**や、八田與一の業績について展示する**八田技師紀念室**などがある。敷地は広大で、見どころすべてを徒歩で回るのは困難。ポイントを絞るか、タクシーをチャーターするのがおすすめ。

入口でチケットを購入する

八田夫妻たちの家屋もある ★★★
パーティエンイーイージーニエンユエンチュー
八田與一紀念園區

MAP P.190-B1

八田夫妻や日本人職員が住んでいた木造家屋群を修復。八田の家屋は基礎しか残っておらず、当時の写真やスケッチ、遺族の証言などを手がかりに復元を試みた。内部は使用されていた家具や当時の生活道具が置かれている。八田與一の生い立ちや烏山頭での生活の様子を展示する**3D動畫館**は日本語解説文もあり、ここで予備知識を得られる。

八田宅

ゆかりの資料を展示 ★★
パーティエンジースージーニエンシー
八田技師紀念室

MAP P.190-B2

ダムの放水口脇に設けられたかつての水門管理事務所を記念館として使用している。八田與一の写真資料やその死について展示。八田與一は戦時中にフィリピンに派遣され、乗船した大洋丸が攻撃を受け、56歳で帰らぬ人となる。深い悲しみを受けた外代樹夫人は、夫を追うように終戦後にこの放水口に身を投げたという。付近には工事で亡くなった人々を慰霊する**殉工碑**が立ち、碑文は八田與一によるもの。

不毛の地を穀倉地帯に変えたダム ★★★
ウーシャントウシュイクー
烏山頭水庫

MAP P.190-B1・2

10年の歳月をかけ、1930年に完成したダム。台湾で唯一、コンクリートをほとんど使用しないセミハイドロリックフィルという工法で造られている。このダムのおかげで、それまで干ばつや水害の被害が多かった嘉南平原は台湾最大の穀倉地帯となった。八田夫妻の墓の前には**八田與一のブロンズ像**があり、今もダムを見守っているよう。

遊覧船も出ている

烏山頭水庫風景區
🏠 台南市官田區嘉南里68-2號
☎ (06) 698-6388
🕐 8:00～17:30
🈺 無休
💴 100元
🚌 切符売り場まで「烏山頭水庫」バス停からすぐ
🌐 wusanto.magicnet.com.tw

八田與一紀念園區
🏠 台南市官田區嘉南里66號
🕐 9:00～17:00
🈺 水、不定休(随時、烏山頭水庫風景區のウェブサイトに掲載)
💴 烏山頭水庫風景區入場料に含まれる
🚶 切符売り場より徒歩約8分

八田技師紀念室
🏠 台南市官田區嘉南里68-2號
☎ (06) 698-2103
🕐 9:00～16:00　🈺 無休
💴 烏山頭水庫風景區入場料に含まれる
🚶 切符売り場より徒歩約6分

放水口は映画「KANO」にも登場

烏山頭水庫
🚶 切符売り場から徒歩約3分

遊覧船
🕐 8:00～17:00　💴 300元
🌐 fb.com/WSTBOAT

ダムを見つめる八田與一像

ACCESS

台南から

鉄道&バス 台鐵台南駅より台鐵新營駅下車。所要25～50分。56元～。駅正面の新營客運總站バスターミナルより、新營客運棕幹線、棕2、棕4バスなどで「鹽水」下車。約15分に1便、所要約20分、26元。

新營客運總站バスターミナル

康樂路にあるかつての映画館、永成戲院

鹽水觀光美食城

おさんぽプラン

◷ 所要約4時間

① 鹽水武廟 (→P.193)

　必見　↓ 徒歩約12分

② 橋南老街 (→P.193)

↓ 徒歩約5分

③ 阿妙意麺 (→P.193)

↓ 徒歩約2分

④ 八角樓 (→P.193)

イエンシュイ
鹽水
Yanshui

日本統治時代の町並みを残す中正路老街

台南から北へ約35kmに位置する鹽水は、清代には台湾四大港町と称されるほどの栄華を誇っていた。その名は満潮時に河川を海水が遡ってくることに由来する。また、町の南を流れる河川が湾曲するさまを月の形に見立て、月津あるいは月港とも称された。

鹽水の歩き方と見どころ

ノスタルジックさんぽを楽しもう

　まずは、町の北に鎮座する**鹽水武廟**へ足を運んでみよう。参拝後は、昭和モダンな町並みが残る中正路を通って**橋南老街**を目指す。こちらはさらに古い清代の町並みが残っている。名物の**意麺**を味わったあとは、バス停裏の**八角樓**を見てみよう。

鹽水

新營客運棕幹線 🌐www.singing168.com.tw/B_route7409.html

1階のみ公開　★★

パージアオロウ
八角樓

MAP P.192-B1

砂糖の商いで財を成した葉開鴻とその一族により、1847年に建てられた木造建築。資材は貿易船の重りを兼ねて福建省から運んだもので、完成まで10年の歳月を要した。明治時代に伏見宮貞愛親王がここに滞在し、それを記念した碑が残っている。内部には葉一族の写真が飾られている。建物前から王爺廟まで、雰囲気のある王爺巷が延びている。

歴史を感じる清代の町並み　★★★

チャオナンラオジエ
橋南老街

MAP P.192-B2

かつての月津港から延びる橋南街は約400mにわたり清代の面影を残す赤れんがの町並みが残っている。平日は訪問者も少なく、長い年月を経てぼろぼろになってしまった家屋も多いが、往年の月津港の繁栄がしのばれて趣深い。近くには月津港の名残でもある**月津港親水公園**があり、水辺の美しい風景を楽しめる。

かつてはおおいににぎわっていた

鹽水蜂炮の出発点　★★

イエンシュイウーミャオ
鹽水武廟

MAP P.192-A1

清代創建の関帝廟。鹽水の人々の信仰のよりどころで、旧暦1月15日の元宵節の夜に行われる「鹽水蜂炮」で有名。この祭りは、この廟から出発した神輿が町中を練り歩き、行く先々で無数のロケット花火や爆竹を打ち合うという過激なもので、毎年死者やけが人が出る。厄よけのため清代に始まったといわれる。廟の隣には鹽水文物陳列館もある。

立派な閩南式の建築

アーミャオイーミエン
阿妙意麺

MAP P.192-B2　麺

鹽水名物の意麺

平たく波打った卵麺の、意麺（40元〜）は鹽水の名物。薄味なので、好みで卓上の烏醋を加えるとよい。大きいワンタンを揚げたような乾肉燕酥（30元）もサイドメニューに人気。

八角樓
住台南市鹽水區中山路4巷1號
☎(06)652-2202
⏰8:00〜17:00
休無休
料無料
交「鹽水」バス停より徒歩約1分

ユニークな外観

橋南老街
住台南市鹽水區橋南里橋南街
交「鹽水」バス停より徒歩約7分

月津港親水公園

鹽水武廟
住台南市鹽水區武廟路87號
☎(06)652-1264
⏰5:00〜21:00
休無休
料無料
交「鹽水」バス停より徒歩約8分
URLwww.wumiao.idv.tw

©台湾観光局／葉瑞聰
ロケット花火が炸裂する鹽水蜂炮

住台南市鹽水區康樂路67號
☎(06)653-1031
⏰9:00〜16:00(土・日8:00〜17:00)
休不定休(FBで告知)
CC不可
交「鹽水」バス停より徒歩約2分
URLfb.com/Amiao.Noodles.tw

鹽水にもYouBikeがあり、観光に便利。

台北
台南 ★★ 旗山
高雄

MAP P.42-B2

ACCESS

高雄から

バス 高雄客運建國站バスターミナル（M P.117-C2）より高雄客運E25「六亀」、E28「美濃」、E32「甲仙」行きで旗山轉運站バスターミナル下車。約20〜40分に1便、所要約1時間5分、108元。

バス 高鐵左營駅より高雄客運旗美國道10號快捷E01「旗山、美濃」行き、またはE25「六亀」行きで旗山轉運站バスターミナル下車。約20〜30分に1便、所要約40分、70元。旗山最終20:20。

台南から

バス 台鐵台南駅前の北站（M P.45-C1）より高雄客運 8050「旗山轉運站」行きで旗山轉運站バスターミナル下車。1日6便、所要約1時間25分、137元。

旗山轉運站バスターミナル

おさんぽプラン

🕐 所要約3時間

① 旗山車站-糖鐵故事館 （→P.195）

必見 ↓ 徒歩約2分

② 旗山老街 （→P.195）

↓ 徒歩約1分

③ 旗山天后宮 （→P.195）

↓ 徒歩約6分

④ 旗山武德殿 （→P.196）

チーシャン
旗山
Cishan

メインストリートは旗山老街

高雄の北東約30kmに位置し、バナナの名産地として知られる旗山は、かつては蕃薯寮と呼ばれていたが、日本統治時代に旗尾山に由来する「旗山」と改称された。町の玄関口である旗山轉運站バスターミナルから西へ200m余りに、絵本に出てくるようなかわいらしい旧旗山駅がある。かつてこの町の主産業であった製糖業を支えたサトウキビ鉄道の駅舎が、廃線により放置されていたが修復されて糖鐵故事館となっている。ここから北へ旗山老街が延び、20世紀初頭のバロック建築の店舗が軒を連ねる。

👣 旗山の歩き方と見どころ

コンパクトな町なので、徒歩で回れる

特産のバナナを使ったおみやげ用のお菓子を売る店が並ぶ**旗山老街**を抜けて、**旗山武德殿**まで町歩きを楽しみたい。散策のあとは**枝仔冰城**のバナナスイーツでクールダウン。

旗山

0 150m

文中路
中正路
平和街
延平路
鼓山公園
旗山國小
P.196
鎮公所
枝仔冰城
消防署
華中街
孔子廟
旗山武德殿 ▶P.196
警察
旗山神社跡
永福街
P.195
古い家並み
吉美西點麵包
香蕉冰紅茶
旗山天后宮 ▶P.195
永安街
食堂・店が多い
古い家並み
開封府
スターバックス
復新東街
水平街 ▶P.196老街咖啡
香吉別館 P.196
旗山車站-糖鐵故事館 ▶P.195
永和豆漿大王
旗山碾米廠
大同路
旗山轉運站 バスターミナル
郵便局
地景橋
美濃へ

A B

🚌 高雄客運 🌐 www.ksbus.com.tw/main.asp

美しい商店街 ★★★

チーシャンラオジエ
旗山老街

MAP
P.194-
A1〜2

1920年前後、旗山は製糖業によりおおいに繁栄したが、その象徴といえるのがこの老街。ファサードに花草紋や鳥獣のレリーフを冠した瀟洒なバロック風建築が200mほど並び、今も商店や飲食店として活用されている。往時の繁栄をしのびながら、タイムスリップした気分で歩いてみたい。特産であるバナナを使用したさまざまな菓子が売られているので、旗山ならではのおみやげを選ぶことができる。

バロック様式の凝ったレリーフが見もの

かつての旗山駅の駅舎を利用 ★★

チーシャンチャーヂャン・タンティエクーシーグアン
旗山車站-糖鐵故事館

MAP
P.194-
A2

高雄の九曲堂から美濃を結ぶ台湾糖業鉄道旗尾線の駅として、1913〜1915年に建てられた和洋折衷の建物。まるで絵本に出てくるようなかわいらしい外観で、旗山のシンボルとなっている。現在は、駅舎内部を改装し、台湾における製糖業の歴史や、各地に敷設されたサトウキビ列車について展示する。敷地内には、使われていた機関車が置かれ、車内に座ってVRで当時の運行の様子を体感できる。

当時流行した和洋折衷の建築

歴史のある媽祖廟 ★

チーシャンティエンホウゴン
旗山天后宮

MAP
P.194-
B1

航海の安全を司る媽祖を主神に祀る。観光客でにぎわう旗山老街の裏手にあり、静かでほっとできる地元の人々の憩いの場である。像は1700年に中国の湄洲から持ち込まれ、1815年に建てられたこの廟に安置された。廟前の広場は創建時から市が立ったり、伝統芸能が奉納されるなど、娯楽や社交の場所として機能していた。現在もその名残か周辺に小吃の店が集まる。旧暦3月23日の媽祖誕生日には盛大な廟会が開催される。

平日も参拝客が絶えない

旗山老街
🏠高雄市旗山區中山路
🚌旗山轉運站バスターミナルより徒歩約8分

紅茶にバナナ味の氷を入れた香蕉冰紅茶（50元）

旗山車站-糖鐵故事館
🏠高雄市旗山區中山路1號
☎(07)662-1228
🕙10:00〜18:00（土・日・祝〜19:00。入場は閉館30分前まで）
休火
料30元
🚌旗山轉運站バスターミナルより徒歩約5分
🌐fb.com/CISHANSTATION

当時使われていた機関車

旗山天后宮
🏠高雄市旗山區永福街23巷16號
☎(07)661-2037
🕙5:00〜22:00
休無休
料無料
🚌旗山轉運站バスターミナルより徒歩約7分
🌐www.i-mazu.org

さまざまな種類のバナナが売られている

旗山武德殿
住高雄市旗山區華中里和中正
路口 ☎(07)661-6100
🕐9:00～12:00、13:00～18:00
(土・日・祝9:00～18:00)
休月 料無料
🚌旗山轉運站バスターミナルよ
り徒歩約12分

旗山神社の旧参道

チーシャンウードゥーディエン
旗山武德殿

MAP
P.194-
A1

　武德殿とは、日本統治時代に設けられた、武術と道徳を広めるための施設。警官や青少年が剣道や柔道を学んでいた。火事で屋根を焼失し2014年に再建、現在は絵画や書道作品の展示スペースやイベント会場として使われている。向かいの旗山國小は日本統治時代からある小学校で、校舎と講堂は創建時のままの姿を保っている。中正路を挟んだ西側一帯の鼓山公園には旗山神社の跡地がある。

かつての姿を取り戻した

グルメ

デーザイビンチョン
枝仔冰城

MAP P.194-A1
スイーツ

産地で食べるバナナスイーツ

　高雄や台北などで展開するアイスの老舗の本店。濃厚なバナナ味のカップアイス（45元）や、バナナ氷の上にバナナアイスがのったバナナサンデー「香蕉聖代」（99元）など、地元の新鮮なバナナを使ったデザートが人気。

住高雄市旗山區中山路109號
☎(07)661-2066
🕐9:00～20:30
休無休
CC J M V
🚌旗山轉運站バスターミナルより徒歩約10分
🌐www.kaps.com.tw

1 人気No.1のバナナアイス（45元）
2 旗山のバナナを堪能できるバナナサンデー

ラオジエカーフェイ
老街咖啡

MAP P.194-A2
カフェ

石造りのアーケードが残る

　1903年に建てられた、壁のない石造りアーケード（亭仔腳）の下で営業するカフェ。ていねいにサイフォンで入れたコーヒー（60元～）と名産のバナナを使ったスイーツでブレイクしよう。

住高雄市旗山區復新街32號
☎(07)661-6377
🕐8:00～18:00
休不定休
CC不可
🚌旗山轉運站バスターミナルより徒歩約4分

ショッピング

ジーメイシーディエンミエンバオ
吉美西點麵包

MAP P.194-A1
パン

バナナケーキが人気

　旗山老街にあるベーカリー。旗山のバナナを使ったお菓子もあり、バナナの香り高い香蕉蛋糕（35元）は焼ける端から売れていく大人気商品。ひと切れから買えるので、食べ歩きも楽しめる。

住高雄市旗山區中山路62號
☎(07)661-5206
🕐9:00～22:30
休無休
CC不可
🚌旗山轉運站バスターミナルより徒歩約8分
🌐www.chimeibread.tw

ホテル

チュンジービエグァン
春吉別館

MAP P.194-B2
経済的

明るく清潔な人気ホテル

　客室は広めで清潔。客室も廊下も白を基調とした明るい雰囲気。バスターミナルにも近くて便利。

住高雄市旗山區復新東街6號
☎(07)661-3816
料Ⓢ700元 Ⓣ1200元
室26
🚌旗山轉運站バスターミナルより徒歩約3分

美濃
メイノン
Meinong

町のシンボル、美濃湖

高雄の北東約30kmに位置し、18世紀以来、中国広東省からの
移民が定着した「客家」の町。平らな麺が特徴の名物料理、
バンティオ
粄條や、人生の節目を飾る伝統の紙傘工芸、学問や書物を尊ぶ気
風から生まれた敬字亭など、客家ならではの文化を味わえる町だ。

👣 美濃の歩き方と見どころ

ランチはぜひ本場の客家料理を

町の範囲が広いので、サイクリングを兼ねて自転車で回るの
がおすすめ。バスターミナル隣などにYouBikeやレンタサイクル
がある。旗山とあわせて高雄から日帰りできる。

美濃

▶P.199
▶P.198
廣進勝紙傘
美濃客家文物館 ▶P.198
美濃湖 ▶P.198
新芳茶葉行
高雄客運美濃站
バスターミナル
老牌粄條店 ▶P.199
泰安路
バス停
菸仕物所
美濃邸添貴派下夥房
美濃文創中心
美濃國小
上庄仔敬字亭
錦興行 ▶P.199
基督教會
東門國小
天后宮
秀美粄條店
▶P.199
柴林宮
▶P.199 東門樓
美濃區公所
美濃庄頭伯公
東門樓
▶P.198
原郷縁紙傘文化村へ

400m

N

ACCESS

高雄から

バス 高雄客運建國站バスターミナル（M P.117-C2）より高雄客運E25「六亀」、E28「美濃」行きで美濃站バスターミナル下車。約40〜60分に1便、所要約1時間40分、136元。

バス 高鐵左營駅より高雄客運E01「美濃」行き、E25「六亀」行きで美濃站バスターミナル下車。約60分に1便、所要約1時間、88元。

旗山から

バス 旗山轉運站バスターミナル（M P.194-B2）より高雄客運美濃國道10號快捷 E01、E28「美濃」行き、E25「六亀」行き、H31「多納」行きなどで美濃站バスターミナル下車。約30分に1便、所要約20分、32元。

屏東から

バス 屏東轉運站バスターミナル（M P.203-A2）より屏東客運8220「美濃」行きで「泰安路」下車。1日10便、所要約1時間、108元。

MAP P.42-B2

台北
台南 ★美濃
高雄

たばこ倉庫をリノベした菸仕物所

おさんぽプラン

🕐 所要約4時間

1 東門樓 （→P.199）
↓ 徒歩約17分
2 秀美粄條店 （→P.199）
必見 ↓ 徒歩約23分
3 美濃湖 （→P.198）
↓ 徒歩約13分
4 美濃客家文物館 （→P.198）

高雄客運 www.ksbus.com.tw/main.asp
屏東客運 www.ptbus.com.tw

美濃湖
住 高雄市美濃區權路46號
交 高雄客運美濃站バスターミナルより徒歩約18分

近くには廣進勝紙傘（→ P.199）がある

美濃客家文物館
住 高雄市美濃區民族路49-3號
☎（07）681-8338
🕘 9:00～17:00
休 月、旧正月
料 40元
交 高雄客運美濃站バスターミナルより徒歩約18分。またはタクシーで約8分
🌐 meeinonghakka.kcg.gov.tw

客家の民族衣装「藍衫」の展示

原郷緑紙傘文化村
住 高雄市美濃區中興路一段147號
☎（07）681-0888
🕘 9:00～17:30（土・日・祝8:30～18:00）
休 無休
交 中心部より南東へ徒歩約30分。またはタクシーで約10分
🌐 www.meinung.com.tw

楽しみながら文化体験できる

メイノンフー
美濃湖

MAP
P.197-
B1

　周辺の田畑を潤す27ヘクタールほどの人造湖。長らく中正湖と呼ばれていたが、近年改名された。湖の中に赤い東屋が立ち、遠くには山々が霞む。夕暮れ時は湖面も夕焼け色に染まり、まるで絵画のよう。周囲を囲む遊歩道も整備されていて、のんびり散歩を楽しむ人の姿も見える。周辺はバナナやたばこ畑が広がり、のどかな農村の景色が広がる。周辺を自転車で走ると心地いい。きれいな空気を吸ってリフレッシュできる。

まるで水墨画のような風景

メイノンクージアウェンウーグアン
美濃客家文物館

MAP
P.197-
B1

　美濃は客家人によって拓かれた町で、現在も町の人口の約95％を占める。彼らの性質は質実剛健、勤勉で知られ、台湾文化に深く浸透している部分も多い。この博物館では、古代中国の中原にルーツをもち、流転の運命を歩んできた彼ら独自の文化や風習、また美農の歴史や産業について実物を用いてわかりやすく展示している。建物は美濃の主要産業であったたばこを乾燥させるための菸樓（イエンロウ）と伙房（フオファン）（炊事場）のスタイルを採用している。

リアリティのある展示

ユエンシアンユエンダーサンウェンホアツン
原郷緑紙傘文化村

MAP
P.197-
B2外

　中心部から少し離れた所にある、客家の伝統文化に触れられる総合文化施設。工芸品として知られる紙傘や原郷窯の陶芸品などを販売するだけでなく、絵付けや陶芸など実際に体験することもできる。レストランでは、茶葉とゴマやカボチャの種などをすりつぶして作る客家式茶芸の擂茶の体験も可能。漬物、調味料、お菓子など特産のおみやげも販売している。2階は伝統衣装のアトリエや博物館となっている。

職人が絵付けする様子を見るのも楽しい

美濃の入口に立つ ★★

トンメンロウ
東門樓

MAP P.197-B2

入植後、美濃の周囲は防壁代わりに竹が植えられていたが、1756年に東門は全長10mの門に建て替えられた。日本統治時代末期には鉄筋コンクリート製に造り変えられ、2階に鐘を下げ、防空用の見張り台となった。1950年に鐘を取り外して現在の姿に修復された。

紆余曲折を経て今の姿に

東門樓

🚌高雄客運美濃バスターミナルより徒歩約15分

近くに祀られる土地の守り神、
美濃庄頭伯公

ショウメイバンティアオディエン
秀美粄條店

MAP P.197-A2
客家料理

客家伝統の米麺、粄條

米で作る平たい麺、粄條（50元）が看板メニュー。透明なスープはあっさりしていて、好みで卓上のソースを加えて食べる。ほかに、紅焼豬腳（豚足の煮込み、150元）など客家の代表的な料理が堪能できるとあり、ローカルにも人気の店。

🏠高雄市美濃區美興街18號
☎(07)682-0826
🕐9:00～18:30（土・日～20:00）
休金
CC不可
🚌高雄客運美濃站バスターミナルより徒歩約5分
🌐fb.com/100057487417996

1 ひとりでも入りやすい **2** 客家の町を訪れたら必ず食べたい客家料理

ラオパイバンティアオディエン
老牌粄條店

MAP P.197-A2
客家料理

地元の人も通う

粄條（60元）は湯（スープあり）と乾（スープなしの混ぜ麺）どちらか選ぶ。炒野蓮（80元～）は油を吸わないうちに食べよう。近年移転して、通りの向かいの新しい店舗で営業している。

🏠高雄市美濃區泰安路106號
☎(07)681-8612
🕐8:00～15:30（土・日～17:30）
休水
CC不可
🚌高雄客運美濃站バスターミナルより徒歩約2分

コワンチンションヂーサン
廣進勝紙傘

MAP P.197-B1
工芸品

美しい傘にうっとり

三合院住宅の中で営業する紙傘のショップ兼アトリエ。紙傘（600元～）はサイズと絵の細かさにより値段が異なる。所要40分の絵付け体験コース（200元）もある。

🏠高雄市美濃區民權路47號
☎(07)681-3247
🕐9:00～17:00
休不定休
CC不可
🚌高雄客運美濃站バスターミナルより徒歩約18分
🌐fb.com/kcsumbrella

ジンシンハン
錦興行

MAP P.197-A2
民族衣装

花布をあしらう民族衣装

1929年創業、親子2代で営業する「藍衫」という客家の伝統衣装の専門店。価格は上下で6000元前後。藍衫をアレンジしたエプロンや花布を使ったポーチなど実用的な物も見つかる。

🏠高雄市美濃區永安路177號
☎(07)681-1191
🕐9:00～17:00
休不定休
CC不可
🚌高雄客運美濃站バスターミナルより徒歩約6分

MAP P.42-B2

ACCESS

旗山から

[バス] 旗山轉運站バスターミナル（M P.194-B2）より高雄客運H31「多納」行きで「茂林區公所」下車。1日3便運行。旗山発8:50、13:45、17:20（土・日・祝7:50、10:50、14:45）。茂林発7:10、11:50、15:30（土・日・祝9:35、12:50、16:50）。所要約55分、36元。美濃、大津を経由する。

屏東から

[バス] 屏東轉運站バスターミナル（M P.203-A2）より屏東客運8218B「茂林入口」行きで終点「茂林入口」下車、茂林區公所まで徒歩約30分。毎日3便。屏東発6:53、10:23、13:23。茂林入口発8:13、11:43、14:43。所要1時間2分、118元。途中の大津（所要約1時間）までは約2時間に1便、高樹（所要約50分）までは約30〜60分に1便運行。高樹にはタクシーもある。

ルカイ族の彫刻があちこちに

ルリマダラについて展示する
茂林遊客中心

おさんぽプラン
⏱ 所要約2時間

❶ 茂林遊客中心（→P.201）
　　↓ 徒歩約1分
必見 ❷ 賞蝶歩道（→P.201）
　　↓ 徒歩約1分
❸ 斯斯葛野式餐廳（→P.201）

マオリン
茂林
Maolin

シーズン中はいたるところに蝶が舞う

屏東の北東約30kmに位置する茂林は、荖濃溪の支流である濁口溪が刻んだ山あいの村で、ルカイ族が暮らし、奥地にはスレート板家屋で知られる多納集落がある。また、冬はルリマダラの越冬地になっており、何十万羽もの蝶が乱舞する光景が見られる。シーズンは11月から2月にかけての午前中で、なかでも降雨の翌朝が最適だ。集落の中心である「茂林區公所」バス停の周辺に、蝶を観賞する遊歩道が整備されているほか、茂林遊客中心に蝶についての展示がある。

👣 茂林の歩き方と見どころ

蝶のシーズンは11〜2月

　　蝶の越冬の最盛期は1月下旬から2月。午前中のほうが蝶の姿が多い。**賞蝶歩道**は散策路の姿沙里沙里歩道につながっていて、**瑪雅亭**からは茂林の町を見下ろせる。

茂林

高雄客運 🔗 www.ksbus.com.tw/main.asp
屏東客運 🔗 www.ptbus.com.tw

緑に囲まれたハイキングコース ★★★

MAP P.200

シャンティエブーダオ
賞蝶歩道

茂林には蝶を観賞するための遊歩道があちこちに設けられている。この賞蝶歩道は茂林生態公園内に設けられ、茂林の町を見渡す展望台の**瑪雅亭**に続いている。冬には多くの蝶が舞い幻想的な雰囲気。公園内を流れる沢にルリマダラがびっしりと張りついて集団で水を飲む様子は**紫蝶幽谷**と呼ばれ、1〜2月の越冬最盛期に見ることができる。隣接した**茂林遊客中心**で蝶に関する3D映像も見られる。

賞蝶歩道の入口

ルカイ族が住む山奥の集落 ★★★

MAP P.42-B2

トゥオナー
多納

茂林からバスでさらに30分の山奥に開けたルカイ族の集落。町は全長400mと小さいが、伝統の石板家屋の町並みが残り、ルカイ族の人々の普段の生活に触れることができる。「多納站」バス停の近くはソーセージやちまきなど原住民料理の屋台も出ている。バスの本数が少ないので、茂林も一緒に日帰りで訪れるなら高雄か旗山からタクシーチャーターがおすすめ。

賞蝶歩道
🚌「茂林區公所」バス停より徒歩約2分

茂林遊客中心
MP.200
☎(07)680-1111
🕐8:30〜17:00
休月(蝶のシーズンは無休)
🚌「茂林區公所」バス停より徒歩約1分
🌐www.maolin-nsa.gov.tw
　1日6回(土・日・祝10回)、3D映像が放映される。

多納
🚌旗山轉運站バスターミナルより茂林を経由する高雄客運 H31「多納」行きで終点下車。旗山発8:50、13:45、17:20(土・日・祝7:50、10:50、14:45)。多納発6:50、11:30、15:10。所要約1時間25分、60元。「茂林區公所」バス停からは所要約30分、12元。

石板家屋が並ぶ

伝統のビーズ刺繍を施す女性

多納 [地図]

多納長老教会
山路彎彎 R
多納安息日教会
S
的的那邊工作室
多納國小
滿香樂
瑪姿餐飲店
多納巷
⊗ 多納派出所
娜魯彎小吃部 R
一山沐咖啡屋
勇士呼喊台
勇士步道
📍「多納站」バス停
100m
N
多納

スースケイエシーツァンティン
斯斯葛野式餐廳

MAP P.200
カフェ

香り高い茂林コーヒーを味わえる

紅藜(キヌア)など地元の材料を使った天然酵母のパン(60元〜)を販売。午後からは原住民料理も提供。1人用のセット單人套餐(350元)もある。

🏠高雄市茂林區茂林巷16號
☎0988-877-614
🕐9:00〜17:00
休月
💳不可
🚌「茂林區公所」バス停より徒歩約3分
📷fb.com/100082949212070

MAP P.42-B2

ACCESS

高雄から
台鐵 台鐵高雄駅より台鐵屏東駅まで毎日多発、所要20分〜、自強號48元。
恆春から
バス 恆春轉運站バスターミナル（M P.218-A2）より屏東客運8239「屏東」行きで屏東轉運站バスターミナル下車。1日3便、所要約2時間、277元。

屏東轉運站バスターミナル

バスターミナルの西側にYouBikeのスタンドがある

おさんぽプラン
⏱ 所要約5時間

❶ 慈鳳宮（→P.203）
↓ 徒歩＆バスで約17分
❷ 屏菸1936文化基地（→P.204）
↓ 徒歩＆バスで約25分
必見 **❸ 勝利星村**（→P.22、203）
↓ 徒歩約3分
❹ 阿猴城址（朝陽門）（→P.202）
↓ 徒歩約12分
必見 **❺ 屏東夜市**（→P.204）

阿猴城址（朝陽門）
住 屏東市公園段三小段17-2地號
交 台鐵屏東駅より徒歩12分

ピントン
屏東
Pingtung

カフェやレストラン、ショップが集まる勝利星村（勝利區）

屏東は台湾の南端を占める屏東縣で唯一の市で、人口約20万人。17世紀終わりに平埔族が住む阿猴社に漢人が入植し「阿猴」と呼ばれたが、日本統治時代に「屏東」に改名された。市といっても台南、高雄の大都市と比べるとだいぶのんびりした雰囲気で、観光地化されてない素顔の南台湾の町に触れることができる。近年はかつての軍人宿舎をリノベーションした勝利星村が注目され人気スポットとなっている。また、原住民が住む山あいの三地門（→P.207）、霧台（→P.209）へ向かうバスの起点となる。

👣 屏東の歩き方と見どころ

自転車があると便利

　町なかの見どころを徒歩で回るにはやや広い。高雄、台南の中心部に比べると、車どおりも少ないので、公共のレンタサイクル、YouBikeを使ってサイクリングがてらのんびり町を巡ってみたい。

屏東の歴史を今に伝える ★★

アーホウチョンシー
阿猴城址（朝陽門）

MAP P.203-B1

　1836年に建設された阿猴城の唯一残る門の跡。東を向いているため「朝陽門」とも呼ばれる。阿猴城は匪賊の襲撃から町を守るため、土地の有力者たちの募金により築かれたいわば私設の城塞だったという。現在は国家第三級古蹟に指定されている。

清代の名残

 屏東客運 🌐 www.ptbus.com.tw
國光客運 🌐 www.kingbus.com.tw

屏東駅近くの媽祖廟 ★★

ツーフォンゴン
慈鳳宮

MAP P.203-A2

派手な色彩が目を引く、まるで冠のような細かい装飾が施された廟。現在の建築は1983年の火災後に改修されたもの。上階に上ると、屋根を飾る見事な装飾を間近に見られる。

かつての軍人村がカルチャー発信地に ★★★

ションリーシンツン
勝利星村（勝利區）

MAP P.203-A1

青島街一帯は日本統治時代に飛行場所属の軍人宿舎群が作られ、戦後は国民党の軍人らが住む「勝利新村」と呼ばれる眷村（軍人村）となった。台湾にはほかにも眷村があるが、ここのように区画ごと町並みが残っている例は珍しく、「勝利星村」創意生活園區というコンセプトで再生され、屏東の流行発信エリアとなっている（→P.22）。

家屋は比較的建築年代が新しいため、和洋折衷の近代建築。現在はカフェやショップに転用されているが、内部に入ってみると鴨居や床の間など、日本家屋として使われていた頃の名残を目にすることができる。

この**「勝利區」**の範囲がもっとも広く、店も多い。西側は家屋を廃墟のまま残した遺構公園となっている。ほかにも**「成功區」**、**「通海區」**があり修復が進んでいる。

慈鳳宮
🏠 屏東市中山路39號
☎ (08)732-2967
🕐 5:00～22:45
休 無休　料 無料
🚉 台鐵屏東駅より徒歩約3分
🌐 www.323pt.org.tw

豪華な屋根飾り

勝利星村（勝利區）
🚉 台鐵屏東駅より徒歩約15分
🌐 www.cultural.pthg.gov.tw/vipzone

週末は各地から観光客が訪れる

勝利星村服務中心（將軍之屋）
📍 P.203-A1
🏠 屏東市青島街106號
☎ (08)732-6512
🕐 9:00～12:00、13:00～17:00
休 火
🚉 勝利星村参照

勝利星村のインフォメーションセンター

孫立人將軍行館
📍 P.203-A1
🏠 屏東市中山路61號
☎ (08)732-1882
🕐 9:00～12:00、14:00～17:00
休 火　料 無料
🚉 台鐵屏東駅より徒歩約10分
🌐 www.fb.com/mhno61.1
成功區にあり軍人家屋の特殊な内部構造を見学できる。

モダンな造り

屏東

A

▶P.23 豆油伯勝利村
品牌文化體験館
勝利路
郵便局
▶P.22,203
勝利星村
（勝利區）
▶P.203
勝利星村
服務中心
（將軍之屋）
天堂鳥咖啡烘焙 ▶P.23
青島街
通龍屋 清營号 ▶P.206
振定街
小驢日紙書屋
屏東原百貨
▶P.23 卍東山寺
顧室 ▶P.22
必勝烘焙研製所 ▶P.22
碗裡的茶 茶創意雨林餐廳
▶P.22
公園西路 中山黄昏市場
阿亮葱油餅
▶P.203
孫立人將軍行館
勝利星村
（成功區）▶P.203
台湾銀行

B 和生路 北區市場
朝市
漢民路
勝利星村
（通海區）
▶P.203
卍屏東書院
正筍小籠湯包 R ▶P.205
天津街
信義街
義勇街
豐滿早餐店 R
天福街
永福街
中正路
中山體育館
屏東東路
濟南街
開封路
阿猴城址（朝陽門）
▶P.202
北平路
屏東美術館
屏東演武場
林森路
太平洋百貨 S
▶P.206 富光商旅
職人町
寧波街
杭州街
環球購物中心
彰化銀行 B
2
桂林街
鼎昌號 ▶P.206
新生旅社 H
台湾銀行 B
中央市場
福建路
蘇州街
真那蘇教会
唐榮國小
慈鳳宮 ▶P.203
土地銀行 B
驛前大和咖啡館 C
▶P.205
鑽石大旅社
飛馬大飯店
屏東轉運站
（バスターミナル）
公勇路
屏東駅
旅遊服務中心
中山路
中華電信
民生路
屏菸1936文化基地
▶P.204
卍都城隍
▶P.21,204 屏東夜市
▶P.206 粛来文原
東星大飯店
阿狗粉腸切仔麵
N
0　　200m
竹田、潮州、台東へ

屏菸1936文化基地

- **住** 屏東市菸廠路1號
- **電** (08)721-0234
- **時** 9:00～18:00(金～日～21:00)
- **休** 月
- **料** 199元
- **交** 屏東轉運站バスターミナルより屏東客運8236路バスなどで「屏東大學民生校區」下車、徒歩約5分
- **網** www.cultural.pthg.gov.tw/pt1936

ゲームで狩りを体験

屏東夜市

- **住** 屏東市民族路周辺
- **時** 11:00頃～翌1:00頃
- **休** 無休
- **交** 台鐵屏東駅より徒歩約5分

ローカルな雰囲気

竹田車站

- **電** (08)771-2897
- **時** 9:00～12:00、13:30～17:00(土・日・祝9:00～17:00)
- **休** 無休　**料** 無料
- **交** 台鐵屏東駅より區間車で台鐵竹田駅下車、すぐ。所要約14分、16元。

当時の面影を残す内部

潮州

- **交** 台鐵屏東駅より台鐵潮州駅下車。所要約15分～、自強號34元。

小吃店が集まるロータリー周辺

屏東の多様な文化を楽しく学べる ★★★

ピンイエンイージョウサンリョウウェンホアジーディー
屏菸1936文化基地

MAP
P.203-
B2外

　1936年に建てられ、2002年まで操業していたたばこ工場の跡地を転用したクリエイティブスポット。2017年に屏東縣政府によって全エリアが歴史建築に登録された。展示のメインとなるのは16號倉庫で、1階はたばこ製造の巨大な機械をストーリー仕立てで見て回ることができる**屏東菸葉館**となっている。その2階は屏東エリアに住む客家の人々について展示する**屏東客家館**、3階は山間部に多く住む原住民族の生活文化について展示する**屏東原民館**があり、カラフルなプロジェクションマッピングや体験ゲームを利用した楽しく遊べる教養施設となっている。

たばこ製造の機械がほぼ完全な形で保存されている

バイクに乗ったまま買い物する人も ★★

ピントンイエシー
屏東夜市

MAP
P.203-
B2

　屏東駅の東、民族路に沿って店が連なる夜市。多くの店は露店ではなく店を構えており、昼間も営業していて昼食にも利用できる。バイクの通行量が多いので、少々危険を感じることも。

台湾最南端の木造駅舎 ★★

デューティエンチャーヂャン
竹田車站

MAP
P.42-B2

　1939年に建造された台湾最南端の木造駅舎が保存されている。待合室や切符の窓口などは現役時代の雰囲気そのまま。駅舎周辺は**竹田驛站文化園區**となり、倉庫などの関連建築が資料館や図書館などに利用されている。

味わいのある木造建築

知られざる美食の町 ★★

チャオチョウ
潮州

MAP
P.42-B2

　屏東から鉄道で約15分の潮州は、広東省の潮州の人々が入植し築いた町。また小吃の店が多く、美食の町としても知られている。駅から徒歩約10分の所に町の中心のロータリーがあり、周辺に客家の守り神の三山國王廟や潮州日式歴史建築文化園區などがある。かつての潮州町役場は**屏東戲曲故事館**となっている。

白亜のカトリック教会 ★★

ワンジンションムーションディエン
萬金聖母聖殿

MAP P.42-B2

高雄の玫瑰聖母聖殿主教座堂（→P.146）に次ぎ台湾で2番目に古いカトリック教会。1816年にスペインから布教に訪れたドミニコ会士によって創設されが、当初の建物は1865年の大地震で損壊したため、1870年に現在の姿に建て直された。内部は静謐な空気が流れ、祭壇にマリア像が置かれている。聖堂内にたたずんでいると、ここが台湾であることを忘れてしまいそう。入口を入って右の部屋のマリア像は霊験あらたかで、病気を治してくれるといわれている。

スペイン風の建築

豚足の町 ★★

ワンラン
萬巒

MAP P.42-B2

屏東市から南東へ約13km、潮州からもバスでアクセスできる萬巒は、豚足で有名な町。「萬巒」バス停と「萬巒分駐所」バス停の間にある褒忠路と民和路の交差点あたりが町の中心部で、店先に山盛りの豬腳（豚足の醤油煮込み）を並べたレストランが集まっている。なかでも有名なのは、交差点で大きな看板を掲げる**海鴻飯店**で、広い店内に大人数にも対応できる大きな円卓が並ぶ。

秘伝のたれで煮込んだ豚足

チョンジュンシアオロンタンパオ
正筩小籠湯包

MAP P.203-A1
上海料理

小籠包の有名店
「北の鼎泰豐、南の正筩」との呼び声も高い店。小籠包は厚めの皮で肉汁をしっかり包み込んだプレーンの小籠湯包（180元）のみの直球勝負。ほかに餃子や麺、浙江料理のメニューは豊富。

イーチエンヤマトカーフェイグアン
驛前大和咖啡館

MAP P.203-A2
カフェ

100年の歴史がよみがえる
日本統治時代の「大和ホテル」の建物をリノベしたカフェ。当時の階段などをそのまま残し、インダストリアルな雰囲気も漂う。コーヒー（100元〜）ほか、台湾各地のコーヒー（200元〜）も揃う。

萬金聖母聖殿
🏠 屏東縣萬巒郷萬金村萬興路24號　☎ (08)783-2005
🕐 6:30〜21:30
🈳 無休　💰 無料
🚌 屏東轉運站バスターミナルより屏東客運8235「佳佐」行きで「萬金教堂」下車、すぐ。1日5便。屏東発7:41、10:45、13:17、17:27、18:47。所要約45分、70元。または台鐵潮州駅に隣接した潮州轉運站バスターミナルより屏東客運8212「武潭區」行きで「萬金教堂」下車、すぐ。潮州発9:15、17:25。所要約30分、34元。

あつく信仰されるマリア像

萬巒
🚌 潮州轉運站バスターミナルより、屏東客運8238「屏東」行き、8209「来義」行き、8212「武潭」行きで「萬巒」または「萬巒分駐所」下車。約40分に1便。所要約10分、25元。または屏東轉運站バスターミナルより屏東客運8238「潮州」行き、8236「佳佐」行きで「萬巒」下車。30〜50分に1便。所要約30分、51元。

海鴻飯店
🏠 屏東縣萬巒郷褒忠路132號
☎ (08)781-3553
🕐 10:00〜19:30
🈳 無休　💳 不可
🌐 www.haihon.com.tw

🏠 屏東市忠孝路130-2號
☎ (08)734-0133
🕐 11:00〜13:30、17:00〜20:30
🈳 月
💳 不可
🚃 台鐵屏東駅より徒歩約17分
🌐 fb.com/100054404655485

🏠 屏東市民族路163號
☎ (08)766-9777
🕐 9:00〜18:00
🈳 無休
💳 不可
🚃 台鐵屏東駅より徒歩約2分
🌐 fb.com/yamatocoffee

グルメ

グルメ

シアオヤン　リーツァイシューウー
小陽。日栽書屋

MAP P.203-A1
カフェ

日本式宿舎をそのまま利用

古い建築をほとんど改修せず利用した書店&カフェ。まるで友人の家を訪問したようなくつろいだ雰囲気。勝利星村（勝利區）の静かな一角にあり、喧騒を離れてひと息つける。ドリンク100元〜。

🏠屏東市中山路清營巷1號
☎0922-961-278
🕐14:00〜20:00
🈂火・水
💳不可
🚉台鐵屏東駅より徒歩約15分
🌐fb.com/ssunville

ディンチャンハオ
鼎昌號

MAP P.203-A2
スイーツ

レトロ感満点の綜合スイーツ店

日本の懐かしB級グッズを集めた博物館のようなスイーツ店。かき氷や豆花、愛玉、凍圓など伝統スイーツがおいしく、種類も豊富。ソフトクリームやたい焼き、ラーメンなども地元っ子に人気。

🏠屏東市南京路38-1號
☎(08) 733-2377
🕐11:00〜22:00
🈂旧正月
💳不可
🚉台鐵屏東駅より徒歩約5分
🌐fb.com/delightsweeto

シャンハオジアクーシーチャオバンティアオ
上好佳客式炒粄條

MAP P.42-B2
客家料理

客家版ナポリタン

潮州の三山國王廟の境内にある客家料理店。ここの名物は皿からあふれそうに盛られた赤い炒粄條（70元〜）。赤は唐辛子の色ではなく、トマトソースの色なので辛くない。

🏠屏東縣潮州鎮西市路33-8
☎(08) 788-0011
🕐10:00〜19:00
🈂金
💳不可
🚉台鐵潮州駅より徒歩約6分
🌐fb.com/100063764929073

アールンビンディエン
阿倫冰店

MAP P.42-B2
スイーツ

潮州名物の燒冷冰

潮州駅から北東に450mほどのロータリーに面する。綜合燒冷冰（60元）は、ほかほかのトッピングの上にかき氷をのせたスイーツで、温かさと冷たさの絶妙なハーモニーを楽しめる。

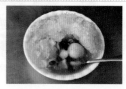

🏠屏東縣潮州鎮新生路147-1號
☎(08) 789-2202
🕐9:30〜22:30
🈂週1日、不定休（土・日は営業）
💳不可
🚉台鐵潮州駅より徒歩約6分

ホテル

ウェイミーウエンリュー
薇米文旅 Wemeet Boutique Hotel

MAP P.203-B2
中級　📶

駅近で快適にステイ

屏東夜市の入口近くに立つファッションビルの上階にある。屏東駅に近く、バスや鉄道を利用する際にとても便利。白を基調色にした清潔な客室は広々としていて、見晴らしもいい。

🏠屏東市復興路25號9階
☎(08) 734-3456
💰Ⓦ⊤4800元〜
💳ＪＭＶ
🛏62
🚉台鐵屏東駅より徒歩約5分
🌐www.wemeet888.com.tw

フーグアンシャンリュー
富光商旅

MAP P.203-B2
中級　📶

屏東最大のホテル

屏東の緑の中心地、屏東公園を望む屏東では最大級のホテル。客室は茶系統を基調色に落ち着いた印象、設備も十分快適だ。場所も商店街や夜市に近く、観光に便利。

🏠屏東市公園路19-7號
☎(08) 734-5656
📠(08) 734-5857
💰Ⓦ1500元〜　⊤2000元〜
💳ＪＭＶ
🛏70
🚉台鐵屏東駅より徒歩約10分
🌐www.fu-kuang.com.tw

サンティーメン
三地門
Sandiment

台湾で2番目に長い山川琉璃吊橋

MAP P.42-B2

屏東の北東15kmに位置する三地門は、隘寮溪の谷口集落で
パイワン族が多く暮らす。東西に流れる隘寮溪を境に南側
の平野部が水門村で、屏東からのバスはほとんどがここで終点に
なる。一方、川の北側の小高い丘の上には、奥地から移住してきた
人々が暮らす三地村があり、役場（三地門郷公所）もある。また、水
門村東側の丘上は瑪家（北葉）集落で、原住民文化園區が広がり、
2016年に完成した山川琉璃吊橋とともに観光の目玉となっている。

👣 三地門の歩き方と見どころ

町の中心は水門村、三地村は原住民文化が色濃く残る

　屏東からのバスの多くが水門站バスターミナルで終点となる。
水門村にはホテルや食堂、商店などがあり、この地域を巡る拠点
として便利。パイワン族の集落がある**三地村**は急な坂道を20分
ほど上った所にあり、バスを上手に活用したい。流しのタクシー
はほとんどない。

ACCESS

屏東から水門村へ
バス 屏東轉運站バスターミナル
（MP.203-A2）より屏東客運
8228、8229、8231、8232「水門」
行きで「上水門」または終点の
水門站バスターミナル下車。40
〜50分に1便、所要約40分、66
〜86元。または、8227「三地門郷公
所」行き、屏東客運8233「霧台」
行きで「內農側門」下車。所要
約50分、86元。
※村の入口に水門轉運站とい
うバスターミナルもあるので、間
違ってそちらで下車しないように
注意。

屏東から三地村へ
バス 屏東轉運站バスターミナル
（MP.203-A2）より屏東客運8227
「三地門郷公所」行きで「三地村」
または終点下車。1日5便。屏東
発 7:06、9:06、11:06、16:36、
18:05。所要約60分、74元。また
は、屏東客運8233「霧台」行きで
「三地村」または「三地門郷公所」
下車。屏東発7:47、11:47、14:01。
所要約60分、95元。

三地村には伝統衣装の
工房もある

おさんぽプラン
🕐 所要約4時間

❶ 沙滔舞琉璃藝術空間（→P.208）
　↓ 徒歩約1分
❷ 答給發力美食坊（→P.208）
　↓ 徒歩約12分
必見 **❸ 山川琉璃吊橋**（→P.208）
　↓ 徒歩すぐ
必見 **❹ 台湾原住民族文化園區**（→P.208）

三地門 地図

水門轉運站バスターミナル、屏東へ

0　400m

三地村「三地郷公所」バス停
三地門郷公所
霧台へ
石板家屋
沙滔舞琉璃藝術空間 S ▶P.208
中山公園
三地門郷原住民文化館
答給發力美食坊 ▶P.208
中正路一段
階段
隘寮溪
蜻蜓雅築珠藝工作室 S
「三地村」バス停
「上水門」水門社區バス停（霧台へ）
成功路
「內農側門」バス停（霧台へ）
清峰旅社 H
水門橋
大頭目美食館 S ▶P.208
山川琉璃吊橋
屏東客運水門站バスターミナル
水門村活動中心
山海旅館 H ▶P.208
台湾原住民族文化園區 ▶P.208
入口ゲート
古流坊 S
文物陳列館
忠孝路一段
中山路
水門村

A　　B

台湾原住民族文化園區
屏東縣瑪家郷北葉村風景
104號　**☎**(08)799-1219
⏰8:30～17:00　**休**月(祝の場合
は翌日)　**料**150元
交水門村より徒歩約15分。中山
路370號の路地の奥にある階段
を上って警察分署脇に出ると近
道。または山川琉璃吊橋を渡っ
てすぐ。
🌐www.tacp.gov.tw

山川琉璃吊橋
⏰9:00～15:30(土・日、3～9月～
16:30)
休月(祝の場合は翌日)　**料**50元
交「三地村」バス停より徒歩約7
分。または台湾原住民族文化
園區よりすぐ。

スリル満点

各民族の伝統住居も移築されている ★★★

MAP P.207-B

タイワンユエンヂューミンヅーウェンホアユエンチュー
台湾原住民族文化園區

　山の傾斜を利用した広大な敷地に台湾各原住民の家屋などを移築し、文物陳列館なども設置した文化園區。10:30と14:00（土・日は16:00も）に原住民の歌と踊りのショーがある。園内は広いが、無料の遊覧バスで行き来できる。

ショーはぜひ鑑賞したい

台湾で2番目に長いつり橋 ★★★

MAP P.207-B

シャンチュアンリウリージャオチャオ
山川琉璃吊橋

　2016年にオープンした長さ263m、高さ45mのつり橋で、隘寮溪の絶景が望める。橋の側面にはトンボ玉の由来を記したパネルが取り付けられ、これを読みながら渡っても楽しい。橋を渡った先に道が続き、右折して階段を上ると三地村に出る。台湾原住民族文化園區と直結しており、三地村との行き来にも便利。

グルメ

ターゲイファーリーメイシーファン
答給發力美食坊

MAP P.207-B　原住民料理

パイワン族の料理を食べられる

　パイワン族の家族の経営で、オーセンティックな原住民料理を堪能できる。排灣風味套餐(450元)は粟のちまきなどパイワン族のいろいろな料理を一度に味わえる豪華なセット。アラカルトもある。

住屏東縣三門郷三地村中正
路二段29巷2-2號
☎(08)799-3395
⏰11:00～17:00　**休**月
CC不可
交「三地郷公所」バス停より
徒歩約5分
🌐fb.com/dakivali

ショッピング

シャータオウーリウリーイーシューコンジエン
沙滔舞琉璃藝術空間

MAP P.207-B　工芸品

パイワン族の文化を発信

　パイワン族伝統のトンボ玉を使ったアクセサリーや、民族衣装をアレンジした洋服を販売。舞踏のスタジオも兼ねていて、世界各国の舞踏家を招いたコラボレーションなど、意欲的に活動している。

住屏東縣三門郷三地村中正
路二段29巷45號
☎(08)799-3332
⏰9:00～18:00　**休**月・日
CCＪＭＶ
交「三地郷公所」バス停より
徒歩約5分
🌐fb.com/SHATAO.at

ホテル

ピンシャンリューグアン
屏山旅館

MAP P.207-A　中級

三地門でいちばん立派なホテル

　三地門ではいちばん大きく、設備も整っている。フロントはのんびりとしていて、誰もいないことがある。部屋は広くて清潔。さまざまなポスターが貼ってあり、おもしろい。

住屏東縣内埔郷水門村中山路
339號
☎(08)799-1803
FAX(08)799-4230
料Ｓ1500元～　Ｔ2000元～
CC不可　**室**6
交屏東客運水門站バスターミ
ナルより徒歩約6分

チンフォンリューシャー
清峰旅社

MAP P.207-A　経済的

　「上水門」バス停の目の前にある。三地門では貴重な個人タクシーも経営している。

住屏東縣内埔郷水門村自力路125號
☎(08)799-3678
料Ｓ500元～　Ｔ1000元～
CC不可　**室**7
交屏東客運水門站バスターミナルより徒歩約6分

高低差があり、水門村から三地村へ徒歩で移動するのは大変なので、アクセスには「三地郷公所」行きのバスを利用し、三地村を散策してから山川琉璃吊橋を渡って台湾原住民族文化園區を見学し、最後に水門村を訪れるのが理想的。

霧台
ウータイ
Wutai

ルカイ族が住む秘境の集落

MAP P.42-B2

ACCESS

屏東から
バス 屏東轉運站バスターミナル（MP.203-A2）より屏東客運8233「霧台」行きで終点下車。屏東発7:47、11:47、14:01。所要約1時間35分、145元。霧台発 9:37、13:47、15:57。

三地門から
バス 「内農側門」バス停（MP.207-A）より、屏東客運8233「霧台」行きで終点下車。8:37、12:37、14:51発。所要約45分、60元。または、「水門社區」バス停（MP.207-A）より霧台郷幸福巴士で終点「霧台」下車。月～金曜の7:12発。所要約50分、62元。霧台発は月～金曜17:00。8233は「上水門」バス停からは乗車できないので注意。
※霧台は、台湾の法律により立ち入りが制限される「山地管制区」に含まれており途中で検問所もあるが、パスポートを携帯のうえ、バス車中で申請書に記入すれば入境できる。

屏東の北東約25kmに位置する霧台は、三地門から隘寮溪を遡ること10km余り。標高はおよそ1000mで背後には中央山脈の2000m級の山々が連なる。自らを「山の人」と称するルカイ族が暮らす深山幽谷の地だ。魯凱文物館をはじめ、石板家屋と家を彩る2匹の蛇と太陽をモチーフとした彫刻、トンボ玉、さらにチナブと呼ばれる肉を巻いた粽の郷土料理などルカイの文化を味わえる。現在は、伝統家屋に泊まれる民宿や郷土料理を出すカフェなども増え、原住民の文化に触れられる観光地として人気を集めている。

霧台の歩き方と見どころ

「霧台」バス停前の階段を上れば、華やかな彫刻が施された**魯凱文物館**の前に出る。そこから坂道を上って、**霧台長老教會**に向かおう。週末なら内部も見学できる。ルカイ族の伝統的な家屋が並ぶ**岩板巷**の散策を楽しんだら、眺めのいいカフェで、地元で取れる特産のコーヒーを味わいたい。

屏東から霧台へ向かうバス

彫刻が施された石板家屋

町は装飾であふれている

H 山巒民宿
郵便局
頭目の家
公墓
霧台長老教會 ▶P.210
WC 中山巷
魯凱文物館
岩板巷厨房
紅蝦花之家
「霧台」バス停
R 霧台國小
Sabau 百合民宿 ▶P.210
花草醸
Cemel ▶P.210
H 杜聰治民宿
H 杜巴男民宿
獵王小棧 C
中山巷
三地門へ！

霧台

おさんぽプラン
⏱ 所要約2時間
1 魯凱文物館（→P.210）
　　↓　徒歩約3分
必見
2 霧台長老教會（→P.210）
　　↓　徒歩約6分
3 花草醸 Cemel（→P.210）

霧台長老教會

- 🏠 屏東縣霧台郷霧台村中山巷76號
- ☎ (08) 790-2204
- 🕐 14:00～16:00(日9:00～)
- 休 無休(内部見学は土・日のみ)
- 💴 無料
- 🚌 「霧台」バス停より徒歩約4分
- 🌐 fb.com/vedai.kiwkai

岩板巷

霧台の集落内を約1kmにわたって蛇行する道は、伝統の石板家屋と同じ頁岩(けつがん)を積み重ねて装飾されている。カラフルな民族模様を施した民家や観光客相手のレストラン、カフェが点在し、散策が楽しい。ときおり伝統衣装を身に着けた人々の日常生活の様子も垣間見ることができる。

ルカイ族の料理を試せる岩板巷厨房

魯凱文物館

- 🏠 屏東縣霧台郷霧台村中山巷59號
- ☎ (08) 790-2297
- 🕐 8:30～12:00、13:00～16:30
- 休 月・火
- 💴 20元
- 🚌 「霧台」バス停より徒歩約4分

神秘的な石造りの教会　★★★

ウータイチャンラオジァオホイ

霧台長老教會

MAP P.209

霧台の人々の信仰のよりどころとなっている、壮麗な装飾が施された石造りの教会。周りを山々に囲まれた秘境の村に立つその姿に、信者でなくとも神々しさを感じずにはいられない。2階の礼拝堂には丸太でできた十字架が架けられ、椅子にはルカイ族の伝統文様が彫刻されている。平日は地元住民向けの授業があるため内部の見学はできない。

人々の生活の中心にある

ルカイ族の文化を学べる　★★

ルーカイウェンウーグアン

魯凱文物館

MAP P.209

装飾品、道具類など村の人々が先祖代々受け継いできたルカイ族の文物を集めた展示館。特に服飾関係の展示物が多く、頭の飾りは立場、性別、行事などにより細かく分かれていることがわかる。ほかに壺などの生活道具、日本統治時代に総督府政府が各部族の頭目に配布した頭目章なども展示されている。

カラフルな伝統模様で迎えてくれる

グルメ

ホアツァオニヤン

花草釀 Cemel

MAP P.209 / カフェ

霧台のコーヒーでひと息

日本びいきのバリスタ、Cegauさんがていねいに入れるコーヒーがおいしいカフェ。霧台産コーヒー(180元～)はフルーティで酸味があり、さわやかな飲み心地。店内もきれいで、バスを待つ時間などにも利用価値大。

- 🏠 屏東縣霧台郷霧台村岩坂巷7鄰49之2號
- ☎ 0919-235-686
- 🕐 10:00～18:00
- 休 水・木
- CC 不可
- 🚌 「霧台」バス停より徒歩約1分
- 🌐 fb.com/cemel.flower.seeds

1 フルーティな霧台のコーヒー
2 バリスタの Cegau さん

ホテル

バイホーミンスー

Sabau百合民宿

MAP P.209 / 経済的

宿泊してじっくり霧台を楽しもう

岩板巷の入口にある民宿。オーナーはアーティストで、ルカイ族の民芸品が家を飾っている。部屋は広間に布団を敷いて寝るタイプ。宿泊する場合は予約がベター。カフェも併設。

- 🏠 屏東縣霧台郷霧台村岩坂巷45之1號
- ☎ (08) 790-2393
- 💴 ①700元～　①1800元～
- CC 不可
- 🛏 2
- 🚌 「霧台」バス停より徒歩約10分
- 🌐 fb.com/0125Sabau

東港
トンガン
Tunggang

小琉球への船が発着する東港旅客船ターミナル

MAP P.42-A2

ACCESS

高雄から

🚌 高雄客運建國站バスターミナル（Ⓜ️P.117-C2）より9127「大鵬湾」行き、または9117「墾丁」行き、9117A「枋寮」行きで「光復路口」あるいは「輔英醫院（屏客東港站）」下車。約30分に1便、所要約1時間10～30分、111～121元。高鐵左營駅より9127D「大鵬湾」行きで「東琉線碼頭站」あるいは「輔英醫院（屏客東港站）」下車。約30分に1便、122元。

屏東から

🚌 屏東轉運站バスターミナル（Ⓜ️P.203-A2）より屏東客運8202、8203「東港」行きで「輔英醫院（屏客東港站）」下車。20～50分に1便、所要約50分、84～95元。

高雄の南東20km余りに位置する東港は、台湾海峡に面した台湾でも有数の漁港。なかでもクロマグロの水揚地として知られる。市街地の南に鎮座する東隆宮は王爺を祀り、300年余りの歴史を刻むこの町のシンボル。一方、東港の西南沖に浮かぶ小琉球（→P.214）への船が、市街地西端の東港溪河口にある東港旅客船ターミナルから出ており、西に隣接する華僑市場は新鮮な刺身をはじめとする海産物を求める観光客でにぎわう。

東港の歩き方と見どころ

新鮮な刺身を堪能しよう

お昼頃から営業を始める**華僑市場**で新鮮な刺身とサクラエビ炒飯のランチを楽しみたい。**華僑市場**から**東隆宮**へ向かう途中の新生一路には、造船所があり、職人たちが船を修理する港町ならではの光景を見られる。

おさんぽプラン
🕐 所要約3時間

必見 ① 華僑市場（→P.212）
　　　↓ 徒歩約13分
必見 ② 東隆宮（→P.212）

🏠 屏東縣東港鎮朝隆路39號
📞 (08) 833-9969
🕐 11:00頃～20:00頃
休 第1火曜
🚌 「東琉線碼頭站」バス停よりすぐ。「輔英醫院（屏客東港站）」バス停より徒歩約15分

東港名物の大きな桜エビ

東隆宮
🏠 屏東縣東港鎮東隆街21-1號
📞 (08) 832-2961
🕐 5:00～23:00
休 無休
💴 無料
🚌 「輔英醫院（屏客東港站）」バス停より南西へ徒歩約7分
🌐 www.66.org.tw

次の祭りに使われる船

ホアチャオシーチャン
華僑市場

MAP
P.211-A

　水揚げされたばかりの新鮮な海産物を個人客向けに並べる。ここには「代煮」という買った魚を調理してもらえる店があり、東港名物のマグロの刺身や魚介の炒め物、スープを囲んで食事を楽しむ観光客でにぎわっている。販売コーナーには、刺身以外にも、乾物や、**雙糕潤**という東港特産の柔らかいういろうのような菓子も販売されている。なかでもクロマグロとともに東港三宝に挙げられるサクラエビ、バラムツのカラスミはおみやげに人気。

近海で取れたさまざまな魚が並ぶ

トンロンゴン
東隆宮

MAP
P.211-B

　漁師の間であつく信仰されている王爺のひとり、溫府千歳という道教の神様を祀る廟。この廟は3年に1度、盛大な王船祭（東港迎王平安祭）が開催されることで有名で、境内の廟に次回の王船祭で燃やす王船が安置されている。王船の制作費は毎回市民のお布施によってまかなわれる。船体は細部まで美しく装飾され、人々の王爺に対する信仰心と、この祭りに対する意気込みが伝わってくる。

黄金に輝く絢爛豪華な牌楼も寄付によって建てられた

　台湾全土で信仰されている航海の守り神といえば媽祖だが、漁村の多い台湾南西部では、王爺信仰も根強い。王爺は媽祖と同様、海難事故で死亡した実在の人物を神格化した道教の神で、疫病の神、転じて病気治癒、航海安全、豊漁に霊験のある神と信じられている。王爺は千歳とも呼ばれ、東隆宮で祀られる溫府千歳のほか、池、朱、吳、李姓などの王爺もいる。南台湾に多い「代天府」は李、池、吳、朱、范姓の王爺を祀る廟である。
　3年に1度行われる王船祭は、道教の最高神である玉皇上帝より派遣された王爺を王船に迎え、7日間かけて町中を巡回し、8日目に海岸で大量の金紙とともに王船を焼いて王爺を天に送る。船を焼くことで疫病や災いを取り除くことができると考えられている。

©台湾観光局・湯西添
次回は 2024 年開催

グルメ

王匠生魚片
ワンジアンションユイピエン

MAP P.211-A
海鮮料理

刺身と寿司の人気店

華僑市場の中ほどにあり、刺身（300元～）や海鮮丼（390元～）、握り寿司（5貫200元～）など比較的リーズナブルに市場直送の新鮮な魚介を楽しめる。長い行列ができるが、回転は速い。

- 🏠 屏東縣東港鎮朝隆路39號 華僑市場228號
- ☎ 0921-241-520
- 🕐 11:00～17:30（土・日・祝10:30～）
- 🈲 第1火曜、第2・3・4水曜
- 💳 不可
- 🚌 華僑市場内
- 🌐 fb.com/WJsashimi

阿金海鮮代煮
アージンハイシエンタイデュー

MAP P.211-A
海鮮料理

華僑市場のイートインコーナー

市場の魚介を調理して出す「代煮」のレストラン。サイドメニューを注文すれば、買った刺身を持ち込んでOK。東港名物のサクラエビをたっぷりのせた櫻花蝦炒飯（100元）がおすすめ。

- 🏠 屏東縣東港鎮朝隆路39號 華僑市場A區28號
- 🕐 12:00～20:00
- 🈲 第1火曜
- 💳 不可
- 🚌 華僑市場内

阿源生魚片
アーユエンションユイピエン

MAP P.211-A
海鮮料理

寿司屋のような店構え

人気が高い華僑市場の店。ショーケースの中に柵が並ぶ。刺身（200元～）はマグロ、サーモン、メカジキの三種盛り。丼ものも人気が高い。東港名物のクロマグロが並ぶのは5～7月。

- 🏠 屏東縣東港鎮朝隆路39號 華僑市場124號
- ☎ 0912-136131
- 🕐 8:00～17:00（土・日7:00～19:00）
- 🈲 第1火曜
- 💳 不可
- 🚌 華僑市場内

ショッピング

金星雙糕潤
ジンシンシュアンガオルン

MAP P.211-A
菓子

東港特産の菓子

雙糕潤は細長くモチモチとした、ういろうや餅のような食感。黒糖や抹茶など15種類の味がある。ここは直営の無人販売所で、1本12元。華僑市場を入ってすぐの所にも出店している。

- 🏠 屏東縣東港鎮朝隆路8號
- ☎ 0955-353906
- 🕐 24時間
- 🈲 無休
- 🚌 「東琉線碼頭站」バス停より徒歩約1分
- 🌐 fb.com/Goldstar888

福灣巧克力
フーワンチアオクーリー

MAP P.42-B2
菓子

メイドイン台湾のチョコレート

自家農園で栽培したカカオを使用し、100％台湾メイドのチョコレートをビーントゥバーで生産。カカオ62％のチョコレートは国際的なチョコレートの賞も受賞している。

- 🏠 屏東縣東港鎮大鵬路100號
- ☎ (08) 835-1555
- 🕐 9:00～18:00
- 🈲 無休
- 💳 A J M V
- 🚌 「大鵬灣」バス停より徒歩約16分
- 🌐 fuwanshop.com

ホテル

大鵬灣大飯店
ダーペンワンダーファンディエン

MAP P.211-B
中級

📶

リーズナブルに快適にステイ

メインストリートに面した、東港では最大級の11階建てのホテル。やや古さは感じるものの、客室は広く清潔。子供用スペースなどもあり、ファミリーに好評。近くに市場もあって、買い物も楽しめる。

- 🏠 屏東縣東港鎮中山路59號
- ☎ (08) 835-3222
- 📠 (08) 835-3322
- 💰 W3960元～ T4400元～
- 💳 J M V　室37
- 🚌 「輔英醫院（屏客東港站）」バス停より徒歩約5分
- 🌐 www.tpb.com.tw

台北
台南
高雄 ★小琉球

MAP P.42-A3

ACCESS

東港から

🚢 東港旅客船ターミナル（M P.211-A）より藍白航運が6〜7便、東琉線交通客船が10便、泰富航運が7便（季節増便あり）を7:00〜16:50に運航。白沙観光港発最終17:20。所要約25分。片道250元、往復450元。乗船券購入時にパスポート提示が必要。
藍白航運
🌐 www.leucosapphire.com
東琉線交通客船
🌐 www.tungliu.com
泰富航運
🌐 www.tfship.com.tw/taifu
※1日4便のみの琉興公営船は大福漁港発着で観光には不向き。

東港から旅客船ターミナルへ
🚌「東琉線碼頭站」バス停から徒歩約1分。「輔英醫院（屏東東港站）」バス停から徒歩約15分。

高雄から東港碼頭へ
🚌 高鐵左營駅から高雄客運9127D「大鵬湾」行きが便利。「東琉線碼頭站」バス停で下車、徒歩約1分。このほかのバスは旅客船ターミナル近くには停車しない。

島の交通

小琉球環島接駁公車バスがあり、海岸沿いを反時計回りに1周する601バスと、西海岸を通らず島の中央を南下する601Aバスがほぼ交互に走っている。7:50〜16:00に1時間に1〜2便。23元。白沙観光港を出て左へ進み階段を上った観光港路にバス停がある。その周辺に電動自転車（300元〜／日）や電動バイク（400元〜／日）のレンタル店がある。
🌐 www.ksbus.com.tw/bus_info.asp?id=131

おさんぽプラン
🕐 所要約5時間

必見 ① 花瓶岩（→P.215）
↓ 徒歩約19分
② 美人洞（→P.215）
↓ 徒歩約23分
③ 三隆宮（→P.215）
↓ 徒歩約15分
必見 ④ 海底グラスボート（→P.215）

シアオリョウチュウ
小琉球
Xiaoliuqiu

旅客船が発着する白沙観光港

高雄の南約30kmに位置する小琉球は、東港の西南およそ12kmにぽつんと浮かび、東港（→P.211）から旅客船で訪れることができる。島は珊瑚礁が隆起して形成され、烏鬼洞、美人洞、山猪溝といった奇岩が織りなす景観を造り出し、見どころとなっている。1年を通して楽しめるスノーケリングなどのマリンスポーツを楽しむのもいいだろう。

👣 小琉球の歩き方と見どころ

高雄から日帰りも可能

島の外周はおよそ13kmあり、反時計回りに巡回する環島バスやレンタバイクなどで一周してみたい。また、**花瓶岩**から**美人洞**にかけて霊山寺歩道という遊歩道が整備され、さまざまな岩を観賞しつつ散策するのも楽しい。

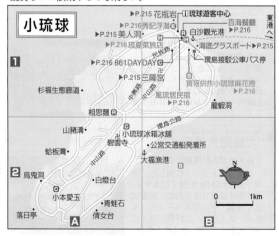

小琉球に向かう旅客船

小琉球のシンボル ★★★

ホアピンイエン
花瓶岩

MAP
P.214-
B1

　島の北側にある高さ9mの海水に浸食された石灰岩で、まるで瓶に挿した花のような姿をしていることからこの名がついた。海岸にぽつんと立っている姿はなんともシュール。このあたりの浜は、ダイビングやスノーケリングのポイントとしても人気が高い。

スノーケリングもできる

花瓶石
🚹白沙觀光港より徒歩約10分

不思議な言い伝えがある奇岩 ★★

メイレントン
美人洞

MAP
P.214-
B1

　船が難破し、無人島だった小琉球に流れ着いた蘇州の女性が洞窟の中で一生を終えたという伝説からその名がついた。また、島の女性はここで漁に出た男たちを待っており、海から見るとみんな美人に見えたためという説もある。周辺には美人洞のほかに12の見どころがある。

散策路が整備されている

美人洞
☎(08)861-2261
🕖7:30〜17:00(4〜10月7:00〜18:00)
🎫120元(烏鬼洞、山豬溝の入場も含む)
🚹白沙觀光港より徒歩約20分。または環島接駁公車601バスで「美人洞」下車、徒歩約1分。

奇岩観察に出かけよう

海の世界をのぞいてみよう ★★★

海底グラスボート

MAP
P.214-
B1

　白沙觀光港から、船底がガラス窓の客席になっている観光用の半潜艇（グラスボート）が出ている。窓からは珊瑚礁でできた海底や、小琉球付近に生息するウミガメやカラフルな熱帯魚が泳ぐ様子を観察できる。約30分のツアーの最後はデッキに上がって小琉球の海岸や花瓶岩を眺めながら港に戻る。

ウミガメに出合える

藍鯨號
🏢白沙觀光港
☎(08)861-2209
🕖8:45、9:45、11:20、12:10、13:20、14:45、15:30
🚫悪天候の日
🎫260元
🚹白沙觀光港よりすぐ

小琉球の王爺信仰のよりどころ ★

サンロンゴン
三隆宮

MAP
P.214-
B1

　隆起した島の尾根部分に立つ大きな廟。池府千歳、呉府千歳、朱府千歳の3姓の王爺を祀る。3年に1度、占いで決められる秋の日に行われる王船祭の船はこの廟から出発し、島じゅうを練り歩いたあと最終日に海岸で燃やされる。

三隆宮
🏢屏東縣琉球郷中山路45號
☎(08)861-1940
🕖24時間
🚫無休
🎫無料
🚹白沙觀光港より徒歩約14分
🌐www.beyuan.tw

普段は参拝者もまばら

グルメ

百海餐廳
バイハイツァンティン

MAP P.214-B1
海鮮料理

宴会もできるレストラン

新鮮な魚料理が自慢。蜂巣蝦（450元～）はエビのフリッターのかき揚げで、時間がたってもパリパリ感が損なわれないこの店の名物料理。海鮮のほかに台湾料理、各種宴会料理あり。

住 屏東縣琉球鄉民族路6號
☎ (08) 861-2224
営 11:00～14:00、17:00～19:00
休 無休
CC 不可
交 白沙觀光港より徒歩約5分

861DAYDAY
パーリョウイーデイデイ

MAP P.214-B1
ドリンク

南国のカラーをドリンクに

地元産のフルーツを使ったドリンクやアイスクリームを提供する店。鮮やかな色合いの各種フルーツソーダ（50元～）が人気。海龜燒（8個100元）も名物で、トッピングにもできる。

住 屏東縣琉球鄉民生路35-1號
☎ (08) 861-3056
営 9:00～22:00
休 無休
CC 不可
交 白沙觀光港より徒歩約5分
URL fb.com/100064105802280

ショッピング

寶哥烘炸小琉球麻花捲
バオクーホンツァーシアオリョウチュウマーホアチュエン

MAP P.214-B1
菓子

小琉球名物のかりんとう

かりんとうをねじったような形の麻花捲（60元）は古くから小琉球の家庭で作られていたおやつ。この店はローカルにも人気で、原味、ゴマ、梅、練乳、黒糖など9種類の味がある。

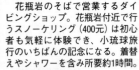

住 屏東縣琉球鄉三民路199號
営 8:00～18:00
休 無休
CC 不可
交 白沙觀光港より徒歩約7分
URL www.apocookie.com.tw

エンタテインメント

秀記浮潛
シウジーフーチエン

MAP P.214-B1
ダイビング

花瓶岩でスノーケリング

花瓶岩のそばで営業するダイビングショップ。花瓶岩付近で行うスノーケリング（400元）は初心者も気軽に体験でき、小琉球旅行のいちばんの記念になる。着替えやシャワーを含み所要約1時間。

住 花瓶岩の隣
☎ (08) 861-4598
営 8:00～15:00
休 無休
CC 不可
交 白沙觀光港より徒歩約10分
URL fb.com/a6428383

ホテル

琉夏萊旅店
リョウシアライリューディエン

MAP P.214-B1
中級

日

日本語堪能な家族が経営

白沙觀光港から花瓶岩へ行く途中にあるフレンドリーな宿。日本語堪能なオーナー家族がフロントにいるのでとても安心。客室の内装は海底や星空、氷などテーマが異なり凝っている。

住 屏東縣琉球鄉民生路43-2號
☎ (08) 861-1133
FAX (08) 861-1399
料 Ⓢ2600元～　Ⓣ3200元～
CC JMV
室 20
交 白沙觀光港より徒歩約5分
URL stayhotel.com.tw

風琉居民宿
フェンリョウヂューミンスー

MAP P.214-B1
中級

港のそばに立つ

客室はオーシャンフロントのA棟、静かなB棟、天蓋付きベッドなど個性的なインテリアを配したC棟の3棟からなる。スノーケリングのレンタルは300元／日。白沙觀光港そばで観光の拠点に便利。

住 屏東縣琉球鄉三民路294號
☎ (08) 861-2410
料 Ⓦ2500元～　Ⓣ3500元～
CC MV
室 12
交 白沙觀光港より徒歩約1分
URL www.lc-crystal.com.tw

ハンチュン
恆春
Hengchun

ひなびた味わいのある中山老街は、南国のリゾート気分も漂う

高雄の南約90kmに位置する恆春は、台湾最南端の町。かつては「瑯𤩝」と呼ばれていたが、一年を通して春のように温暖な気候であることから、清代末期に「恆春」と改称された。バスターミナルから南門路を200m進むと南門が構えており、町のランドマークとなっている。これは清代末期に造営されたもので、半径400m余りを城壁で囲っていた。現在も東門、北門、西門とともに保存されており、城壁は北門付近を中心に一部残っている。2008年に公開された映画『海角七号　君想う、国境の南』のロケ地として注目されるようになり、ロケ地巡りに訪れるファンも多い。

恆春の歩き方と見どころ

メインエリアは城壁内

観光客に人気のスポットはメインストリートの中正路（南門路）の西側に集中。バスターミナルに到着したら、**中山老街**となっている中山路を北上し西門まで歩いてみよう。さらにそこから城壁を歩けば、南の町ならではののんびりした空気と歴史ある町並みの趣を同時に感じられる。YouBikeを使って、町を取り囲む城壁をぐるりと巡ってもおもしろい。恆春の町は1日足らずで回れてしまうので、バスで**墾丁**（→P.223）や**四重渓温泉**（→P.222）にも足を延ばしてみたい。

趣のある商店街　★★★

チョンシャンラオジエ
中山老街

MAP P.218-A1・2

旧市街の目抜き通りである中山路には、地元の生活を支える昔ながらの商店や伝統スイーツ、緑豆饌の店が並ぶ。車通りも少なく、のんびりと散策できる。頭上のカラフルな飾りが風に吹かれてくるくると回り、華やかさを添えている。

MAP P.42-B3

ACCESS

高雄から
バス 高雄客運建國站バスターミナル（MP.117-C2）より9188「鵝鑾鼻」行きで恆春轉運站バスターミナル下車。30分〜1時間に1便、所要約2時間20分、306元。または同バスターミナルより9117「墾丁」行きで恆春轉運站バスターミナル下車。1日8便、所要約2時間45分、319元。または高鐵左營駅より9189墾丁快線（台湾好行）「墾丁」行きで恆春轉運站バスターミナル下車。約30分に1便、所要約2時間、361元。

屏東から
バス 屏東轉運站バスターミナル（MP.203-A2）より屏東客運8239「恆春」行きで終点恆春轉運站バスターミナル下車。1日3便、所要約2時間、277元。

墾丁から
バス 「墾丁」バス停（MP.224-A2）より、高雄客運9188、9117「高雄」行き、8248、8249「恆春」行き、墾丁街車101橘線「海生館」行きで恆春轉運站バスターミナル下車。約20〜30分に1便、所要約15分、28〜34元。

中山老街
住 屏東縣恆春鎮中山路
交 恆春轉運站バスターミナルより徒歩約6分

恆春夜市
MP.218-A1・2
住 屏東縣恆春鎮恆西路
営 17:00〜23:00頃　休 月〜土
交 恆春轉運站バスターミナルより徒歩約6分

毎週日曜日のみ開催される夜市。恆西路にも屋台が並ぶ。

地元の人々でにぎわう

おさんぽプラン

必見　🕐 所要約3時間

❶ 中山老街（→P.217）
　　↓　徒歩約2分
❷ 阿嘉の家（→P.219）
　　↓　徒歩約5分
❸ 三山國王廟（→P.219）
　　↓　徒歩約1分
必見 ❹ 恆春古城の城壁（→P.218）
　　↓　徒歩約13分
❺ 恆春3000啤酒博物館（→P.219）

恆春古城の城壁
🚌西門:恆春轉運站バスターミ
ナルより徒歩約6分
東門:恆春轉運站バスターミナ
ルより徒歩約7分
南門:恆春轉運站バスターミナ
ルより徒歩約2分
北門:恆春轉運站バスターミナ
ルより徒歩約10分

存在感のある南門

映画『海角七号』のロケ地に
もなった西門

映画『海角七号　君想う、
国境の南』
　挫折して故郷に戻った台湾人
ミュージシャン阿嘉と、売れない
日本人女性モデル友子の恋を、
約60年前の届かなかった手紙の
エピソードを交えながら描くラブス
トーリー。2008年に公開され、異
例の大ヒットを記録した。魏德聖
監督。

恆春古城の城壁

　恆春城の城壁が築かれたのは、牡丹社事件後の1875年。その一部は現在までそのままの姿で残り、修復された部分とともに町をぐるりと囲んでいる。東西南北には城門があり、なかでも墾丁へ向かう大通りのロータリーに立つ南門は保存状態もよく、恆春のシンボル的な存在。各城門の近くには階段があり、城壁の上を歩けるようになっている。東門の近くにある恆春孤棚は、中元節に行われる油を塗った柱を登り、旗を取り合う伝統行事「搶孤」の会場である。

城壁の上を歩いてみよう

恆春

映画が撮影された ★★

阿嘉の家

MAP P.218-A2

2008年に台湾で大ヒットし、各国の映画祭で受賞した映画『海角七号　君想う、国境の南』（日本では2009年公開）の舞台となった恆春には、映画のロケ地が各所にある。「阿嘉の家」は恆春出身の主人公である阿嘉の家で、1階に記念品などが売られていて、今もファンが訪れる人気観光スポットとなっている。阿嘉の勤務する郵便局（恆春郵局）も近い。

角にある白い家

岩に彫られた祠が始まり ★★

サンシャンクオワンミャオ
三山國王廟

MAP P.218-A1

恆春城が築かれた1875年に作られた、珊瑚礁岩に彫られた小さな廟で廣寧宮とも呼ばれる。主神は広東省の3つの山を神格化した三山國王だが、恆春城内に祀られていたサンゴも安置されている。裏手の山は遊歩道が整備されている。

由緒正しい廟

地元のビールが試せる ★

ハンチュンサンチュエンビージョウボーウーグアン
恆春3000啤酒博物館

MAP P.224-A1

町の北西にある地元のビール醸造所の2階に、ビールの歴史や世界のビールに関する小さな展示室が設けられている。1階はビアホールのようになっており、恆春半島各地の地名がつけられた10種類以上のビールが味わえる。5種のビールの試飲セット（品飲組合、300元）もある。

台湾梅花鹿の楽園 ★★

ルージンメイホアルーシェンタイユエンチュー
鹿境梅花鹿生態園區

MAP P.224-A1

かわいい台湾梅花鹿と触れ合えるエコロジーパーク。鹿たちを間近に観察でき、餌やりもできる。かつて日本とのシカ皮交易による乱獲で野生では絶滅したこのシカを、野生に戻す試みも行われているそうだ。カピバラもいる。

みんなかわいい眼をしている

阿嘉の家
🏠 屏東縣恆春鎮光明路90號
🕐 9:00〜18:00
🈳 無休
🚌 恆春轉運站バスターミナルより徒歩約3分

1階で記念品が買える

三山國王廟
🏠 屏東縣恆春鎮中山路181號
🕐 24時間
🈳 無休
💴 無料
🚌 恆春轉運站バスターミナルより徒歩約5分

恆春3000啤酒博物館
🏠 屏東縣恆春鎮草埔路29-1號
☎ (08)888-1002
🕐 11:00〜17:00
🈳 木
💴 100元（金券として使用可）
🚌 恆春轉運站バスターミナルから徒歩約20分。YouBikeで約5分
🌐 fb.com/3000Brewseum

墾丁ビールは Hoppy Lager

鹿境梅花鹿生態園區
🏠 屏東縣恆春鎮恆公路1097之1號
☎ (08)888-1940
🕐 10:00〜16:30
🈳 無休
💴 200元（餌との引き換え券含む）
🚌 恆春轉運站バスターミナルから徒歩約20分。YouBikeで約5分
🌐 fb.com/hoteldedeer

海珍珠 興海水産
ハイチェンヂュー シンハイシュイチャン

MAP P.218-A1
海鮮料理

ビール好きにおすすめ
水産会社が経営。新鮮な魚介を刺身や寿司で味わえる。生ビール(100元)もあり、夜はビアガーデンのような雰囲気。蛋香雨来菇(キノコと卵の炒め180元)はこの地方の特産。

🏠 屏東縣恆春鎮新興路13號
☎ (08) 888-3562
🕐 11:00～14:00、17:00～20:30
休 無休(冬は月)
CC 不可
🚌 恆春轉運站バスターミナルより徒歩約3分
🌐 fb.com/XingHaiSeafoods

郷村冬粉鴨
シャンツントンフェンヤー

MAP P.218-A1
麺

食事時は行列
有名な鴨肉専門店。鴨肉冬粉湯(70元)はセロリ、ショウガ、ザーサイのだしが効いたあっさりスープ。鴨肉は好みでスパイシーなソースをつけて食べる。店頭で注文する鴨肉(小170元)もおすすめ。

🏠 屏東縣恆春鎮福德路91號
☎ (08) 889-8824
🕐 11:30～21:00
休 火
CC 不可
🚌 恆春轉運站バスターミナルより徒歩約4分

小杜包子
シアオトゥーパオツ

MAP P.218-A2外
包子

2階はイートインスペース
台湾全土にその名を知られる人気肉まん専門店。ピリ辛のタケノコ入り肉麻竹筍包(45元)などオリジナルの味が多くどれも美味。デザートに素麻糬奶黄包(カスタードまん、25元)は必食。

🏠 屏東縣恆春鎮恆公路20號
☎ (08) 889-9608   休 無休
🕐 8:00～20:00
CC 不可   🚌 恆春轉運站バスターミナルより徒歩約17分。または9188路バスなどで「恆春工商」下車、徒歩約3分
🌐 www.siaodu.com

波波廚房
ポーポーチューファン

MAP P.218-A2
西洋料理

夏に人気のリノベレストラン
広々としたオープンキッチンでシェフたちが真剣に作る料理は黒松露自製特寛麺(トリュフソースの自家製パスタ、360元)をはじめどれもハズレなし。14:30～17:30はカフェタイム。

🏠 屏東縣恆春鎮光明路88號2階
☎ (08) 889-6575
🕐 11:30～14:30、17:30～20:30
休 無休(冬は不定休)
➕ 10% CC J M V
🚌 恆春轉運站バスターミナルより徒歩約3分
🌐 fb.com/100064826379178

伯虎在二樓
パイフーザイアールロウ

MAP P.218-A2
カフェ

明るいリノベカフェ
築70年以上になる邸宅の2階をリノベしたカフェ。ベランダは陽光あふれて心地いい。タイムカードをパンチして1時間90元、その後1分1元の席料を払うシステム(注文額で相殺可)。

🏠 屏東縣恆春鎮中山路48號2階
☎ 0901-109-527
🕐 11:00～18:30
休 不定休
CC 不可
🚌 恆春轉運站バスターミナルより徒歩約2分
🌐 fb.com/but.who2f

柯記古早味綠豆饌
クージークーザオウェイリュードウヂュエン

MAP P.218-A1
スイーツ

恆春名物の伝統スイーツ
綠豆饌とは皮をむいた綠豆を甘く煮込んだ伝統スイーツ。恆春の名物で、町なかにたくさんの店がある。まずはシンプルな原味(アイス45元、ホット40元)を試してみたい。トッピング入りもある。

🏠 屏東縣恆春鎮福德路69號
☎ (08) 888-1585
🕐 9:30～18:00頃(売り切れまで)
休 不定休 CC 不可
🚌 恆春轉運站バスターミナルより徒歩約3分
🌐 fb.com/100063949207081

ショッピング

薔福村茶行
ホェイフーツンチャーハン

MAP P.218-A1
茶&茶器

港口茶も販売

西門のそばで営業する地元の茶葉店。生産量が不安定で、ほかの地域にはあまり出回らない恒春特産の港口茶（300g700元）も扱う。発酵度が高く、少し香ばしくて力強い味わい。

- 📍 屏東縣恒春鎮西門路11號
- 📞 0935-071195
- 🕐 9:00～18:00
- 🚫 不定休
- 💳 不可
- 🚌 恒春轉運站バスターミナルより徒歩約6分
- 🌐 huifuteas.business.site

玉珍香餅店
ユイチェンシアンビンディエン

MAP P.218-A1
菓子

玉ねぎ味のエッグロールも

エッグロール（5本70元）の専門店。フレーバーは恒春特産の玉ねぎを使った洋蔥味、ゴマ、黒糖、抹茶、海苔、原味、チーズ、コーヒーの8種類。恒春みやげにたくさん買い込む人も多い。

- 📍 屏東縣恒春鎮中山路80號
- 📞 (08) 889-2272
- 🕐 8:00～20:00
- 🚫 無休
- 💳 不可
- 🚌 恒春轉運站バスターミナルより徒歩約2分
- 🌐 www.siang.com.tw

洋蔥田
ヤンツォンティエン

MAP P.218-A2
菓子

恒春ならではのおみやげ

恒春の特産である玉ねぎを使ったお菓子を買えるベーカリー。洋蔥酥（玉ねぎクッキー、45元）や、葱頭餅（玉ねぎパイ、45元）など、1個から買えるので食べ比べてお気に入りを見つけたい。

- 📍 屏東縣恒春鎮南門路48號
- 📞 (08) 889-7699
- 🕐 9:30～21:00
- 🚫 無休
- 💳 MV
- 🚌 恒春轉運站バスターミナルより徒歩約2分
- 🌐 www.onioncookies.com

ホテル

富麗敦飯店
フーリートンファンディエン

MAP P.218-A2外 日 📶
中級

恒春では貴重な大型ホテル

南門から徒歩約7分の所にある、比較的規模の大きなホテル。団体ツアーでの利用も多い。客室は新しく快適。1階の広東レストランでは本格的な飲茶を楽しむことができる。

- 📍 屏東縣恒春鎮恒南117巷18號
- 📞 (08) 889-8989
- 📠 (08) 888-1862
- 🛏 Ⓦ5000元～ Ⓣ6000元～
- 💳 JMV 🛏188
- 🚌 恒春轉運站バスターミナルより徒歩約10分
- 🌐 www.fulidun.com

沐睦民宿 mumu inn
ムームーミンスー

MAP P.218-A1・2 📶
中級

女子旅にもおすすめ

町の中心部にあるプチホテル。旬のフルーツでゲストをもてなしてくれる。すっきり洗練されたデザインで、オーナーのセンスのよさがうかがえる。部屋も清潔で快適。朝食はない。

- 📍 屏東縣恒春鎮光明路110號
- 📞 0975-260-908
- 🛏 Ⓦ1200元～
- 💳 JMV
- 🛏6
- 🚌 恒春轉運站バスターミナルより徒歩約4分
- 🌐 mumuinn.uukt.com.tw

海的顔色精品旅館
ハイダイエンサージンビンリューグアン

MAP P.218-A1 日 📶
中級

城壁そばの快適なホテル

町のメインストリートにあるこぢんまりとした欧風のホテル。客室は広く快適、オーナーは日本語堪能で観光の相談もできる。1階のカフェは7:00から営業で、宿泊していない人にも便利。

- 📍 屏東縣恒春鎮中正路189號
- 📞 (08) 889-2999
- 📠 (08) 889-3999
- 🛏 Ⓦ2000元～ Ⓣ2600元～
- 🈁10% 💳 JMV 🛏25
- 🚌 恒春轉運站バスターミナルより徒歩約5分
- 🌐 fb.com/ktseaclub

ACCESS

恆春から

バス 恆春轉運站バスターミナル（M P.218-A2）より、墾丁街車 201黄線「四重溪南大明路」行きで「四重溪」または「文明路口」下車。9:45、12:30、14:00、16:00、17:30発。所要約20分、40～42元。または同バスターミナルより恆春街車 301「石門」行き、302「旭海」行きで「四重溪」または「文明路口」下車。6:00、11:30（月・水・金のみ）、16:10、16:35発。所要約20分、40元。または9188、9189、9127「高雄、左營」行き、1773、8239「屏東」行きで「車城鄉農會」下車。20～30分に1便。所要約15分、25～33元。そこからタクシー利用。

おさんぽプラン
🕐 所要約2時間
① 温泉公園
↓ 徒歩約2分
② 清泉日式温泉館

温泉公園
🏠 屏東縣車城鄉文化路1號
☎ (08)882-1001
🕐 24時間 🈺 無休 💴 無料
🚍「四重溪」バス停より徒歩約1分

無料の足湯

温泉公園に立つ鳥居

恆春から北へ約10kmに位置する四重溪温泉は、日本統治時代の1930年頃より本格的な温泉街が形成され、当時は台湾四大温泉のひとつに挙げられるほど栄えていた。このような歴史的経緯もあって、日本の温泉地を彷彿とさせる湯宿も多い。泉質はアルカリ性炭酸泉で透明な湯だ。こぢんまりとした温泉街であるゆえかあまり俗化しておらず、湯治場のような落ち着きを感じさせる。

👣 四重溪温泉の歩き方と見どころ

町は小さく、徒歩で1時間もあれば回れる。恆春からバスで約20分、気軽に日帰り温泉浴を楽しめる。

日本らしさも感じる公園 ★★

ウェンチュエンゴンユエン
温泉公園

MAP P.222-A・B

小高い丘に温泉街に続く遊歩道や日本の神社を模した鳥居などが整備されている。無料で入れる足湯や周辺の観光情報を提供する旅遊服務中心もある。

四重溪温泉

温泉神社
公共温泉浴場
清泉日式温泉館▶P.222
旅遊服務中心
「文明路口」バス停
南台湾観光大阪店
足湯
新温泉旅館
▶P.222 温泉公園
大山羊肉爐
温泉公園碑
洺泉旅社
「四重溪」バス停

0 100m

A B

ホテル

100年の歴史を誇る旅館

日本統治時代に高雄州の州庁招待所にも使われた日本式温泉旅館で、高松宮が入った浴室が残る。露天風呂（入浴のみ300元）は水着と帽子着用。客室は基本的にベッドで一部畳の部屋もある。

🏠 屏東縣車城鎮溫泉村文化路5號 ☎ (08)882-4120
📠 (08)882-4126
💴 ⓦ3840元～ ①4160元～
💳 JMV 🛏36
🚍「四重溪」バス停より徒歩約3分
🌐 www.since100hotspring.com.tw

墾丁
ケンティン
Kenting

海水浴を楽しむなら春〜夏に訪れたい

台北
台南
高雄
墾丁
★

MAP P.42-B3

ACCESS

高雄から

バス 高雄客運建國站バスターミナル（M P.117-C2）より9188「鵝鑾鼻」行きで「墾丁」下車。30分〜1時間に1便、所要約2時間35分、340元。または同バスターミナルより9117「墾丁」行きで終点下車。約1時間に1便、所要約3時間、352元。または、高鐵左營駅より9189墾丁快線（台湾好行）「墾丁」行きで終点「小灣」下車。約30分に1便、所要約2時間15分、401元。

恆春から

バス 恆春轉運站バスターミナル（M P.218-A2）より上記バス、墾丁街車バスなどが多発。所要約15分、28元〜。

墾丁街車バス

恆春轉運站バスターミナル（M P.218-A2）を起点に、墾丁のおもな見どころへ向かう観光に便利なバス。101橘線（鵝鑾鼻と國立海洋生物博物館へ）、102藍線（貓鼻頭へ）、103線線（佳樂水へ）など4つの路線がある。
www.ptbus.com.tw/news_info/0/1/281?status=8

墾丁街車バス橘線

春から南へ7km余りの墾丁は、台湾最南端に位置し、フィリピンとの間にバシー（巴士）海峡が広がる。半島の先端にある岬は鵝鑾鼻と呼ばれ、1883年に建てられた白亜の灯台がシンボル。一帯は、墾丁國家公園に指定され、1980年代からリゾート地として開発が進められた。台湾では最もポピュラーなビーチリゾートとなり、内外からの観光客で1年中にぎわっている。

墾丁の歩き方と見どころ

高雄、恆春から墾丁、鵝鑾鼻へのバスは頻発しているが、それ以外はバスのアクセスが不便。限られた時間で効率よく回るには、墾丁の町でタクシーをチャーターしてもいい。町歩きを楽しむだけなら恆春（→P.217）に起点を置くのもおすすめ。

おさんぽプラン
所要約6時間

1. 南灣（→P.223）
   ↓ バスで約35分
2. 船帆石（→P.225）
   必見 ↓ バスで約25分
3. 鵝鑾鼻公園（→P.224）
   ↓ 徒歩約12分
4. 台湾最南點碑（→P.224）
   必見 ↓ 徒歩＆バスで約1時間
5. 墾丁大街夜市（→P.225）

南灣
9188、9117路、墾丁街車バス101橘線、102藍線などで「南灣」下車、すぐ

海水浴客でにぎわう ★★

ナンワン
南灣

MAP P.224-A1

墾丁を代表する大型ビーチで、海水浴、バナナボート、水上バイクなどのマリンアクティビティを楽しめる。有料のロッカーやシャワー、軽食が取れるレストンやバーもある。海に入らなくてもパラソルの下でのんびり過ごすだけでリゾート気分を満喫できる。

マリンアクティビティは当日の申し込みでも参加できる。海に入って泳ぐ場合は、高スピードの水上バイクが近くを通らないか注意しよう。

バナナボートが人気

✉ タクシーチャーターは、半日2000元が相場。必ず事前に時間、料金、ルートを交渉すること。念のため紙に書いてもらうといい。

鵝鑾鼻公園
☎ (08)885-1101
⏰ 6:30〜18:30、冬季7:00〜
17:30 🈺無休 💴60元
🚌高雄客運建國站バスターミナ
ル(MP.117-C2)より、9188「鵝鑾
鼻」行きで終点「鵝鑾鼻」下車。
30分〜1時間に1便、所要約2時
間45分、362元。鵝鑾鼻発最終
21:30。「墾丁」バス停より9188
路バスや墾丁街車バス101橘線
で(土・日・祝と夏・冬休みのみ)
「鵝鑾鼻」下車、すぐ、23元〜。

台湾最南端の公園 ★★★

MAP P.224-B2

オールアンビコンユエン
鵝鑾鼻公園

　海に突き出た半島部分の先端に整備された公園で、熱帯植物に囲まれたなだらかな丘陵と白い灯台が気持ちいい。最初の灯台は1882年に建てられ、現在の灯台は1898年に再建されたものだ。太平洋、正面のバシー海峡、そして南灣の向こうに台湾海峡という3つの海を一望でき、ここからの眺めは台湾八景のひとつに数えられている。海岸まで遊歩道が整備されている。

青空に映える白亜の灯台

ここが本当に台湾最南端 ★★★

MAP P.224-B2

タイワンヅイナンディエンベイ
台湾最南點碑

　「鵝鑾鼻」バス停から続く大通りの坂道を10分ほど上り、看板に従って歩くと、バシー海峡を背に円錐形のモニュメントが立っている。北緯21度53分59秒、東経120度50分のこの地点が正真正銘の台湾最南端。ここから海はフィリピンまで続いている。美しい夕日を眺められる人気のスポットになっている。

記念写真を撮ろう

台湾最南點碑
🏠屏東縣恆春鎮鵝鑾鼻
⏰24時間
🈺無休
💴無料
🚌「墾丁」バス停より9188、8249
路、墾丁街車101路「鵝鑾鼻」
方面行きバスで終点下車、徒歩
約20分

「最南點」を示す看板

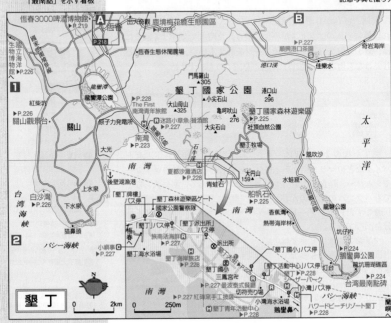

墾丁のメインストリート ★★★

ケンティンダージエ（ケンティンダージエイエシー）
墾丁大街（墾丁大街夜市）

MAP
P.224-
A・B2

墾丁森林遊樂區のゲートから墾丁シーザーパークホテルあたりまでが墾丁の中心地で、ホテルやレストラン、サーフショップが集まっている。公共交通機関で移動する場合は、このあたりに宿を取ると便利。欧米からの観光客も多く、インターナショナルな空気が流れている。夜は道沿いに1kmほど屋台が続く夜市が毎日開催され、カクテル、窯焼きピザなどひと味違うしゃれたラインアップを楽しめる（→P.21）。

車道の両脇に屋台が連なる

珊瑚礁が形成した奇観にも出合える ★★

ケンティンクオジアセンリンヨウルーチュー
墾丁國家森林遊樂區

MAP
P.224-
B1

「墾丁國家森林遊樂區」と書かれた大きな中国式のゲートをくぐり、4kmほど山を登ると、山頂付近に1100以上の熱帯植物が植えられた自然植物園が広がっている。面積は約75ヘクタールで、第1、第2エリアをじっくり見て回ると2時間以上かかる。植物や地質に興味がある人にはおすすめ。駐車場の展望台は、どこまでも広がる海と墾丁の町を望む絶景の穴場で、ここから船帆石まで続く道からもすばらしい眺めを楽しめる。

見どころのひとつ、銀葉板根

波と海が形作った奇岩 ★★

チュアンファンシー
船帆石

MAP
P.224-
B2

海岸から波風で削られた珊瑚礁岩で、遠くから見ると帆船のように見えるためこの名がついた。第37代アメリカ大統領、リチャード・ニクソン氏の横顔に似ているということでも知られ、墾丁のシンボルのひとつとして親しまれている。周辺のビーチでは、スノーケリングやドーナツボートを楽しめる。

もとは海岸だった

⚠ 両替を忘れずに
　墾丁国家公園と墾丁の町には銀行がない。高雄などで両替をしておこう。

墾丁大街（墾丁大街夜市）
🏠 屏東縣恒春鎮墾丁路
🕐 夜市は18:00～23:00頃
🚍 9188、9117路、墾丁街車101、102路バスで「墾丁」下車、徒歩約1分

カットフルーツが豊富

墾丁國家森林遊樂區
🏠 屏東縣恒春鎮墾丁里公園路201號
📞 (08) 886-1211
🕐 8:00～17:00
🈳 無休
💰 150元（平日100元）
🚍 土・日・祝のみ恒春轉運站バスターミナルあるいは「墾丁牌樓」バス停より8248路バスで終点「墾丁公園」下すぐ。「墾丁牌樓」発8:12、10:52、16:12、所要約18分、25元。あるいは墾丁からタクシーで約15分。
🌐 fb.com/ktforestarea

駐車場からのパノラマ

船帆石
🏠 屏東縣恒春鎮船帆路
🕐 24時間
🈳 無休
💰 無料
🚍 9188、8249路、墾丁街車バス101橘線「鵝鑾鼻」方面行きバスで「船帆石」下車、徒歩約5分

マリンスポーツも楽しめる

白沙灣

- **住** 屏東縣恒春鎮白砂路
- **交** 恒春轉運站バスターミナルまたは「墾丁」バス停より墾丁街車バス102藍線で「白砂」下車、すぐ。約30分に1本、32元～。

映画にちなんだ虎の像

國立海洋生物博物館

- **住** 屏東縣車城鄉後灣村後灣路2號
- **☎** (08) 882-5678
- **⊙** 9:00～17:30(7～8月～18:00、土・日・祝8:00～)。入場は閉館1時間前まで)
- **休** 無休　**料** 450元
- **交** 「墾丁」バス停より墾丁街車バス101橘線で「海生館」下車、すぐ。1時間に1便、54元。途中南灣、恒春を経由する。
- **URL** www.nmmba.gov.tw

後灣から望む鯨典館

關山觀景台

- **住** 屏東縣恒春鎮檳榔路9-11號
- **☎** (08) 888-1311
- **⊙** 10:00～20:00頃(冬季～18:00頃)
- **休** 無休　**料** 60元
- **交** 恒春轉運站バスターミナル、「墾丁」バス停より墾丁街車バス102藍線で「檳榔坑」下車、徒歩約20分。タクシー利用が無難。

福德宮の牌楼から向かうと近い

映画のロケ地にもなった美しい海岸 ★★

MAP
P.224-A2

白沙灣
パイシャーワン

　墾丁の西の外れにある比較的静かなビーチ。南灣と同様バナナボートなどのアクティビティを楽しめる。利用客が少ないぶん、環境も保たれており、墾丁でいちばん美しいビーチといわれている。夕景もきれいで、映画『海角七号　君想う、国境の南』（→P.218）の夕日のラストシーンはここで撮影された。台湾出身の映画監督、アン・リー氏の作品『ライフオブパイ／虎と過ごした227日』のロケ地でもあり、海水浴場の入口にはそれにちなんだ虎の像が置かれている。

透明なマリンブルーの海

珊瑚礁にすむ生き物は? ★

MAP
P.42-B3

國立海洋生物博物館
クオリーハイヤンションウーボーウーグアン

　台湾一の規模を誇る水族館。入口広場は躍動感あふれるクジラのオブジェを配した水場で、子供の遊び場になっている。台湾水域館は、台湾に生息する魚類を淡水エリアと海水エリアに分けて展示。珊瑚王国館は、頭上をサメやエイが泳ぐ巨大な水槽、**海底隧道**があり、この水族館の目玉になっている。このほかにバーチャル展示が中心の世界水域館、クジラの形をした大きな鯨典館がある。この水族館から徒歩約17分ほどの所に**後灣**という夕日がきれいで静かなビーチがある。

迫力満点の海底隧道

夕日観賞の人気スポット ★★

MAP
P.224-A1

關山觀景台
グアンシャンクワンチンタイ

　海抜152mの關山(高山巖)の福德宮裏に夕日観賞のために設けられた展望台。ここから望む南シナ海に沈む夕日は「南台湾八景」に数えられ、夕暮れ時には大勢の人が訪れる。撮影のベストポジションを狙うなら早めに到着したい。このあたりは珊瑚礁が隆起してできた岩場で、3万年前は海底であったといわれている。周辺には何もないので、帰るまでタクシーに待っていてもらうのがおすすめ。

南の海に堂々と沈む夕日をパチリ

迷路小章魚 餐酒館 PICCOLO POLPO

ミールーシアオチャンユィ ツァンジョウグアン

味も盛りつけも申し分なし

目の前に南灣が広がり、リゾート気分満点。小章魚的墨西哥來餅（タコのタコス、300元）、などビールと相性抜群の前菜も豊富。人気店なので予約が望ましい。ラストオーダーは閉店40分前。

🏠 屏東縣恆春鎮南灣路60號
☎ (08) 888-2822
🕐 11:50〜15:00、17:50（土・日16:50）〜21:00　🈺水　🈹10%
💳 JMV　🚌9188、9117路、墾丁街車バス101橘線、102藍線で「南灣」下車、徒歩約2分
🌐 fb.com/PiccoloPolpoBistro

曼波泰式餐廳

マンポータイシーツァンテイン

2000年創業の安定の味

タイの寺院を模した店構えが印象的。蝦醬空心菜（空心菜のエビミソ炒め、180元）、泰式炒河粉（パッタイ、180元）、月亮蝦餅（300元）など物価の高い墾丁にしては手頃な値段で楽しめる。

🏠 屏東縣恆春鎮墾丁路21-4號
☎ (08) 886-2878　🕐 11:00〜14:30、17:00〜22:30（土・日〜15:00、〜23:00）　🈺無休　🈹10%
💳 不可　🚌墾丁街車バス101橘線、102藍線などで「墾丁國小」下車、すぐ
🌐 fb.com/KenDingManBoTaiShiLiaoLi

旅南活海鮮

リューナンフオハイシェン

活きのよさに定評がある

メインストリートの店の前に水槽と新鮮な魚介類を並べる活気ある海鮮料理店。ウニや大きなカキ、ハマグリなど迫力のある素材が並ぶ。すべて値札が付いているので注文もしやすい。

🏠 屏東縣恆春鎮墾丁路197號
☎ (08) 886-1036
🕐 11:00〜14:30、17:00〜22:00
🈺無休
💳 不可
🚌「墾丁」バス停より徒歩約2分
🌐 uukt.com.tw/kenting/2114

紅磚窯手工披薩

ホンチュアンヤオショウゴンピーサー

ボリューム満点の焼きたてピザ

屋台ながら本格的な窯を積んでいて、その場で作った生地で焼くピザ（280元〜）が人気。おすすめは海鮮と野菜がのったピザ海陸通吃（320元）。ふたりでシェアしてちょうどいい大きさ。

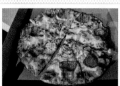

🏠 屏東縣恆春鎮墾丁路14號周辺
☎ 0980-125-569
🕐 17:00頃〜21:30頃
🈺無休
💳 不可
🚌「墾丁國小」バス停より徒歩約3分
🌐 fb.com/100057361424088

小嶼事

シアオユイシー

いろんな味が楽しめるジェラート

ビーチ近くにあるリゾート感あふれるアイスクリーム店。イタリアンジェラートは1球100元で、さまざまなデコレーションが可能。西西里開心果（ピスタチオ）や泰式奶茶の味が人気。

🏠 屏東縣恆春鎮墾丁路327號
☎ 0901-356-327
🕐 10:00〜17:20
🈺無休
💳 不可
🚌「墾丁牌樓」バス停より徒歩約2分
🌐 www.instagram.com/chito.kt

順興港口茶園

シュンシンガンコウチャーユエン

低海抜で採れる珍しいお茶

港口溪の河口付近は知る人ぞ知る清代から続くお茶の産地。この店はここで先祖代々港口茶を栽培する農家が営む直売所。特産の港口茶（150g400元〜）をリーズナブルに買い求められる。

🏠 屏東縣満州郷茶山路392-1號
☎ 0988-121-056
🕐 10:30〜18:30
🈺無休
💳 不可
🚌恆春より墾丁街車バス103線で「海乾」下車、すぐ
🌐 shunxing.com.tw

ハワードビーチリゾート墾丁

墾丁福華渡假飯店 *(ケンティンフーホアトゥージャーファンディエン)*

MAP P.224-B2　高級　日📶

しっかりした設備で安心

テニスコートやプール、レンタサイクルもあるリゾートホテル。人気のビーチ「小灣」と地下トンネルでつながっている。独立したヴィラや、ペットフレンドリーな小灣會館がある。

🏠 屏東縣恆春鎮墾丁路2號
☎ (08) 886-2323
📠 (08) 886-2300
🛏 Ⓦ Ⓣ 9400元～　⊕ 10%
💳 AJMV　🛏 405
🚌 墾丁街車バス101橘線、102藍線などで「小灣」下車、すぐ
🌐 www.howard-kenting.com.tw

墾丁シーザーパーク

墾丁凱撒大飯店 *(ケンティンカイサーダーファンディエン)*

MAP P.224-B2　高級　日📶

バリのリゾートをイメージ

開放感のあるロビー、バリのヴィラをイメージした客室などトロピカルな空気に包まれている。屋外プールはヤシに囲まれて南国気分満点。ビーチではカヤックやスノーケリングを楽しめる。

🏠 屏東縣恆春鎮墾丁路6號
☎ (08) 886-1888
🛏 Ⓦ Ⓣ 1万2000元～　⊕ 10%
💳 AJMV
🛏 281
🚌 墾丁街車バス101橘線、102藍線などで「小灣」下車、すぐ
🌐 kenting.caesarpark.com.tw

夏都沙灘酒店

シアトゥシャータンジョウディエン

MAP P.224-A2　高級

窓の外は一面の海

映画『海角七号　君想う、国境の南』の舞台となったホテルとして知られ、目の前にはきれいなプライベートビーチが広がる。山側の部屋からの大尖石山の眺めもすばらしい。

🏠 屏東縣恆春鎮墾丁路451號
☎ (08) 886-2345　📠 (08) 886-2222
🛏 Ⓦ Ⓣ 7800元～　⊕ 10%
💳 ADJMV　🛏 293
🚌 墾丁街車101橘線、102藍線などで「北墾丁」バス停下車、徒歩約2分
🌐 www.ktchateau.com.tw

墾丁海岸旅店

ケンティンハイアンリューディエン

MAP P.224-A2　中級　📶

静かに海を楽しめる

レストランやショップが集まる墾丁大街に近くて便利。それでいて海に面した裏通りにあるので静かにステイできる。海を望むテラス席のある部屋がおすすめ。朝食はないので近くのカフェで。

🏠 屏東縣恆春鎮大灣路150號
☎ (08) 886-1501
📠 (08) 886-2165
🛏 Ⓦ 3200元～　Ⓣ 4600元～
💳 不可　🛏 20
🚌 「墾丁」バス停より徒歩約5分
🌐 www.kentingcoast.com.tw

墾丁青年活動中心

ケンティンチンニエンフオトンチョンシン

MAP P.224-B2　中級

伝統家屋にステイ

閩南様式の伝統建築を用いた台湾版ユースホステル。青蛙石（入場料30元。宿泊者は無料）という奇岩内にあり、敷地内に岩を巡る散歩コースもある。夏季は混雑するので早めに予約を。

🏠 屏東縣恆春鎮墾丁路17號
☎ (08) 886-1221　📠 (08) 886-1110
🛏 Ⓦ 2500元～　Ⓣ 4000元～
💳 JMV　🛏 100
🚌 墾丁街車バス101橘線、102藍線などで「墾丁活動中心」下車、徒歩約5分
🌐 kenting.cyh.org.tw

The First 南灣青年旅館

ザファースト ナンワンチンニエンリューグアン

MAP P.224-A1　経済的　📶

カプセル式のリゾートホステル

南灣にあるインターナショナルなホステル。ベッドはすべてカプセル式でプライバシーも保てる。海に臨むオープンテラスも居心地いい。シーズン（5～10月）は早めに予約を。

🏠 屏東縣恆春鎮南灣路114號
☎ 0906-570-800
🛏 Ⓢ 700元～　Ⓣ 1200元～
💳 不可
🛏 24ベッド
🚌 「南灣」バス停より徒歩約2分
🌐 the-first-hostel.business.site

旅の準備と技術
Travel Tips

旅の準備

限られた時間で旅を満喫するには、事前の準備も重要。日本で準備しながら、旅の想像をふくらませるのもまた楽しい。

10年旅券

外務省パスポートA to Z

パスポートの申請方法、窓口などを説明している。
🌐www.mofa.go.jp/mofaj/toko/passport

パスポート申請に必要な書類

①一般旅券発給申請書1通

5年旅券と10年旅券では申請書が異なる。申請書はパスポート申請窓口、または外務省のサイトから入手できる。

②戸籍謄本

6ヵ月以内に作成されたもの。本籍地の市区町村役所で発行される。

※住民票は住基ネットを利用するので、原則不要

③顔写真1枚

6ヵ月以内に撮影されたもの。縦4.5cm×横3.5cm。正面（顔の大きさは縦34±2mm）、無帽、無背景、フチなしで頭の上に2～6mmの空きが必要。

④身元確認のための書類

1点でよい書類（一部省略）：現在有効（または失効後6ヵ月以内）のパスポート、マイナンバーカード、運転免許証、船員手帳など。

2点必要な書類：健康保険証、年金手帳（証書）、印鑑登録証明書＋実印などの場合、写真付きの会社身分証、学生証、公的機関が発行した資格証明書などをあわせて持っていく。

⚠️2023年3月27日より、パスポートの発給申請手続きが一部オンライン化された。残存有効期間が1年未満のパスポートを切り替える場合や、査証欄の余白が見開き3ページ以下になった場合、マイナポータルを通じて電子申請が可能（旅券の記載事項に変更がある場合を除く）。

パスポート

海外旅行をする場合、必要なのがパスポート。パスポートを持っていない人はパスポート取得が旅の第一歩だ。申請から受給まで通常約1週間かかるので、余裕をもって申請しよう。

台湾を観光目的で訪れる場合、90日以内の滞在にビザは不要。ただし**パスポートの残存有効期間は滞在予定日数以上**、帰国便の予約を証明する書類（eチケットなど）が必要。

台湾へのフライト情報

日本から台湾へのフライトはLCCも含め毎日多数あり、高雄への直行便もある。各航空会社の公式サイトで最新スケジュールを確認し、自分の旅程に合った便を選ぼう。

●**南台湾へのフライト**

南台湾で中心となるのは高雄市南部にある**高雄国際空港**で、成田、大阪（関空）からは毎日、名古屋（中部）、福岡から週数便のフライトがある。成田から高雄まで所要約4時間30分。大阪（関空）から高雄までは所要約4時間。台南にも空港があるが、2024年2月現在、日本との直行便はない。

日本から高雄へのおもな直行便フライト (2024年2月現在)

航空会社	略号	便数		問い合わせ先
エバー航空/ANA	BR/NH	成田 関空 福岡	毎日1便 毎日1便 週5便	エバー航空：☎0570-666-737 🌐www.evaair.com ANA：☎0570-029-333 🌐www.ana.co.jp
JAL /チャイナエアライン	JL/CI	成田 関空	毎日1便 毎日1～2便	JAL：☎0570-025-031 🌐www.jal.co.jp チャイナ エアライン： ☎(03)6378-8855 🌐www.china-airlines.com
タイガーエア台湾	IT	成田 関空 中部 福岡	週9便 週2便 週3便 週2便	☎(03)6455-0242 🌐www.tigerairtw.com
Peach	MM	関空	毎日1便	☎0570-001-292 🌐www.flypeach.com

●**台北（台湾桃園国際空港、台北松山空港）へのフライト**

台湾の玄関口、台北へは、日本各地から毎日多数のフライトがある。南台湾への旅程に合った直行便が見つからなければ、台北まで飛んで、台北から高速鐵道を使うという選択も可能

だ。成田や羽田から台北まで所要約4時間。

海外旅行保険に加入しよう

　海外旅行保険は旅行中の死亡や傷害、病気、盗難被害などを補償するもの。万一のことを考え、必ず保険には加入しておきたい。クレジットカードに付帯する海外旅行保険も多いが、不安があれば、別途海外旅行保険に加入していこう。
●地球の歩き方ホームページで海外旅行保険について知ろう
　「地球の歩き方」ホームページでは海外旅行保険情報を紹介している。保険のタイプや加入方法の参考に。
🔳www.arukikata.co.jp/web/article/item/3000681/

旅の情報収集と持ち物

　台湾政府が統括する台湾観光協会が東京と大阪にあり、旅行に関する情報提供、無料の冊子の配布などを行っている。
　台湾国内では、台湾各地の空港や駅、町の中心部など便利な場所に、国や地方自治体が運営する**旅遊服務中心**（観光案内所）があり、観光パンフレットや地図（日本語版が用意されていることも多い）などが入手できるほか、日本語や英語などで口頭による案内も受けられる。
●台南市政府観光旅遊局
🔳www.twtainan.net
●高雄市政府観光局
🔳khh.travel

台南の旅遊服務中心

「地球の歩き方」公式LINEスタンプが登場！
　旅先で出合うあれこれがスタンプに。旅好き同士のコミュニケーションにおすすめ。LINE STOREで「地球の歩き方」と検索！

「地球の歩き方」ホームページ
　「地球の歩き方」公式サイト。ガイドブックの更新情報や海外在住特派員の現地最新ネタ、ホテル予約など、旅の準備に役立つコンテンツ満載。
🔳www.arukikata.co.jp

台北駐日経済文化代表処
　台湾の大使館に相当する機関。ビザの発給などを行っている。
🔳www.roc-taiwan.org/jp_ja

台湾観光協会
●東京オフィス
📮〒105-0003　東京都港区西新橋1-5-8 川手ビル3階
☎(03)3501-3591
🕘9:30〜17:30
🚫土・日、日本の祝日、台湾の国慶節、旧正月
🔳go-taiwan.net
●大阪オフィス
📮〒530-0047　大阪府大阪市北区西天満4-14-3 リゾートトラスト 御堂筋ビル6階
☎(06)6316-7491
🕘9:30〜12:00、13:00〜18:00
🚫東京オフィスと同様

持ち物チェックリスト

	品名	チェック	コメント		品名	チェック	コメント
貴重品	パスポート		万一の紛失に備えコピーを別の場所に入れて持参	あると便利	辞書、会話集		小さなものを
	eチケットの控え				ガイドブック		『地球の歩き方』など
	ホテルの予約確認書				携帯電話、スマートフォン		充電器も忘れずに
	ツアーのクーポンや日程表				サングラス、帽子		日差しがきつい
	海外旅行保険証書		備えあれば憂いなし		洗剤		小袋に入ったものを
	現金		少し余裕をもって		ハンカチ、ティッシュ		トイレットペーパーがない場合も
	クレジットカード		ナンバーも控えよう	現地でも買える	ウエットティッシュ		夜市などで便利
あると便利	国際学生証		かなり割引がある		生理用品		現地にもある
	緊急時連絡先メモ		保険の連絡先、ガイドの携帯番号などまとめて		折りたたみ傘		雨の日が多い
	常備薬		自分に合った薬を		レジ袋大小		レジ袋は有料
	酔い止め薬		眠れないときにも効く		筆記用具		いざとなったら筆談
	薄手のカーディガン		冷房対策に		洗面、化粧用具		使い慣れたものを
	下着、衣類		必要最小限を		腕時計		アラーム付きが便利
	カメラ、記録用メディア		デジカメの場合は充電器を忘れずに		目覚まし時計		あれば安心
					ビーチサンダル		格安ホテルは必需品
					水着		温泉に行くなら

旅のシーズン

熱帯に属する台湾南部は1年を通して温暖。夏は暑く、マリンスポーツも楽しめる。

羽織りものを用意
　レストランや、MRT、バスなどの乗り物はかなり冷房が効いているので、羽織れるものを用意しておくと安心。

旅行のベストシーズン

3〜4月、10〜2月がベストシーズン
　3〜4月は初夏の陽気で心地よく過ごせる。夏の暑さがひと段落してくるのは10月後半から。天気も安定していて、町歩きなど屋外の活動をメインにするならこの時期がおすすめ。

月	1月	2月	3月	4月	5月	6月
季節	冬季	春季				
祝祭日	1日　元旦／中華民国開国記念日 28日('25)　除夕(旧暦大晦日) 29〜31日('25)　春節(旧暦1月1〜3日)('25は1月25日〜2月2日が連休)	12日('25)　元宵節(旧暦1月15日) 28日　和平記念日(二・二八事件の記念日、'25は3月2日まで連休)	29日　青年節	4日　児童節(子供の日) 5日　清明節('24は7日まで連休) 8日　釈迦誕生日	1日　労働節(メーデー)。労働者のみ休日 1日('24)　媽祖誕生日(旧暦3月23日) 12日('24)　母親節(第2日曜)	10日　端午節(旧暦5月5日)('24は8〜9日が連休)
おもな行事	1月下旬から冬休み開始。春節は台湾最大の祝日で店も休み。除夕は新年を迎える準備をする日。	元宵節には湯圓を食べ、提灯を飾る風習がある。鹽水(→P.192)ではロケット花火を放つ鹽水蜂炮が行われる。		清明節は祖先のお墓参りに行き、潤餅を食べる風習がある。媽祖誕生日の前後1週間は進香期といい、台湾各地の媽祖廟がにぎわう。台湾でのマリンスポーツのシーズンは5〜11月。		端午節は高雄の河(→P.148)でドラゴンボートレースが催される。粽を食べる風習もある。

気候

平均気温(℃)　　東京　　高雄　　台南　　恒春

	東京	高雄	台南	恒春
1月	5.4	21.1	19.7	17.8
2月	6.1	20.7	21.7	18.9
3月	9.4	23	23.3	21.6
4月	14.3	25.4	25.7	24.9
5月	18.8	27.5	27.8	27.3
6月	21.9	28.9	28.9	28.4

平均降水量(mm)

	東京	高雄	台南	恒春
1月	59.7	19.1	20.9	21.8
2月	56.5	23.7	17.7	23.2
3月	116	31.1	32.3	16
4月	133.7	68.4	69.1	35.2
5月	139.7	202.2	160.1	146.6
6月	167.8	416.2	369.5	350

旧暦の日付は西暦では年ごとに変わる。赤字が祝日。祝日が土曜の場合は金曜、日曜の場合は月曜が振り替え休日になる。

ゆったり気分を味わうなら6月

気温が高く、5月中旬～6月中旬は梅雨の影響を受けるかもしれないが、夏休み前の6月は現地の人の移動が少なく、交通や宿泊の手配がスムーズに完了できる。

8～9月は台風に注意

夏はスコールがある。8～9月は台風シーズンで、停滞する台風のために数日間移動できないということにもなりかねない。市政府によって「停班停課」という指示が出されると、通勤や通学が休止となる。レストランも休みになる場合が多い。

冬（12～2月）は雨が少なく快適

台湾北部に比べて気温もあまり下がらず、日本の初秋のような服装で十分。ただし寒波などの影響で一時的に気温が急激に下がることもある。

台湾中央気象局の
ウェブサイト

台湾各地のリアルタイムの気象のほか、1週間予報もある。中国語、英語。
www.cwa.gov.tw

旅の服装

5～10月は暑さが厳しく、日本の真夏のような服装が適切。汗をたくさんかくので、着替えがあると快適。11～2月はジーパンに長袖か半袖のTシャツがちょうどよいくらいの気候。ただし、12月は寒波で例外的に寒い日が数日あるので、念のため折りたたみのダウンなどを用意したい。

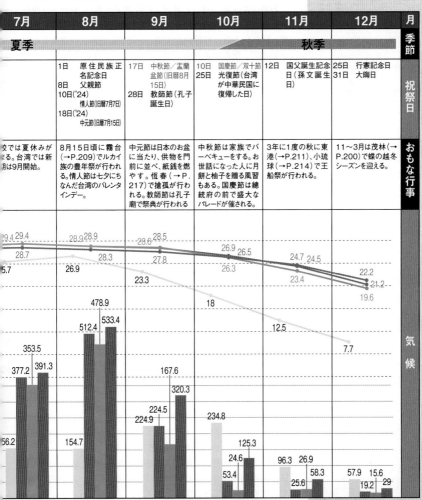

7月	8月	9月	10月	11月	12月	月
夏季			秋季			季節
	1日 原住民族正名記念日 8日 父親節 10日('24) 情人節(旧暦7月7日) 18日('24) 中元節(旧暦7月15日)	17日 中秋節／盂蘭盆節(旧暦8月15日) 28日 教師節(孔子誕生日)	10日 国慶節／双十節 25日 光復節(台湾が中華民国に復帰した日)	12日 国父誕生記念日(孫文誕生日)	25日 行憲記念日 31日 大晦日	祝祭日
校では夏休みが...。台湾では新...月は9月開始。	8月15日頃に霧台(→P.209)でルカイ族の豊年祭が行われる。情人節は七夕にちなんだ台湾のバレンタインデー。	中元節は日本のお盆に当たり、供物を門前に並べ、紙銭を燃やす。恒春(→P.217)で搶孤が行われる。教師節は孔子廟で祭典が行われる	中秋節は家族でバーベキューをする。お世話になった人に月餅と柚子を贈る風習もある。国慶節は総統府の前で盛大なパレードが催される。	3年に1度の秋に東港(→P.211)、小琉球(→P.214)で王船祭が行われる。	11～3月は茂林(→P.200)で蝶の越冬シーズンを迎える。	おもな行事

データは気象庁気象統計情報、台湾中央気象局(1991～2020年)統計による。

旅の準備と技術

旅のシーズン

旅のシーズン

気候

233

通貨と両替、旅の予算

台湾元は台湾で入手するのが経済的。ローカルな店はカード払い不可がほとんどなので、ある程度の現金は必要。

台湾の紙幣とコイン

1000元

500元

100元

※このほかに2000元、200元札もあるがあまり出回っていない。

50元　10元（旧デザインもある）

20元（あまり出回っていない）　5元　1元

デビットカード

使用方法はクレジットカードと同じだが支払いは後払いではなく、発行金融機関の預金口座から即時引き落としが原則となる。口座残高以上に使えないので予算管理をしやすい。加えて、現地ATMから現地通貨を引き出すこともできる。

海外専用プリペイドカード

出発前にコンビニATMなどで円をチャージし、入金した残高の範囲内で渡航先のATMで現地通貨の引き出しやショッピングができる。各種手数料が別途かかるが、多額の現金を持ち歩かずに済む。
・アプラス発行「MoneyT Global マネーティーグローバル」
・トラベレックスジャパン発行「Travelex Money Card　トラベレックスマネーカード」

台湾の通貨単位は元

台湾の通貨は国際的には新台幣（NTドル、ニュータイワンドル）と呼ばれる。単位は圓（ユエン）で略称は元。**台湾元の為替レートは1元≒4.7円（2024年2月8日現在）**。

両替

日本でも一部の銀行で台湾元に両替できるが、レートはかなり悪い。台湾では、どこの銀行や両替所でも日本円の両替が可能。町なかの銀行や郵便局では、手続きに時間がかかることが多いので、空港で必要な額は両替してしまうと便利。ホテル、デパートなどでも両替できるが、レートはあまりよくない。

現金／クレジットカード

台湾で通用度が高いクレジットカードはJCB、MasterCard、VISA。アメリカン・エキスプレス、ダイナースもデパートなどで使用できる。ただローカルな食堂や夜市などクレジットカードが使えないところも多いので、ある程度の現金も必要。ATMで台湾元を引き出すクレジットカードのキャッシングも可能。

台湾の物価は日本の7割ほど

台湾の物価は日本の7割ほど。特に公共交通機関の運賃が安く、高雄のMRTは20元（約100円）〜で、バス1区間は12元（約55円）。食事代は値段の幅があるが、庶民的な店で食べるローカルグルメなら、100元（約500円）以下のものも多い。

予算のあらまし

旅の予算に大きく関わるのは、航空券代と宿泊代。航空券代はおおむね5〜10万円代というところ。高級ホテルはツイン1室5000〜7000元。中級ホテルは3000〜4000元が標準。経済的な宿ならドミトリーで600元〜。最近は女性も泊まりやすい清潔なデザインホステルが増えている。

食事代は庶民的な店なら日本に比べると比較的安いが、ボリュームと円安を考慮すると日本と同等かそれ以上に感じられることも少なくない。高級レストランやおしゃれなカフェに行くなら日本よりやや多めの予算を考えておこう。一般的なレストランなら、小籠包とサイドメニュー数品を頼んでひとり600元くらい。庶民的な店なら1品50元×3品で150元くらい。交通費は公共交通を使えば、日本の半額以下。博物館の入場料も日本の半額程度か、あるいは無料のところも多い。最後におみやげ代も確保しておこう。

ホテル事情

台湾には、世界的に有名な高級ホテルからホステルまで、いろいろなタイプの宿泊施設があり、予算に合った旅行ができる。

旅の準備と技術

通貨と両替、旅の予算／ホテル事情

ホテルの予約と料金

予約は絶対必要ではないが、していったほうが安心。近年、台湾は旅行ブームで週末や台湾の連休などは、ホテルの部屋が非常に取りにくくなることもある。予約は各ホテルの公式サイトやホテル予約サイトなど、インターネット経由で簡単にでき、その際割引料金が適用されることも多い。

また料金は、ラックレートと呼ばれる定価が、かなり高めに設定されていることが多い。この定価が適用されるのは旧正月ぐらいで、平日は5割引きという場合も珍しくない。

ホテルの種類

高級ホテル

台湾には世界的に有名な高級ホテルも多く、充実したサービスが受けられる。高級ホテルには日本語が通じるスタッフが必ずいるので、通常の宿泊で困ることはほとんどない。万一体調を崩した場合など、日本語が通じるのは大きな安心材料となるだろう。コンシェルジュデスクなどもあり、レストランの予約や観光ツアーの手配などを代行してくれるのも頼もしい。

中級ホテル

高級ホテルほど豪華ではないが、一般的な滞在に必要十分な設備が備わっているのが台湾の中級ホテルだ。たいていしっかりした建物で、駅の周辺や表通りなど便利な場所にある。客室にはシャワー・トイレ、エアコン、テレビ、Wi-Fiなどが完備され、ベッドのシーツも清潔だ。フロントではほぼ英語が通じ、たまに日本語が通じることもある。

経済的ホテル

経済的ホテルは「旅社」、「大旅社」などという名で、駅前や表通りからちょっと入った路地、市場そばなどにあることが多い。建物や設備は古いが、ちゃんとした経済的ホテルの客室は清潔に保たれている。まずは部屋を見せてもらい、不潔であれば宿泊はやめよう。朝食は付かず、精算も現金のみが多い。

ホステル

近年は、女性も抵抗なく利用できるような、きれいなドミトリー形式のホステル（公寓、背包公寓などという）が増えている。たいてい女性専用部屋があり、キッチン、バスルームなど共用スペースもきれいだ。英語も通じて、台湾を旅行する世界中のバックパッカーが集う場所となっている。

ラックレート（定価）

ホテルには、ラックレート（客室料金の定価）が存在するが、シーズンや混雑度により宿泊料金は変動する。本書に掲載しているのは原則としてラックレート。

ホテル予約サイトで予約

高級ホテルからゲストハウスまで幅広い宿を扱っているのがインターネットのホテル予約サイト。同じ宿でもサイトによって価格に差があるので、複数のサイトを比較してみよう。「キャンセル返金不可」という条件付きで安く予約できるケースもあるが、諸条件をよく確認しよう。また、直前割引を行っているサイトもあるのでチェックしてみよう。

agoda
📖 www.agoda.com
Hotels.com
📖 www.hotels.com

チップは原則不要

原則として、台湾ではチップは不要。特別に何かを頼んだ場合は、サービス料が含まれていないようならチップを渡せばよい。

台湾でもAirbnbは使える？

Airbnbなどの「民泊」が台湾でも広まっている。ただし、なかには宿泊事業免許未取得の違法物件などが見つかるケースもあり、規制が強化されている。ウェブサイトには魅力的な物件が数多く掲載されているが、万一トラブルが発生しても自分で解決できる自信があり、ホテルと同じサービスは期待できないことを納得したうえで利用したい。

快適に泊まれるホステルも多い

ホテルが少ない台南には、古民家をおしゃれな宿泊施設にリノベーションした「民宿」も多い。カギは自分で開け閉めし、夜間はスタッフがいなくなるなど、少し心細い点もあるが、現地に暮らしているかのような宿泊体験ができる。

235

日本出国と帰国

出発の2時間前には空港に到着するようにしておこう。日本での出国、帰国手続きは非常に簡単だが、混雑することもある。

楽しいフライトを！

国際観光旅客税

日本からの出国には出国1回につき1000円の国際観光旅客税がかかる。支払いは原則として航空券代に上乗せされる。

リチウムイオン電池の持ち込み制限

モバイルバッテリーやパソコン、カメラなどの予備バッテリー（リチウムイオン電池）を預け入れ荷物に入れることは禁止されているので、手荷物として機内持ち込みにする。リチウムイオン電池が内蔵された電子機器は、完全に電源を切り、厳重に梱包すれば預け入れ荷物に入れることが可能。

電子機器内部のリチウムイオン電池は160Wh以下なら機内持ち込み可。予備バッテリーの機内持ち込みは、100Wh以下なら何個でも可能で100〜160Whならひとり2個まで可能。160Whを超えるリチウムイオン電池は預け入れ、持ち込みとも不可。

液体は持ち込みに制限がある

日本から出国

空港に着いたらまず利用航空会社のカウンターへ。時間に余裕をもってチェックインと出国審査を済ませたい。時期や曜日によって非常に混み合うこともある。

空港へ

航空会社によって異なるが、国際線は出発時刻の1時間〜40分前に搭乗手続きが締め切られる。交通機関の遅延など万一のことを念頭において出発時刻の2時間前には空港に到着しよう。

チェックイン

まずは利用航空会社のカウンターかセルフチェックイン機でチェックインを済ませる。オンラインチェックインを済ませておけばスムーズ。事前に座席を選ぶこともできる。

①カウンターでパスポートとeチケットの控えを提示する（スマートフォンの画面を見せてもよい）。

②機内預けの荷物を預ける。規定の重量をオーバーしている場合はオーバーチャージを取られることもある。荷物には自分の住所、氏名、連絡先を書いたタグを付けよう。ない場合はタグを渡されてその場で書くことがある。100mℓ以上の液体物は手荷物として機内に持ち込めず、セキュリティチェックで廃棄しなければならないので、機内預けの荷物に入れておくこと。

③席の希望があれば窓際（ウインドー）、通路側（アイル）などリクエストして空いているかどうか調べてもらう。

④搭乗券（ボーディングパス）と荷物引換証（クレームタグ。シールになっていて搭乗券の裏に貼り付けてくれる）、パスポートを受け取る。搭乗時間と搭乗ゲートを確認しよう。

台湾元と日本円の両替

レートが悪いので、台湾到着後の両替がおすすめ。

出国手続き

チェックインを済ませたら、出国ゲートへ。時間に余裕があれば空港でショッピングや食事を楽しめる。出国ゲートではパスポートと搭乗券を確認されるので、用意しておこう。

①セキュリティチェック

保安検査場で手荷物検査とボディチェックを受ける。液体物は100mℓ以下の容器に個別に入れ、1ℓ以下のチャック付きの透明なプラスチック袋に入れれば機内持ち込み可。はさみやカッター、ナイフなどの刃物類は持ち込めない。ボディチェックのゲートを通る際は財布や金属の時計は外す。ベルトのバックルが反応することもある。

②税関申告

貴金属やバッグなど高価な外国製品を持っている人は、「外国製品の持出し届」とその現物を提示しておこう。帰国時に課税されないためだ。必要がない人はそのまま通過。

③出国審査

パスポートと搭乗券を提出し、パスポートに出国印を押してもらう。パスポートと指紋の照合により本人確認を行う自動化ゲートを利用すれば、スムーズに手続き可能（出国印は押されない）。パスポートと申請書だけで、当日空港でも登録は可能。

④搭乗

搭乗時間までに搭乗ゲートへ。搭乗口が遠い場合は時間がかかるので、位置を確認しておこう。海外旅行保険に入るならこの時が最後のチャンス（→P.231）。まれに搭乗ゲートが変わることがあるので、アナウンス、表示を確認しよう。

日本への帰国

帰国手続き
①検疫（ヘルスチェック）

台湾から直接帰国する場合は基本的に不要。発熱などの症状があれば係員に申し出ること。

②入国審査

「日本人」と表示のあるカウンターに並び、パスポートを提出する。パスポートに帰国印を押してもらう。自動化ゲート利用の場合、帰国印は省略される。

③荷物の受け取り

搭乗機の便名が表示されたターンテーブルから、機内預け荷物をピックアップ。

④動植物検疫

持ち込みが禁止されていない動植物（果物、肉製品、漢方薬を含む）は検査を受ける。動物は事前の手続きが必要。肉製品は基本的に不可。

⑤税関

「携帯品・別送品申告書」に記入し、免税範囲内ならば緑のカウンターへ並ぶ。免税範囲を超えている場合は、赤のカウンターへ。別送品がある人は2枚必要。「Visit Japan Web」であらかじめ登録を済ませておけば手続きはスムーズ。

携帯品・別送品申告書記入例

日本帰国時の免税範囲（成人ひとり）
酒

1本760ml程度のもの3本まで。

たばこ

紙巻きたばこだけなら200本、葉巻たばこだけなら50本。そのほかのたばこだけは250g、加熱式たばこだけなら個装等10個。

香水

2オンス（約56ml）。オーデコロン、オードトワレは含まれない。

そのほか

1品目ごとの海外市価の合計額が1万円以下のものは全量免税（例えばひとつ1000円のお菓子9個や、1枚5000円のスカーフ2枚は免税）。それ以外のものの合計額が20万円まで免税。ただし、1個で20万円を超える品物（例えば25万円の時計など）は全額課税。また、外用薬や化粧品は同一商品の場合24個以下が免税となる。

税関手続きに関するウェブサイト
🔲 www.customs.go.jp

Visit Japan Web

日本入国時の「税関申告」をウェブで行うことができるサービス。必要な情報を登録することでスピーディに入国できる。
🔲 vjw-lp.digital.go.jp

植物検疫

生の果物はパイナップル以外ほとんど持ち込めない。パイナップルは植物検疫カウンターで現物を見せて検査を受ければ持ち込み可能（台湾での検査も必要）。切り花は持ち込みに条件があるので事前に最寄りの植物防疫所に問い合わせを。日本では生薬に該当するナツメや桂皮は量に注意。

パイナップルは検査を受ければ持ち込み可

植物防疫所所在地一覧
🔲 wwww.maff.go.jp/pps

台湾での入出国

台湾での入出国手続きは、日本と変わらずスムーズで簡単。オンラインで手続きを済ませておけば、入国カードの記入も不要。

案内に従っていけば問題ない

オンライン入国カード

出発前に移民署のサイトでオンライン登録しておけば、入国カードを記入する必要はない。パスポートだけで入国審査カウンターに向かえばOK。

📱 oa1.immigration.gov.tw/nia_acard

リピーターに朗報

最近12ヵ月以内に3回台湾を訪れた人は、移民署のホームページから「常客証」を申請すれば、台湾桃園国際空港の入出国審査で専用レーンを通ることができ、審査がスピーディになる。

📱 niaspeedy.immigration.gov.tw/nia_freq

入国税関申告書

申告がある人のみ記入。

入国税関申告書

入国手続き

機内で入国カードを記入しておこう

入国カード（入國登記表）は機内で配られるので前もって記入しておこう。入国審査のブースの前の記入台にも置いてある。記入は日本語でいいが、上の欄の姓名は必ずローマ字で。出発前にオンライン登録をした人は記入の必要はなく、パスポートだけ入国審査カウンターに示せばOK。

入国税関申告書（中華民國海關申報單）は申告がある人のみ記入する。台湾での出国時の外貨持ち出し限度額は、入国時に入国税関申告書に記入がなければ、ひとり1万USドル相当以下。それ以上持っている場合は超える分の金額は没収され、しかも刑罰の対象になる。

入国手続きの手順

①検疫と②入国審査

飛行機を降りたら案内表示に従って入国審査ブースへ。台湾桃園国際空港など一部の空港では、飛行機を降りた所で、家畜の伝染病汚染国から到着した便とそうでない便を振り分けるためのカードが配布されていることがある。その場合、必ず1枚ピックアップし、検疫のカウンターで係員に手渡すこと。取り忘れると手荷物検査を受けなければならなくなる。検

入国審査は簡単

疫カウンターを通り、入国審査の**「持非中華民國護照旅客（中華民国以外のパスポートを持った旅客）」**と表示されたカウンターに並ぶ。自分の番が来たらパスポートと入国カードを提出、その場で指紋の読み取りと顔写真の撮影がある。まれに帰国時の航空券提示を要求されることがあるので、eチケットの控えも用意しておこう。

③荷物の受け取り

入国審査が終わったらターンテーブルで機内預けの荷物をピックアップ。自分の荷物が出てこない、破損しているなどの場合はバゲージクレームに申し出る。

④税関検査

申告する物がなければ緑（免申報檯）のカウンターを通ってロビーへ。申告する物がある場合は赤（應申報檯）のカウンターで入国税関申告書（中華民國海關申報單）を提出し、税関（海

關) 検査を受ける。台湾はアフリカ豚熱の水際対策を強化しており、肉や肉製品が含まれる食品を所持している場合は、税関検査の前に破棄することが求められる。もし検査で見つかると、100万元の罰金が科せられるので特に注意しよう。

両替

入国審査のブース付近と到着ロビーに銀行があり、主要外貨（日本円やUSドルなど）の現金と台湾元の両替ができる。両替したい金額をパスポートを添えて渡すと、レシートにサインを求められる。控えと台湾元を受け取って両替完了。レシートは帰国の際に再両替するとき必要となる場合があるので、念のため保管しておこう。

両替レートは適正で、税関ゲートの中でも外でもほとんど変わらない。空港内の銀行は1回の両替につき30元の手数料がかかるが、町なかの銀行で両替をすると時間がかかるので、短期旅行の場合、使用する分を空港で両替してしまうことをおすすめする。空港の銀行は到着便がある限り営業している。クレジットカードでキャッシングできるATMもある。

空港ロビーにて

税関のゲートを出ると、出迎えの人が待っている。送迎を頼んでいる場合は自分の名前を書いた紙を持っている人を探そう。

ロビーには観光パンフレットなどを提供している観光局のブースもあり、ここで旅の情報収集ができる。ホテルが決まっていない人は、ホテルインフォメーション（旅館業訂房中心）でホテルの予約も可能。各携帯電話会社のブースでは、旅行者向けの短期間のSIMカードを販売している。

入国カードの記入例（書式は変更される場合もある）

入國登記表 ARRIVAL CARD
6950671309

姓 Family Name ①CHIKYU	名 Given Name ②AYUMI

出生日 Date of Birth ⑤ 年Year 1987 月Month 01 日Day 15 ／ 性別 Gender ⑥ □男Male ☑女Female

護照號碼 Passport No. ③CD9876543 ／ 入境航班,船名 Flight / Vessel No. ④CI 107

國籍 Nationality ⑦JAPANESE ／ 職業 Occupation ⑧Employee

簽證類別 Visa Type ⑨ □外交 Diplomatic □禮遇 Courtesy □停留 Visitor □免簽證 Visa-Exempt. □落地 Landing □其他 Other

旅行目的 Purpose of visit ⑩ □1.商務 Business □2.求學 Study ☑4.觀光 Sightseeing □4.展覽 Exhibition □5.探親 Visit Relative

被探訪人姓名 Relative's Name:

入出境證 / 居留證號碼 Entry Permit / Visa No. ⑪ ／ 居住地 Place of Residence ⑫JAPAN

預定出境日期 Intended Departure Date ⑬ 年Year 2024 月Month 05 日Day 01 ／ 出生地 Place of Birth ⑭JAPAN

被探訪人電話 Relative's Phone No.:

□6.醫療 Medical Care □7.會議 Conference □8.就業 Employment □9.宗教 Religion

□10.其他 Others

來臺住址或飯店名稱 Address or Hotel Name in Taiwan ⑮漢來大飯店

在臺聯絡電話或信箱 / Phone in Taiwan or E-mail ⑯chikyuayumi@gmail.com

公務用欄位 OFFICIAL USE ONLY

旅客簽名 Signature ⑰地球歩

歡迎光臨寶島 WELCOME TO R.O.C (TAIWAN)
You may fill in this card via "Online Arrival Card" via the QR-CODE before immigration clearance.

入国カード記入例

①姓（ローマ字）	⑦国籍
②名（ローマ字）	⑧職業（会社員：Employeeなど）
③パスポートNo.	⑨ビザのタイプ
④航空便名	⑩旅行の目的
⑤生年月日	⑪ビザNo.（※⑨⑪はビザを取得した場合のみ）
⑥性別	⑫居住地
	⑬台湾出国予定日
	⑭出生地
	⑮台湾での住所（ホテル名など）
	⑯台湾での電話番号かメールアドレス
	⑰パスポートと同じサイン

台湾の各空港の問い合わせ先

台湾桃園国際空港
☎ (03) 449-8666
🌐 www.taoyuan-airport.com

台北松山空港
☎ (02) 8770-3430
🌐 www.tsa.gov.tw

高雄国際空港
☎ (07) 805-7631
🌐 www.kia.gov.tw

台湾桃園国際空港発着の主要航空会社

ターミナル1
キャセイパシフィック航空
スクート
ジェットスター・ジャパン
チャイナ エアライン（東南アジア・欧州線）
Peach
タイガーエア台湾
スターフライヤー
スターラックス航空
バティックエア・マレーシア

ターミナル2
エバー航空
チャイナ エアライン（日本・アメリカ・カナダ・オーストラリア線）
JAL、ANA
（※2024年2月現在）

台湾へのおもな持ち込み免税範囲

酒
20歳以上ひとり1000mlまで。

たばこ
18歳以上ひとり紙巻きたばこ200本葉巻25本またはたばこ製品1パウンド（約454g）まで。

外貨
1万USドル相当以下。

台湾元
10万元以下。

有価証券
1万USドル相当以下。

金
2万USドル相当以下。

持ち込み禁止品
麻薬、武器、電子たばこ（加熱式たばこ）、コピー製品、わいせつ物、宝くじ、真空パックされていない生鮮食品や果物など。

たばこは1カートンまで

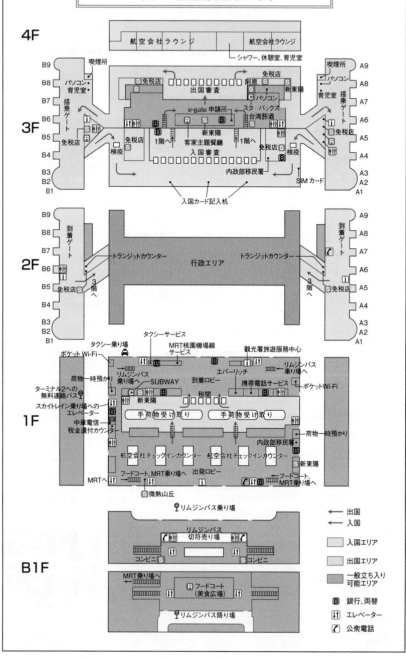

台湾桃園国際空港ターミナル1
（第一航厦）見取り図

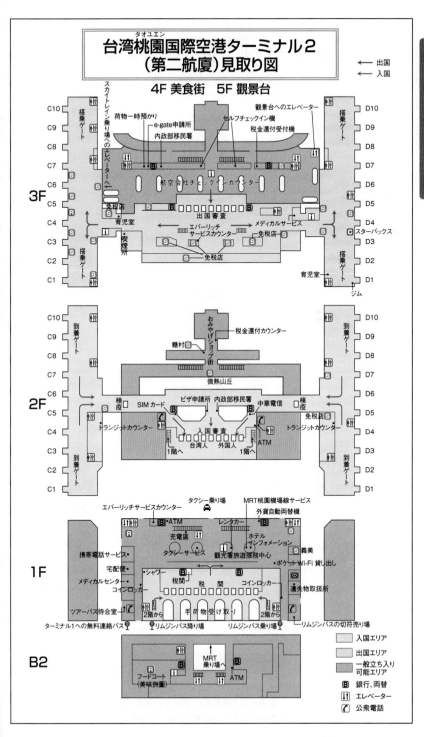

台湾桃園国際空港ターミナル2 （第二航廈）見取り図

タオユエン

← 出国
← 入国

4F 美食街　5F 觀景台

3F

C10 搭乗ゲート
C9
C8
C7
C6
C5
C4
C3 搭乗ゲート
C2
C1

荷物一時預かり
e-gate申請所
内政部移民署
スカイトレイン乗り場へのエレベーターへ

観景台へのエレベーター
セルフチェックイン機
税金還付受付機

航空会社チェックインカウンター

出国審査

免税店
育児室
喫煙所

エバーリッチサービスカウンター
メディカルサービス
免税店

免税店

D10 搭乗ゲート
D9
D8
D7
D6
D5
D4 スターバックス
D3
D2 搭乗ゲート
D1

育児室
ジム

2F

C10 到着ゲート
C9
C8
C7
C6
C5
C4
C3 到着ゲート
C2
C1

おみやげショップ街
糖村
微熱山丘
税金還付カウンター

検疫　SIMカード
トランジットカウンター
ビザ申請所　内政部移民署
中華電信
免税店
トランジットカウンター

入国審査
台湾人　外国人
1階へ　1階へ
ATM
検疫

D10 到着ゲート
D9
D8
D7
D6
D5
D4
D3 到着ゲート
D2
D1

1F

エバーリッチサービスカウンター
ATM
携帯電話サービス・宅配便・
メディカルセンター・コインロッカー
ツアーバス待合室

タクシー乗り場
充電區
タクシーサービス

レンタカー

シャワー
税関　税　関　コインロッカー
手荷物受け取り
2階から　2階から

MRT桃園機場線サービス
外貨自動両替機
ホテルインフォメーション
観光署旅遊服務中心
義美
ポケットWi-Fi貸し出し
遺失物取扱所

ターミナル1への無料連絡バス
リムジンバス降り場
リムジンバス乗り場
リムジンバスの切符売り場

B2

フードコート（美味旅圖）
MRT乗り場へ
ATM

入国エリア
出国エリア
一般立ち入り可能エリア
Ｂ 銀行、両替
エレベーター
Ｃ 公衆電話

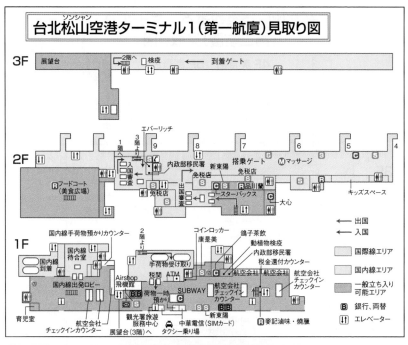

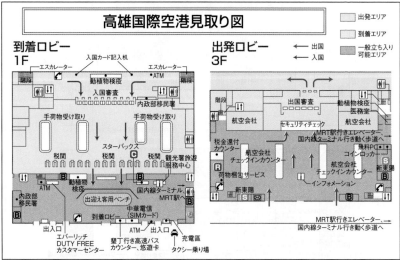

出国手続き

高雄市内から空港へ（→P.106、245）

　空港へは2時間前に着いているようにしよう。税金還付の手続きがある人は3時間前に着いているようにしたい。

税金還付の手続き（→下記）

空港で税金還付の手続きを行う必要がある人は、税金還付カウンターで商品を見せて還付手続きを行う。カウンター以外に、セルフの税金還付受付機もある。

出国手続きの手順

①チェックイン

各航空会社のカウンターでチェックインし、荷物を預ける。日本と同様、100㎖以上の液体物は機内に持ち込めない。ジャムやハチミツ、瓶詰めの液体調味料、ペースト状の物など液体扱いとなる物はスーツケースに入れて機内預けに。

台湾桃園国際空港から出国する場合、2024年2月現在、チャイナ エアライン、エバー航空、キャセイパシフィック航空、スターラックス航空などの利用者はMRT桃園機場線台北車站駅の地下1階で出発当日のフライト時刻3時間前までインタウン・チェックイン（事前チェックイン）ができる。

②セキュリティチェック

搭乗時間に遅れないよう出国ゲートへ。テロ対策の一環としてセキュリティチェックは念入りに行われるため、時間がかかる場合もある。液体物は100㎖以下の容器に入れ、チャック付きの透明なプラスチック袋に入れる。

③出国審査

パスポートと搭乗券を見せ、チェックを受ける。指紋のチェックも行う。

搭乗

免税店でショッピングを楽しむもよし、ラウンジでくつろぐもよし。町なかの免税店で買い物をした人はエバーリッチのブースで忘れずに商品を受け取ろう。搭乗券に記された搭乗時刻には搭乗ゲートにいるように。搭乗ゲートが変更されることもあるので、アナウンスに注意しよう。

再両替

もう台湾元を使う予定がない人は、「出國結匯」と書かれた銀行などで再両替ができる。再両替の際は両替時に渡されたレシートが必要になることがあるので、念のため取っておくこと。台湾元は日本の空港などでも日本円に両替できるが、レートはあまりよくない。

台湾税関（財政部關務所）のウェブサイト
web.customs.gov.tw

台湾からの持ち出し禁止品

麻薬、武器、偽造通貨、コピー商品、入国時に申請のない1万USドル相当を超える現金および有価証券、国外持ち出し許可な物など。特に商標権、著作権を侵害するブランドのロゴやキャラクターなどを模倣したコピー商品、海賊版の音楽ソフトやゲーム、本などは持って帰国すると、日本の空港の税関で没収されるだけでなく、場合によっては損害賠償請求を受ける。

日本への持ち込み禁止品

土、土の付いた植物、生の果物（パイナップルなど検査を受ければ持ち込み可能なものもある）、肉およびその加工品。

台湾から持ち出せても、日本入国時に許可されないものがある。日本の税関で聞いておくとよい。

各航空会社の問い合わせ先（台湾）
ANA（全日空）
(02)2521-1989
www.ana.co.jp
エバー航空（長榮航空）
(02)2501-1999
www.evaair.com
JAL（日本航空）
00801-81-2727
www.jal.co.jp
タイガーエア台湾（台湾虎航）
(02)7753-1088
www.tigerairtw.com
チャイナ エアライン（中華航空）
(02)412-9000
www.china-airlines.com
Peach（樂桃航空）
(03)383-3608
www.flypeach.com

---

column　　税金還付制度

台湾には外国籍の旅行者を対象に、デパートなど免税手続き対象店の同一店舗で1日2000元以上買い物をした人に、日本の消費税に当たる税金5%を払い戻す税金還付制度がある。対象商品は、日常生活で携帯して出国できる課税物品で、食料品や滞在中に使用する商品は対象外。申請は購入当日限りで手続きにはパスポートが必要。手数料20%を差し引いた額が還付される。

一般的に購入金額が4万8000元以下の場合、「少額税金還付」が適用され、購入店の手続きカウンターで購入当日に現金で還付される。

それ以上の場合は、購入店で発行してもらう「還付明細申請表」と商品の現物を帰国時に空港の税金還付カウンターに提示して還付を受けるか、自動払い戻し機での手続きを行う。または、出国20日前から出国日までに台北市内にある市内特約店税金還付サービスカウンターで申請手続きを行うこともできる（要クレジットカード）。いずれが可能か不明な場合は、各店舗の税金還付カウンターで聞いてみよう。

退税 外国籍旅行者向け電子化税金還付システム
0800-880-288
www.taxrefund.net.tw

台北の空港からのアクセス

南台湾へは、日本からの直行便の多い台北を経由してアクセスする方法もある。高鐵（台湾新幹線）への乗り継ぎもスムーズだ。

MRT桃園機場線
🌐 www.tymetro.com.tw

台湾高速鐵道（高鐵）
🌐 www.thsrc.com.tw

●台湾高速鐵道（高鐵）の料金と所要時間
→P.246

台湾鐵道（台鐵）
🌐 www.railway.gov.tw

おもな長距離バス会社
國光客運
🌐 www.kingbus.com.tw
台北〜台南、台北〜高雄、台北〜屏東
統聯客運
🌐 www.ubus.com.tw
台北〜台南、台北〜高雄、台北〜屏東、台湾桃園国際空港〜台中（朝馬轉運站バスターミナルで台南行きバスに乗り換え可）
和欣客運
🌐 www.ebus.com.tw
台北〜台南、台北〜高雄

リムジンバス会社
國光客運
☎ 0800-010-138
🌐 www.kingbus.com.tw
大有巴士
☎ 0800-088-626
🌐 www.airbus.com.tw
長榮巴士
☎ (03) 325-2060
🌐 www.evergreen-eitc.com.tw

空港と台北市内を結ぶ
リムジンバス

台湾桃園国際空港から

　台湾桃園国際空港は台北から約40km南西に離れた桃園市にある台湾最大の国際空港。第1、第2のふたつのターミナルがあり、3つ目のターミナルも建設中。

　台湾桃園国際空港から南台湾へは、おもに①MRTで高鐵桃園站駅へ行き台湾高速鐵道（高鐵）に乗る、②MRTまたはリムジンバスで台北駅まで行き台湾鐵道（台鐵）または長距離バスに乗る、③台湾桃園国際空港から長距離バスを乗り継ぐ、という3つのアクセス方法がある。

①MRT+台湾高速鐵道（高鐵）

　MRT桃園機場線は台北車站駅を始発とし、台湾桃園国際空港を経由して高鐵桃園站駅へ向かう。台湾高速鐵道（高鐵）で南台湾に行くには、台北ではなく高鐵桃園站駅から高鐵に乗るほうが時間も運賃も節約できる。台湾桃園国際空港から高鐵桃園站駅まで、所要約20分、料金35元。

②MRTまたはリムジンバス+台湾鐵道（台鐵）または長距離バス

　時間的に余裕があり、旅費も節約したい場合は、台北まで行き、そこから台湾鐵道（台鐵）、または長距離バスで南台湾に向かう方法もある。

●台北車站駅までMRTで

　台北車站駅へは、前述のMRT桃園機場線の場合、快速運転の直達車で所要約40分、普通車で約50分。運賃は同一で150元。運行時間はターミナル2の場合6:04〜23:35。直達車は15分に1本の間隔で運行している。MRTの台北車站駅と台鐵の台北車站駅は隣接し地下通路でつながっているが、徒歩10〜15分ほどの距離がある。

●台北までリムジンバスで

　2024年2月現在、3社が運行している。そのうち國光客運、大有巴士が、台北車站駅行きのリムジンバスを運行している。所要時間はおよそ70分。國光客運は24時間運行（だが、夜間は便数が少ない）で、下車後、台北車站駅で南台湾行きの台鐵に乗り換えることができる。また下車後、台北轉運站バスターミナルから南台湾行きの長距離バスに乗り継ぐこともできる。駅もバスターミナルもリムジンバス降車所と隣接し、方向を示す案内板も随所にある。

③台湾桃園国際空港から長距離バス

　できるだけ交通費を抑えたいなら、台湾桃園国際空港のリムジンバス乗り場から発車する、國光客運1860「台中」、統聯客運

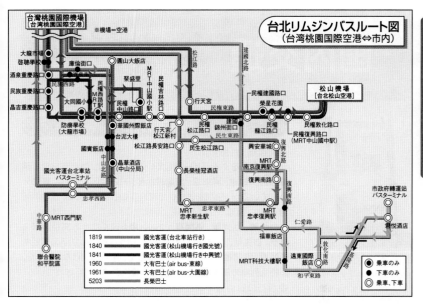

1623「台中」行きバスで台中の朝馬轉運站バスターミナルまで行き、高雄、台南行き長距離バスに乗り継ぐという方法もある。台湾桃園国際空港から朝馬轉運站バスターミナルまで所要約1時間40分、240元〜。朝馬轉運站バスターミナルから台南まで所要約2時間、205元〜。高雄までは所要約2時間30分、280元〜。

台北松山空港から

台北市内にある台北松山空港（松山機場）から南台湾へ向かうには、台北車站駅で台湾高速鐵道（高鐵）か台湾鐵道（台鐵）、または長距離バスに乗車する。

MRT＋台湾高速鐵道（高鐵）または台湾鐵道（台鐵）、または長距離バス

隣接するMRT文湖線BR13松山機場駅から淡水信義線・板南線R10/BL12台北車站駅に行き（乗り換え1回）、南台湾に向かう台湾高速鐵道（高鐵）または台湾鐵道（台鐵）に乗り換える。台北車站駅まで所要約30分、40元。

台北駅（MRT台北車站駅）に隣接する台北轉運站バスターミナルからは、南台湾に向かう長距離バスが発着している。

高雄国際空港から

高雄国際空港はMRTで高雄市内と結ばれており、アクセスは非常に便利。MRT紅線R4高雄國際機場駅からR11高雄車站駅まで所要約20分、35元。台南へはR11高雄車站駅で降り、台鐵に乗り換える。

台北松山空港
🌐www.tsa.gov.tw

台北MRT
🌐www.metro.taipei

台北轉運站バスターミナル
🌐fb.com/TCHBS

台北轉運站バスターミナル
発の長距離バス（→P.244）
高雄へ
1時間に3〜6便運行、所要約5時間、600元
台南へ
1時間に3〜4便運行、所要約4時間30分、500元
屏東へ
2時間に約2便運行、所要約5時間30分、630元

●高雄国際空港からのアクセス
→P.106

国内交通

主要都市を結ぶ鉄道網が発達していて、移動は便利。日本と同様に台湾の交通機関も時間に正確で、信頼できる。

改札でICカードをタッチ

台湾鐵路管理局ウェブサイト
　時刻表や料金などを検索可能。4週間前から切符の予約ができる（要パスポート番号）。予約した切符は次の日の24:00（乗車まで2日以内の場合、乗車24時間前）までに駅で購入またはカード決済しなければキャンセル扱いとなる。乗車当日の場合は、発車20分前までに支払いと切符の受け取りを済ませる必要がある。
🔗www.railway.gov.tw

荷物は駅に預けられる
　大きい駅にはコインロッカーのほか、有料の荷物預け（行李房）がある。小さい駅では行李房の表示がないが駅員室で預かってくれることもある。

台湾高速鐵道ウェブサイト
　時刻表や料金などを検索可能。切符購入もでき、その場合、自動券売機にパスポート番号下4ケタと予約番号を入力して切符を発券。コンビニでも受け取れる。ただし、発車30分前を過ぎるとキャンセルとなる。
🔗www.thsrc.com.tw

高鐵を使えば台北から日帰りも可能

鉄道の旅

台湾鐵道（台鐵）
　台湾本島をぐるりと一周している鉄道路線。南台湾を走る路線は西部幹線、屏東線、南迴線など、一応地区ごとの路線に分かれているが、区間をまたいで直通運転もしている。

●列車の種類
　自強號、**莒光號**、**區間車**があり、最も速く料金も高いのが自強號。自強號、莒光號は「**對號車**」という原則として座席指定制ドゥイハオチャーの列車。區間車はいわゆる各駅停車で、座席指定はない。また、超特急列車の新自強號、太魯閣號、普悠瑪號も運行されている。

●切符の買い方
　駅の窓口や自動券売機、セブン-イレブンなどコンビニに設置されたibonという端末（→P.249）などで購入できる（手数料1枚につき8元）。台湾鐵路管理局のウェブサイトでも2週間前から予約ができる。自動券売機はタッチパネル式で日本語もあり操作は簡単だ。

　悠遊卡、一卡通などのICカードを改札でタッチして乗車することも可能（新自強號、太魯閣號、普悠瑪號は除外）。ただし座席指定はできず、自強號、莒光號では「無座」扱いとなるので注意。

駅の自動券売機の画面

台湾高速鐵道（高鐵）
　「台湾新幹線」の愛称で親しまれている**台湾高速鐵道**は台北と高雄（左營）を最短94分で結ぶ、台湾で最速の陸上交通機関。2024年2月現在、台湾南部では**台南駅**、**左營駅**の2駅が営業している。

●切符の買い方
　駅の窓口や自動券売機、ウェブサイト、コンビニのibonという端末（手数料1枚につき10元）などで購入できる。窓口で買うのがいちばん簡単だが、行列ができていることもある。自動券売機は日本語にも対応していて操作もわかりやすい。

●台湾高速鐵道の料金と所要時間

所要時間/運賃	台北	桃園	台南	左營
台北		160元（155元）	1350元（1305元）	1490元（1445元）
桃園	21分		1190元（1150元）	1330元（1290元）
台南	120分（106分）	97分（81分）		140元（135元）
左營	134分（94分）	111分（95分）	12分	

運賃は指定席料金。（　）内は自由席料金。
所要時間は各停の所要時間。（　）内は急行の所要時間。

　高鐵には2日間、3日間のフリーパスなどお得な切符もある。KLOOK、KKdayなどの旅行会社のウェブサイトを通じて日本からも購入可能。ただし駅の窓口で切符を受け取る必要がある。

台湾鐵道路線図

六家線

竹北
北新竹｜甲
竹中 **高鐵新竹**
新竹 六家
新莊
新竹

縦貫線
（基隆～高雄）

海線（海岸線）

西部幹線

山線（台中線）

台湾高速鐵道
（新幹線）

集集線

内湾線

阿里山森林鐵路

東部幹線

北迴線
（蘇澳新～花蓮）

宜蘭線
（八堵～蘇澳）

台東線
（花蓮～台東）

沙崙線

屏東線
（高雄～枋寮）

南迴線
（枋寮～台東）

縦貫線

屏東線

左營
内惟
美術館
鼓山
三塊厝
高雄
民族
科工館
正義
貴和
黒山

MRT桃園機場線

Ⓐ 中壢車站（建設中）
Ⓐ 老街溪
Ⓐ 環北
Ⓐ 興南
Ⓐ 桃園體育園區
Ⓐ 高鐵桃園站　※高鐵桃園駅乗り換え
Ⓐ 領航
Ⓐ 橫山
Ⓐ 大園
Ⓐ 機場旅館
Ⓐ 機場第三航廈（建設中）
Ⓐ 機場第二航廈　※台湾桃園国際空港ターミナル2
Ⓐ 機場第一航廈　※台湾桃園国際空港ターミナル1
Ⓐ 坑口
Ⓐ 山鼻
Ⓐ 林口
Ⓐ 長庚醫院
Ⓐ 體育大學
Ⓐ 泰山貴和
Ⓐ 輔大醫院（建設中）
Ⓐ 泰山
Ⓐ 新莊副都心
Ⓐ 新北產業園區
Ⓐ ※MRT中和新蘆線三重駅乗り換え
　（建設中）三重

■■■は直達車（快速）、
■■■は普通車（各駅停車）

※高鐵・台鐵台北駅、
MRT淡水信義線・
板南線台北車站駅、
MRT松山新店線・
北門駅乗り換え

台北車站

大きいバスターミナルは
係員がいる

長距離バス会社
國光客運
[URL] www.kingbus.com.tw
統聯客運
[URL] www.ubus.com.tw
和欣客運
[URL] www.ebus.com.tw

中距離バス会社
興南客運
[URL] www.snbus.com.tw
高雄客運
[URL] www.kbus.com.tw
屏東客運
[URL] www.ptbus.com.tw

台湾好行バス

　交通部観光局と地元のバス会社が協力して提供しているバスサービス。近郊の主要な観光スポットを巡るため、旅行者の強い味方だ。現在、台湾各地に80以上の路線が走っている。南台湾では台南の88府城巡迴線、99安平台江線（どちらも土・日・祝のみ運行）、屏東客運の墾丁快線などがある。時刻表やルートはウェブサイトで確認できる。
[URL] www.taiwantrip.com.tw

観光スポットに特化して回る

レンタカーは免許証の中国語翻訳文が必要

　台湾で車やバイクを運転する場合、有効な日本の運転免許証とその中国語翻訳文の所持が求められる。国際免許の効力は適用されない。翻訳文は日本で日本自動車連盟（JAF）が作成したものか、台湾で日本台湾交流協会（→P.253）が作成したものに限られる。翻訳文の有効期間は台湾に入国してから1年間。記載内容に変更がある場合は再取得の必要がある。

バスの旅

　南台湾には、鉄道路線のない山間部や台湾南端部などにも見どころが多く、アクセスにはバスを利用することになる。鉄道に比べわかりにくい点もあるが、慣れれば便利な足となる。

中・長距離バス

　長距離バス大手は**國光客運**と**統聯客運**で台湾全土に運行路線網がある。このほかに**和欣客運**などがある。

　南台湾の中距離路線は、**興南客運**、**高雄客運**、**屏東客運**など、おもに地元の中規模のバス会社によって運行されている。

●乗り方

　中・長距離バスは「**客運站**」、「**轉站**」などの名がつくバスターミナルに発着する。バスターミナルから乗車する場合、切符は窓口で買うが、途中から乗る場合は運転手に直接支払う。悠遊卡、一卡通などのICカードでも支払いできる（一部、例外もあり）。切符は乗車の際に運転手に端をちぎり取られ、降車の際に残りの部分を渡す場合もあるので捨てないように。中距離バスの場合、通常予約は不要。満員になることはめったにない。

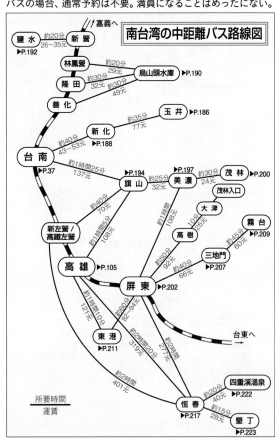

南台湾の中距離バス路線図

タクシー

タクシーは中国語で「**計程車**」、「**出租汽車**」。「タクシー」と言っても通じる。日本に比べてリーズナブルで近距離でも手軽に利用できる。迷ったときはタクシーに乗ってしまうのも手。

●リーズナブルな料金

初乗り料金は都市によって異なる。高雄と台南は85元。地方ではメーターを使用しない場合もあり、その場合は乗る前に行き先を告げて交渉する。チャーターする場合は、1時間500元、7時間3000 〜 4000元程度。必ず事前に交渉し、決めた額は紙に書いてもらっておくこと。

●乗り方

①流しのタクシーを停めるときは手を挙げて停める。

②ドアは自分で開ける。

③後部座席もシートベルトの着用が義務。違反すると一般道1500元、高速道3000 〜 6000元の罰金が科せられる。

④行き先を告げる。住所を大きく紙に書いて渡すとスムーズ。発車したらメーターの作動を確認。

⑤降りる際は後ろからバイクが来ていないことをよく確認してからドアを開ける。

日本と同じ「空車」のサイン

●タクシーが全然来ないときは

台北に比べると、流しのタクシーが少ない南台湾。特に郊外の見どころの帰りはなかなかタクシーがつかまらないことも。そんなときに頼りになるのが、セブン-イレブンのibonやファミリーマートのFamiポートなどタクシーを呼べる端末だ。

自転車

エコで健康的な乗り物として台湾では自転車が大人気。高雄、台南、屏東には町なかにYouBikeというシェアサイクルのスタンドがあり、旅行者も悠遊卡や一卡通、ICチップ付きのクレジットカードで簡単に利用することができる。また、地方では宿泊客向けに自転車を貸し出しているホテルも多い。交通ルールに気をつけて利用しよう。

借り方は→ P.109 参照

飛行機

南台湾で旅客運航が行われている空港は高雄国際空港、台南空港のふたつで、それぞれ国際線ほかおもに国内の島嶼部などと結ばれている。南台湾間を直接結ぶ路線はない。

タクシーのチェックポイント！

・汚い、傷だらけのタクシーは避ける。

・発車後、メーターを倒しているか確認。

・夜間の女性ひとりの乗車は避ける。

・問題行為があった場合は後部座席前に貼ってある運転者登録証の名前と番号を控えて警察に届ける。

台湾のタクシーは黄色

台湾の配車アプリ事情

台湾では白タクは違法。アプリでタクシーを配車する「Uber」を利用している人はいるが、地元タクシー会社の反対が強く、政府から業務停止命令を受けたこともある。現在は認可タクシー会社と提携し営業を再開しているが、グレーゾーンで勢いは失速している。それに替わって台湾のタクシー会社と提携する「LINE TAXI(旧TaxiGo)」というタクシー配車サービスが登場。LINEでタクシーを呼ぶことができる。また、台湾の大手タクシー会社の「台湾大車隊」というアプリもありタクシーを呼べるが、使い勝手はいまいち。

ibonの操作方法

セブン-イレブンにあるibonやファミリーマートのFamiポートなどの機械から無料でタクシーを呼ぶことができる。

ibonでタクシーを呼ぶ場合、画面を「生活服務」→「叫車服務」→「下一歩」→タクシー会社を選択＆「下一歩」→「一般叫車」＆「下一歩」→「同意、繼續下一歩」→台湾の携帯電話番号か固定電話番号（なければ「下一歩」）を入力→支払い方法「現金」を選択→配車情報と待ち時間が表示される。「列印單據」と操作すると紙がプリントアウトされるので、それを持ってタクシーを待つ。

便利な ibon

通信事情

日本以上にITが発達している台湾。レストランのメニューがQRコードのみだったり、スマホがないと不便に感じる場面もしばしば。

空港や駅などには公衆電話がある

悠遊卡でかけられる公衆電話もある

携帯電話を紛失した際の台湾からの連絡先

(利用停止の手続き。全社24時間対応)

au
・国際電話識別番号+81+3+6670-6944 ※1

NTTドコモ
・国際電話識別番号+81+3+6832-6600 ※2

ソフトバンク
・国際電話識別番号+81+92+687-0025 ※3

※1 auの携帯から無料、一般電話からは有料。
※2 NTTドコモの携帯から無料、一般電話からは有料。
※3 ソフトバンクの携帯から無料、一般電話からは有料。

駅などに充電區(充電スポット)がある

電話

公衆電話

公衆電話は「公共電話」と呼ばれている。コイン投入式とテレホンカード式、コインとカード両方使える電話機、悠遊卡などのICカードで通話できる電話機の4種類があり、国際電話も公衆電話からかけられる。日本同様、携帯電話の普及とともに減少しつつあるが、空港や鉄道駅には設置されている。かけ方はほぼ日本と同じで、コインやカードを入れてから相手の番号をプッシュする。

日本で使用している携帯端末をそのまま利用

国際ローミングを利用すれば、日本で使用している携帯端末を台湾でそのまま利用できる。ただし利用料金が非常に高額になることが多いので注意が必要。詳細は各携帯電話会社へ。

現地の携帯電話通信会社を利用する

SIMフリー端末を持っていれば、空港で旅行者向けに提供されている短期のプリペイド式SIMカードかeSIM(3日間300元〜)を購入して、安価に電話とインターネット接続ができる。このSIMカードは空港限定販売で、町なかでは購入できない。

国際電話のかけ方

●台湾から日本へかける

日本の(03)1234-5678へかける場合			
台湾の国際電話識別番号 002 あるいは 009 ※1	日本の国番号 81	0を除いた市外局番 3 ※2	相手先の電話番号 1234-5678

※1 ホテルの部屋からは外線につながる番号を頭につける。
※2 携帯電話などへかける場合も、「090」「080」などの最初の0を除く。

●日本から台湾へかける

台南の(06)123-4567へかける場合				
事業者識別番号	国際電話識別番号 010 ※	台湾の国番号 886	市外局番 (頭の0は取る) 6	相手先の電話番号 123-4567

事業者識別番号(携帯電話の場合は不要)

NTTコミュニケーションズ	0033	ソフトバンク	0061

※携帯電話の場合は010のかわりに「0」を長押しして「+」を表示させると、国番号からかけられる。
※NTTドコモ(携帯電話)は事前にWORLD CALLの登録が必要。

インターネット

　台湾では日本以上にインターネットが普及している。ホテルやレストランにはたいてい無料のWi-Fiがあり、パソコンやスマホをインターネットに接続できる。

　SIMフリーのスマホがあれば、台湾の空港でSIMカードを購入してインターネットを利用できる。また日本や台湾の空港でWi-Fiルーターをレンタルすれば、普段日本で使っているスマホでインターネット接続ができる。日本で借りる場合、240円／日程度〜。台湾の空港で借りる場合、188元／日〜。

　台湾政府による「iTaiwan」など公共の無料Wi-Fiサービス（右記）もあるが、ネットワークが不安定なこともある。

郵便事情

　台湾の郵便事情はとてもよく、日本へは航空便で5〜7日。はがきは10元、封書は10gまで13元。ポストは国内用が緑、速達と国外用は赤。郵便局は「郵局（ヨウジュイ）」と呼ばれ、空港や大きな駅にも窓口がある。

急ぐ場合はEMSや国際宅配便

　EMS（国際快捷航空便件）とは国際スピード郵便のこと。日本郵便を経由して2〜3日で到着する。国際宅配便は、セブン-イレブンでDHL、ファミリーマートでUPSを扱っている。

iTaiwan

　登録など不要で、ネットワークに接続すればすぐ使える。ウェブサイトを見ればホットスポットの場所などがすぐわかる。
🌐 itaiwan.gov.tw

SIMカードを販売するカウンター

⚠️ 台湾のSIMカードは4G以上のみ。SIMフリーのスマホでも、4G未対応のスマホでは台湾のSIMカードは使用できない。

台湾郵便（台湾郵政）のウェブサイト
🌐 www.post.gov.tw

日本へ送るなら赤いポストへ

INFORMATION

台湾でスマホ、ネットを使うには

　スマホ利用やインターネットアクセスをするための方法はいろいろあるが、一番手軽なのはホテルなどのネットサービス（有料または無料）、Wi-Fiスポット（インターネットアクセスポイント。無料）を活用することだろう。主要ホテルや町なかにWi-Fiスポットがあるので、宿泊ホテルでの利用可否やどこにWi-Fiスポットがあるかなどの情報を事前にネットなどで調べておくとよい。ただしWi-Fiスポットでは、通信速度が不安定だったり、繋がらない場合があったり、利用できる場所が限定されたりするというデメリットもある。そのほか契約している携帯電話会社の「パケット定額」を利用したり、現地キャリアに対応したSIMカードを使用したりと選択肢は豊富だが、ストレスなく安心してスマホやネットを使うなら、以下の方法も検討したい。

☆ 海外用モバイルWi-Fiルーターをレンタル

　台湾で利用できる「Wi-Fiルーター」をレンタルする方法がある。定額料金で利用できるもので、「グローバルWiFi（【URL】https://townwifi.com/）」など各社が提供している。Wi-Fiルーターとは、現地でもスマホやタブレット、PCなどでネットを利用するための機器のことをいい、事前に予約しておいて、空港などで受け取る。利用料金が安く、ルーター1台で複数の機器と接続できる（同行者とシェアできる）ほか、いつでもどこでも、移動しながらでも快適にネットを利用できるとして、利用者が増えている。

▼グローバルWiFi

　海外旅行先のスマホ接続、ネット利用の詳しい情報は「地球の歩き方」ホームページで確認してほしい。
【URL】http://www.arukikata.co.jp/net/

✿ 南台湾お役立ちアプリ

台湾旅行が便利になるおすすめアプリを紹介。出発前にダウンロードしておこう。登録に台湾の携帯電話の番号が必要な場合もある。

●Google Maps

台湾でも大活躍。「自分がどこにいるのか?」、「バス停の位置は?」、「目的地までの経路は?」などすべて解決。ダウンロードしてオフライン使用も可能。

●Google 翻訳

台湾の繁体字対応。音声入力やカメラ入力、会話も可能で便利。使い方に慣れておこう。

●中国語手書き辞書

意味を知りたい漢字を手書きで入力し、辞書で意味を調べることができる。繁体字、簡体字に対応。

●Easy Wallet 悠遊付

台湾で最も多く利用されている交通系ICカード悠遊卡の公式アプリ。登録すると残高や履歴の確認ができる。

●iPASS一卡通

台湾南部で多く使用されている、悠遊卡と同様の交通系ICカード一卡通の公式アプリ。登録すると残高や履歴の確認ができる。

●台鐵e訂通

時刻表検索や指定席の予約もできる台湾鐵道の公式アプリ。駅名など一覧から選択でき、文字を打つ必要がないので楽。

●台灣公車通

台湾全土の市バス、長距離バスの路線や運行状況がわかる。バスの路線番号がわかっていると検索しやすいので、Google Mapsと併用するとベター。

●台灣大車隊

安心して乗れると評判の高い大手タクシー会社、台灣大車隊のアプリ。台湾各地でタクシーを呼べる。目的地を入力すればおよその料金などもわかるが、慣れないと時間がかかってしまう。発信してしまっても同じ画面ですぐ取り消しができるので、事前に試しておこう。

●中央氣象局 W 生活氣象

台湾気象局の天気予報アプリ。日の出、日没の時間も表示されるのでカメラ愛好家にもおすすめ。地方の潮汐（潮の満ち引き）も表示できる。

●發票＋

くじになっている台湾のレシートを管理できるアプリ。レシートのQRコードをスキャンしたり、レシート番号を入力しておけば、当選確認を行える。

旅のトラブル対策

治安も衛生状態もいい台湾。それでも注意を怠れば、思わぬトラブルに遭遇する可能性もある。気を引き締めて、楽しい旅を続けよう。

トラブルに遭わないために

旅行者が遭遇しがちなトラブルは、交通事故、盗難、スリ、ひったくり、置き引き、詐欺、暴行など。以下のような点に気をつけて、トラブルを回避しよう。

①貴重品は身につけて

ウエストポーチは、スリに狙われやすい。ズボンの後ろポケットやコートの胸のポケットも同様。貴重品はホテルのセーフティボックスに入れるかフロントに預け、パスポートも貴重品袋に入れて身に付けよう。

②手荷物は体から離さない

レストランや駅では、荷物を床や隣の席に置いてしまいがちだが、置き引きに遭う確率が高まるので避けたい。

③タクシーは乗降時に気をつけて

バイクが多い台湾。タクシーから降りるときは、後方からバイクが来ていないことを確認してからドアを開けること。青信号であっても、バイクや車には十分注意しよう。深夜にひとりでタクシーに乗るのは避け、どうしても利用しなければならない場合は、コンビニからibon（→P.249）などの端末を利用するといい。また万一、故意に遠回りするようなタクシーだったら、運転手名や車両ナンバーをメモしておき、料金を払って降車後、警察に通報しよう。その場での口論は避けるべき。

バイクにぶつからないよう注意

外務省海外安全ホームページ

旅先のトラブル事例と対策のほか、注意すべき海外安全情報（危険情報）を掲載。出発前に最新情報を確認しよう。
🖥 www.anzen.mofa.go.jp

たびレジ

外務省の提供する「たびレジ」に登録すれば、渡航先の安全情報メールや緊急連絡を無料で受け取ることができる。出発前にぜひ登録しよう。
🖥 www.ezairyu.mofa.go.jp/tabireg

台湾の緊急連絡先

警察 ☎110
救急と消防 ☎119

悪質なタクシーに乗ってしまったら

なかには悪質なタクシー運転手も存在する。異様にガラが悪かったり、様子がおかしいと感じたら、ためらわずに料金を払いすぐ降りたほうがいい。2010年には邦人女性がタクシー運転手に強姦されるという事件も起こっている。

緊急連絡先

高雄市警察局外事科
🗺 P.121-C2
🏠 高雄市中正四路260號
☎ (07) 215-4342（24時間。外国人専用）
🕐 8:00～12:00、13:30～17:30
🚫 土・日
🖥 kcpd.kcg.gov.tw

日本台湾交流協会高雄事務所
🗺 P.112-B2
🏠 高雄市和平一路87號 南和和平大樓9、10階
☎ (07) 771-4008

🕐 9:00～12:30、13:30～17:30（窓口での申請受付は 9:00～12:00、13:30～16:00）
🚫 土・日、台湾の祝日と一部の日本の祝日
🚇 C34 五權國小駅より徒歩約6分
🖥 www.koryu.or.jp

日本台湾交流協会台北事務所
🏠 台北市慶城街28號 通泰商業大樓
☎ (02) 2713-8000
🕐 9:00～11:30、13:30～17:00（窓口での申請受付は 9:00～11:30、13:30～16:00。金曜は午前のみ）
🚫 土・日、台湾の祝日と一部の日本の祝日

夜市で生のフルーツを食べる際は衛生面を少し注意したい

トラブルの時ほど落ち着いて

④マッサージを受けるときの注意点

まれに女性に対してセクハラまがいのマッサージをしてくるマッサージ師がいる。その場でキッパリとクレームをつけよう。

個室のときは要注意

⑤部屋を教えない、家に行かない

親切を装って日本人に近づき、暴行や強盗を働くケースもまれにある。初対面の人の家に行かないのはもちろんのこと、軽々しくホテル名やルームナンバーを教えないこと。

万一トラブルに遭遇したら

●現金や荷物を盗まれたら

盗難に遭ったら、まず警察に通報し、最寄りの警察局外事科(室)で「盗難(遺失)証明書」を作成してもらう。海外旅行保険の携行品補償特約に加入している場合、手続きにこの証明書が必要となるので、必ず作成してもらおう。

●パスポートをなくしたら

盗難などにより紛失した場合は、最寄りの内政部移民署へ行き、「紛失証明書」(顔写真2枚必要。移民署で撮影可)をもらう。

その後、台北と高雄にある日本台湾交流協会で旅券の失効手続きを行い、新規旅券の発給または「帰国のための渡航書」の発給を申請する。申請から発給までの日数は、新規旅券は約2週間、帰国のための渡航書は有効期限3日のものが即日発行(土・日、日本と台湾の祝日を除く)。通常の旅行であれば、帰国のための渡航書を申請する。

帰国の際は、空港の出国審査のうち「公務窓口」で「出境登記表」を入手し、必要事項を記入。それを一般の出国審査窓口で紛失証明書、帰国のための渡航書(または新規旅券)とともに提出し、出国審査を受ける。

●クレジットカードを紛失・盗まれたら

ただちにクレジットカード会社に連絡し、使用停止の手続きを取る。カード裏面の「発行会社名」、緊急連絡先をメモし、財布とは別に保管しておくと、いざというとき役立つ。

●お金をすべてなくしたら

クレジットカードがあれば、カード払いやキャッシングで何とかなる。クレジットカードがなくてもパスポートがあれば、Western Unionなどの海外送金サービスを利用して日本から送金が受けられる。パスポートもなく、日本からの送金が期待できない場合は、最寄りの日本台湾交流協会に相談する。だが基本的には金銭の工面はできず、日本からの海外送金を頼りにするしかない。

日本台湾交流協会高雄事務所が入るビル

健康上の注意点

●熱中症、日焼けに注意

台湾南部の真夏は、台北など台湾北部に比べても暑い。外出の際は帽子をかぶるか、日傘をさそう。また、直射日光を避ける長袖シャツや長ズボンも有効だ。熱中症予防のために、こまめに水分を補給しよう。

●冷房で体を冷やさない

台湾のレストランや鉄道などは冷房が強く、短時間でも体が冷え切るほど。短時間であっても上着を羽織って自衛しよう。

●暴飲暴食は大敵

何を食べてもおいしいが、食べ過ぎて体調をくずさないように、腹八分目を心がけよう。なお、台湾のマンゴーは刺激が強く、まるかじりすると口のまわりがかぶれるケースも。日本人の体質に合わない食材もあるので、香辛料の強いものなどは少量で様子を見るようにしよう。

●衛生状態をチェック

夜市の屋台は衛生状態に問題がないとは言い切れない。できるだけ火を通したものを熱いうちに食べきろう。フルーツをその場で切ってもらう場合も、包丁の衛生状態に注意。

●生水と氷に注意

台湾の水道水は飲用には適さない。旅行中はボトル入りのミネラルウオーターを口にしよう。気をつけたいのは屋台の氷入りジュース。水道水で氷が作られているケースがあるからだ。

体調を崩したら

病院を受診するには

病院（醫院）での受診手順は日本とほぼ同様。

①受付をする

受付（掛號）で登記。交通事故などは救急（急診）室に行く。診察を申し込み、予約番号（掛號）をもらう。海外旅行保険のカードを提出し、用紙に必要事項を記入。通訳が必要な場合は申告する。キャッシュレスの海外旅行保険に加入していない場合は、受付で受付料（掛號費）が必要になる（50～200元、夜間・救急80～400元）。

②診察を受ける

指定された部屋（診療室）で医師（醫生、大夫）の診察と治療を受ける。診察後は薬と会計の準備ができるまで待つ。海外旅行保険指定の診断書を書いてもらうことも忘れずに。

③支払いをする

会計（付費）で名前を呼ばれたら診療代、薬代を支払い、薬の番号をもらい、薬局で薬を受け取る。海外旅行保険に加入している場合は、帰国後早めに（保険会社によるが、おおむね180日以内）、診察料や薬代、病院までのタクシー代などを請求する。そのためにも領収書類はしっかり保管しておこう。

暑くても日差し対策を

⚠ 2024年2月現在、台湾で新型コロナウイルスに感染した場合、無症状の軽症者は届け出や隔離は不要で、自主健康管理を実施することが推奨されている。合併症（中重症）の条件を満たす場合は届け出、隔離を行い、治療を受ける必要がある。台湾の健康保険証がなければ治療費は自己負担となる。旅行中も手洗い、消毒、マスク着用など感染対策は徹底したい。

日本台湾交流協会：
COVID-19に関する最新情報
🌐 www.koryu.or.jp/tabid2169.html

おなかを壊さないために

おなかを壊しやすい人は、屋台で売られている生の食品は避けたほうがベター。ジュースの氷にも気をつけよう。また、台湾のかき氷はボリューム満点。無理して残さず食べようとすると、体を冷やしてしまう可能性もあるので、ほどほどに。

病院リスト

高雄
蔡忠雄外科診所（内科も可）
Ⓜ P.123-C2
🏠 高雄市五福二路10號
📞 (07)226-5701

台南
衛生署立台南醫院
Ⓜ P.45-C2
🏠 台南市中山路125號
📞 (06)220-0055

恆春
恆春旅遊醫院
Ⓜ P.218-A2
🏠 屏東縣恆春鎮恆南路188號
📞 (08)889-2704

台北
台大醫院國際醫療中心
🏠 台北市中山南路7號
📞 (02)2356-2900
（日本語・英語可）
台安醫院特診中心
🏠 台北市八德路二段424號
📞 (02)2776-2654
（国際特診センター）
台北日本クリニック
🏠 台北市南京東路一段60號
📞 0967-350-119

気軽に使ってみよう!
旅の中国語会話

台湾で使われている言葉は……

台湾でおもに使われているのは、國語(北京語)と台湾語。台湾北部や東部では國語、中部や南部では台湾語で会話することが多い。なお、台湾で使われる文字は繁体字(旧来の正字)。

会話は声調を意識して

日本も台湾も漢字を使うので困ったときは筆談ができるが、口に出した場合は漢字の発音が異なるので、通じるためには「声調」という音の高さやアクセントを意識してみよう。例えば、マー(ㄇㄚ／ma)という音には4つの声調がある(ほかに声調のない軽声がある)。

台湾での発音記号には、中国の併音(ピンイン:ラテン文字化した発音記号)ではなく注音字母(ㄅㄆㄇㄈ。最初の4文字から通称ボポモフォとも)を用いている。声調を使い分けないと正確な意味が通じないところが難しいが、練習してみよう。

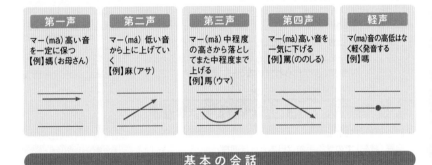

第一声	第二声	第三声	第四声	軽声
マー(mā)高い音を一定に保つ【例】媽(お母さん)	マー(má)低い音から上に上げていく【例】麻(アサ)	マー(mǎ)中程度の高さから落としてまた中程度まで上げる【例】馬(ウマ)	マー(mà)高い音を一気に下げる【例】罵(ののしる)	マ(ma)音の高低はなく軽く発音する【例】嗎

基本の会話

あいさつ

こんにちは ………… Nǐ hǎo 你好 ………… ニー ハオ

ありがとう ………… Xiè xie 謝謝 ………… シエ シェ

さようなら ………… Zài jiàn 再見 ………… ツァイ ジエン

すみません／ごめんなさい ………… Duì bu qǐ 對不起 ………… ドゥイ ブ チー

大丈夫です／かまいません ………… Méi guān xi 沒關係 ………… メイ グアン シー

どういたしまして ………… Bú kè qi 不客氣 ………… ブー クー チ

ここは撮影できますか? ………… Zhè lǐ kě yǐ pāi zhào ma? 這裡可以拍照嗎? ………… ツェーリークーイー パイヂャオ マ?

自己紹介

日本から来ました ……… Wǒ shì cóng rì běn lái de 我是從日本來的 ……… ウォーシーツォン リーベン ライダ

私は日本人です ……… Wǒ shì rì běn rén 我是日本人 ……… ウォー シー リーベンレン

お名前は何とおっしゃいますか? ……… Nín guì xìng 您貴姓? ……… ニン グイ シン?

名前は〜といいます ……… Wǒ jiào 〜 我叫〜 ……… ウォー ジャオ〜

買い物

日本語	ピンイン	中国語	カタカナ
いります／いりません …	Yào / Bú yòng	要/不用	ヤオ／ブーヨン
あります／ありません …	Yǒu / Méi yǒu	有/没有 ……	ヨウ／メイ ヨウ
いくらですか? ……	Duō shǎo qián	多少錢? ……	ドゥオ シャオ チエン?
高過ぎます ………	Tài guì le	太貴了 ……	タイ グイ ラ
まけてください ……	Pián yi yì diǎn ba	便宜一點吧 ……	ピエン イ イーディエン バ

食事

メニューをください ……	Qǐng gěi wǒ cài dān	請給我菜單 ……	チン ゲイ ウォー ツァイダン
おいしい(食べ物/飲み物) ……	Hǎochī / Hǎo hē	好吃/好喝 ………	ハオ チー／ハオ ホー
おすすめの料理はありますか? ……	Yǒu tuī jiàn de cài ma	有推薦的菜嗎? ……	ヨウ トゥイジエンダ ツァイ マ?
お手洗いはどこですか? ……	Xǐ shǒu jiàn zài nǎ lǐ	洗手間在哪裡? ……	シー ショウジエン ツァイ ナアリー?
会計してください ……	Mǎi dān	買單 ……	マイダン

宿泊

空室はありますか? ……	Yǒu kòng fáng jiān ma	有空房間嗎? ……	ヨウ コン ファンジエン マ?
1泊いくらですか? ……	Yì tiān duō shǎo qián	一天多少錢? ……	イー ティエン ドゥオ シャオ チエン?
3泊したいです ……	Wǒ yào zhù sān tiān	我要住3天 ……	ウォー ヤオ ヂュウ サンティエン
もう2泊したいです ……	Wǒ hái yào zhù liǎng tiān	我還要住兩天 ……	ウォー ハイ ヤオ ヂューリアンティエン
浴室とトイレがありますか? ……	Zài fáng jiān lǐ yǒu yù shì hé cè suǒma	在房間裡有浴室和廁所嗎? ……	ツァイ ファンジエンリ ヨウ ユイシー ホーツー ス オ マ?
台湾元に両替したいのですが ……	Wǒ xiǎng huàn chéng xīn Tái bì	我想換成新台幣 ……	ウォー シアン ホアンチョン シンタイピー

交通

どこに行きますか? ……	Dào nǎ lǐ	到哪裡? ……	ダオ ナア リー?
空港までいくらですか? ……	Dào jī chǎng yào duōshǎoqián	到機場要多少錢? ……	ダオ ジーチャン ヤオ ドゥオ シャオ チエン?
赤崁樓に行きたいのですが ……	Wǒ xiǎng qù Chì kàn lóu	我想去赤崁樓 ……	ウォー シアン チュイ チーカンロウ
安平へはどう行くのですか? ……	Dào Ān píng zěn me zǒu	到安平怎麼走? ……	ダオ アンピン ゼン マ ゾウ?
切符を1枚ください ……	Qǐng gěi wǒ yì zhāngpiào	請給我一張票 ……	チン ゲイ ウォー イー ヂャン ピアオ
玉井までどのくらいかかりますか? ……	Dào Yù jǐng yào duō cháng shí jiān	到玉井要多長時間? ……	ダオ ユイジン ヤオ ドゥオ チャン シージエン?

ピンチのとき

ちょっとお尋ねしたいのですが、〜? ……	Qǐng wèn	請問、〜? ……	チン ウェン、〜?
もう一度言ってください ……	Qǐng zài shuō yí biàn	請再説一遍 ……	チン ツァイ シュオ イービエン
ゆっくり話してください ……	Qǐng shuō màn yì diǎn	請説慢一點 ……	チン シュオ マン イーディエン
財布をなくしました ……	Qián bāo nòng diū le	錢包弄丟了 ……	チエンバオ ノン ディウ ラ
荷物を盗まれました ……	Wǒ de xíng lǐ bèi tōu le	我的行李被偷了 ……	ウォーダ シンリー ベイトウ ラ
日本語のわかる方はいませんか? ……	Yǒu huì jiǎng Rì yǔ de rén ma	有會講日語的人嗎? ……	ヨウ ホェイジアン リー ユィダ レン マ?
助けて! ……	Jiù mìng a	救命啊! ……	ジオウミン ア!
おなかが痛いです ……	Wǒ dù zi tòng	我肚子痛 ……	ウォード ドゥーヅ トン
近くに病院はありませんか? ……	Zhè fù jìn yǒu yī yuàn ma	這付近有醫院嗎? ……	ツェー フージン ヨウ イーユエン マ?

人称代名詞／代名詞など

私	我 wǒ	ウォー
私たち	我們 wǒ men	ウォーメン
あなた	你(您) nǐ nín	ニー(ニン)
あなたたち	你們(您們) nǐ men nín men	ニーメン(ニンメン)
彼	他 tā	ター
彼ら	他們 tā men	ターメン
彼女	她 tā	ター
彼女ら	她們 tā men	ターメン
父／母	爸爸／媽媽 bà ba mā ma	バーバ／マーマ
祖父／祖母	爺爺／奶奶 yé ye nǎi nai	イエイエ／ナァイナイ
兄／姉	哥哥／姐姐 gē ge jiě jie	ガーガ／ジエジエ
弟／妹	弟弟／妹妹 dì di mèi mei	ディーディ／メイメイ
男／女	男的／女的 nán de nǚ de	ナンダ／ニュイダ
子供	小孩 xiǎo hái	シアオハイ
友達	朋友 péng yǒu	ポンヨウ
あれ／これ	那個／這個 nà ge zhè ge	ナーガ／ヂェーガ

方向

左／右	左/右 zuǒ yòu	ズオ／ヨウ
上／下	上面/下面 shàng miàn xià miàn	シャンミエン／シアミエン
前／後	前面/後面 qián miàn hòu miàn	チエンミエン／ホウミエン
東／西	東/西 dōng xī	トン／シー
南／北	南/北 nán běi	ナン／ペイ

数字

0	零 líng	リン
1	一 yī	イー
2	二(兩) èr liǎng	アル(リアン)
3	三 sān	サン
4	四 sì	スー
5	五 wǔ	ウー
6	六 liù	リォウ
7	七 qī	チー
8	八 bā	パー
9	九 jiǔ	ジォウ
10	十 shí	シー
11	十一 shí yī	シー イー
12	十二 shí èr	シー アル
20	二十 èr shí	アル シー
31	三十一 sān shí yī	サン シー イー
100	一百 yì bǎi	イー バイ
1000	一千 yì qiān	イー チエン
1万	一萬 yí wàn	イー ワン

単位（数字のあとに入る）

(お金)	元／塊 yuán kuài	ユエン／クアイ
(部屋)	間 jiān	ジエン
(お皿)	盤 pán	パン
(切符)	張 zhāng	ヂャン
(飲み物)	杯 bēi	ベイ
(ご飯)	碗 wǎn	ワン
(服)	件 jiàn	ジエン
(靴)	雙 shuāng	シュアン
(動物)	隻 zhī	ヂー
(本)	本 běn	ベン
(札、紙)	張 zhāng	ヂャン
(共通)	個 ge	ガ

時間

今日	今天 jīn tiān	ジンティエン
昨日	昨天 zuó tiān	ヅオティエン
明日	明天 míng tiān	ミンティエン
～月	～月 yuè	～ユエ
～日	～號 hào	～ハオ
～時	～點 diǎn	～ディエン
～分	～分 fēn	～フェン
3泊4日	4天3夜 sì tiān sān yè	スーティエンサンイエ
～曜日	星期～ xīng qī	シンチー～

※～は、月曜～土曜の順に一～六を入れる。
日曜は星期日（シンチーリー）

ホテル

ホテル	飯店 (fàn diàn)	ファンディエン
旅館	旅社 (lǚ shè)	リューシャー
シングルルーム	單人房 (dān rén fáng)	ダンレンファン
ツインルーム	雙人房 (shuāng rén fáng)	シュアンレンファン
スイートルーム	套房 (tào fáng)	タオファン
ドミトリー	多人房 (duō rén fáng)	ドゥオレンファン
湯	熱水 (rè shuǐ)	ルーシュイ
シャワールーム	淋浴間 (lín yù jiān)	リンユィジエン
風呂場	洗澡間 (xǐ zǎo jiān)	シーザオジエン

公共機関

～駅	～車站 (chē zhàn)	～チャーヂャン
MRT	捷運 (jié yùn)	ジエユィン
乗り換え	轉車 (zhuǎn chē)	ヂュアンチャー
バス	公車 (gōng chē)	コンチャー
バス停	公車站牌 (gōng chē zhàn pái)	コンチャーヂャンパイ
汽車	火車 (huǒ chē)	フオチャー
切符売り場	售票處 (shòu piào chù)	ショウピアオチュウ
タクシー	計程車 (jì chéng chē)	ジーチョンチャー
飛行機	飛機 (fēi jī)	フェイジー
空港	機場 (jī chǎng)	ジーチャン
公衆電話	公共電話 (gōng gòng diàn huà)	コンゴンディエンホア
銀行	銀行 (yín háng)	インハン
警察	警察 (jǐng chá)	ジンチャー

物

パスポート	護照 (hù zhào)	フーヂャオ
財布	錢包 (qián bāo)	チエンバオ
クレジットカード	信用卡 (xìn yòng kǎ)	シンヨンカー
現金	現金 (xiàn jīn)	シエンジン
紙幣	紙鈔 (zhǐ chāo)	ヂーチャオ
小銭	零錢 (líng qián)	リンチエン

疑問詞

何	什麼 (shén me)	シェンマ
どれ	哪個 (nǎ ge)	ナアガ
どこ	哪裡 (nǎ lǐ)	ナアリー
いつ	什麼時候 (shén me shí hòu)	シェンマシーホウ
何時	幾點 (jǐ diǎn)	ジーディエン
誰	誰 (shéi)	シエイ
なぜ	為什麼 (wèi shén me)	ウェイシェンマ
いくつ	幾個 (jǐ ge)	ジーガ
いくら	多少錢 (duō shào qián)	ドゥオシャオチエン
どのように	怎麼 (zèn me)	ゼンマ

基本動詞

食べる	吃 (chī)	チー
飲む	喝 (hē)	ホー
行く	去 (qù)	チュイ
着く	到 (dào)	ダオ
来る	來 (lái)	ライ
会う	見 (jiàn)	ジエン
乗車	上車 (shàng chē)	シャンチャー
下車	下車 (xià chē)	シアチャー
開く/開ける	開 (kāi)	カイ
閉じる/閉める	關 (guān)	グアン
探す	找 (zhǎo)	ヂャオ
見る	看 (kàn)	カン
観光	觀光 (guān guāng)	クワングアン
旅行	旅遊 (lǚ yóu)	リューヨウ
聞く	聽 (tīng)	ティン
話す	説/講 (shuō / jiǎng)	シュオ／ジアン
書く	寫 (xiě)	シエ
買う	買 (mǎi)	マーイ
売る	賣 (mài)	マイ
着る、履く	穿 (chuān)	チュアン
病気になる	生病 (shēng bìng)	シォンビン
痛い	痛 (tòng)	トン
かゆい	癢 (yǎng)	ヤン
電話をかける	打電話 (dǎ diàn huà)	ダーディエンホア
気をつける	小心 (xiǎo xīn)	シアオシン

259

　台湾語は、閩南語をベースにしつつ、台湾で独自の言語へと進化した言葉である。もとは人口の75%を占めるホーロー系の母語だが、日常会話や商談では民族を越えてよく使われるため、台湾を代表する言語という意味で「台湾語」と呼ばれている。声調は7種あり、しかも転調するという特徴をもつ。また語彙や文法も中国語とは大きく異なる。正式な表記法はローマ字（台羅Tâi-lô）と漢字の混ぜ書きである。「oo-bá-sáng」（おばさん）、「sa-sí-mih」（刺身）など、日本語からの借用も多く、比較的なじみやすい言語だ。片言でもよいので、台湾語で話しかけてみると、グッと距離が縮まることだろう。

○ こんにちは ………… リーホー（Lí 好）
　　　　<1日中使える便利なあいさつ。特に初対面の相手などによく使う>

○ おはよう ……………… ガウツァ（賢早）
　　　　<朝の基本のあいさつ。元気よく言ってみよう>

○ ありがとう …………… トーシャー（多謝）
　　　　<台湾人は気軽にお礼を言う。2回重ねて言ってもOK!>

○ いえいえ ……………… べー（Bē）
　　　　<相手に「トーシャー」と言われたら、すかさず返そう!>

○ すみません ……………… パイセェ（歹勢）
　　　　<軽い謝罪にも、呼びかけにも使える便利な言葉>

○ 大丈夫です ……………… ボヤッキン（無要緊）
　　　　<謝られたとき、相手に返すひと言。「大したことじゃない」の意>

○ これが欲しいです ……… ゴァベアイツェー（我beh愛這）
　　　　<お店で買いたいものを見つけたら、指さしながら言ってみよう>

○ これ、いくらですか？ ………… ツェ、ゴァツェー チィ？（這、若多錢？）
　　　　<値段を尋ねる言葉。買いたい物を指さしながら言ってみよう>

○ いいですよ ……………… ホー（好）
　　　　<何か提案されて承諾するときなどに使う>

○ いりません ……………… ボーアイ（無愛）
　　　　<買いたくないとき、タクシーに乗りたくないときなど、はっきりこう告げよう>

○ おいしいです ……………… チンホーチャッ（真好食）
　　　　<お店の人やおごってくれた人に言ってあげたら喜ぶこと間違いなし!>

○ トイレはどこですか？ ………… ペンソォティトーウィー？（便所在tó-uī?）
　　　　<文頭に「お尋ねします」＝「チャームン」（請問）をつけると、よりていねい>

一	二	三	四	五	六	七	八	九	十
チッ	ヌン	サー	シィ	ゴォ	ラk	チッ	ポェ	カウ	ツァp

※赤字部分は、息を強く吐くように発音する（有気音）/下線部分は、鼻からも息を抜くように発音する（鼻音）
※矢印は声調を表す。平らに伸ばす音・下げる音・短く切る音、それぞれに高いバージョンと低いバージョンがある。低いほうには●がついている。（©近藤 綾『トラベル台湾語』）

column　台湾の歴史

オランダによる統治

漢民族が台湾に移住してくるはるか以前、東南アジア方面から台湾に渡来して住み着いた台湾原住民が、狩猟や漁労、焼き畑農業を営んで生活していた。彼らは、いくつもの部族に分かれており、言語、歴史、慣習、風俗がそれぞれ異なっていた。

15世紀末以来、世界中に通商や植民地を求めて進出した西欧諸国のうち、イスパニア（スペイン）とオランダが、通商上、台湾の地理的位置に目をつけた。1624年、オランダは台湾南部に上陸し、現在の台南にゼーランディア城（安平古堡）の構築に取りかかり、翌年にはプロビデンシャ城（赤崁城）を築いた。一方、イスパニアは台湾北部に到達し、1626年、基隆にサン・サルバドル城、1629年には淡水にサント・ドミンゴ城を構築した。しかし当時優勢になりつつあったオランダが、1642年に北部を占領していたイスパニアを駆逐し、台湾原住民を懐柔して、台湾を支配するにいたった。

台南の安平古堡

鄭氏、清朝による統治

17世紀初頭、中国大陸南部から、突如、せきを切ったように漢民族の台湾南部への移住が開始された。明朝から清朝への王朝交代という政治的理由で渡航する者もあったが、大半は、人口増加の圧力に耐えかねて福建省や広東省から、やむを得ずに渡航した人々だった。

渡航者は、福建省と広東省（いわゆる広東人ではなく、遅れて広東に入って来た広東客家〔ハッカ〕）の2省の出身者がほとんどであり、彼らは出身地の違いから、耕地などをめぐり、台湾原住民を巻き込んで、激しい武闘を展開した。

その頃大陸では、1644年に李自成が明朝を滅ぼした後、清朝が代わって中国を支配した。

ところで、初め海賊の頭目であった鄭芝龍は、平戸の田川氏の娘、マツとの間に生まれた息子、鄭成功とともに明朝の遺臣として廈門を中心に活躍していた。鄭芝龍が清朝に帰順した後も、鄭成功は反清朝活動を続け、1661年に、オランダの支配する台湾に攻め入り、台湾からオランダ人を追い払い、そこを「反清復明」の基地とした。翌年に鄭成功は亡くなったが、その後、彼の息子の鄭経が、台湾の開拓経営に専心した。1683年、清朝は明朝の遺臣である鄭氏一族を打ち破ったが、その後、台湾を自己に敵対する勢力の根拠地とさせないようにするため、文官を派遣し統治を開始した。台湾領有後の清朝は、大陸から台湾への渡航を禁止したり、渡航条件を厳しく制限した。

そのため台湾では、漢民族の独身男性および単

今も客家の人々が多く住む美濃（→ P.197）

身で渡台し、妻子を大陸に残してきた男性の数が圧倒的多数になってしまった。彼らのうちの多くは台湾原住民の女性と通婚した。

一方、台湾原住民のなかには漢化されて漢民族に完全に同化した人々もいる。漢民族は、未開地を開拓したり台湾原住民の耕地を租借したりしながら、生存圏を拡大し、土着化（台湾化）していった。彼らの子孫が現在の本省人であり、マジョリティである。

日本による統治

19世紀末、日清戦争が勃発し、日本が圧勝した。戦勝国となった日本は清国から遼東半島、台湾、澎湖列島を割譲された。しかし、西欧列強（ロシア、ドイツ、フランス）の圧力で、結局、日本は遼東半島を清朝へ返還した。

当時の台湾住民は、台湾も遼東半島のように日本による支配を回避できると期待していた。しかし、李鴻章ら清朝政府の台湾切り捨て政策により、その期待は裏切られた。この過程で、台湾の人々が中国に対して失望し、幻滅したのはいうまでもない。

このとき、日本による支配を嫌った邱逢甲らは、在台の清朝官僚である唐景崧を擁し、「台湾民主国」の独立宣言を高らかに謳い、1895年5月25日に、台湾民主国として形式的に独立した。しかし、アジア初のこの「民主国」も、日本軍の侵攻の前に短期間であえなく潰え去ってしまったのである。

日本は、台湾総督府を通じて、徹底した「アメとムチ」の政策を取り、台湾の「日本化」を強力に推進した。

公学校が設けられ、台湾人の子供たちがここで6年間教育された。また、特別行政区域内に住む台湾原住民の子供たちは、蕃童教育所において、4年間、おもに日本人巡査から日本語や礼儀作法を教えられた。このように、台湾人・台湾原住民は初等教育によって着々と「日本化」されていった。

日本の統治が始まった頃には、台湾人・台湾原住民は毎年のように武力的な抗日運動を行った。これに対し、1898年11月、日本当局は匪徒刑罰令を公布し、一連の抗日運動を「土匪」の反乱と決めつけた。台湾の人々によるこれらの運動は、当局によって武力弾圧されたのである。

一方、台湾総督府は、「土匪」に対して、積極的に招降策を推進した。また、社会的に尊敬されている老人や教養人を招待してもてなす饗老典・揚文会を開催したり、有力者に紳章という勲章を与えるという「アメ」も用意した。

その後、抗日運動は武力闘争から組織的政治運動へと質的に転換されていく。1921年10月に創立された、林献堂らを中心とする台湾文化協会が、その役割を担った。この頃、日本当局は、台湾総督をこれまでの武官総督から文官総督に切り替えた。

しかし、武力闘争がこれで根絶したわけではなかった。その後起こった最大規模の武力闘争が「霧社事件」である。

当時「高砂族」と呼ばれた台湾原住民は、日本統治後、日本に帰順していた。特に、台中の霧社は、開化・帰順が進んでいた。しかし、日本の圧政に抗して、1930年10月27日未明、突如、霧社に住むタイヤル族の一部、約300人が武力蜂起した。これがいわゆる「霧社事件」であり、その後の山地の統治に大きな影響を与えている。

1936年以後、日中戦争から太平洋戦争への進展に従い、台湾は日本の南方作戦基地とされた。台湾総督は、基地としての台湾を整備するためこの頃から再び武官総督に代えられ、軍事色が強くなっていく。

以上のように、1945年、太平洋戦争が終わるまで、台湾は50年にわたって日本に統治された。

日本統治時代は「工業・日本、農業・台湾」というスローガンの下、台湾は日本に植民地化され、経済的にも搾取された。だが皮肉なことに、台湾の特産であるサトウキビ（砂糖）、樟脳、烏龍茶などの生産力は、この時代に向上した。

また、後藤新平らの尽力によってインフラの整備が急速に進んだ一方で、抗日運動を通して台湾人が今まであまり意識しなかった台湾人としてのアイデンティティが、強く意識されるようになった。

日本統治時代末期に建てられたデパート、林百貨

中華民国の時代

1945年8月15日、日本の敗戦にともない台湾が中国（中国国民党政府）に「返還」（不法占拠説もある）され、台湾は「祖国」復帰（＝「光復」）した。「光復」後、台湾を統治したのは、大陸から来た新長官陳儀や国府軍（中国国民党政府軍）だった。当初は、台湾人は彼らを「同胞」として歓迎したが、国府軍は、その士気の低さと驕りのためにしだいに人々に嫌われた。そうした背景のなかで、「二・二八」事件が起こったのである。

事件は、1947年2月27日の夜、台北市で国民党の専売局ヤミたばこ摘発隊が、逃げ遅れたヤミたばこ売りの寡婦を殴ったことに始まる。同隊は抗議して集まった台湾人に向かって発砲し、ひとりを殺してしまった。翌28日、台湾人のデモ隊が専売局に押しかけ、さらに行政長官公署に向かった。そのとき、公署から機関銃の一斉掃射を受け、多数の死傷者が出たのである。そこで憤慨した台湾人らは、「光復」後の台湾に移住してきた外省人の店舗を焼き討ちにした。また、台北市放送局を占拠し、全島民が呼応して決起するよう呼びかけた。

国民党による武力鎮圧が行われた高雄市立歴史博物館
（→ P.148）

この国民党に対する台湾人の「反乱」は、結局、蒋介石によって武力鎮圧され、台湾人エリート層（数万人といわれている）が闇へ葬り去られた。ここに、本省人（＝台湾人）と外省人（＝＜在台＞中国人）との対立が始まったのである。この二・二八事件によって再び中国に対して幻滅した台湾人は、中国大陸への精神的依存状態から、一部脱却したと考えられる。

その頃、大陸では毛沢東の中国共産党が力を増し、蒋介石率いる国民党政府を追い詰めていた。蒋介石は台湾を国民党政権最後の砦と位置づけ、その支配を固めていた。内戦の結果、国民党は中国共産党に敗れ、1949年12月、遷都というかたちで200万人にも上る人々とともに台湾に逃れた。国民党は、「法統」（正統な中国政府）を掲げ、将来の「大陸反攻」を目指した。他方、台湾全土に戒厳令を施行（1949年5月）して、武力を背景に台湾人や台湾原住民の支配を開始する。

一方、大陸では、同年の10月1日、毛沢東によって、中華人民共和国の成立が宣言された。当時、大陸は建国の喜びに沸き立ち、その勢いは人民解放軍によって台湾を「解放」するばかりであった。ところが、翌年6月25日、北朝鮮（朝鮮民主主義人民共和国）が韓国（大韓民国）に侵攻し、突如朝鮮戦争が始まった。そのため軍事力、経済力ともに世界最強を誇るアメリカ合衆国は東アジアの共産化を恐れて台湾防衛の意思を固め、台湾海峡の「中立化」を宣言し、米第7艦隊を急遽派遣した。かくして台湾は寸前のところで「解放（＝共産化）」を免れたのだった。

台湾最大の港湾都市として発展した高雄

澁谷司（しぶや・つかさ）
目白大学大学院講師。

262

原住民とは

　台湾の人口の2％は「原住民」と呼ばれる、漢民族が移住してくる以前から台湾に住んでいたマレー・ポリネシア語族に属する人々の子孫で、その数は16部族とされている。言語、伝統文化、行事は部族によって異なる。

　数世紀にわたる通婚により、自分は漢民族だと考える台湾人も多くが原住民の血を引いているといわれており、彼らの文化は「台湾」を形作るアイデンティティのひとつとしてリスペクトされている。

原住民族の伝統文化

　各部族にはそれぞれ伝統の衣装があり、現在は結婚式、祭りなど特別な儀式の際に着用される。カラフルな布地に伝統の模様が刺繍され、模様には魔よけなどの意味が込められている。また、彫刻や絵が得意で、彼らが住む集落は伝統の模様や壁画であふれている。

郵便ポストもカラフル

台湾の原住民族分布

クヴァラン族
サイシャット族
タイヤル族
セデック族
タロコ族
サオ族
ツオウ族
ブヌン族
サアロア族
アミ族
カナカナブ族
ブユマ族
ルカイ族
パイワン族
アミ族
ヤミ族
・台北
・竹東
・台中
・花蓮
サキザヤ族
緑島
・台東
・高雄
・台南
墾丁
蘭嶼

パイワン（排湾）族

　人口約10万2730人、中央山脈南部の海抜500〜2000mほどの山地に住む民族。首長層と平民層からなる厳格な階層制度をもつ。各村落ごとに世襲制の首長がいる。かつては首狩りの慣習があり、集落の一部に狩った首を納める場所があった。夏は暑い夏も涼しくて快適に暮らせる石造の竪穴式住居。大半は農業を営むが、狩猟も行う。以前はヒョウ（現在絶滅）も食料とし、その毛皮は首長の上衣に、ツメは装飾品にしたりした。そのほか、装飾品のなかには渡来品のトンボ玉（ガラス玉）があり、宝物として珍重されている。

　男性は彫刻、女性は刺繍が得意。特に人物やトーテムである蛇（百歩蛇）を表現することが多い。

パイワン族とルカイ族の人々が住む三地門
（→ P.207）

ルカイ（魯凱）族

　人口約1万3465人、中央山脈南部の霧台地区と高雄近くの茂林郷に居住。パイワン族と同様、貴族と平民のはっきりした階級があり、首長は世襲制。首長層はユリの花を頭につけている。

　住居は平たい石を層にした石造竪穴式住居。今でも、多納（→P.201）、霧台（→P.209）では伝統的な家屋が見られる。8月に行われる豊年祭では、粟の餅を焼き、その焼き具合で翌年の収穫を占う。

装飾であふれる霧台の町

サアロア（拉阿魯哇）族

　人口約468人。茂林（→P.200）、高雄市の北東部に位置する高雄市桃源区に居住する。日月潭、阿里山付近の中部山岳地帯の西側を中心に住むツオウ族の一部として分類されていたが、言語体系が異なり祭りの儀式も違うことから、2014年に独立した15番目の台湾原住民族に認定された。

　毎年2月に、神様の住処であるとする貝を酒に浸し、赤色に変化することによって神様が酔っ払ったのを見届ける「聖貝薦酒」という儀式を行う聖貝祭が行われる。

カナカナブ（卡那卡那富）族

　人口約356人。おもに高雄市ナマシア（那瑪夏）区に居住する。サアロア族と同じくツオウ族の一部に分類されていたが、2014年に16番目の台湾原住民族に認定された。「米貢祭」と「河祭」などの祭りが行われる。

INDEX

本書に掲載されている見どころと
ホテルを掲載されている日本語読
みで、アイウエオ順に並べました。

台 南

屏東&南台湾の町

地球の歩き方 関連書籍のご案内

台湾と周辺各国への旅を「地球の歩き方」が応援します!

地球の歩き方　ガイドブック

- **D01** 中国 ¥2,090
- **D02** 上海　杭州　蘇州 ¥1,870
- **D03** 北京 ¥1,760
- **D04** 大連　瀋陽　ハルビン ¥1,980
- **D05** 広州　アモイ　桂林 ¥1,980
- **D06** 成都　重慶　九寨溝 ¥1,980
- **D07** 西安　敦煌　ウルムチ ¥1,980
- **D08** チベット ¥2,090
- **D09** 香港　マカオ ¥2,420
- **D10** 台湾 ¥2,090
- **D11** 台北 ¥1,980
- **D13** 台南　高雄　屏東＆南台湾の町 ¥1,980
- **D17** タイ ¥2,200
- **D18** バンコク ¥1,980
- **D19** マレーシア　ブルネイ ¥2,090
- **D20** シンガポール ¥1,980
- **D21** ベトナム ¥2,090
- **D27** フィリピン　マニラ ¥2,200
- **D33** マカオ ¥1,760
- **D34** 釜山　慶州 ¥1,540
- **D37** 韓国 ¥2,090
- **D38** ソウル ¥1,870

地球の歩き方　aruco

- **02** aruco　ソウル ¥1,650
- **03** aruco　台北 ¥1,650
- **07** aruco　香港 ¥1,320
- **10** aruco　ホーチミン ¥1,650
- **13** aruco　上海 ¥1,320
- **22** aruco　シンガポール ¥1,320
- **23** aruco　バンコク ¥1,650
- **29** aruco　ハノイ ¥1,650
- **30** aruco　台湾 ¥1,650
- **34** aruco　セブ　ボホール ¥1,320
- **38** aruco　ダナン　ホイアン ¥1,430

地球の歩き方　Plat

- **03** Plat　台北 ¥1,100
- **07** Plat　ホーチミン　ハノイ ¥1,320
- **10** Plat　シンガポール ¥1,100
- **P16** Plat　クアラルンプール ¥1,650
- **20** Plat　香港 ¥1,100
- **P28** Plat　台南 ¥1,430

地球の歩き方　リゾートスタイル

- **R12** プーケット ¥1,650
- **R13** ペナン　ランカウイ ¥1,650
- **R15** セブ＆ボラカイ ¥1,650
- **R20** ダナン　ホイアン ¥1,650

地球の歩き方　旅の名言＆絶景

心に寄り添う台湾のことばと絶景100 ¥1,650

地球の歩き方　BOOKS

ダナン&ホイアン　PHOTO TRAVEL GUIDE ¥1,650
マレーシア　地元で愛される名物食堂 ¥1,430
香港　地元で愛される名物食堂 ¥1,540

地球の歩き方　aruco　国内版

aruco　東京で楽しむ台湾 ¥1,430

※表示価格は定価（税込）です。改訂時に価格が変更になる場合があります。

地球の歩き方 シリーズ一覧

2024年3月現在

*地球の歩き方ガイドブックは、改訂時に価格が変わることがあります。 *表示価格は定価（税込）です。 *最新情報は、ホームページをご覧ください。www.arukikata.co.jp/guidebook/

地球の歩き方 ガイドブック

A ヨーロッパ

A01 ヨーロッパ	¥1870
A02 イギリス	¥2530
A03 ロンドン	¥1980
A04 湖水地方＆スコットランド	¥1870
A05 アイルランド	¥1980
A06 フランス	¥2420
A07 パリ＆近郊の町	¥1980
A08 南仏プロヴァンス コート・ダジュール＆モナコ	¥1760
A09 イタリア	¥1870
A10 ローマ	¥1760
A11 ミラノ ヴェネツィアと湖水地方	¥1870
A12 フィレンツェとトスカーナ	¥1870
A13 南イタリアとシチリア	¥1870
A14 ドイツ	¥1980
A15 南ドイツ フランクフルト ミュンヘン ロマンチック街道 古城街道	¥2090
A16 ベルリンと北ドイツ ハンブルク ドレスデン ライプツィヒ	¥1870
A17 ウィーンとオーストリア	¥2090
A18 スイス	¥2200
A19 オランダ ベルギー ルクセンブルク	¥2420
A20 スペイン	¥2420
A21 マドリードとアンダルシア	¥1760
A22 バルセロナ＆近郊の町 イビサ島/マヨルカ島	¥1760
A23 ポルトガル	¥2200
A24 ギリシアとエーゲ海の島々＆キプロス	¥1870
A25 中欧	¥1980
A26 チェコ ポーランド スロヴァキア	¥1870
A27 ハンガリー	¥1870
A28 ブルガリア ルーマニア	¥1980
A29 北欧 デンマーク ノルウェー スウェーデン フィンランド	¥1870
A30 バルトの国々 エストニア ラトヴィア リトアニア	¥1870
A31 ロシア ベラルーシ ウクライナ モルドヴァ コーカサスの国々	¥2090
A32 極東ロシア シベリア サハリン	¥1980
A34 クロアチア スロヴェニア	¥2200

B 南北アメリカ

B01 アメリカ	¥2090
B02 アメリカ西海岸	¥1870
B03 ロスアンゼルス	¥2090
B04 サンフランシスコとシリコンバレー	¥1870
B05 シアトル ポートランド	¥2420
B06 ニューヨーク マンハッタン＆ブルックリン	¥2200
B07 ボストン	¥1980
B08 ワシントンDC	¥2420
B09 ラスベガス セドナ＆グランドキャニオンと大西部	¥2090
B10 フロリダ	¥2310
B11 シカゴ	¥1870
B12 アメリカ南部	¥1980
B13 アメリカの国立公園	¥2640
B14 グラス ヒューストン デンバー グランドサークル フェニックス サンタフェ	¥1980
B15 アラスカ	¥1980
B16 カナダ	¥2420
B17 カナダ西部 カナディアン・ロッキーとバンクーバー	¥2090
B18 カナダ東部 ナイアガラ・フォールズ メープル街道 プリンス・エドワード島 トロント オタワ モントリオール ケベック・シティ	¥2090
B19 メキシコ	¥1980
B20 中米	¥2090
B21 ブラジル ベネズエラ	¥2200
B22 アルゼンチン チリ パラグアイ ウルグアイ	¥2200
B23 ペルー ボリビア エクアドル コロンビア	¥2200
B24 キューバ バハマ ジャマイカ カリブの島々	¥2035
B25 アメリカ・ドライブ	¥1980

C 太平洋 / インド洋島々

C01 ハワイ オアフ島＆ホノルル	¥2200
C02 ハワイ島	¥2200
C03 サイパン ロタ＆テニアン	¥1540
C04 グアム	¥1980
C05 タヒチ イースター島	¥1870
C06 フィジー	¥1650
C07 ニューカレドニア	¥1650
C08 モルディブ	¥1870
C10 ニュージーランド	¥2200
C11 オーストラリア	¥2200
C12 ゴールドコーストとケアンズ	¥2420
C13 シドニー＆メルボルン	¥1760

D アジア

D01 中国	¥2090
D02 上海 杭州 蘇州	¥1870
D03 北京	¥1760
D04 大連 瀋陽 ハルビン 中国東北部の自然と文化	¥1980
D05 広州 アモイ 桂林 珠江デルタと華南地方	¥1980
D06 成都 重慶 九寨溝 麗江 四川 雲南	¥1980
D07 西安 敦煌 ウルムチ シルクロードと中国北西部	¥1980
D08 チベット	¥2090
D09 香港 マカオ 深圳	¥2420
D10 台湾	¥2090
D11 台北	¥1980
D13 台南 高雄 屏東＆南台湾の町	¥1980
D14 モンゴル	¥2420
D15 中央アジア サマルカンドとシルクロードの国々	¥2090
D16 東南アジア	¥1870
D17 タイ	¥2200
D18 バンコク	¥1980
D19 マレーシア ブルネイ	¥2090
D20 シンガポール	¥1980
D21 ベトナム	¥2090
D22 アンコール・ワットとカンボジア	¥2200
D23 ラオス	¥2
D24 ミャンマー（ビルマ）	¥2
D25 インドネシア	¥1
D26 バリ島	¥2
D27 フィリピン マニラ セブ ボラカイ ボホール エルニド	¥2
D28 インド	¥2
D29 ネパールとヒマラヤトレッキング	¥2
D30 スリランカ	¥1
D31 ブータン	¥1
D33 マカオ	¥1
D34 釜山 慶州	¥1
D35 バングラデシュ	¥2
D37 韓国	¥2
D38 ソウル	¥1

E 中近東 アフリカ

E01 ドバイとアラビア半島の国々	¥2
E02 エジプト	¥1
E03 イスタンブールとトルコの大地	¥2
E04 ペトラ遺跡とヨルダン レバノン	¥2
E05 イスラエル	¥2
E06 イラン ペルシアの旅	¥2
E07 モロッコ	¥1
E08 チュニジア	¥2
E09 東アフリカ ウガンダ エチオピア ケニア タンザニア ルワンダ	¥2
E10 南アフリカ	¥2
E11 リビア	¥2
E12 マダガスカル	¥1

J 国内版

J00 日本	¥3
J01 東京 23区	¥2
J02 東京 多摩地域	¥2
J03 京都	¥2
J04 沖縄	¥2
J05 北海道	¥2
J06 神奈川	¥2
J07 埼玉	¥2
J08 千葉	¥2
J09 札幌・小樽	¥2
J10 愛知	¥2
J11 世田谷区	¥2
J12 四国	¥2
J13 北九州市	¥2
J14 東京の島々	¥2

地球の歩き方 aruco

●海外

1 パリ	¥1650
2 ソウル	¥1650
3 台北	¥1650
4 トルコ	¥1430
5 インド	¥1540
6 ロンドン	¥1650
7 香港	¥1320
9 ニューヨーク	¥1320
10 ホーチミン ダナン ホイアン	¥1650
11 ホノルル	¥1650
12 バリ島	¥1320
13 上海	¥1320
14 モロッコ	¥1540
15 チェコ	¥1320
16 ベルギー	¥1430
17 ウィーン ブダペスト	¥1320
18 イタリア	¥1760
19 スリランカ	¥1540
20 クロアチア スロヴェニア	¥1430
21 スペイン	¥1320
22 シンガポール	¥1650
23 バンコク	¥1650
24 グアム	¥1320
25 オーストラリア	¥1760
26 フィンランド エストニア	¥1430
27 アンコール・ワット	¥1430
28 ドイツ	¥1430
29 ハノイ	¥1650
30 台湾	¥1650
31 カナダ	¥1320
33 サイパン テニアン ロタ	¥1320
34 セブ ボホール エルニド	¥1320
35 ロスアンゼルス	¥1320
36 フランス	¥1430
37 ポルトガル	¥1650
38 ダナン ホイアン フエ	¥1430

●国内

東京	¥1540
東京で楽しむフランス	¥1430
東京で楽しむ韓国	¥1430
東京で楽しむ台湾	¥1430
東京の手みやげ	¥1430
東京おやつさんぽ	¥1430
東京のパン屋さん	¥1430
東京で楽しむ北欧	¥1430
東京のカフェめぐり	¥1480
東京で楽しむハワイ	¥1480
nyaruco 東京ねこさんぽ	¥1480
東京で楽しむイタリア＆スペイン	¥1480
東京で楽しむアジアの国々	¥1480
東京ひとりさんぽ	¥1480
東京パワースポットさんぽ	¥1599
東京で楽しむ英国	¥1599

地球の歩き方 Plat

1 パリ	¥1320
2 ニューヨーク	¥1320
3 台北	¥1100
4 ロンドン	¥1320
6 ドイツ	¥1320
7 ホーチミン/ハノイ/ダナン/ホイアン	¥1320
8 スペイン	¥1320
10 シンガポール	¥1100
11 アイスランド	¥1540
14 マルタ	¥1540
15 フィンランド	¥1320
16 クアラルンプール マラッカ	¥1650
17 ウラジオストク/ハバロフスク	¥1430
18 サンクトペテルブルク/モスクワ	¥1540
19 エジプト	¥1320
20 香港	¥1100
22 ブルネイ	¥1430
23 ウズベキスタン サマルカンド ブハラ ヒヴァ タシケント	¥1650
24 ドバイ	¥1320
25 サンフランシスコ	¥1
26 パース/西オーストラリア	¥1
27 ジョージア	¥1
28 台南	¥1

地球の歩き方 リゾートスタイル

R02 ハワイ島	¥1
R03 マウイ島	¥1
R04 カウアイ島	¥1
R05 こどもと行くハワイ	¥1
R06 ハワイ ドライブ・マップ	¥1
R07 ハワイ バスの旅	¥1
R08 グアム	¥1
R09 こどもと行くグアム	¥1
R12 プーケット サムイ島 ピピ島	¥1
R13 ペナン ランカウイ クアラルンプール	¥1
R14 バリ島	¥1
R15 セブ＆ボラカイ ボホール シキホール	¥1
R16 テーマパークin オーランド	¥1
R17 カンクン コスメル イスラ・ムヘーレス	¥1
R20 ダナン ホイアン ホーチミン ハノイ	¥1

あなたの**旅の体験談**をお送りください

「地球の歩き方」は、たくさんの旅行者からご協力をいただいて、
改訂版や新刊を制作しています。
あなたの旅の体験や貴重な情報を、これから旅に出る人たちへ分けてあげてください。
なお、お送りいただいたご投稿がガイドブックに掲載された場合は、
初回掲載本を1冊プレゼントします！

ご投稿はインターネットから！

URL www.arukikata.co.jp/guidebook/toukou.html
画像も送れるカンタン「投稿フォーム」
※左記のQRコードをスマートフォンなどで読み取ってアクセス！

または「地球の歩き方　投稿」で検索してもすぐに見つかります

地球の歩き方　投稿		検索

▶投稿にあたってのお願い

★ご投稿は、次のような《テーマ》に分けてお書きください。

《新発見》───ガイドブック未掲載のレストラン、ホテル、ショップなどの情報

《旅の提案》───未掲載の町や見どころ、新しいルートや楽しみ方などの情報

《アドバイス》───旅先で工夫したこと、注意したこと、トラブル体験など

《訂正・反論》───掲載されている記事・データの追加修正や更新、異論、反論など

> ※記入例「○○編20XX年度版△△ページ掲載の□□ホテルが移転していました……」

★データはできるだけ正確に。

ホテルやレストランなどの情報は、名称、住所、電話番号、アクセスなどを正確にお書きください。
ウェブサイトのURLや地図などは画像でご投稿いただくのもおすすめです。

★ご自身の体験をお寄せください。

雑誌やインターネット上の情報などの丸写しはせず、実際の体験に基づいた具体的な情報をお待ちしています。

▶ご確認ください

※採用されたご投稿は、必ずしも該当タイトルに掲載されるわけではありません。関連他タイトルへの掲載もありえます。

※例えば「新しい市内交通バスが発売されている」など、すでに編集部で取材・調査を終えているものと同内容のご投稿をいただいた場合は、ご投稿を採用したとはみなされず掲載本をプレゼントできないケースがあります。

※当社は個人情報を第三者へ提供いたしません。また、ご記入いただきましたご自身の情報については、ご投稿内容の確認や掲載本の送付などの用途以外には使用いたしません。

※ご投稿の採用の可否についてのお問い合わせはご遠慮ください。

※原稿は原文を尊重しますが、スペースなどの関係で編集部でリライトする場合があります。

あとがき

冬でも温暖な気候が魅力の南台湾。取材した11～12月は湿度も低く、パーフェクトなお天気でした。高雄は新しいランドマークも増え、ウォーターフロントの景色が一変。台南もユニークなアートスポットが誕生し、リピーターの方々も気分を新たに楽しめることと思います。また、痛感したのは、観光施設のIT化も進んでいること。博物館の展示説明やレストランのメニューは二次元コードで読み取る形式が多くなっていました。ますますスマートフォンが手放せなくなっていきそうです。

STAFF

制　　　作	金子久美	Producer	Kumi Kaneko
編集・取材・撮影	谷口佳恵	Editors/Reporters	Yoshie Taniguchi
	福原正彦		Masahiko Fukuhara
写　　　真	竹之下三緒	Photographer	Mio Takenoshita
コーディネート	Mio	Coordinator	Mio
写真協力	台湾観光協会	Photo providers	TAIWAN VISITORS ASSOCIATION
	高雄市政府観光局		Kaohsiung City Government Tourism Bureau
デザイン	丸山雄一郎（スパイスデザイン）	Designers	Yuichiro Maruyama（SPICE DESIGN）
	酒井デザイン室		Sakai DESIGN OFFICE
地　　　図	高棟　博（ムネプロ）	Maps	Hiroshi TAKAMUNE（Mune Pro.）
	曽根　拓（株式会社ジェオ）		Hiroshi Sone（GEO Co., Ltd.）
校　　　正	田中尚美	Proofreading	Naomi Tanaka
表　　　紙	日出嶋昭男	Cover Design	Akio HIDEJIMA

SPECIAL THANKS

澁谷司　近藤綾　難波鉄也　大久保裕子　卓美青　台湾観光協会　高雄市政府観光局　©iStock［敬称略、順不同］

本書の内容について、ご意見・ご感想はこちらまで
読者投稿　〒141-8425　東京都品川区西五反田2-11-8
　　　　　　株式会社地球の歩き方
　　　　　　地球の歩き方サービスデスク「台南 高雄 屏東＆南台湾の町」投稿係
　　　　　　https://www.arukikata.co.jp/guidebook/toukou.html
地球の歩き方ホームページ（海外・国内旅行の総合情報）
　　　　　　https://www.arukikata.co.jp/
ガイドブック『地球の歩き方』公式サイト
　　　　　　https://www.arukikata.co.jp/guidebook/

地球の歩き方 D13

台南 高雄 屏東＆南台湾の町 2024～2025年版

2024年4月2日　初版第1刷発行

Published by Arukikata. Co., Ltd.
2-11-8 Nishigotanda, Shinagawa-ku, Tokyo, 141-8425, Japan

著作編集	地球の歩き方編集室
発 行 人	新井 邦弘
編 集 人	由良 暁世
発 行 所	株式会社地球の歩き方
	〒141-8425　東京都品川区西五反田2-11-8
発 売 元	株式会社Gakken
	〒141-8416　東京都品川区西五反田2-11-8
印刷製本	開成堂印刷株式会社

※本書は基本的に2023年11月～12月の取材データに基づいて作られています。
　発行後に料金、営業時間、定休日などが変更になる場合がありますのでご了承ください。
　更新・訂正情報：https://www.arukikata.co.jp/travel-support/

●この本に関する各種お問い合わせ先
・本の内容については、下記サイトのお問い合わせフォームよりお願いします。
　URL▶ https://www.arukikata.co.jp/guidebook/contact.html
・広告については、下記サイトのお問い合わせフォームよりお願いします。
　URL▶ https://www.arukikata.co.jp/ad_contact/
・在庫については　Tel 03-6431-1250（販売部）
・不良品（乱丁、落丁）については　Tel 0570-000577
　学研業務センター　〒354-0045　埼玉県入間郡三芳町上富 279-1
・上記以外のお問い合わせは　Tel 0570-056-710（学研グループ総合案内）